Belas Letras

MÚSICA CULTURA POP ESTILO DE VIDA COMIDA
CRIATIVIDADE & IMPACTO SOCIAL

RICHARD COLE
com Richard Trubo

STAIRWAY TO HEAVEN

LED ZEPPELIN SEM CENSURA

Tradução
Paulo Alves

Belas Letras

Publicado mediante acordo com Dystel, Goderich & Bourret LLC

Este livro é o resultado de um trabalho feito com muito amor, diversão e gente finice pelas seguintes pessoas:

Gustavo Guertler (*publisher*), Marcelo Viegas (edição), Jaqueline Kanashiro (revisão), Celso Orlandin Jr. (capa, projeto gráfico e diagramação), Anderson Fochesato (tratamento das fotos do caderno de imagens), Paulo Alves (tradução) e Dick Barnatt (que gentilmente cedeu a incrível foto da capa, clicada em dezembro de 1968, na primeira sessão de fotos oficial do Led Zeppelin).
Obrigado, amigos.

*Nota da edição: Optou-se por preservar os relatos da maneira como foram escritos no texto original. Porém, não compactuamos com determinadas ideias, comportamentos e situações aqui retratados.

2022
Todos os direitos desta edição reservados à
Editora Belas Letras Ltda.
Rua Antônio Corsetti, 221 – Bairro Cinquentenário
CEP 95012-080 – Caxias do Sul – RS
www.belasletras.com.br

Dados Internacionais de Catalogação na Fonte (CIP)
Biblioteca Pública Municipal Dr. Demetrio Niederauer
Caxias do Sul, RS

C689s Cole, Richard
Stairway to heaven: Led Zeppelin sem censura / Richard Cole e Richard Trubo; tradutor: Paulo Alves. - Caxias do Sul: Belas Letras, 2021.
496 p.

Título e subtítulo originais: Stairway to heaven: Led Zeppelin uncensored
ISBN: 978-65-5537-030-0
ISBN: 978-65-5537-043-0
ISBN: 978-65-5537-127-7

1. Rock (Música). 2. Músicos de rock - Inglaterra. 3. Led Zeppelin (Conjunto musical). I. Trubo, Richard. II. Alves, Paulo. III. Título.

20/108 CDU 784.4(420)

Catalogação elaborada por Vanessa Pinent, CRB-10/1297

Para Claire e Daylen,
felicidades no casamento
e que vocês tenham as maiores alegrias
da vida juntos nos anos que virão.
– RC

Para Donna, Melissa e Mike...
anos atrás, quando eu sonhava
com uma família, vocês eram exatamente
o que eu tinha em mente.
– RT

SUMÁRIO

AGRADECIMENTOS

MUITA GENTE desempenhou papéis importantes ao me ajudar a chegar a escrever este livro.

Obrigado à minha mãe e ao meu pai, que me deram amor e me conduziram na direção certa; a Jenny Carson, pelo verão de 1984, em Ibiza; e ao Dr. Brian Wells, a Mickey Bush e Andrew Lane, que compartilharam sua experiência, força e esperança comigo.

Também sou grato a Richard Trubo, por seu talento com a escrita e sua perseverança; a Tom Miller e Jim Hornfischer, nossos editores originais na HarperCollins, além de Josh Behar e April Benavides, que nos guiaram na criação desta nova edição; a Jane Dystel, minha agente, e sua parceira, Miriam Goderich; a Skip Chernov pelo incentivo e pela fé neste livro; e a Bernie Rhodes e Roger "Snake" Kline, assim como a Toni Young e Carol Arnold, que ajudaram nas transcrições. Taylor e sua excelente publicação, *Zoso*, se provaram uma excelente fonte de pesquisa da história do Led Zeppelin; e Allison Caine plantou a semente para o posfácio desta edição.

Agradecimentos ao empresário Bill McKenzie e a Debbie Matthews; ao meu advogado, Michael Hecker; a Eric Wasserman; a Michelle Anthony; à assessora de imprensa Laura Kaufman; e ao Black Sabbath. Obrigado também a Sharon e Ozzy Osbourne por toda a ajuda, a bondade e as oportunidades ao longo dos anos – e também ao (London) Quireboys e a Lita Ford. Gratidão, ainda, a Lisa Robinson e a Tony, Mario, Michael, Mo e Steady, do Rainbow Bar & Grill, em West Hollywood.

Pelo amor e pela amizade, menções especiais a Tony Roman, Leslie St. Nicholas, Judy Wong, Jenny Fernando, Geoffrey Sensier, Marilyn Cole, Marguerite DeBenedict, Marty Brenner, David George, Ian Peacock, meu anjo dos computadores e amiga Julia Negron e meu mais antigo amigo, Percy Raines-Moore.

Agradeço a assistência e a camaradagem da *road crew* do Led Zeppelin ao longo dos anos: Kenny Pickett, Clive Coulson, Joe "Jammer" Wright, Mick Hinton, Ray Thomas, Sandy McGregor, Briane Condliffe, Andy Leadbetter, Manfred Lurch, Henry "The Horse" Smith, Perry, Cracky e Pepe. Nossos engenheiros de som eram Rusty Brutsche, David "Cyrano" Langston e Benji Le Fevre. Ian "Iggy" Knight supervisionava a produção e Kirby Wyatt e Ted Tittle cuidavam da iluminação.

Os assistentes da banda eram Dennis Sheehan, Rick Hobbs, Johnny Larke, Rex King, John Bindon, Mitchell Fox, Dave Northover, Brian Gallivan e Ray Washburn (assistente de Peter Grant). Nos escritórios, nossa equipe consistia em: Liz Gardner, Carol Browne, Cynthia Sacks e Unity MacLaine, no Reino Unido; e Shelley Kaye, Genine Saffer e Sam Azar, nos EUA. Steven H. Weiss era nosso advogado.

A equipe de segurança da banda contava com Patsy Collins, Wes Pomeroy, o capitão Bob DeForest, Bill e Jack Dautrich, Johnny Czar, Fat Fred, Don Murfett, Gerry Slater, Jim Callaghan, Paddy the Plank, Alf Weaver, Joe Tuths, Willie Vaccar, Gregg Beppler, Steve Rosenberg, Jack Kelly, Lou McClery, George Dewitt e Bill Webber.

Desde a publicação original deste livro, alguns amigos que trabalharam comigo e com o Led Zeppelin já se foram, e me parece propício lembrá-los aqui (alguns foram mencionados anteriormente). Entre eles, Peter Grant (o empresário do Zeppelin); os *promoters* Tom Hulett e Phil Basile; o iluminador Kirby Wyatt; o assistente John Bindon; o segurança Johnny Czar; os membros da *road crew* Raymond Thomas e Kenny Pickett; assim como meu mais velho amigo, o compositor Lionel Bart; o jornalista Alan McDougal; meu maravilhoso amigo Nicky Bell, que me fez me sentir parte de sua vida e de sua comunidade ao me convidar para sua festa de um ano de sobriedade, quando eu mesmo estava sóbrio havia apenas alguns meses, e que morreu tragicamente de aids, contraída por meio de drogas injetáveis; e o escritor Stuart Werbin (que me ajudou corajosamente quando mais precisei, mesmo quando ele próprio estava muito mal). Assim como minha querida amiga e vizinha Gloria Scott (uma grande inspiração, que ajudou muita gente a ficar limpa e sóbria). Por último nesta lista, mas certamente não menos importante, minha querida mãe, que sempre esteve ao lado de seu filho endiabrado.

Nesta nova edição, gostaria de agradecer a mais algumas pessoas, incluindo algumas que, nos últimos anos, me ajudaram a conseguir trabalho ou me empregaram, incluindo Bob Timmins, Jack Carson e Tony Morehead. Obrigado também ao Black Uhuru e a Kyso, juntamente com os empresários Nita Scott e Terry Rindal, e, é claro, Valerie e Bruce. Charlie Hernandez, Nick Cua, Blaine Brinton e Rhian Gittins, da equipe do Ozzfest 2001, me ajudaram grandemente, assim como meus velhos amigos Bobby Thompson, Tony Dennis e Michael Guarracino. Ron Geer, meu motorista de ônibus do Ozzfest, foi de uma ajuda fantástica.

Menções especiais também a Michael Lewis, Gary Quinn e Peter Rafelson, que empresariaram o Fem 2 Fem comigo; às adoráveis Julie Ann, Christina, Lynn, Michelle, Lezlee, Alitzah e LaLa; bem como a Carl Strube e Gerry Brenner, da Critique Records (que contrataram o Fem 2 Fem); e a Michael White, por produzir o musical *Voyeurz* no White Hall Theatre, em Londres. Sou grato também à minha amiga e inspiração na escrita, Julia Cameron, cujo livro *O caminho do artista* me fez voltar a escrever. Muito obrigado também aos meus cabeleireiros Sacha e Aaron Quarles.

Devo agradecer também a Danny Goldberg e David Silver, pelo apoio e incentivo; a Ed Gerrard, Daniel Markus e Peter Himberger, por me contratarem para trabalhar com os Gipsy Kings (ao lado de Pascal Imbert); e a Sparky Neilson, gerente de produção. Sou grato pelo período maravilhoso que passei com Olu Dara e a Okra Orchestra; com o Fu Manchu e Dan DeVita; além da equipe formada por Curly e Woody; e, é claro, a Paul Rodgers e aos meus atuais[1] empregadores, a agência QPrime e o Crazy Town, em especial a Peter Mensch, H.M. Wollman, Tony DiCioccio e a Randi, da QPrime NY, e a Michelle e Erica da QPrime West, que foram imprescindíveis em ajeitar as coisas. Obrigado, ainda, a Howard Wuelfing, Todd Horn e Lee Ganz, da Columbia Records New York; e a Stephanie Igunbor e Stephan Lange, da Sony Europe, pela ajuda em nos guiar com tranquilidade pela Europa. Muita gratidão à equipe de *roadies* do Crazy Town (Chris Warndahl, Skip Payatt, Jeff Chase e Craig Underwood); bem como ao assistente da banda, Boom Boom Kaluna; e ao motorista, Ted Foltman. Obrigado também ao agente de viagem do Crazy Town, Jason Ashbury, da Lindon Travel, em Nova York; e a Julie Zemil, da Uniworld Travel, em Los Angeles.

1 Na época da publicação da segunda edição original deste livro, em 2002. (N. do T.)

Acima de tudo, obrigado a Jimmy Page, Robert Plant, John Paul Jones, John Bonham e Peter Grant pela oportunidade de trabalhar com a maior banda de *rock and roll* de todos os tempos.

Este livro foi inspirado, em grande parte, pela memória saudosa de John Henry Bonham. Bonham foi um amigo querido e o baterista mais talentoso que o *rock* já viu.

— Richard Cole

Inúmeras pessoas contribuíram para as pesquisas, a organização, a escrita e a inspiração deste livro, mas várias delas merecem uma menção especial.

Richard Cole, é claro, é a principal delas. Ele se dispôs a sessões de trabalho aparentemente infindas, desenterrou fatos, remontou às fontes originais – entre elas, sua própria e espantosa memória – e permitiu que todo o projeto se concretizasse de maneira propícia.

Tom Miller e Jim Hornfischer, editores da HarperCollins, se lançaram sobre o manuscrito com lápis afiados e sugestões ainda mais afiadas. Josh Behar e April Benavides, também da HarperCollins, foram muito prestativos no preparo desta nova edição de *Stairway to Heaven*.

Minha agente, Jane Dystel, me apresentou a Richard Cole. Ao longo de todo o processo de pesquisa e escrita, Jane nos deu incentivo constante e ideias perspicazes.

Por fim, obrigado aos meus pais, Bill e Ida, que sempre acreditaram em mim; e a Donna, Melissa e Mike, por seu amor, afeto e apoio.

— Richard Trubo

INTRODUÇÃO

A REVOLUÇÃO DO ROCK

NO DIA DE ANO-NOVO DE 1962, quando os Beatles entraram no estúdio 3 da Decca, nos Broadhurst Gardens, em West Hampstead, o *rock* mudou para sempre. Ao terminarem de gravar a fita *demo* – com Paul McCartney de *crooner* em "Till There Was You" e John Lennon gorjeando "To Know Him Is to Love Him" –, os Beatles embarcaram em uma via expressa musical que literalmente revolucionou o tecido cultural e social que se estendia de Abbey Road ao cruzamento de Hollywood e Vine.

Centenas de bandas britânicas surgiram no rastro dos Beatles: The Dave Clark Five, Herman's Hermits, os Rolling Stones. Por fim, ao final dos anos 1960, a música visceral e estrondosa do Led Zeppelin elevou a revolução do *rock* a um nível absolutamente insano.

Antes da alvorada da era do Led Zeppelin, trabalhei como *tour manager* com quase uma dúzia de outras bandas de *rock*, ajudando a cultivar talentos, atender a excentricidades e massagear egos. Era um trabalho árduo, quase sempre estressante, mas nunca chato. Às vezes, eu ficava exausto; porém, na maioria delas, ficava extasiado. Do The Who ao Unit 4 + 2, da New Vaudeville Band aos Yardbirds... foi o meu treinamento intensivo que me preparou para os doze anos de serviços que prestei para o Zeppelin.

Cresci em Kensal Rise, um bairro de classe trabalhadora a anos-luz das sessões de gravação do Zeppelin no Headley Grange ou do prestigiado palco do Royal Albert Hall. Meu pai trabalhava com metal e, pouco antes da Segunda Guerra Mundial, ajudou a construir as elaboradas portas do Banco da Inglaterra. Depois, foi trabalhar para a Rolls-Royce, na fabricação de carros, e, com o início da guerra, passou para a linha de produção que construía aeronaves. Era capaz de fazer milagres com as mãos, mas também foi muito mais intelectual do que eu jamais fui, e lia livros de História por puro prazer. Enquanto ele se deleitava com leituras sobre Gladstone e Disraeli, eu estava mais interessado em Presley e nos Everlys. Embora eu quisesse passar o tempo em lojas de discos, ele me levava para visitar o Museu Britânico e os corredores do Parlamento.

Meus pais finalmente aceitaram quais eram meus reais interesses, e me deram um toca-discos quando eu tinha treze anos. Imediatamente comecei uma coleção de compactos de 45 rpm de artistas como Elvis Presley, Ricky Nelson, Buddy Holly e Chuck Berry. Alguns cantores britânicos despertavam meu interesse também – Lonnie Donegan tinha vários sons contagiantes, como "Rock Island Line" –, mas ninguém na Inglaterra era tão ousado ou provocava tanta histeria jovial quanto Little Richard ao cantar "Good Golly, Miss Molly".

Embora eu fosse razoavelmente bem na escola – particularmente nas matérias das quais gostava –, a educação nunca foi um passaporte para o sucesso na minha vizinhança. De fato, aos quinze anos, no início de um novo ano letivo, o diretor sugeriu que talvez fosse melhor eu ir trabalhar. Mas logo descobri que o mundo real nada tinha de glamouroso, pelo menos não para um adolescente com habilidades pífias. Meu primeiro trabalho foi fundir latões de leite para uma distribuidora de laticínios em Acton, ao noroeste de Londres. Era um trabalho árduo e quase sempre monótono, e não iria me tornar rico: ganhava pouco mais de três libras, o equivalente a cerca de dez dólares, por quarenta e seis horas de trabalho por semana.

Ao longo desse tempo todo, contudo, meu interesse pelo *rock* florescia. Canções como "Crying", de Roy Orbison, e "The Lion Sleeps Tonight", dos Tokens, faziam minha adrenalina correr e, por um tempo, até me fizeram acreditar que talvez eu pudesse ganhar a vida como músico. Enfim, comprei uma velha bateria, na esperança de que pudesse trazer à tona algum talento musical latente.

Como milhões de outros adolescentes, desenvolvi uma vida de fantasia muito rica. Conseguia me ver correndo até um palco, me posicionando atrás da bateria e tocando para os aplausos de milhares de fãs histéricas, para depois retornar ao palco, bis atrás de bis. Era uma visão que eu repassava sem parar na cabeça. Infelizmente, meu talento não fazia jus a esses sonhos. Foi com muito pesar que, depois de apenas algumas horas batucando os tambores e golpeando os pratos, me dei conta de que Gene Krupa e Buddy Rich não precisariam se preocupar. Nem John Bonham, anos depois.

Com certa apreensão, comecei a procurar um emprego que tivesse futuro, o que foi desafiador para um garoto da região errada de Londres. Saltei de um trabalho a outro, primeiro como entregador de mercado, depois como aprendiz de chapeador metálico e, por fim, como carpinteiro. Aos dezoito anos, consegui um emprego no andaime, sete dias por semana – trabalho duro e ingrato, que quase sempre envolvia a demolição de prédios velhos, a maioria deles em Wembley e no West End. O salário: trinta libras por semana.

No final das contas, foi o meu desejo pela vida noturna que me abriu as portas para o meio musical. Em 1962, comecei a frequentar os clubes do West End, que eram um verdadeiro carnaval, repleto de música e garotas deliciosas. Seis noites por semana, eu me fartava e me embebedava do State Ballroom ao Saint Mary's Hall, do 100 Club ao Marquee. Era maravilhoso só fazer parte daquele movimento.

O início dos anos 1960 foi uma época empolgante, quando centenas de bandas de *rock and roll* confluíam em Londres, vindas de toda a Inglaterra, quando os Rolling Stones e o The Who ainda viajavam em minivans e tocavam quase despercebidos por um punhado de notas soltas de libras por noite, e quando o Led Zeppelin ainda não era sequer um fragmento de ideia na imaginação de alguém. Naquela época, olhando de fora, eu achava que o mundo do *rock* parecia incrivelmente glamouroso e, do meu ponto de vista periférico, sentia até um pouco de inveja. Os jovens aspirantes a músicos que viriam a se transformar em bandas como o Zeppelin enchiam os clubes londrinos, em busca de emoção, salivando diante da chance de tornar seus próprios sonhos realidade e ansiosos para fazer contatos que poderiam transformá-los nos próximos superastros do *rock*.

Minhas *overdoses* dessa vida noturna eram rotineiras, e eu jamais me cansava das festas, do álcool e das drogas, da música alta, das garotas fáceis. Fui também absorvido pelas tendências juvenis dos rapazes ligados em moda daquela época – alguns chamados de *mods*, outros de *rockers* –, que se tornaram parte do cenário londrino tanto quanto o Palácio de Buckingham ou a Abadia de Westminster. Éramos moleques de bairros pobres, a maior parte do East End, outros do sul de Londres. Quando a mídia estava de bom humor, nos chamava de "formadores de tendências"; mas era mais frequente sermos chamados de "vagabundos", "encrenqueiros", "malcriados" ou "provocadores". Independentemente do que era escrito, as emoções que percorriam aquele movimento eram universais: transbordávamos raiva, furiosos com as nossas circunstâncias econômicas. Se reunissem um grupo de *mods* e um de *rockers*, a energia criada pela fúria de ambos os grupos seria capaz de explodir o Big Ben.

Como forma de nos diferenciar da sociedade *mainstream*, seguíamos um estilo particular de moda e atitudes e comportamentos agressivos, renegados. Os *rockers* vinham dos *teddy boys* dos anos 1950: usavam jeans e jaquetas de couro e se viam como nômades de motocicleta à la Brando. Seus rivais, os *mods*, usavam cabelos mais curtos e se vestiam impecavelmente, com roupas feitas sob medida nas lojas da Carnaby Street, onde um par de calças boca de sino produzido em massa e ajustado sob medida custava cerca de quatro libras, e as camisas Fred Perry se tornaram "as únicas" a se usar.

Adotei o visual e o estilo de vida *mod*, um dos milhares de *mods* que saturavam a paisagem inglesa. Sentíamo-nos como se na vanguarda de uma revolução social, como se fôssemos alguém. No sistema de classes britânico, poderíamos ser "pés-rapados", a geração esquecida, e até excluídos, porém, juntos, acreditávamos ser VIPs. Flexionávamos nossos músculos de rebeldia, às vezes, impressionando, às vezes, intimidando os outros. Vivíamos para o momento, gastávamos o dinheiro que tivéssemos e ridicularizávamos os alertas de nossos pais para "economizarmos para o dia de amanhã".

E quando meus amigos diziam que tudo o que queriam era ficar bêbados e se divertir, eu não conseguia pensar numa forma melhor de passar a noite.

Nem os *mods* nem os *rockers* fugiam da violência. O pior ocorria em cidades litorâneas turísticas, como Clacton, geralmente em feriados ou nos fins de semana de Páscoa. Não havia motivos de fato para aqueles confrontos feios; a violência era um fim em si mesma, uma oportunidade de descontar nossas frustrações e extravasar um pouco. Numa noite de julho, chegamos em Clacton sabendo que os *rockers* estariam à nossa espera, e fomos equipados para lutar com mais do que apenas os punhos. Nosso arsenal, por sinal, talvez fizesse inveja ao general Montgomery, com armas que iam de facas a picaretas. Os *rockers* e os *mods* congregaram em lados opostos da rua, trocando xingamentos para então finalmente se aproximarem. Houve alguns confrontos isolados aqui e ali, e então uma briga braba propriamente dita explodiu no meio da rua, no espaço de um quarteirão inteiro. Por vinte minutos, foi um caos absoluto. Socos-ingleses encontraram queixos. Facas cortaram peles. Sangue jorrou pela calçada. Houve uivos de raiva e gritos de dor.

Esse tipo de tumulto ganhava as manchetes nacionais e até internacionais ("A guerra dos adolescentes desajustados"). Um jornalista alertava que "o próprio tecido social da Inglaterra está se desintegrando". Porém, quanto mais atenção os *mods* e os *rockers* recebiam, mais nos comprometíamos com esse estilo de vida – e com o *rock* – que milhões de britânicos consideravam repugnantes.

Por volta dessa mesma época, enquanto os músicos que viriam a se tornar o Led Zeppelin encontravam seus nichos no meio musical, eu finalmente me iniciava nesse ramo. Em 1964, acabara de retornar de um verão inteiro de férias na Espanha – minha primeira experiência real de como era a vida para além da Londres operária. E de lá voltei inquieto e faminto por uma fuga da vida dura e suja no andaime.

Essa oportunidade enfim surgiu num clube chamado Flamingo, no Soho, que, na verdade, era bem fora da curva para aquele momento. Enquanto os outros clubes priorizavam as últimas tendências do *rock* e do *pop*, o Flamingo era devotado aos sons do *soul* e do *jazz*. Enquanto a concorrência preferia os Beatles e o Dave Clark Five, o Flamingo abraçava a música de Ray Charles e Marvin Gaye.

No Flamingo, uma das bandas da casa era Herbie Goins & The Night--Timers, que tocava uma seleção de músicas de Otis Redding e Bobby "Blue" Bland – "Respect", "Mr. Pitiful", "That's the Way Love Is", "Call On Me" – e outras que refletiam uma influência de *rhythm and blues*. Eu gostava desse som, convivia com a banda antes e depois dos shows e, de vez em quando, conversava com o *road manager*. Nunca entendia direito o que ele fazia, mas sua vida parecia glamourosa – certamente mais empolgante do que os meus sete dias por semana no andaime.

Certa noite, percebi que os próprios Night-Timers estavam carregando os equipamentos numa van, tarefa que sempre ficava a cargo do *road manager*. Fui até Mick Eve, o saxofonista alto e magro, que era o *bandleader*. Ele chegou a tocar com Georgie Fame & The Blue Flames – porém, logo quando Georgie começou a ganhar muito dinheiro – 400 libras por noite como atração principal –, decidiu que a música havia se tornado *pop* demais para seu gosto e deixou os Blue Flames para começar sua própria banda.

"O que aconteceu com o seu *roadie*?", perguntei.

"Ele foi trabalhar com outra coisa", respondeu Mick.

"Estou procurando emprego como *road manager*", disse eu a ele.

"O que você sabe sobre isso?"

É claro que eu não sabia quase nada, mas estava desesperado demais para deixar essa oportunidade passar. "Bem, posso dirigir a van", falei, buscando alguma forma de atiçar o interesse dele. "Já viajei e com certeza sei andar por aí."

Então lembrei que, por quatro semanas, trabalhei como soldador de transistores. "E conheço bastante coisa de eletrônica, também", acrescentei.

Mick me olhou de um jeito que dizia *isso é o melhor que você pode fazer?*, e então me disse: "Bom, na verdade, eu não acho que precisamos mais de um *road manager*".

"Mas de alguém vocês devem precisar", supliquei. "Caso contrário, vocês nem teriam um *road manager* antes, em primeiro lugar."

"Só que nós nunca conseguimos pagá-lo muito bem, Richard. Ele ganhava uma libra por noite, e duas libras nas noites em que fazíamos dois shows. Tirava umas sete libras por semana. O cara estava sempre duro."

Não era um cenário muito atraente, ainda mais para alguém como eu, que já estava ganhando trinta libras por semana no andaime. Mesmo assim, eu tinha essa imagem sedutora da vida de um *road manager*, repleta de viagens, muita bebida e muitas e belas garotas. E, na época, não conseguia pensar num jeito mais perfeito de viver.

"Aceito o trabalho, Mick!", exclamei, estendendo a mão para cumprimentá-lo antes que ele pudesse dizer qualquer palavra. Mick assentiu, embora eu ache que ele não tinha certeza daquilo com o que estava concordando. Eu, porém, não poderia ficar mais empolgado; finalmente fazia parte da indústria musical.

O primeiro show que fiz com os Night-Timers foi no feriado do Boxing Day de 1964, no Carlton Ballroom, na Kilburn High Road. Fomos uma das poucas bandas de *rock* a tocar lá, já que o local era geralmente alugado para casamentos jamaicanos ou *bar-mitzvás*. Nesse primeiro show, falei ao Mick: "Não sei se a gente deveria estar usando *dreadlocks* ou quipás!". Acho que ele nunca entendeu a piada.

Naqueles primeiros dias, descobri que o trabalho de *road manager* para os Night-Timers não era tão difícil assim para alguém com a cabeça no lugar. Havia centenas de clubezinhos por toda a Inglaterra e, nos seis meses que trabalhei para os Night-Timers, tocamos em muitos deles. Eu servia de motorista da pequena van da banda, montava os equipamentos e recolhia o dinheiro da bilheteria, que era o bastante para cobrir os custos das viagens, mas não muito mais do que isso. Todavia, o trabalho parecia ter muito mais potencial de glamour do que o andaime.

Depois de apenas duas semanas com os Night-Timers, fui completamente conquistado pelo negócio da música – mas também soube que queria algo mais do que trabalhar para uma banda pequena. Um amigo meu tocava numa banda chamada The Chevelles e, certa noite de domingo, fui vê-los abrir para os Rolling Stones, no London Palladium. Foi a primeira vez que vi os Stones ao vivo, minha primeira exposição à fúria, ao frenesi, à potência de artistas grandes de verdade. As garotas na plateia estavam absolutamente histéricas – berravam, choravam, gemiam, se lançavam em direção ao palco. Algumas chegavam a fazer xixi nas calcinhas, de fato criando cursos de água que, assim como os afluentes do Mississippi, convergiam num único rio onde os assentos em declive se encontravam na frente do palco. Já tinha ouvido falar de bandas que "davam um banho", mas aquilo era inacreditável.

Ao sair do Palladium naquela noite, murmurei para mim mesmo, repetidas vezes: "Puta merda, que banda do caralho". Prometi a mim mesmo que iria mais alto do que os Night-Timers. Até os Beatles precisavam de um *road manager*, argumentei, então coloquei meus objetivos lá em cima.

Em pouco tempo, passei a trabalhar para outras bandas, primeiro para o Unit 4 + 2, uns moleques de classe média que transformaram um contrato de gravação num compacto na primeira posição das paradas, "Concrete and Clay", em 1965, seguido por outro sucesso, "I've Never Been in Love Like This Before", que chegou à oitava posição. Não eram os Stones, mas eram definitivamente um passo acima para mim.

Durante o meu período com o Unit 4 + 2, continuei em contato com os Night-Timers, que agora contavam com um novo tecladista, chamado John Paul Jones. John Paul foi o primeiro futuro membro do Zeppelin que conheci, embora nossa relação na época consistisse em pouco mais do que alguns "olás" e conversas corriqueiras. Já naquela época, Jonesy era quieto, nunca tinha muito a dizer, nunca desperdiçava palavras. Porém, seu talento e suas habilidades intuitivas no órgão Hammond eram impressionantes. "Você é bom demais para essa banda", eu dizia a ele. "Um dia desses, vou te arranjar uma banda em que você vai poder realmente demonstrar seus talentos." Na época, nenhum de nós tinha ideia do quão profética essa afirmação era.

Nas minhas noites de folga, eu voltava a perambular pelos clubes do West End. Certa noite, no The Scene, peguei uma banda chamada The High Numbers. O baterista, Keith Moon, atacava seu instrumento como um psicopata. O guitarrista, Pete Townshend, fazia do braço direito um moinho de vento, girando velozmente e pegando potência até mandar ver um acorde de Dó com a energia de um furacão. Atacava as cordas da guitarra com tanta força e selvageria, que seus dedos ficavam em frangalhos, de vez em quando até ensanguentados. Era o pesadelo de um hematófobo.

Em pouco tempo, os High Numbers se tornaram a grande sensação entre os *mods*. Mais tarde, mudariam o nome para The Who e ajudariam a escrever um capítulo importante da história do *rock*. Quando comecei a trabalhar para eles, em 1965 e 1966, foi como passar de *junk food* a caviar.

Nunca me cansei de ver o The Who ao vivo. Dentro de uma *performance* de noventa minutos, eram capazes de eletrizar o público com a música e chocar com as loucuras no palco, enquanto os críticos vasculhavam os dicionários em busca do adjetivo perfeito, do verbo perfeito para descrever o que estava acontecendo. Justo quando você achava que o The Who era a banda mais disciplinada e hábil que já havia visto e ouvido, os caras tinham um dom camaleônico de se transformarem em lunáticos delirantes e desviados. Tudo isso no espaço de uma noite.

Às vezes, a anarquia que acompanhava a música se tornava assustadora. Consideremos a noite de 1965 em que o The Who tocou num clube londrino chamado Railway Tavern, não muito longe da estação de metrô Harrow & Wealdstone. Com umas duas centenas de fãs amontoados no pequeno salão, os ânimos começaram a esquentar no público e os empurrões proliferaram ao longo de todo o show. Como eu era responsável pela segurança da banda, a inquietação da multidão me deixou também inquieto no *backstage*, tenso com a possibilidade de que um tumulto verdadeiro pudesse estourar.

Perto do fim do show, Pete girou a guitarra e, sem querer, acertou o braço do instrumento no teto baixo do palco, e o fez com tanta força, que o braço quebrou. Pete parou atordoado por um momento para analisar os danos. E então gritou: "Puta que pariu!", rangeu os dentes e explodiu, louco de raiva, e saiu brandindo a guitarra de um jeito furioso e inconsequente. Como um jogador de beisebol armado com o melhor dos tacos, girou de um lado para o outro, golpeou a guitarra no chão, depois contra os amplificadores, e então novamente no chão, para enfim usar o instrumento como uma bola de demolição contra os amplificadores, agredindo-os repetidas vezes, destruindo progressivamente tanto a guitarra quanto o sistema de som. Enquanto a demolição continuava, o público – já à beira da histeria – rugia em aprovação.

Depois desse surto inicial, Townshend não olhou mais para trás. No encerramento dos shows seguintes – enquanto os últimos acordes de "My Generation" ou "Anyway, Anyhow, Anywhere" reverberavam –, o público já esperava que Pete dizimasse suas guitarras caras de alta octanagem ao martelar os amplis com elas, despedaçá-las no chão, pulverizá-las com a sutileza de um 747 colidindo contra o Empire State Building. Pete passou a se divertir muito com isso, impressionado com o fato de que podia excitar o público, instigá-lo e fazê-lo passar dos limites, ao custo de apenas uma ou duas guitarras.

Numa ocasião, Moonie aumentou a loucura só por diversão. Empurrava a bateria no palco, fazia buracos nas peles no chute, quebrava baquetas, pisava nos pratos e aniquilava o que restasse até transformar em palitos de dentes. Era uma cena mais apropriada para um manicômio do que para um clube de *rock*.

Embora o público se deleitasse com esses episódios frenéticos de destruição, não eram algo que o The Who de fato podia bancar e fazer toda noite. Talvez uma banda como o Led Zeppelin, ou o próprio The Who depois de alcançar mais fama, pudesse absorver os custos desse tipo de surto. Porém, em 1965 e 1966, época em que estive na estrada com eles, as contas desses furacões de destruição vinham enormes. Não era como trocar algumas cordas de guitarra por semana; Townshend e Moonie mutilavam instrumentos caros e, nessas, o caixa da banda também. Naquela época, o The Who ganhava cerca de 300 a 500 libras por noite, que poderiam ser facilmente engolidas por uma guitarra nova (200 libras), uma bateria nova (100 libras) e amplis novos (350 a 400 libras). Houve um ponto em que o The Who tinha quase 60 mil libras em débito. Não é preciso ser Albert Einstein para deduzir que a banda estava cometendo suicídio fiscal, o que criou uma tensão interna enorme.

Particularmente no início, John Entwistle e Roger Daltrey ficavam horrorizados com aqueles massacres destrutivos e com o quanto eles custavam à banda. “Isso é absolutamente ridículo!”, John gritou para Pete certa noite. “Perdemos dinheiro toda vez que tocamos! Sairíamos no lucro se nem viéssemos tocar!”

Pete não queria nem saber desse tipo de lógica. “Vai se foder!”, berrou de volta a Entwistle. “É parte do que a gente faz! É parte do show. Os fãs adoram. Então é melhor você aceitar!”

Eu me mantinha de fora dessas brigas. Sabia que Entwistle estava certo, mas não estava na posição de intervir. O dissenso dentro da banda, contudo, era da minha conta. Por quanto tempo uma banda pode durar, eu me perguntava, quando um está sempre no pescoço do outro?

Por fim, Entwistle parou de reclamar, ao concluir que estava gastando energia à toa e que nunca seria capaz de controlar Townshend, de qualquer forma. Por sorte, à medida que a banda começou a ganhar mais dinheiro, a destruição se tornou um gasto mais tolerável e não obstruiu o caminho do sucesso do The Who.

Nos primeiros meses de 1966, as drogas e o álcool estavam se tornando tão importantes quanto qualquer outra coisa significativa na minha vida. Por mais extasiante que fosse a música do The Who, ela ficava em segundo plano em relação ao próximo punhado de comprimidos, que eram uma fonte fácil de prazer. Nesse processo, porém, as drogas estavam começando a afetar seriamente a mim e a Moonie, em particular; ambos tínhamos apagões frequentes e assustadores. Nesse momento, comecei a sentir que meus dias com o The Who estavam contados.

Em agosto de 1966, eu estava dirigindo por Londres em alta velocidade, ultrapassando todo mundo na via – exceto por um policial, cujas sirene e luz vermelha piscante me convenceram a encostar. Era minha terceira multa por excesso de velocidade e, dois dias depois, no tribunal, minha carteira de motorista foi revogada. Como uma grande parte do meu trabalho para o The Who consistia em dirigir a van e transportar a banda de um show para outro, eles tiveram de me substituir. Fiquei furioso por perder o emprego, mas, se alguém tinha culpa, era eu.

Nos meus últimos dias com o The Who, eles tocaram num evento beneficente no Wembley Empire Pool, com capacidade para dez mil pessoas, ao lado dos maiores nomes do *rock*: Beatles, Rolling Stones, Yardbirds, Animals, Walker Brothers e Lulu. O The Who tocou logo antes dos Stones e foi magnífico – de "La La La Lies" a "The Good's Gone", de "Much Too Much" a "My Generation". Mesmo assim, quando os Stones e os Beatles fecharam o show, tocando em sequência, quase todo mundo se esqueceu que outras bandas haviam acabado de tocar. Enquanto Mick Jagger pavoneava pelo palco, desfilando sua *performance* de alta voltagem de Lúcifer do *rock*, pensei comigo: "Como é que alguém pode superar isso?".

Trinta minutos depois, os Beatles superaram. John, Paul, George e Ringo entraram no palco e o teto do lugar quase explodiu. "I Feel Fine", "Ticket to Ride", "We Can Work It Out", "She Loves You", "A Hard Day's Night"... Felizmente, só tocaram vinte minutos; se tivessem tocado por mais tempo, a plateia de dez mil pessoas sofreria uma parada cardíaca coletiva. Foi uma noite excitante, extasiante e completamente exaustiva.

Mais uma vez, meu apetite por algo maior foi aguçado. Eu sabia que queria permanecer no ramo, e sentia que estava pronto para algo além do The Who. O Led Zeppelin ainda estava a dois anos de existir, e, até lá, trabalhei com uma série de outros artistas e bandas, incluindo os Yardbirds, o Jeff Beck Group, Vanilla Fudge, The Young Rascals, The Searchers, The New Vaudeville Band e Terry Reid. Porém, eles foram apenas degraus até o Zeppelin. Para mim – e para milhões de fãs –, o Led Zeppelin se transformaria naquilo que o *rock* tinha de melhor a oferecer.

LED ZEPPELIN

1. POUSO FORÇADO

"RICHARD, alguma coisa de ruim aconteceu com um dos seus rapazes do Led Zeppelin."

Julio Gradaloni tinha uma expressão sombria no rosto enquanto vasculhava nervosamente sua valise, até que enfim sacou um jornal e o colocou na mesa, à nossa frente.

"Como assim?", perguntei, sentindo uma certa ansiedade começar a me dar arrepios. "O que aconteceu?"

Julio era meu advogado, um homem grandalhão e de poucas palavras. Estava sentado à minha frente na sala de visitas da prisão de Rebibbia, perto de Roma. Eu me encontrava preso lá há quase dois meses – por suspeita de terrorismo, dentre todas as coisas. Ao longo daquelas semanas atrás das grades, fiquei furioso e frustrado, ao tentar, desesperada e futilmente, convencer a polícia e os promotores de que a minha prisão era algum tipo de disparate, que eu era tão capaz quanto o próprio Papa de explodir alguma coisa na Itália. Contudo, naquela manhã de setembro de 1980 em particular, Julio desviou minha mente dos meus próprios problemas.

"Um dos seus músicos morreu", disse ele, tentando manter a compostura ao máximo.

"Morreu!" Congelei. Depois de quase doze anos como *tour manager* do Led Zeppelin, os quatro membros da banda – Jimmy Page, Robert Plant, John Paul Jones e John Bonham – haviam se tornado irmãos para mim.

Nem Julio nem eu dissemos nada por alguns segundos. "Foi... foi o Pagey?", gaguejei então. Jimmy é tão frágil, pensei, tão fraco. Talvez a cocaína e a heroína finalmente tivessem cobrado seu preço. Talvez o corpo de Jimmy tivesse simplesmente desistido.

Julio não fazia contato visual ao examinar o jornal italiano, preparando-se para traduzir para mim o artigo sobre o Led Zeppelin.

"Não", disse ele, num tom de voz firme. "Jimmy Page, não. Eis o que o artigo diz: 'John Bonham, baterista do Led Zeppelin, foi encontrado morto ontem na casa de outro membro da banda de *rock* mundialmente famosa...'."

Julio continuou a ler. Porém, depois daquela primeira frase, parei de ouvir suas palavras. Fiquei anestesiado, apoiei os braços contra a mesa, abaixei a cabeça. Engoli em seco e pude sentir meu coração palpitar.

"Bonham está morto", comecei a repetir para mim mesmo em silêncio. "Que merda, não consigo acreditar. Não o Bonzo. Por que o Bonzo?"

Recostei-me na cadeira. Deveria ser algum erro, pensei. Não faz sentido. Ele é tão forte. O que poderia tê-lo matado?

Interrompi Julio: "O jornal diz do que ele morreu? Foram drogas?".

"Bem", Julio disse, "eles ainda não sabem. Mas diz aqui que ele consumiu muito álcool naquele dia. Parece que ele bebeu até morrer."

Julio tentou mudar de assunto. Queria conversar comigo sobre o meu próprio caso, mas eu simplesmente não conseguia. "Vamos conversar outro dia, Julio", murmurei. "Não estou conseguindo pensar com clareza agora."

Mal consigo me lembrar de como voltei até minha cela. Encolhi-me na cama e fiquei encarando os quase cinco metros de altura até o teto. Sentia um nó no estômago ao ponderar sobre a vida sem Bonham... sem aqueles solos de bateria de alta voltagem, sem aquela risada contagiante e sem o senso de aventura que nos impelia ao longo de tantas noites pândegas.

"Você está bem?", perguntou por fim um dos meus companheiros de cela, Pietro, por cima do ruído de um rádio transistorizado ligado ali perto.

"Não sei", respondi. "Um dos meus amigos morreu."

Meus colegas de cela tentavam me reconfortar, mas eu não estava particularmente receptivo às palavras deles. Por fim, tomado por um massacre de emoções, estourei. Arremessei um travesseiro contra a parede e gritei:

"Puta merda! Estou aqui apodrecendo nessa prisão do caralho por algo que não fiz! Eu nem estava com o meu amigo quando ele morreu!".

Comecei a perambular pela cela. "Talvez eu pudesse ter feito algo para ajudá-lo. Talvez pudesse tê-lo impedido de se autodestruir."

Os dois meses naquela cela já haviam sido difíceis. Passei por uma abstinência forçada do vício em heroína, enfrentei muitos dias e muitas noites desconfortáveis com náuseas, câimbras, dores no corpo e diarreia, enquanto tentava solucionar como me desenredaria daquela acusação falsa que me colocara atrás das grades. Num momento, eu me encontrava relaxando no Excelsior, um dos hotéis mais elegantes de Roma; no momento seguinte, policiais de armas em punho invadiram meu quarto, me acusando de um ataque terrorista que acontecera a duzentos e cinquenta quilômetros dali. Desde então, meu cotidiano se tornou difícil – mesmo antes da notícia desconcertante a respeito de John Bonham.

Nos dias e nas semanas depois da morte de Bonzo, recebi várias cartas de Unity MacLaine, minha secretária nos escritórios do Led Zeppelin. "O laudo da autópsia diz que Bonzo sufocou em seu próprio vômito", escreveu ela. "Diz que ele consumiu 40 doses de vodca naquela noite. Determinaram que foi uma 'morte acidental'."

Bonham morreu na casa de Jimmy, a Old Mill House, em Windsor – propriedade que Pagey comprou do ator Michael Caine no começo do ano. A banda se reuniu lá no dia 24 de setembro para começar os ensaios para uma turnê norte-americana agendada para o meio de outubro de 1980. No início da tarde, John começou a beber vodca com suco de laranja num *pub* perto dali, para então passar a exagerar nas doses duplas de vodca na casa de Jimmy. Seu comportamento se tornou errático, barulhento e abrasivo. Reclamou de ter de ficar longe de casa durante a turnê norte-americana, que contaria com dezenove shows.

Quando John enfim apagou, bem depois da meia-noite, Rick Hobbs, *valet* e chofer de Jimmy, o carregou até a cama. Rick deitou o baterista do Zeppelin de lado, o cobriu com um cobertor e fechou a porta silenciosamente ao sair.

Na tarde seguinte, John Paul Jones e Benji Le Fevre, um dos *roadies* da banda, entraram na ponta dos pés no quarto onde Bonham dormia. Benji sacudiu Bonzo, primeiro de leve, depois de forma mais vigorosa, mas não conseguiu despertá-lo. Em pânico, Benji checou os sinais vitais de Bonham e não encontrou nenhum. Ele não estava respirando. Não tinha pulso. Seu corpo estava frio.

Quando a ambulância chegou, os paramédicos tentaram incessantemente ressuscitar Bonham, enquanto seus companheiros músicos observavam horrorizados. Nada funcionou. Talvez estivesse morto há horas.

Depois de uma extensa viagem, que começou em 1968, o Led Zeppelin fez um pouso forçado e violento. Essa era a banda que redefiniu o sucesso no *rock*, cujas vendas de discos e lucros de shows os transformaram, da noite para o dia, em milionários e na carta mais valiosa do *rock*. Era a banda que fazia uma música tão altamente espirituosa, dinâmica, imensa – que a tocava com tamanha confiança e carisma –, que os ingressos para as suas turnês esgotavam em questão de horas. Aplausos de pé e bis intermináveis se tornaram corriqueiros. Haréns de jovens garotas excitadas – cuja adrenalina corria com uma simples menção ao Led Zeppelin – brigavam pela chance de realizar todas as fantasias sexuais da banda e de voar no avião particular, o *Starship*, onde um quarto propiciava a privacidade e as drogas e a bebida ajudavam a aguçar os sentidos.

Fui *tour manager* do Led Zeppelin desde o início, desde o primeiro show nos EUA, no Denver Coliseum, em 1968, quando abriram para o Vanilla Fudge. Ao longo dos doze anos seguintes, estive com eles em todas as turnês e em todos os shows quase até o fim – reservando voos e quartos de hotel, ajudando a escolher locais de shows, planejando detalhes desde o tamanho do palco até a altura das barreiras de segurança, providenciando seguranças paramilitares implacáveis, conduzindo garotas até os quartos dos membros da banda e mantendo o Zeppelin nutrido de drogas. Nesse ínterim, vi a banda se transformar numa verdadeira fortaleza da indústria da música.

Porém, a morte de John Bonham provou que não havia nada de onipotente no Led Zeppelin. A música deles poderia viver para sempre, mas o preço pago por eles foi terrível.

A MORTE DE JOHN BONHAM PROVOU QUE NÃO HAVIA NADA DE ONIPOTENTE NO LED ZEPPELIN. A MÚSICA DELES PODERIA VIVER PARA SEMPRE, MAS O PREÇO PAGO POR ELES FOI TERRÍVEL.

2. A QUEDA

VI JOHN BONHAM pela última vez poucos dias antes de partir para a Itália, no verão de 1980; nos encontramos num *pub* chamado The Water Rat, na King's Road, depois de um ensaio noturno, parte dos preparativos para uma turnê europeia de verão. Enquanto John e eu bebíamos Brandy Alexander, resmunguei a respeito de Peter Grant, o empresário da banda, me mandar para a Itália para largar meu vício em heroína, em vez de acompanhar a próxima turnê.

"Não se preocupe", disse John, "você vai largar essa merda bem rápido e estará com a gente de novo antes do fim do verão."

Quando saímos do *pub*, John me levou para um passeio numa Ferrari Daytona Spider que ele comprara havia dois dias. Depois de ele me deixar de volta na frente do *pub*, voltei-me para Bonzo:

"Você tem noção de que os shows dessa turnê europeia vão ser os primeiros do Zeppelin que eu vou perder? Espero que vocês sintam saudades de mim, seus putos."

Bonzo sorriu. "Muito pouco provável, Cole", brincou. "Não conte com isso." E então perguntou: "O quão puto você está com o Peter?".

"*Muito* puto. Mas também sei que preciso largar esse negócio de uma vez por todas. E você também, Bonzo."

Bonham riu. "Não é um problema para mim", disse ele, com exuberância. "Se virar um problema, eu simplesmente paro!"

Embora eu quisesse acompanhar a turnê pela Europa, também reconhecia que estava perdendo o interesse. Por mais que a música do Led Zeppelin continuasse boa, eu era capaz de ver que a organização estava começando a se sufocar nos próprios tumultos internos. Para mim, os incômodos estavam passando a superar as alegrias.

Nos primeiros anos do Zeppelin, nós éramos uma unidade sólida de seis indivíduos, com Peter e eu servindo de suporte para os quatro músicos. Havia uma alegria real em ver a fama da banda desabrochar tão rapidamente, o que se traduziu em recompensas financeiras enormes e na oportunidade de viver um estilo de vida incrível, fantástico, que um bando de músicos que vinha, em sua maioria, da classe trabalhadora achava irresistível e intoxicante.

Porém, internamente, os sinais da desintegração do Led Zeppelin começaram a aparecer no final dos anos 1970. Jimmy, Bonzo e eu estávamos nos atolando cada vez mais no lamaçal das drogas, o suficiente para de fato enfurecer Robert e John Paul. "Você é uma das pessoas no comando dessa operação toda", Robert me disse certa vez. "E ver o que está rolando nos deixa nervosos. Você não consegue ver o que está acontecendo?"

Pensei que Robert estivesse doido. Desde os primeiros anos, as turnês do Zeppelin sempre foram regadas a álcool... champanhe, cerveja, vinho, *scotch*, Jack Daniel's, gim... e repletas de drogas, embora nós raramente pagássemos pelas substâncias ilícitas. As drogas da banda eram quase sempre dadas a mim por fãs e amigos que batiam na porta do meu quarto do hotel, me entregavam um saco de cocaína ou de maconha e diziam algo do tipo: "Temos um presente para você". A banda raramente recusava algo.

Quando Bonzo, Jimmy e eu começamos a usar heroína, ninguém interveio de forma agressiva, mesmo quando o impacto passou a ser notório. Jimmy se prendeu tanto no vício que, às vezes, chegava aos ensaios uma ou duas horas atrasado. O comportamento de Bonzo, que sempre foi imprevisível, ficou mais volátil. Quanto a mim, eu comprava heroína de traficantes a poucos metros do escritório de Peter em Londres e dava cada vez menos atenção às minhas responsabilidades diárias na organização do Zeppelin. Sentia que ainda tinha as coisas sob controle, mas não tinha; estou certo de que Bonham e Pagey também estavam se deteriorando.

Em 1980, Peter e eu já nos digladiávamos constantemente. Ele nunca me despediu, mas não estávamos nos dando nada bem. Ele estava farto do meu vício e me deu um ultimato:

"Escolha aonde quer ir para se limpar e eu pago. Mas você não vai derrubar essa organização ao acabar consigo mesmo".

Às vezes, a ideia de dar uma escapada soava de fato atraente. Principalmente quando estávamos em turnê, o Peter queria saber onde eu me encontrava e o que eu estava fazendo a todo momento do dia. Eu me sentia sob os holofotes o tempo todo, e não gostava disso. "Por que você fica me importunando?", eu berrava para ele. As drogas me deixavam paranoico.

Até pensei em me demitir. Porém, ao mesmo tempo, não estava disposto a largar mão do estilo de vida glamouroso de limusines, suítes em hotéis luxuosos, drogas e *groupies*.

Peter era uma figura intimidadora, um mamute, obeso, com uma barba desgrenhada e uma calvície cada vez maior. Mais do que isso, era um empresário leal e pragmático, que conhecia todas as armadilhas da indústria musical. Merecia quase tanto crédito pelo sucesso internacional da banda quanto os próprios músicos.

Quanto ao Bonham, comecei a ver um lado muito vicioso dele às vezes – uma fúria alimentada por frustração –, que vinha de suas próprias sensações conflitantes em relação ao Led Zeppelin. Ele amava tocar com a maior banda do mundo e ficava radiante quando os críticos o consideravam o maior baterista do *rock*. Porém, com uma frequência cada vez maior, ele ressentia ter de cair na estrada ou comparecer a um determinado show quando simplesmente não estava a fim. Então, quando seu estado de espírito não estava em sintonia com pegar um avião para o próximo show – quando seu grande coração e a saudade da família lhe davam uma vontade doída de voltar para casa –, ele me dizia: "Está cada vez mais difícil estar num lugar onde não quero estar. Vou em frente porque tem gente que depende de mim. Mas logo vou acabar desistindo de tudo isso. Preciso".

Os solos de bateria de trinta minutos de Bonham – que às vezes destruíam as peles da bateria e deixavam as mãos dele ensanguentadas – eram uma forma de extravasar toda essa raiva e toda essa dor.

Jimmy Page era igualmente complexo, embora seu comprometimento com a banda nunca tenha balançado. Como o Zeppelin era seu filho, sua criação, então seu entusiasmo se mantinha forte. Porém, sua saúde era uma preocupação constante para aqueles ao seu redor, graças a uma dieta vegetariana que às vezes beirava a desnutrição. Sua aparência era frágil e ele era mais propenso a resfriados do que os demais. Ainda assim, sua paixão no palco nunca diminuiu.

Jimmy e eu éramos muito próximos no início do Zeppelin, embora tenhamos passado muito menos tempo juntos nos anos finais. Fora dos palcos, compartilháramos uma empolgação por colecionar obras de arte, mas à medida que comecei a gastar mais dinheiro com drogas, não podia mais bancar meus interesses artísticos, então Jimmy e eu nos afastamos. Ele nunca parecia particularmente impressionado com a própria fortuna e a via como um meio de bancar sua reclusão – e manter seu vício em cocaína e heroína. No entanto, mais do que tudo, a música e o Led Zeppelin eram suas verdadeiras paixões.

Ao longo de todas as provações da banda, John Paul Jones, de algum modo, emergiu incólume. Quando experimentava drogas, parecia ser mais por curiosidade do que qualquer outra coisa, e nunca em excesso. Era quase sempre sensato e controlado. Também era recluso, mesmo na estrada, frequentemente satisfeito com a própria companhia, longe do caos e dos abusos que ele talvez visse como uma possível derrocada do Led Zeppelin. Evitava grande parte das loucuras da banda, e seu casamento sobreviveu intacto a todos aqueles anos de turnês; sua esposa e suas filhas eram o suficiente para ele.

"Richard", às vezes ele me dizia na estrada, "este é o telefone de onde vou estar nas próximas quarenta e oito horas; a menos que seja uma emergência absoluta, não diga a ninguém – e *ninguém* mesmo – como me encontrar."

Peter ficava indignado quando John Paul sumia, mas talvez Jonesy fosse mais inteligente do que todos nós, mantendo uma distância segura, enquanto nós afundávamos gradualmente na areia movediça.

Até a morte de Bonham, eu sempre sentia que Robert Plant era quem mais sofria o impacto da energia negativa que pudesse haver ao redor do Led Zeppelin. Desde o início, por meio da emoção em seu estilo de cantar, eu soube que Robert tinha um lado sensível. Então não me surpreendi quando o vi emocionalmente devastado quando, em 1975, sua esposa, Maureen, quase morreu de ferimentos internos e múltiplas fraturas em um acidente automobilístico na ilha grega de Rodes, ou dois anos depois, quando seu filho, Karac, morreu de uma infecção respiratória séria. No funeral de Karac, Robert se manteve estoico e sério durante a cerimônia. Porém, posteriormente naquela tarde, Bonham e eu nos sentamos com ele no gramado na Jennings Farm, residência de Robert perto de Birmingham, e, enquanto dividíamos uma garrafa de uísque, Robert se abriu, desconcertado pelas tragédias em sua vida e pela direção que o Led Zeppelin estava tomando.

Robert estava claramente magoado com o fato de Jimmy, John Paul e Peter não estarem ao seu lado durante o enterro do filho. "Talvez eles não tenham o mesmo respeito por mim que eu tenho por eles", disse, num tom de voz dolorido e monótono. "Talvez eles não sejam os amigos que pensei que fossem."

Alguns minutos depois, Robert ponderou sobre nossos passados e futuros. "Não podemos pedir por mais sucesso do que já temos. Profissionalmente, não temos mais o que pedir. Mas para onde diabos isso nos levou? Por que essas coisas terríveis continuam a acontecer? Que diabos está acontecendo?"

Eram perguntas sem respostas.

E então Bonham morreu. Na cela, me vi refletindo sobre o "mau agouro" do Zeppelin, que se dizia que assombrava a banda há anos. Era algo mais discutido por radialistas e fãs do que por qualquer um de nós. Quando o assunto surgia, na maior parte das vezes nós só zombávamos disso.

"É uma baboseira", disse Jimmy certa vez, irritado. "As pessoas pegam o meu interesse no ocultismo e dão a ele uma vida própria."

Como a banda raramente se dava ao trabalho de atender à imprensa e discutir os detalhes íntimos de suas vidas com os repórteres, havia uma mística em torno deles que tendia a alimentar os rumores de uma maldição. "Deixe que pensem o que quiserem", dizia Jimmy. "Se os fãs querem acreditar nesses rumores todos, que acreditem. Não vai fazer mal um pouco de mistério."

O boato mais sinistro era elevado a um *status* mitológico: proclamava que, no início da banda, os integrantes – com a exceção de John Paul Jones, que se recusou a participar – fizeram um pacto secreto entre si e venderam as almas ao diabo em troca do enorme sucesso da banda. Dizia a lenda que foi um ritual de sangue, que então lançou uma maldição demoníaca sobre a banda, que acabaria por desinflar o Zeppelin. E talvez levar os membros da banda à morte.

Até onde sei, tal pacto nunca existiu. Jimmy era um grande contador de histórias, em especial para as jovens garotas fascinadas pelo lado "obscuro" da banda, então talvez a história tenha começado aí. Porém, apesar do interesse de Jimmy pelo sobrenatural, ele raramente discutia suas aventuras no ocultismo com o resto da banda. Um dos *roadies* me disse certa vez: "Tentei tocar nesse assunto e Jimmy teve um acesso de fúria. Nunca mais levantei essa questão".

Jimmy era fascinado por toda essa coisa da magia negra, e nas horas seguintes ao meu conhecimento da morte de Bonzo, comecei a me perguntar o quão poderosas seriam suas obsessões. Jimmy era dono de uma casa que pertenceu a Aleister Crowley, o ocultista britânico que fazia experimentações com feitiços, rituais, sessões mediúnicas, heroína e "mágika sexual". Os vizinhos de Jimmy estavam convencidos de que a casa era assombrada, e contavam histórias sobre um rapaz que foi decapitado lá e cuja cabeça rolou pelas escadas feito uma bola de basquete.

Depois que Bonzo morreu, os tabloides londrinos se refestelaram. Dispararam manchetes como "MAU AGOURO ASSOMBRA O LED ZEPPELIN". Segundo um repórter britânico, "Bonham morreu em retribuição pela obsessão do guitarrista Jimmy Page com o ocultismo".

Jimmy ficava furioso com esse tipo de jornalismo. "Eles simplesmente não sabem do que estão falando", vociferava. "Deviam guardar essa ignorância para si."

Deitado na minha cela, não conseguia tirar os pensamentos da possibilidade de uma maldição. Seria o Led Zeppelin suscetível a catástrofes por causa de alguma força maligna indefinível? Seria o fascínio de Jimmy com o ocultismo, de alguma forma, responsável por isso? Ou nossos próprios estilos de vida pesados e excessos pessoais teriam finalmente nos vencido?

Qualquer que fosse a razão, eu sabia que o Led Zeppelin nunca mais seria o mesmo, isso se a banda sequer sobrevivesse. Mesmo antes da morte de Bonham, durante aquelas primeiras semanas na prisão italiana, tentei lidar com meu dilema ao repetir a mim mesmo: "Isso pode acabar a qualquer momento. Vou sair daqui, terei largado a heroína, e vou me juntar à banda na turnê norte-americana. As coisas vão ficar boas de novo, exatamente como eram nos velhos tempos".

A morte de John Bonham, porém, me forçou de volta à realidade. Não só eu teria que lidar com o luto pela morte de um amigo como também sabia que o Led Zeppelin em si havia acabado. Ao longo dos anos, embora a banda nunca tivesse conversado a respeito da morte de ninguém, havia a ciência da possibilidade de um deles talvez decidir sair do grupo.

"Se isso acontecer", disse Jimmy casualmente, "vai ser o fim do Led Zeppelin. A organização vai fechar. Por que se dar ao trabalho de continuar depois disso?"

Bonham era uma parte tremendamente fundamental da banda. Ele e Robert se conheciam desde a juventude como músicos, anos antes do Led Zeppelin. E, embora tivessem brigas e desentendimentos – em geral a respeito de assuntos mesquinhos, como quem iria pagar pela gasolina do carro de algum deles –, contavam com um forte elo emocional. Eu não conseguia imaginar Robert cantando com ninguém além de Bonham tocando atrás dele. Seria como tentar dirigir um carro com três rodas. Quando Karac morreu, Robert abraçou Bonham no funeral e disse: "Você é o meu amigo mais antigo, Bonzo; posso contar que você estará ao meu lado sempre, não posso?".

Jimmy foi direto, sem rodeios: "Seria um insulto tentar encontrar um substituto para John Bonham no intuito de manter o Led Zeppelin no ar".

3. ROBERT

"ROBERT, por que você ia querer desperdiçar a vida numa banda de *rock*? Você tem a oportunidade de receber uma educação maravilhosa e seguir uma boa carreira. Não se desvie. Não estrague essa oportunidade."

Essas palavras foram proferidas pelo Sr. Robert Charles Plant, cujo filho ansiava por seguir a vida como cantor de *rock*. Para o Plant mais velho – engenheiro civil, que se sentia mais confortável com Beethoven do que com os Beatles –, as ambições musicais do filho estavam se tornando um pesadelo. Não era capaz de tolerar o garoto desperdiçar a vida em busca de sonhos impossíveis.

O Sr. Robert passava horas ansiosas a fio se perguntando como voltar a direcionar o filho a uma vida e uma carreira mais "respeitáveis". Nesse meio tempo, o Plant mais jovem construía seus próprios instrumentos caseiros (gaitas e kazoos) e tratava cada um como se fosse um Stradivarius. Enquanto o pai se deprimia com o desinteresse de Robert em aproveitar ao máximo sua educação, o adolescente posava na frente do espelho e aprendia a cantar imitando discos do Elvis.

A maior parte dos músicos de *rock* que emergiu nos anos 1960 – dos Beatles aos Stones e ao Led Zeppelin – vinha da classe trabalhadora. Seus pais sobreviveram aos horrores e às tristezas da Segunda Guerra Mundial –

incluindo o devastador bombardeio de Londres pela Alemanha, que ateou fogo na cidade e a deixou, em grande parte, em ruínas. A economia britânica também foi devastada pelos anos de guerra, e se recuperou com bastante dificuldade. Para muitos jovens músicos da Grã-Bretanha, que cresceram em casas que ouviam Frank Sinatra e a orquestra de Stan Kenton, o *rock* se tornou não apenas uma maneira de talvez escapar da pobreza, como também uma forma de rebeldia, de se lançar contra as tradições das classes média e alta que, para eles, representavam a opressão e a dor que suas famílias enfrentavam. Com o passar dos anos, o *rock* se tornou cada vez mais uma de suas mais potentes armas de rebelião.

No entanto, embora o *rock* fosse primordialmente do domínio das classes desfavorecidas, os Plants eram da pura classe média. Nascido em 1948, em West Bromwich, Staffordshire, e criado a oeste das Midlands, na pequena cidade rural de Kidderminster, Robert vinha de um *background* tão sofisticado que, no início do Led Zeppelin, olhava com um pouco de desdém para nós, os "plebeus". Ele nunca dizia nada muito condescendente, mas, às vezes, parecia respirar arrogância, como se estivesse em um nível acima de nós.

Robert estudou na tradicional escola King Edward VI, onde travessuras estudantis eram parte de seu estilo de vida. Certa tarde, escondeu um par de tênis dentro de um piano, o que impossibilitou o professor de tocar – diabrura que resultou em sua expulsão da turma de música, aula que ele mais adorava.

A partir dos quatorze anos, Robert começou a deixar o cabelo crescer (aparentemente para atrair as garotas) e começou a tocar com bandas de *rock*. Passou a dedicar menos tempo às lições de casa, embora demonstrasse real interesse em algumas matérias, como arqueologia. Mais do que tudo, se sentia impelido a seguir seus interesses musicais, mesmo se sua família reagisse de forma cética a eles.

A certa altura, o Sr. Robert passou a esperar que o filho se livrasse das paixões musicais com o tempo. Levava-o até o Seven Stars Blues Club, onde o adolescente cantava com a Delta Blues Band, acompanhado por Chris Wood, na flauta, e Terry Foster, no violão de oito cordas. Quando as músicas eram familiares, a plateia aplaudia e deixava o jovem cantor extasiado. Porém, Robert também tinha a tendência de apresentar canções de *blues* de artistas mais desconhecidos, como Blind Boy Fuller, silenciando o público e deixando-o desconcertado, como se estivesse cantando *Carmen* ou *Madama Butterfly*.

Robert era inteligente o bastante para perceber que suas chances de alcançar o sucesso eram poucas. "Até mesmo os cantores mais talentosos em geral não conseguem sucesso", dizia. "Vou tentar até os vinte anos; se até lá ainda estiver batalhando, vou atrás de outra coisa para fazer."

Robert passava de uma banda a outra: The Crawling King Snakes (cujo nome foi tirado de uma música de John Lee Hooker), Black Snake Moan (de nome tirado de uma canção de Blind Lemon Jefferson), The New Memphis Bluesbreakers. Enquanto ele brincava desse jogo de amarelinha musical, sua voz começou a chamar mais a atenção: literalmente levava quem passasse por perto a entrar para ouvir aquele vocal emotivo, sensível e poderoso.

"Talvez algo esteja começando a acontecer", dizia Robert a seus amigos, ao aumentar as esperanças quando tocava para casas cheias. Porém, apesar do reconhecimento crescente, ele ainda tinha de lidar com mais decepções.

Em 1966, depois que Robert entrou numa banda chamada Listen, alguns caça-talentos da CBS Records gostaram do que ouviram. Ficaram embasbacados com a voz de Robert e quase tão impressionados com seus rodopios incessantes no palco. A CBS assinou um contrato com a banda para três compactos, o primeiro dos quais foi uma versão ajeitada do sucesso "You Better Run", dos Young Rascals. No entanto, o compacto foi lançado com pouca cerimônia e atraiu ainda menos a atenção das estações de rádio e dos compradores de discos. Foi uma introdução brutal à indústria musical.

Robert ficou desanimado, mas não se deixou derrotar pela falta de reconhecimento que o compacto teve. "Ainda vai acontecer", dizia aos amigos, na tentativa de manter um nível elevado de autoconfiança. "Acredito em mim, e isso já é metade da batalha ganha." Na verdade, ele enfrentava uma batalha contra sua própria inquietação interna, ao começar a se perguntar se algo realmente passaria a pender a seu favor.

Em 1967, a CBS Records pediu a Robert para gravar mais dois compactos para cumprir o contrato que tinham com o Listen. Parecia uma oportunidade maravilhosa – a chance de entrar em estúdio sozinho. Porém, a empolgação de Robert foi triturada pela seleção feita pela CBS das músicas que ele gravaria. Uma delas, "Our Song", era uma balada italiana de orquestração exuberante que recebera uma letra em inglês. Um dos amigos de Robert perguntou: "Que diabos eles estão tentando fazer com ele? Transformá-lo no próximo Tom Jones?". Robert ficou com vergonha da gravação. Quase teve vontade de se esconder ou de derreter pessoalmente todos os compactos prensados. Seus instintos deviam estar certos: "Our Song" vendeu míseras 800 cópias à medida que a gravadora tentou, de fato, promovê-lo como um novo Tom Jones – campanha que teve tanto sucesso quanto o Edsel[2]. Pelo menos naquele momento, um Robert muito cabisbaixo viu sua carreira musical dar de cara contra um muro.

"Se a minha mãe não tivesse comprado um daqueles compactos, nenhum daquela porcaria teria sido vendido", brincava ele. Não havia muito exagero nessa afirmação.

Durante esse período, apesar de sua origem na classe média, Robert se tornou um *mod*, usando botas Chelsea e jaquetas justas e se juntando a batalhas com os *rockers*, no bairro de Margate. Também cortou seus longos cachos loiros num estilo francês inspirado em Steve Marriott, o vocalista dos Small Faces, que lançou uma pergunta musical intrigante num show em que Robert estava presente, em Birmingham: "Como anda a lombar da sua garota?"[3].

2 Marca de automóveis lançada pela Ford Motor Company entre 1958 e 1960, na qual a companhia investiu pesadamente, porém foi um tremendo fracasso, considerado um dos maiores da história da indústria automobilística: a Ford teve um prejuízo de US$ 250 milhões e a Edsel se tornou sinônimo de fracasso comercial. (N. do T.)

3 "*How's your bird's lumbago?*", interpretação equivocada de um trecho da letra de "Lazy Sunday", dos Small Faces – o verso, na verdade, diz "*How's old Bert's lumbago?*" – "Como anda a lombar do velho Bert?". Em inglês, as duas frases têm sonoridade semelhante. (N. do T.)

Com a carreira musical de Robert aos trancos e barrancos, seus pais tentaram novamente encaminhá-lo a direções mais tradicionais. "Por que você não vai estudar para se tornar contador?", sugeriu sua mãe, preocupada. Robert já estava deprimido – e agora isso!

Embora fosse inteligente o bastante para reconhecer que talvez estivesse em busca de um sonho impossível, Robert se aborrecia com a falta de apoio dos pais a suas ambições musicais. Ainda achava que tinha uma chance de estrelato, mesmo que sua mãe e seu pai se perguntassem se um dia ele amadureceria e abandonaria tais "fantasias" de seguir uma carreira musical. Sentia-se frustrado, magoado e, às vezes, colérico. Por vezes, em casa, tinha a sensação de que uma fenda emocional crescia entre ele e os pais. Num certo nível, queria desesperadamente provar a eles que era capaz de ser bem-sucedido na música.

Apesar disso, para trazer paz à família, Robert enfim concordou em fazer um estágio em contabilidade, embora seu coração ainda estivesse possuído pelo *blues* de artistas como Robert Johnson, Tommy McClellan, Otis Rush, Muddy Waters e Sonny Boy Williamson, cujos discos encontrava com frequência nos brechós por onde perambulava.

Depois de apenas duas semanas como estagiário de contabilidade, Robert jogou a toalha. Recebia duas libras esquecíveis por dia, mas, mais importante, percebera que havia muito mais na vida do que livros-razões e balancetes. "Simplesmente não quero passar minha vida inteira contando o dinheiro *dos outros*!", reclamava aos amigos. "Prefiro ganhar o *meu* dinheiro!"

Sem arrependimentos, Robert focou sua atenção na música por completo. Assim como antes, pulou de uma banda a outra, acabando num grupo chamado Band of Joy. No entanto, assim como as primeiras empreitadas musicais de Robert, o sucesso desta foi mínimo. Os shows eram muito pouco frequentes, e a maioria deles em casas vazias. Como se já não estivesse chateado o bastante, se via em conflito constante com o empresário da banda.

"Sabe qual é o problema, Robert?", o empresário lhe perguntou certo dia. "Eu não acho que você canta muito bem! Talvez você devesse pensar seriamente em sair da banda."

Robert deixou a banda furioso, com o ego ferido. Sim, sua voz era um tanto quanto selvagem, mas ele sentia que também havia algo de singular nela. Tentou se esquivar da crítica, não deixar se marcar por ela, mas era difícil. Estava determinado a seguir em frente, embora sua voz não lhe estivesse rendendo dinheiro algum. Pegou para si o nome da banda, e a Band of Joy logo foi reformada numa segunda – e, depois, numa terceira[4] – encarnação, que atirava para vários e inesperados lados. A terceira formação contava com um baterista doido, cabeludo e bigodudo chamado John Bonham, que nunca ficava completamente satisfeito com a enorme potência e fúria que colocava em suas *performances*. Para causar ainda mais efeito, Bonham cobria seus tambores com papel alumínio para dotá-los de um som mais estalado e explosivo – e, ele esperava, atrair mais atenção à banda.

Porém, na verdade, a Band of Joy precisava contar com muito mais para conquistar o coração do público. Os integrantes, às vezes, se apresentavam com o rosto pintado e trajando longas casacas. Encenavam miniguerras entre si com metralhadoras de brinquedo. O baixista, obeso, de bata e calça boca de sino, mergulhava do palco no público, despertando o terror no rosto dos presentes, como se o *Hindenburg* (ou talvez o *Zeppelin*?) estivesse caindo em cima deles. Se havia uma mensagem que a banda queria transmitir, ninguém conseguia decifrá-la ao certo.

Certa noite, enquanto a Band of Joy tocava no Victoria Hall, em Selkirk, um espectador inebriado atirou uma torta contra Plant. Como Robert era um alvo em constante movimento, a torta se despedaçou a alguns metros dele, sem atingi-lo.

"A Band of Joy fazia uns dois shows por semana, mas não ganhávamos muito dinheiro", recordou-se Robert alguns anos depois. "Àquela altura, se eu não fosse casado e minha esposa, Maureen, não trabalhasse, eu não teria o que comer. Simples assim. Estaria na fila do seguro-desemprego."

---

4 Robert Plant voltou a reviver a Band of Joy, para todos os efeitos numa quarta encarnação, em sua carreira solo, para um álbum (que levou o nome da banda) e uma turnê em 2010 e 2011. (N. do T.)

Em certo sentido, Maureen era a salvadora de Robert, e ele sabia disso. Sem o apoio financeiro dela – sem falar no apoio emocional –, ele talvez tivesse desistido muito antes de sequer se ouvir falar do Led Zeppelin. Robert a conheceu num show de Georgie Fame e os dois foram morar juntos pouco depois disso, até finalmente se casarem. Quando ele não trazia dinheiro algum para casa, ela garantia que eles ainda tivessem um teto. Quando a autoconfiança dele balançava, ela ajudava a estabilizá-la. Robert dizia com frequência que, se não fosse por Maureen, talvez tivesse enlouquecido.

A Band of Joy continuava a batalhar. Conseguiu chegar ao ponto de receber setenta libras por noite, tocava canções de Sonny Boy Williamson e do Grateful Dead e até gravou algumas *demos* no estúdio Regent Sounds. Porém, para sua grande frustração, nunca conseguiu um contrato. Por fim, desanimado com o fato de a banda não chegar a lugar algum, Robert decidiu que a batalha não valia mais a pena. A Band of Joy se dispersou.

Mais uma vez, Robert teve de encarar algumas decisões difíceis em relação ao futuro. No início de 1967, trabalhou como rasteleiro na pavimentação da High Street de West Bromwich e usava o dinheiro que ganhava (quatorze centavos por hora) para comprar álbuns do Buffalo Springfield, do Love e do Moby Grape. A maior parte da cena de *rock* britânica, pensava ele, era vergonhosa e mal valia o vinil com o qual os discos eram prensados. Mas o Grape – com sua combinação de *blues*, *folk*, *rock*, *rhythm and blues*, *country* e *bluegrass* – fazia Robert assoviar e ansiar por voltar à música, para o incômodo contínuo de seus pais.

Mesmo muito tempo depois de o Led Zeppelin ter tornado Robert milionário, a reconciliação com seu pai demorou anos para acontecer. O Sr. Robert ainda tinha problemas em aceitar a carreira do filho no *rock*, mesmo com aquele sucesso enorme – fato que perturbava muito o cantor. Numa festa em Birmingham, eu estava conversando com o Plant mais velho e lhe ofereci uma garrafa de cerveja – sem copo. Ele me olhou com repulsa, como se quisesse dizer *quem diabos você pensa que eu sou para beber direto da garrafa?* Ele vinha de um mundo diferente.

4. BONZO

NÃO HAVIA ALGUÉM mais pé no chão do que John Bonham. Ao longo de todo o tempo que o conheci, nunca houve pretensões que precisassem ser decalcadas para se chegar ao verdadeiro Bonham. Todo o estrondo, toda a maluquice, toda a inteligência e todo o talento, tudo isso era Bonzo. O que se via é o que ele era.

Quando criança, muito antes de se tornar o baterista da Band of Joy e do Led Zeppelin, ele batucava em praticamente tudo o que fizesse barulho. Nascido em 1948, em Redditch – a cerca de vinte quilômetros ao sul de Birmingham –, batia nos potes e nas panelas da mãe, ou numa lata redonda de café envolta por um arame, na tentativa de imitar o som de uma caixa de bateria.

A mãe de Bonham lhe comprou o primeiro tambor de verdade quando ele tinha dez anos, e pouco depois seu pai chegou em casa com uma bateria completa, de segunda mão e um pouco surrada. A bateria poderia estar enferrujada, mas John a estimava de maneira absoluta. Ficava aborrecido quando alguns de seus amigos e colegas bateristas não tratavam seus próprios instrumentos com o carinho e o cuidado que ele considerava necessários. Para Bonzo, esse tipo de negligência só estava um cabelinho abaixo de maus-tratos a crianças. A música se tornou seu primeiro vício, e, se ele passasse um dia sem tocar bateria, era como ter uma crise de abstinência.

Pouco depois de se formar na escola, numa época em que Ringo Starr já era motivo de inveja de todo jovem da Inglaterra que tivesse um par de baquetas, Bonzo começou a tentar ganhar a vida como músico. Tocou com Terry Webb and the Spiders, usando uma gravata fina e um blazer roxo e com o cabelo penteado para trás com brilhantina. Na época, seu estilo de tocar era um pouco mais calmo e controlado do que logo se tornaria.

Assim como Plant, Bonham era pressionado pela família para desistir da música. "Há muito trabalho honesto para se fazer por aí, John", seu pai lhe dizia. "Você pode ganhar a vida de forma decente se realmente quiser." O pai de Bonham era carpinteiro e construtor, e John o ajudou por um tempo, trocando as baquetas por um conjunto de martelos. Porém, ele amava a música – nada mais do que fez na vida o deixou tão feliz –, e em pouco tempo voltou a tocar com bandas locais: The Nicky James Movement, A Way of Life e Steve Brett & The Mavericks.

John acreditava que a música era a única coisa na qual ele era bom, mas ainda assim se tornou o estereótipo do artista morto de fome. Aos dezoito anos, quando conheceu sua futura esposa, Pat, ela foi sensata o bastante para pensar duas vezes em se casar com alguém cujo futuro talvez incluísse mais fome do que fama. Bonham, no entanto, foi persistente.

"É só uma questão de tempo", disse a Pat. "Vou chegar lá, se você tiver fé em mim. Não desista de mim."

Apesar dos percalços, ela não desistiu. Pat enfim cedeu, e os dois foram morar num *trailer* de cinco metros. De vez em quando, quando Bonzo se sentia deprimido com a marcha lenta na qual sua carreira se movia – e quando ele perdia a cabeça e surtava no caso de a realidade ficar aquém de suas expectativas –, ele prometia a Pat que desistiria se as coisas não mudassem de figura logo. Porém, eram promessas vazias, e ambos tinham ciência disso. A música era parte inegável dele, algo que ele nunca pensaria seriamente em abandonar.

Houve vezes em que Bonzo se daria melhor mendigando do que tocando música. Quando fazia parte do Nicky James Movement, a banda era tão sem recursos, que, às vezes, tocava com equipamentos que ainda não haviam sido pagos por completo; em mais de uma ocasião, depois de um show, os instrumentos ou o P.A. eram confiscados porque os músicos estavam em débito com as parcelas desses equipamentos. "Não é assim que se faz boa música", John dizia a si mesmo. Mas, pelo menos por ora, ele não tinha muitas alternativas. E demonstrava uma lealdade inabalável àqueles com quem tocava; adorava fazer parte de uma banda, sensação que continuou durante a longa jornada do Led Zeppelin. Mesmo durante aqueles períodos duros, a notoriedade de Bonzo se espalhava: "Ele é o melhor baterista da Inglaterra"... "Toca tão alto, que é quase impossível ouvir nossos próprios pensamentos"... "Ele rompe mais peles de bateria em uma semana do que a maioria dos bateristas arrebenta numa vida inteira".

Com o tempo, Bonzo desenvolveu mais *finesse* e menos hostilidade ao tocar. Embora continuasse bom em jogar em equipe, ansiava pela mesma atenção que os músicos que tocavam à sua frente, especialmente ao ver outros bateristas de *rock* ganharem os holofotes. Admirava e invejava Ginger Baker desde a Graham Bond Organisation, quando Baker nunca se deixava ofuscar pelos demais membros do grupo, apesar da presença musical potente de Bond e Jack Bruce. "É assim que quero ser", murmurava Bonzo, "um igual na banda, e não apenas alguém que segura a batida para os músicos à frente." Mais tarde, quando o álbum de estreia do Cream, *Fresh Cream*, foi lançado, no início de 1967, com o solo de bateria em "Toad", que transformava Ginger Baker na atração principal, Bonzo passou a mirar no estrelato. Menos de dois anos depois, já era um membro do Led Zeppelin.

5. JOHN PAUL

JOHN PAUL JONES era um homem de certo mistério, mesmo para aqueles que o conheciam bem. Fazia música de maneira metódica, com uma confiança *cool* e inabalável. Desde o início, não importava quanto sentimento trazia à música, sempre foi sólido e confiável. Sabia o que era capaz de fazer – e o fazia.

O nome verdadeiro de John Paul é John Richard Baldwin. Vem de uma família que nutria entusiasticamente seus interesses musicais. Nasceu em 1946, em Sidcup, Kent, onde seu pai era pianista e *bandleader*. Ainda criança, John Paul se apresentava ao piano com o velho em casamentos, *bar-mitzvás* e festas. Tinha consciência de que não se tratava do Madison Square Garden ou do London Palladium, mas isso foi um bom treinamento para o que o aguardava.

John Paul pegou um baixo pela primeira vez no início da adolescência. Só teve uma única aula do instrumento, mas isso pareceu ser o suficiente. Deixou seus instintos musicais e dedos sensíveis tomarem a liderança, juntamente com a influência de músicos como Charles Mingus, Scott La Faro e Ray Brown.

O primeiro baixo de John Paul foi um Dallas ("o braço parecia um tronco de árvore"). Porém, embora seu pai incentivasse seu interesse na música, não via futuro no baixo. Insistia para que o filho se concentrasse no saxofone tenor, convencido de que os dias do baixo elétrico estavam contados.

Apesar de tais previsões desfavoráveis, o baixo nunca seguiu o caminho do acordeom ou da auto-harpa. Na verdade, quando John Paul provou ao pai que de fato conseguia ganhar dinheiro com o baixo, o velho mudou imediatamente de ideia.

Aos dezessete anos, John Paul começou a passar por algumas bandas, usando instrumentos Burns, tocando canções de Jerry Lee Lewis e Little Richard, e vestindo trajes como paletós roxos e sapatos brancos, que anos depois o teriam envergonhado. A mais conhecida dessas bandas foi o Harris-Meehan Group, capitaneado por Jet Harris e Tony Meehan, que cantara com os Shadows quando estes fizeram sucesso com "Diamonds". Devido à pouca idade e à inexperiência, John Paul sofria de certo nervosismo nessa época, mas sua autoconfiança mantinha seu nível de *performance* alto.

Pouco depois, encontrou um meio mais lucrativo de fazer música, isto é, como músico de estúdio. Desde o início se mostrou sério e metódico, e logo passou a receber o máximo de propostas de trabalho que conseguia pegar; acompanhava toda a sorte de artistas, de Dusty Springfield a Tom Jones, passando por Jeff Beck. Fez o arranjo de cordas de "She's a Rainbow", dos Rolling Stones, e tocou baixo em "Sunshine Superman", de Donovan. Ainda fez arranjos para os Herman's Hermits e, em meio a isso tudo, lançou seu próprio compacto, "Baja", cujo lado B trazia a inexplicavelmente intitulada "A Foggy Day in Vietnam"[5]. Infelizmente, o compacto foi tão popular quanto a Guerra do Vietnã em si.

Por mais sucesso que John Paul tivesse nos estúdios, no fim das contas, isso não era o bastante para ele. Começou a procurar maneiras de expandir seus horizontes para além das quatro paredes das salas de gravação. Para o público em geral, John Paul era desconhecido, mas ele nunca sentiu que a fama era algo de que precisava; mais importante, sentia uma ânsia de buscar novos rumos para se expressar musicalmente.

Ao mesmo tempo, porém, ele tinha nome e conseguia levar uma vida confortável com o que ganhava nos estúdios, o que lhe permitia passar

5 "Um dia nublado no Vietnã".

muito tempo com sua esposa, Mo, e suas duas filhas pequenas. Assim, ele se perguntava se realmente queria fazer parte de uma banda, de forma que shows, viagens e tempo longe de casa entrariam em questão.

Por fim, uma oportunidade boa demais para ser ignorada se apresentaria. Ela viria da parte de um jovem guitarrista chamado Jimmy Page, que John Paul conheceu num estúdio. Jimmy ficou impressionado com o trabalho de John Paul, em particular depois de ouvir os arranjos que ele fez para algumas das músicas de um álbum dos Yardbirds. Jimmy guardou o nome de John Paul e imaginou que seus caminhos voltariam a se cruzar.

6. JIMMY

JIMMY PAGE NASCEU em 1944, em Heston, Middlesex, mas passou boa parte da juventude em Feltham, um subúrbio de Londres tão perto do Aeroporto de Heathrow, que ele conseguia *sentir* os aviões pousarem. Passava seu tempo livre pescando e colecionando selos, até que, aos doze anos, sua vida mudou quando ele ouviu um compacto de Elvis, "Baby, Let's Play House". Não foi só a voz distinta de Elvis que chamou a atenção de Jimmy; os instrumentos que o acompanhavam – a guitarra, o violão, o contrabaixo – eram o que o impeliam a ouvir o compacto à exaustão, até a agulha quase furar o disco.

Com Elvis na cabeça, Jimmy arrumou um violão de cordas de nylon, mas encordoado com cordas de aço, para tentar imitar os sons que ouvia. Suas tentativas foram, a princípio, truncadas, compreensivelmente. Mas não importava. Da noite para o dia, ele foi fisgado. Era capaz de sentir a empolgação correr em seu sangue. Não conseguiria colocar o violão de lado nem se quisesse.

Jimmy era um astro da corrida com barreiras na escola, porém, logo tudo foi ofuscado pela música. Pediu a um amigo do colégio que lhe ensinasse alguns acordes. Comprou um livro para estudar sozinho, *Play in a Day*, numa loja de música da região. Examinava as contracapas dos álbuns, à procura de nomes familiares entre os guitarristas – Scotty Moore, que tocava nos discos de Elvis; James Burton, que tocava com Ricky Nelson; e

Cliff Gallup, que acompanhava Gene Vincent. Ainda adorava a parada Top 40 – de "Stagger Lee" a "Jailhouse Rock" e "Save the Last Dance for Me" –, mas se percebia ouvindo mais o instrumental do que os cantores.

O pai de Jimmy era gerente de RH numa fábrica e – quase que automaticamente – começou a incentivar os talentos musicais do filho. A outra verdadeira paixão de Jimmy era a arte, o que, para o Page pai, parecia um beco sem saída. Então, depois que Jimmy se formou, seu pai pouco se incomodou quando o filho, ao se apresentar num salão de dança em Epsom, foi notado por Neil Christian, cantor que o convidou para integrar sua banda, Neil Christian and the Crusaders. Um sujeito sempre educado, Christian foi até pedir a permissão dos pais de Jimmy. "Vou ficar de olho no seu garoto", prometeu.

Os Crusaders tiveram a má sorte de sua sintonia nunca bater por completo com a do público. Embora a banda tenha aos poucos conquistado alguns seguidores, preferia tocar velhas canções de Bo Diddley, Chuck Berry e Gene Vincent, ao passo que as plateias queriam ouvir sucessos do Top 10. Para piorar, os Crusaders viajavam numa van caindo aos pedaços, que quebrava mais fácil do que um palito de dente. Então, apesar do talento, eles pareciam malfadados desde o início de jornada para se tornarem os novos Bill Haley & His Comets.

Entretanto, esse talento não passava despercebido. Jeff Beck, cuja irmã o apresentou a Jimmy, viu os Crusaders tocarem certa noite e ficou boquiaberto com a presença de palco de Pagey. A guitarra, dizia ele aos amigos, era quase maior do que Jimmy, "um cara magricela cujos braços e cujas pernas pareciam varetas".

Já naquela época, Jimmy se vestia de maneira distinta e criava *licks* e frases melódicas de guitarra que às vezes faziam Neil Christian parar de cantar no meio de alguma música para deixar o jovem guitarrista assumir o centro do palco.

Jimmy ganhava cerca de vinte libras por semana com os Crusaders, mas o ritmo acelerado dos shows de noite inteira por fim se abateu sobre sua saúde. Ele poderia ter sido um atleta estelar na escola, mas seu corpo não era páreo para as exigências físicas das turnês incessantes. Sofrendo de exaustão, Jimmy desenvolveu uma tosse crônica, que se transformou num caso sério de febre glandular.

Certa noite, na frente de um clube em Sheffield, Jimmy desmaiou. Os médicos o examinaram naquela noite e mais uma vez no dia seguinte e lhe passaram uma receita simples, porém firme: "Vá devagar". Jimmy, cansado e fraco, não estava a fim de brincar com sua saúde e saiu dos Crusaders.

Enquanto se recuperava, se matriculou na faculdade de arte, em Sutton. Porém, por mais que gostasse de arte, não se satisfazia somente com pincéis e cavaletes. Não conseguia deixar a música completamente para trás e sempre voltava a pegar a guitarra. Houve momentos em que ele contemplou colocar de lado os rigores da música em favor da vida aparentemente menos estressante de artista. "Talvez a arte seja a minha vocação", ponderava às vezes. "Tudo o que eu fizer na música será um *hobby*." Porém, em pouco tempo, começou a frequentar clubes no West End, como o Marquee e o Crawdaddy, onde fazia *jams* com praticamente qualquer um que tocasse com ele. Tocava velhos sucessos de Chuck Berry, às vezes por horas a fio, até que os calos em seus dedos quase estourassem. E adorava isso tremendamente.

Assim como John Paul, Jimmy se tornou músico de estúdio – e o foi por seis anos, enfim colocando a paleta e as tintas de lado, para todos os efeitos, para sempre. Quase da noite para o dia, foi bombardeado por oportunidades de sessões, não só porque estava entre os melhores, mas também por ser confiável, capaz de tocar praticamente qualquer estilo de música – de *rock* a *blues* e a *jazz*. A princípio, gostava muito disso, e, às vezes, ficava impressionado com os artistas que acompanhava, entre eles os Rolling Stones, Herman's Hermits, The Kinks e até Petula Clark e Burt Bacharach. Tocou em "Hurdy Gurdy Man", de Donovan, e em "I Can't Explain", do The Who. Certa vez, foi contratado para uma sessão de gravação de *muzak*[6], e até para tocar em alguns *jingles*.

6 Estilo de temas gravados com o único intuito de servir de música de fundo para estabelecimentos, também conhecido como "música de elevador". (N. do T.)

De início, por não ter conhecimento musical formal, Jimmy teve certas dúvidas a respeito do quão bem se daria nos estúdios. Ninguém era capaz de "sentir" a música melhor que ele, mas era frequentemente chamado para tocar de acordo com a visão de outra pessoa, não a sua própria. E isso significava seguir uma partitura, compasso a compasso.

Jimmy levou um tempo até aprender a ler música, e houve alguns momentos desconfortáveis e complicados, em que suas habilidades irregulares de leitura causaram erros embaraçosos. Ele dizia com frequência que, quando começou, as partituras pareciam um bando de corvos pousados em cabos telefônicos. Ainda assim, quase que de início ele já passou a ganhar a vida muito bem nos estúdios.

Não surpreendentemente, o talento de Jimmy intimidava alguns de seus colegas músicos. "Os Kinks estão gravando seu álbum de estreia chamado *You Really Got Me*. E eu gostaria que você tocasse nele", o produtor Shel Talmy disse a ele certa feita.

Shel explicou à banda que as habilidades de Jimmy poderiam contribuir imensamente para a gravação – mas os Kinks não estavam tão certos disso. "Precisamos dele para quê?", teria perguntado Peter Quaife, ansioso. "Dave Davies consegue fazer a guitarra solo muito bem. Isso é ridículo, Shel!"

Shel só se acomodou e deixou a banda expressar sua irritação e apreensão. Então, depois que os ânimos se acalmaram, trouxe Jimmy para a sessão. Os Kinks se converteram rapidamente: depois de ouvir Jimmy tocar, ninguém na banda questionou o julgamento de Shel[7].

Com o passar dos anos, à medida que uma sessão de gravação se misturava a outra, Jimmy desenvolveu sentimentos de tédio e vazio. Falava aos amigos que o trabalho como músico de estúdio estava roubando sua criatividade. "Você chega, eles te dizem o que querem que você toque e, para que eles fiquem contentes, você tem de evitar improvisar", dizia. "É tudo tão mecânico."

---

7 Jimmy tocou violão de 12 cordas nas faixas "I'm a Lover Not a Fighter" e "I've Been Driving on Bald Mountain". (N. do T.)

Em dado momento, quando o nível de frustração de Jimmy estava particularmente alto, ele conheceu Andrew Loog Oldham, o empresário dos Rolling Stones, que lhe contou a respeito da formação de uma nova gravadora. "Você poderia nos ser muito útil, Jimmy", disse Oldham. "Não só para sessões de gravação, mas como produtor também."

Soava como um novo desafio, uma forma de expandir seus horizontes musicais. Assim, Jimmy aproveitou a oportunidade de se tornar o produtor da nova gravadora, a Immediate Records, onde trabalhou em sessões de John Mayall e Nico. Isso lhe proporcionou uma nova onda de entusiasmo da qual ele precisava desesperadamente.

Foi durante esse período que Jimmy quase que literalmente trombou com Eric Clapton no *lobby* de um estúdio de gravação. Sob seu contrato com a Immediate, Jimmy começou a produzir algumas faixas de *blues* com Eric – músicas como "Double Crossin' Time" e "Telephone Blues". Ambos pressentiram uma química particular entre eles, e faziam *jams* frequentes, quando suas agendas permitiam. Certa noite, na casa de Jimmy, tocaram por horas, valendo-se da energia um do outro, animados com a sinergia da convergência de seus talentos enormes. Jimmy chegou até a registrar parte da *jam* dessa noite num gravador simples de duas pistas.

Durante essas sessões, Jimmy se deu conta de que tinha mais a oferecer ao mundo da música do que o trabalho em estúdio. Ao olhar para outras direções, ficou decidido a fazer o tipo de música que *ele* queria fazer. Quando entrou para os Yardbirds – e, depois, formou o Led Zeppelin –, exigiu o máximo de controle que pôde.

7. CONDUZINDO UM FUNERAL DE ROCK

"O QUE É QUE há de errado com vocês, seus desgraçados? Vocês não têm mais nenhum profissionalismo?"

Jimmy Page perdera a paciência. Andava de um lado para o outro e passava uma lição em Keith Relf, o vocalista dos Yardbirds, minutos depois do fim de um show em Chicago, durante o qual a bebedeira de Relf tomou o lugar da música em si. Jimmy chutou furiosamente um *case* de guitarra que estava por perto, derrubando-o. Seus braços estavam cruzados. A irritação se mostrava na testa franzida e na voz agitada.

"Você entra no palco, Keith, e age como se estivesse passando uma noite na porra de um *pub*", gritou Jimmy. "Que diabos há de errado com você?"

Naquela noite, Relf entrou no palco munido de várias garrafas de bebida – *scotch*, *brandy*, *bourbon* e cerveja. Enquanto os últimos acordes de "Heart Full of Soul" ainda soavam, agachou-se para pegar o *scotch* e bebeu direto da garrafa. Fez o mesmo depois de "For Your Love" – na verdade, depois de todas as músicas. O tempo todo, Jimmy olhava fixamente para ele do outro lado do palco e berrava para que "pegasse leve", sem sucesso. Keith estava tão mamado, que o resto da banda deveria tê-lo arrastado para fora do palco.

Os Yardbirds estavam se desintegrando, e Jimmy sabia disso. Era algo que lhe tirava o sono. E, para um músico com um talento tão grande e tamanho perfeccionismo, Pagey parecia um candidato improvável para conduzir o funeral de uma das bandas de *rock* mais conhecidas dos anos 1960. No entanto, quando comecei a trabalhar com Jimmy e os Yardbirds, no início de 1968, era precisamente o que ele estava fazendo. Os Yardbirds se desmontavam ao nosso redor.

Àquela altura, Jimmy estava com a banda há quase dois anos, desde que entrou como baixista, em junho de 1966. Quando se tornou um Yardbird, viu isso como uma fuga... o meio pelo qual enfim escaparia da camisa de força que prendia sua criatividade nos trabalhos em estúdio em Londres. A banda também serviu, por fim, como trampolim para sua carreira de doze anos no Led Zeppelin.

Primeiro, porém, Jimmy tinha de presidir à processão funeral dos Yardbirds, e eu fui um dos que carregaram o caixão. Trabalhei como *tour manager* da banda em sua última turnê norte-americana, que começou em março de 1968.

Peter Grant, o empresário dos Yardbirds, me contratou para essa turnê final depois que viajei com outra banda sua, a New Vaudeville Band. Mick Wilshire, baterista que conheci dois anos antes, de férias na Espanha, era dessa banda e foi quem marcou minha primeira reunião com Peter. Quando entrei em seu escritório pela primeira vez, ele estava sentado confortavelmente atrás de uma mesa gigante. Era uma sala grande, adequada a um homem como Peter, um dos maiores sujeitos que já vi. Quando ele se levantou para me cumprimentar, engoli em seco. Parecia que ele levaria uma eternidade até se levantar por completo. Com 1,98 metro, era uma figura imponente. Posteriormente, quando descobri que ele havia sido leão de chácara de uma casa noturna, lutador profissional de luta-livre e dublê para atores britânicos grandalhões, como Robert Morley, não me surpreendi – e me tornei um pouco mais cauteloso quando estava perto dele.

Peter foi criado pela mãe num bairro pobre de Londres. Abandonou a escola, fez bicos na adolescência e, por fim, se deparou com a indústria da música. Tornou-se o *tour manager* britânico para artistas americanos como Everly Brothers e Little Richard, período durante o qual demonstrava uma atitude impiedosa a qualquer um que o aborrecesse. Certa noite, ouvi uma história de que ele havia surrado um *promoter* de *rock* que tentou passar a perna em Little Richard por algumas poucas libras; não só a fúria de Peter levou o pobre coitado ao pronto-socorro, como Peter também nocauteou vários policiais que foram chamados para conter a briga. Para ele, foi como estar de volta ao ringue de luta-livre.

Sempre fui conhecido como um cara durão, mas Peter Grant, concluí, era de uma outra categoria. Naquela primeira reunião, contei a ele um pouco sobre mim e as bandas para as quais trabalhei. "Bem, Cole", disse ele, por fim, "a vaga de *tour manager* da New Vaudeville Band está aberta. Posso te pagar vinte e cinco libras por semana. Negócio fechado?"

"Ainda não", respondi sem nenhuma pausa. "Trinta libras por semana é do que eu preciso... É pegar ou largar!"

Peter pareceu atônito com a minha resposta. Francamente, eu também, ainda mais por ainda estar nervoso por me encontrar diante daquele homem imenso. Posteriormente, ele me diria: "Eu não estava acostumado que falassem comigo daquela forma. Mas, pensando bem, achei que foi um bom sinal. Duvidei que você engolisse conversa fiada de alguém".

Peter concordou com o salário de trinta libras por semana. Cumprimentamo-nos, e então, enquanto eu me dirigia à porta, ele rugiu: "Mais uma coisa, Cole". Virei-me, e ele sacudia o dedo indicador na minha direção. "Que eu nunca saiba que você contou para alguém o que foi discutido na porra desta sala. Se você contar, vou cortar suas orelhas fora! Cortar no ato!"

Naquele momento, não duvidei disso.

"Me ligue no final da semana, Cole. Até lá, já saberei quando você vai começar."

Essa foi a minha apresentação a Peter Grant, e a minha entrada na organização dele, que por fim me levou aos Yardbirds.

Meu período com os Yardbirds foi uma experiência difícil tanto para mim quanto para Pagey. Na fase pré-Page, os Yardbirds desfrutaram de um reino de enorme popularidade que começou em Londres, em 1963. Ao longo da década de 1960, só o nome da banda já chamava a atenção dos fãs de *rock* do mundo todo, em grande parte por causa de seus guitarristas fantásticos. Antes de Jimmy, os Yardbirds serviram de palco para dois dos melhores daquela era: Eric Clapton e Jeff Beck. Poucos guitarristas poderiam sucedê-los; Jimmy Page era um deles.

Quando o baixista Paul Samwell-Smith saiu da banda, em 1966, Pagey entrou em seu lugar. Pelos dois anos seguintes, foi uma figura permanente na banda. Porém, no início de 1968, quando me juntei aos Yardbirds como *tour manager*, eles já estavam perdendo o fôlego – fato que todos na banda reconheciam. Se esgotamento é algo que pode acontecer com músicos de *rock*, aos Yardbirds ele chegou a galope. Dos cinco músicos da formação original do grupo de 1963, três deles – Keith Relf, Chris Dreja e Jim McCarty – ainda seguravam as pontas, embora sem quase nenhum entusiasmo mensurável.

Do momento em que Jimmy entrou para a banda, acabou carregando-a nas costas o melhor que pôde. Em particular durante aquela turnê final de 1968, Relf estava empurrando as coisas com a barriga. "Temos algumas obrigações contratuais, então estou disposto a cumpri-las", Keith me disse certa tarde, enquanto bebericava uma cerveja em seu quarto de hotel. "Mas estou cansado disso tudo. Estou esgotado."

Naquela última turnê, Relf era uma sombra do que um dia fora – submerso em seu consumo excessivo de álcool e pó de anjo[8]. Ele também usava muito ácido, geralmente no quarto do hotel, com um incenso aceso. Jimmy e eu às vezes cheirávamos cocaína juntos, mas Keith parecia incapaz de saber quando estava exagerando. "Estou bem!", berrava ele quando eu demonstrava alguma preocupação. "Puta merda, você é o meu *tour manager*, não a minha mãe!"

Ao longo de toda a turnê, viajamos a maior parte do tempo num ônibus Greyhound alugado, com a maioria dos assentos removida. Camas de lona foram instaladas no chão e nelas nós dormíamos, ou pelo menos tentávamos dormir, quando não ficávamos em hotéis. Havia um único banheiro nos fundos do ônibus, mas nada de aparelhagem de som, instalações de cozinha ou tomadas. Foi uma operação de terceira classe, totalmente desanimadora, do começo ao fim.

---

8 Fenciclidina, droga dissociativa semelhante à cetamina ou ketamina. (N. do T.)

Jimmy havia claramente assumido a liderança de um barco que estava capotando em alto-mar. Enquanto os outros músicos sufocavam em sua própria depressão e seu abatimento, encarando a última turnê dos Yardbirds como uma marcha da morte, Jimmy chutava-lhes a bunda e tentava animá-los a fazer música de novo. "Vamos fazer valer o dinheiro dos fãs nesta noite", suplicava ele para o resto da banda. Porém, não importava o quão passionais seus apelos fossem, em geral ele era ignorado.

Quando Keith Relf estava bêbado, tocava gaita como se tivesse acabado de pegar o instrumento pela primeira vez e se embananava com as letras das músicas. Chegava a berrar impropérios para o público e para os outros Yardbirds. Contudo, era meu trabalho tentar manter Keith cantando por uma hora, receber o dinheiro do *promoter* e só depois lidar com as reclamações.

A maioria delas vinha do próprio Pagey. "Que diabos você pensa que está fazendo?", espumou Jimmy depois do show desastroso em Chicago. "Essas pessoas pagaram para nos ouvir tocar e cantar, Keith, não para assistir a você se embebedar."

Sua raiva entrava por um ouvido e saía pelo outro. "Não estou fazendo mal a ninguém, Jimmy", dizia Keith. "Não ouvi ninguém pedir o dinheiro de volta."

Apesar do estresse notável em cima de Jimmy, eu o observei emergir como um profissional azeitado – a mesma qualidade que ele mais tarde demonstraria durante todo o reinado do Led Zeppelin. Mesmo nos momentos finais dos Yardbirds, Pagey, às vezes, passava boa parte da tarde ajeitando o cabelo cuidadosamente e escolhendo figurinos estilosos, destacados por camisas bufantes, echarpes *vintage* e *blazers* de veludo. Enquanto o resto da banda usava jeans, colares de miçangas e batas, Jimmy tinha o visual de um cavalheiro britânico do século 18. Achava que os fãs mereciam algo de especial, mesmo se ele fosse o único Yardbird a pensar dessa forma.

Havia outro fator em questão, além do orgulho profissional de Jimmy: ele também esperava fazer algo com o nome "Yardbirds" mais adiante. Ainda acreditava que havia certo brilho associado ao nome dos Yardbirds e, em dado momento, abordou Relf e McCarty:

"Se vocês não vão continuar, eu ainda pretendo. Estou pensando em formar uma nova banda e gostaria de ter o direito de usar o nome."

Relf deu risada. "Isso ainda vale alguma coisa?" Sem hesitar, acrescentou: "É todo seu. Não quero ter mais nada a ver com essa porra desse nome!"

Assinaram alguns documentos legais e Jimmy então obteve os direitos ao nome "Yardbirds".

O último show da banda nos EUA foi no dia 5 de junho de 1968, no autódromo nos arredores de Montgomery, Alabama. Naquela manhã, estávamos sentados à beira da piscina do hotel enquanto um rádio transmitia uma série de boletins de notícias:

"O senador Robert Kennedy, que foi baleado ontem à noite no hotel Ambassador, em Los Angeles, está no hospital, à beira da morte".

Fiquei mortificado. Senti que o país estava se desfazendo diante dos meus olhos.

Para aquele último show, os Yardbirds tocaram num palco improvisado composto por dois reboques de dez metros. Os fãs – que se espalhavam pela pista de terra ao redor do palco – foram de um entusiasmo notável. Pouco antes de entrar no palco, Jimmy me disse: "É triste, não? Essa banda poderia continuar por anos se ainda houvesse entusiasmo. Detesto ver uma grande banda morrer".

Porém, naquela noite, aquela banda morreu. Enquanto um único holofote iluminava Relf, depois Page, depois Dreja e McCarty, eles tocaram como os Yardbirds pela última vez nos EUA: "Heart Full of Soul"... "Over Under Sideways Down"... "Shapes of Things". Quando os últimos acordes de "For Your Love" se dissiparam na noite, toda a nostalgia que eu sentia foi sobrepujada por um senso de alívio por aquilo ter finalmente terminado. Era maravilhoso trabalhar com Jimmy, mas a tensão interna da banda, às vezes, era quase insuportável.

8. UM NOVO COMEÇO

EM SEGUIDA ao fim dos Yardbirds, Jimmy Page começou a planejar o futuro. Encontrava-se emocionalmente exausto pela tensão de conduzir a sentença de morte da banda e, por um tempo, chegou a considerar um hiato.

"Talvez eu precise de uma pausa", disse a um amigo. "Não estou certo de que tenho a energia para começar tudo de novo com uma nova banda."

Ficar parado, porém, não era da natureza de Jimmy, que amava demais fazer música e tirava um barato dos sons que conseguia extrair da guitarra. Mesmo na época em que ele usava drogas, nenhum comprimido ou nenhuma substância era capaz de deixá-lo tão eufórico, tão intoxicado quanto a música. Assim como acontece com toda droga potente e viciante, ele sempre buscava o instrumento para mais uma dose, mais um pico daquele estimulante arrebatador.

Havia algumas considerações práticas também – em particular, acordos contratuais que precisavam ser cumpridos. Embora os Yardbirds tivessem se separado, havia alguns compromissos de shows em aberto no rastro deles – de imediato, uma turnê pela Escandinávia. Isso significava que era preciso formar uma banda – e o nome New Yardbirds não parava de martelar na cabeça de Jimmy – que pudesse cair na estrada e tocar nessas datas restantes.

Assim, no final do verão de 1968, bem no meio da era dos supergrupos, Jimmy se viu diante da oportunidade de criar uma nova banda. E, quanto mais pensava nisso, mais intrigantes pareciam as possibilidades. Conhecia os obstáculos e as armadilhas, é claro – os egos enormes e as pressões pesadas que haviam subvertido mais de uma superbanda. "Não estou nada a fim de ver outra banda se desfazer sob os meus pés", disse. "Ainda estou sentindo as repercussões dos Yardbirds."

O Cream era o mais recente supergrupo a implodir. A banda contava com três dos mais talentosos músicos de *rock* daquela época – Eric Clapton, Jack Bruce e Ginger Baker – e estourou com força e influência ao lançar o primeiro álbum, em 1967. Como o nome sugeria, eram o *crème de la crème* do *rock*, combinando *blues* branco com *rock* pesado e potente. Porém, ao final de 1968, a banda já estava se desintegrando e fez seus últimos shows no Madison Square Garden, em Nova York, e no Royal Albert Hall, em Londres[9].

Com o Cream extinto, os críticos começaram a debater sobre quem preencheria esse vácuo no *blues rock* – se é que isso seria possível. Alguns falavam no Ten Years After, outros apontavam para o Pink Floyd. Porém, quando Jimmy enfim tomou a decisão de formar uma nova banda, que se tornaria o Led Zeppelin, encerrou essa discussão.

Jimmy passou muitas noites inquietas sozinho em sua casa, em Pangbourne, contemplando quem poderia convidar para essa nova banda – anotava, riscava e acrescentava nomes numa lista, na tentativa de imaginar como a banda se entrosaria com diferentes combinações. Levou muito a sério esse processo todo. John Entwistle, Keith Moon, Jeff Beck... B.J. Wilson e Nicky Hopkins... todos estes estavam na "lista A" de Jimmy, assim como Steve Marriott e Steve Winwood, que eram seus candidatos número um para o posto de vocalista. Naquelas primeiras semanas, nem Robert Plant nem John Bonham sequer estavam no páreo; na verdade, Jimmy nem sabia quem eram eles.

---

9 O Cream se reuniu, primeiro informalmente, para uma apresentação quando de sua instituição no Rock and Roll Hall of Fame, em 1993, e depois de forma oficial, ainda que breve, em 2005, para três shows no Royal Albert Hall e três no Madison Square Garden, novamente. (N. do T.)

"Tentei entrar em contato com Marriott", Jimmy recordava com frequência. "Estava empolgado com a ideia de ter uma banda com ele, achei que funcionaria muito bem. Porém, quando seus empresários me responderam, disseram que Steve se sentia compromissado com os Small Faces. Não tinha interesse."

Jimmy continuou a examinar minuciosamente a lista de candidatos e a enxugá-la. Em pouco tempo, Terry Reid emergiu como o primeiro colocado para o papel de vocalista. Jimmy o viu se apresentar ao vivo e se impressionou com sua voz potente e rouca. No entanto, mais uma vez, seus planos foram minados.

"A ideia é empolgante", Reid lhe disse ao telefone. "Mas infelizmente terei de declinar. Já tenho um contrato com Mickie Most, então acho que isso me torna uma carta fora do baralho."

Às vezes, Jimmy ficava esgotado com essa ciranda. Voltou a ligar para Terry e perguntou se ele teria alguém para sugerir como vocalista. Não esperava ouvir nenhum nome que já não estivesse considerando, mas já começava a sentir que talvez aquela fosse uma empreitada infrutífera.

"Bem, tem um cara que você deveria procurar", disse Terry. "O nome dele é Robert Plant, e ele é de uma banda chamada Hobbstweedle."

Jimmy nunca tinha ouvido falar em Plant, o nome "Hobbstweedle" mal era pronunciável e certamente não era conhecido por Jimmy nem por mais ninguém em seu círculo mais próximo. Mas ele confiou o bastante na opinião de Terry para ir atrás de Plant. Encontrou-o numa apresentação numa faculdade de educação perto de Birmingham, cantando para uma plateia que mal dava para encher uma Kombi.

Francamente, a maioria das músicas do repertório de Plant daquela noite não empolgou muito Jimmy – canções do Moby Grape, por exemplo. Mas aquela voz – Jimmy ficou arrepiado ao ouvi-la –, aquela voz potente, *sexy*, emotiva, lamentosa, como um grito do fundo da alma de Robert.

"Por que esse cara ainda não é um astro?", pensou Jimmy. "Tem de haver alguma coisa errada com ele. Talvez ele tenha uma daquelas personalidades insuportáveis e ninguém consegue se dar bem com ele."

Concluiu que precisaria conhecer Robert Plant melhor antes de convidá-lo para a banda. Nesse meio tempo, porém, não conseguia tirar da cabeça a ideia de tê-lo como vocalista. Da noite para o dia, esqueceu todos os outros que havia considerado – Reid, Winwood, Marriott. A menos que Robert acabasse se mostrando algum tipo de pária social, era o cantor que Jimmy queria.

Da parte de Robert, ele ficou ao mesmo tempo empolgado e ansioso ao ser procurado por Pagey. Para aquele cantor de *rock* batalhador, Jimmy Page era um dos astros na estratosfera do *rock* à qual Robert aspirava. Quando Jimmy disse a ele que estava à procura de um vocalista para sua nova banda, Robert percebeu que essa poderia enfim ser sua passagem para a fama. E quando Jimmy o convidou para visitá-lo em sua casa, em Pangbourne, Robert jurou que não iria perder essa chance. Uma oportunidade como essa poderia nunca mais aparecer.

A caminho de Pangbourne, já tenso e nervoso, Robert foi acossado na estação de trem por uma senhora de idade que se ofendeu com seu cabelo comprido. "Corte isso aí! Corte esse cabelo!", gritou ela. "Você não tem o mínimo senso de decência?"

Antes que ele pudesse reagir, a senhora lhe deu um tapa na bochecha.

Robert ficou abalado com o incidente. "Talvez isso seja um presságio", pensou ele ao tentar se recompor. "Talvez não seja para ser. Talvez eu deva dar meia-volta e ir para casa."

Porém, ao chegar à casa de Jimmy, as ansiedades de Robert se abrandaram. O encontro dos dois não poderia ter sido melhor. Passaram a tarde conversando sobre seus respectivos gostos musicais, trocando histórias, rindo. Em dado momento, Jimmy disse: "Quero que você escute uma coisa". Foi até o toca-discos e colocou um álbum de Joan Baez em que ela cantava "Babe I'm Gonna Leave You".

"O que você acha disso?", perguntou Jimmy. "Consegue nos ver tocando essa música?"

Robert parou para ouvir. Antes da metade da música, assentiu. Quando a música acabou, pegou o violão de Jimmy e começou a tocar um arranjo para a canção. "Talvez isso funcione", disse.

A química se fez ali. Robert estava no barco. O jovem cantor ficou tão feliz, que quis dar um berro de alegria, mas se conteve, pelo menos até estar a uma distância de onde Pagey não ouviria.

Pouco antes de ir embora, fez boas recomendações de seu velho amigo Bonham. Plant e Bonham não moravam muito longe um do outro, e ainda conviviam de vez em quando, mas não tocavam juntos num palco desde a dissolução da Band of Joy. Mesmo assim, Robert já conseguia imaginar Bonzo como parte da nova banda, e a ideia o animava. "Não escolha nenhum baterista até você vê-lo tocar", disse a Page. "É difícil de descrever. Não acredito que haja alguém que toque bateria como ele. Sei que ninguém toca melhor."

Bonzo, porém, estava em turnê com Tim Rose, e parecia bem satisfeito com isso. Afinal, ganhava cerca de quarenta libras por semana, o máximo de dinheiro que já ganhara. Seria duro para ele abandonar essa renda estável.

"Quando uma coisa boa está rolando, você não a joga pela janela, simples assim", disse ele a Jimmy ao telefone. "Estou satisfeito no momento. As coisas parecem estar dando certo para mim."

Todavia, por causa dos altos elogios de Robert, Jimmy queria ouvir Bonham tocar. Foi até o Country Club, em West Hampstead, onde Bonzo tocaria com o Rose. O show começou de maneira bem rotineira, mas, depois de uns vinte e cinco minutos de *set*, Bonham assumiu os holofotes. Os olhos de Jimmy se arregalavam enquanto Bonzo atacava a bateria como um piloto *kamikaze*; a bombardeava e metralhava. Devastava. Até dispensou as baquetas e voou sobre os tambores com as mãos. Só faltou pisoteá-los e estilhaçá-los.

"Preciso conseguir esse cara", pensou Jimmy. "Deve haver alguma maneira de fazê-lo mudar de ideia."

Começou então a trabalhar nisso. "Essa banda pode ser uma grande revelação, John... Temos uns empresários maravilhosos... Acho que é uma oportunidade incrível para todos nós... Dê uma pensada e voltamos a nos falar."

Jimmy recrutou Peter Grant, que seria o empresário da nova banda, para ajudá-lo a cortejar Bonham. Levaram-no para almoçar. Insistiram com dezenas de telegramas. Pediram a Plant que desse uma insistida também. "Não aceitamos 'não' como resposta", Jimmy enfim disse. E não estava brincando.

Por fim, a convicção de Bonzo começou a enfraquecer. Sabia do *status* de astro de Pagey e, é claro, já tocara com Plant. Talvez, pensou, de fato essa nova banda fizesse sentido. Um dia, finalmente deu o braço a torcer e disse a Jimmy: "Você venceu! Vamos nessa!".

Page ficou extasiado. "Você não vai se arrepender", disse a Bonham. O baterista, porém, perdeu o sono por semanas, se perguntando se havia tomado a decisão certa. Estava abandonando algo certeiro – quarenta libras por semana – por uma empreitada que, para ele, parecia arriscada. "Espero não ter metido os pés pelas mãos", pensava.

Enquanto isso, John Paul ouvira falar que Jimmy estava organizando uma nova banda. Buscava uma oportunidade de fugir dos trabalhos de estúdio, pelo menos por um tempo, então ligou para Jimmy com o intuito de puxar casualmente o assunto dessa tal nova banda. Conversaram por quinze minutos e, ao final, John Paul disse ao velho companheiro de estúdio: "Me dê um toque se precisar de baixista". Alguns dias depois, foi o que Jimmy fez.

A banda finalmente estava montada. Só faltava ver se as coisas iam clicar musicalmente. "Precisamos nos encontrar e tocar", disse Jimmy a John Paul. "Vou armar alguma coisa para a semana que vem."

Todos concordaram em se encontrar para um primeiro ensaio num pequeno e úmido estúdio na Gerrard Street, em Londres. Jimmy não dormiu muito bem na noite anterior desse primeiro encontro, se perguntando se haveria tanto entrosamento quanto ele imaginava. Robert chegou no ensaio com frio na barriga. Todo mundo queria que aquilo desse certo, mas ninguém tinha certeza do que aconteceria. Por desencargo, Bonzo guardou o telefone de Tim Rose no bolso.

Foi nesse ensaio que Jonesy conheceu Plant e Bonham, e Plant ficou um pouco surpreso com a aparência dele. Afinal, Page havia descrito John Paul como "um músico de estúdio veterano"; baseado nisso, Plant e Bonham imaginaram que talvez fossem trabalhar com uma figura paternal, mais velha. John Paul não combinava exatamente com essa descrição.

Não havia nada em particular planejado para aquela tarde, mas, enquanto ajeitavam seus instrumentos e olhavam nervosamente um para o outro, Jimmy sugeriu que tocassem "The Train Kept a-Rollin'", uma de suas favoritas dos tempos dos Yardbirds. Começaram meio duros, mas não por muito tempo. Tudo começou a se encaixar em seu devido lugar muito rapidamente. Em seguida, tocaram "As Long as I Have You", canção de Garnet Mimms. Depois, "I Can't Quit You Baby". À medida que a música ricocheteava das paredes, Jimmy se pegava sorrindo. Quando tocaram "Dazed and Confused", ele já estava quase zonzo de tanta empolgação.

"Acho que temos algo aqui", anunciou.

Ninguém discordou. Quatro chapas que viviam para a música se deram conta de que provavelmente tinham enfim encontrado seu meio de expressão definitivo.

Quando aquela *jam* inicial acabou, Robert perguntou: "Bem, o que vem a seguir?".

Jimmy não tinha certeza. "Não sei ainda, mas não vá para muito longe. Quero que as coisas andem rápido."

Dois dias depois da *jam session*, Jimmy se encontrou com Peter e não tentou atenuar seu entusiasmo.

"Queria que você estivesse lá", disse. "Queria que tivesse nos ouvido. Foi mágico. Tudo simplesmente se encaixou."

Peter foi capaz de sentir a empolgação de Jimmy. "Bem, o quão logo você consegue deixar as coisas afiadas o bastante?"

"Não vai demorar muito, Peter. Ao final do ensaio, todos sentimos que já estávamos em alta octanagem. Quero arrumar alguns shows pra gente."

Peter providenciou os contratos que restavam dos Yardbirds e começou a dar alguns telefonemas. Em menos de uma semana, a primeira miniturnê da banda foi organizada e começaria em Copenhague e Estocolmo, em meados de setembro. Para esses primeiros shows, a banda recebeu o nome de New Yardbirds.

Só ensaiaram por alguns dias antes de partir para a Escandinávia. Na época, eu estava nos EUA, viajando com o Jeff Beck Group, outra banda que Peter Grant empresariava, mas por meio dos meus contatos frequentes com o escritório de Peter, não parava de ouvir falar nos New Yardbirds. Quando ele os mencionava, era possível ouvir a expectativa em sua voz. "Richard, Pagey acha que essa banda vai ser incrível", dizia. "Parece que as coisas vão andar rápido. Eles podem se tornar grandes logo, logo."

Em Copenhague, o primeiro *set* dos New Yardbirds incluiu "Communication Breakdown", "Dazed and Confused", "How Many More Times", "Babe I'm Gonna Leave You" e "White Summer". Bonzo, depois, me diria que houve alguns enroscos e problemas com equipamentos. Tiveram de recomeçar umas duas músicas, mais por nervosismo do que qualquer outra coisa. Porém, segundo ele, balançaram as estruturas do auditório. Eu gostaria de ter estado lá.

Ao voltar para Londres, Jimmy não conseguia conter a empolgação. "Peter, quero entrar em estúdio agora mesmo. Vamos registrar umas músicas. Nosso som já está afiado o bastante para gravarmos."

É claro, a banda ainda não tinha contrato de gravação, mas Peter confiava nos instintos de Jimmy. "Se vocês já estão tão bons assim, vamos nessa."

Em outubro, reservaram o Olympic Studios, ao sul de Londres, e puseram as mãos na obra. Sem o apoio de uma gravadora, Peter e Jimmy concordaram em dividir os custos do estúdio. E, com o taxímetro rodando, não desperdiçaram um minuto sequer.

O álbum *Led Zeppelin* foi gravado inteiro em apenas trinta horas. Jimmy e John Paul, que literalmente viveram em estúdios de gravação por anos, comandaram os trabalhos, com Bonzo e Robert na garupa. Pagey orquestrou todo o processo, tentando extrair o melhor dos companheiros. Planejou cada uma das músicas e fez o mínimo de *overdubs*, para aproveitar substancialmente o som ao vivo da banda. Posicionou os microfones com cuidado: alguns, a apenas centímetros dos amplificadores e instrumentos; outros, em lados opostos do estúdio. E os resultados foram contundentes.

"Não teve nada de muito complicado, na verdade", disse Jimmy. A banda soou tão bem ao vivo naquela turnê escandinava, que ele sabia que

O ÁLBUM *LED ZEPPELIN* FOI GRAVADO INTEIRO EM APENAS TRINTA HORAS. JIMMY E JOHN PAUL, QUE LITERALMENTE VIVERAM EM ESTÚDIOS DE GRAVAÇÃO POR ANOS, COMANDARAM OS TRABALHOS, COM BONZO E ROBERT NA GARUPA. PAGEY ORQUESTROU TODO O PROCESSO, TENTANDO EXTRAIR O MELHOR DOS COMPANHEIROS.

poderia entrar em estúdio e fazer aquilo acontecer ali também. Estava confiante, não convencido. As músicas não mudaram muito em relação às versões que tocaram ao vivo, com a exceção de "Babe I'm Gonna Leave You", cujo arranjo ele refez no estúdio.

Robert adorou o que ouviu na audição das faixas instrumentais. Sentiu-se inspirado e instigado. Ter músicos tão bons o acompanhando o estimulava. A experiência toda, disse ele, foi tremendamente agradável.

Não houve como conter o fraseado e a paixão de Plant. E, em "Babe I'm Gonna Leave You", quando ele cantou "*Baby, baby, baby*" com tamanho sentimento e intensidade, essas palavras instantaneamente se tornaram uma de suas marcas registradas ao longo de toda a história da banda.

Pagey disse que se sentiu liberto durante as sessões, deixando a guitarra conduzi-lo, e não apenas o contrário. Acariciou um *pedal steel* Fender 800 em "Your Time is Gonna Come" e empunhou um violão Gibson emprestado em "Black Mountain Side". Trouxe um arco de violino para o estúdio e o fez correr solto pelas cordas da guitarra em "Dazed and Confused" e "How Many More Times". Chegou até a fazer *backing vocals* em "Communication Breakdown" – uma raridade ao longo dos doze anos de existência do Led Zeppelin.

John Paul foi metódico e se contentou em deixar os outros brilharem mais à frente, mas ainda assim criou seu próprio espaço sob os holofotes com sons como o dramático órgão de igreja em "Your Time is Gonna Come". A eletricidade que ele podia trazer à banda era capaz de causar arrepios na espinha por horas.

E então havia Bonham, que fez jus à fama que tinha em músicas como "Good Times Bad Times", em que sacrificou seu único bumbo Ludwig aos deuses, fazendo mais com ele do que a maioria dos bateristas seria capaz de fazer com doze bumbos. Ao observar, Jimmy ficava hipnotizado com o que John fazia na bateria.

Os custos de produção foram notavelmente baixos – menos de 1.800 libras, incluindo a arte da capa, que trazia a memorável cena do zepelim *Hindenburg* caindo em direção a um fim catastrófico e incendiário. O álbum de estreia viria a render impressionantes 3,5 milhões de libras, um número excepcional, ainda mais para aquela época.

Perto do fim das gravações, a banda estava tão positiva em relação à nova empreitada, que decidiu coletivamente que não seria mais necessário se apoiar no nome New Yardbirds para ganhar a atenção que se julgava merecida. "Vamos mandar ver", disse Jimmy. "A música vai falar por si."

Assim, mudaram o nome da banda para Led Zeppelin, que surgiu numa conversa que tive meses antes com Keith Moon e John Entwistle, em Nova York, durante a turnê dos Yardbirds. Moon e Entwistle estavam ficando cansados do The Who e faziam piada a respeito de começar uma banda nova com Jimmy Page. "Tenho um bom nome", brincou Moon. "Vamos chamá-la de Lead Zeppelin[10], pois vai cair feito um balão de chumbo."

Todos caímos na gargalhada. No dia seguinte, contei para Jimmy, que também riu. Aparentemente, o nome ficou na cabeça dele, que, por fim, mudou a grafia de "*lead*" para "*led*", de forma a evitar a pronúncia equivocada[11].

10 "Zepelim de Chumbo".

11 O substantivo *lead*, ou seja, "chumbo", se pronuncia *led*, diferentemente de *lead* como adjetivo ("principal") ou verbo ("conduzir, liderar"). (N. do T.)

9. BEM-VINDOS AOS EUA

POR MAIS ENTUSIASMADA que a banda estivesse, por mais confiante na música que os quatro membros eram capazes de fazer juntos, isso não se traduziu de imediato em aceitação universal. Peter Grant alinhou uma série de shows em clubes britânicos, como o Marquee, e em diversos *campi* universitários, incluindo as universidades de Surrey e de Liverpool. No início, porém, o público era escasso; inclusive, a resposta à banda era bem desinteressada. Enquanto o grupo quase causava um tumulto próprio no palco, recebia das plateias apenas aplausos educados, mas nada do entusiasmo gritante e ensurdecedor que logo se tornaria parte do contexto do Zeppelin. Foi um balde de água fria para a banda toda.

Jimmy ficava inconformado. "Não entendo. A resposta do público é decepcionante, *aquém* do esperado. Por que não nos levam a sério? Que piada!"

Bonzo, com o ego ferido pela recepção morna, tinha uma teoria: "Talvez a gente seja demais para eles, aí simplesmente não sabem como reagir". A música do Zeppelin, ponderava ele, era tão espirituosa e potente, que o público ficava simplesmente atordoado. Marcava 8.0 na escala Richter e as plateias só seguravam firme, na tentativa de passar incólumes pelos tremores e manter os copos de cerveja na mão.

Foi quando Peter voltou sua atenção aos EUA – uma turnê norte-americana e um contrato de gravação amplamente divulgado. Acabara de retornar do país, de onde emergiu de algumas negociações duronas com a

Atlantic Records com um contrato sem precedentes para a nova banda. A Atlantic – a mesma gravadora que ajudou a tornar o Cream um fenômeno imenso, embora de vida curta – estava à procura do próximo supergrupo, e Peter a convenceu de que o Led Zeppelin era a resposta. Mesmo antes de Ahmet Ertegun, da Atlantic, ouvir as fitas daquela primeira sessão de gravação do Zeppelin, decidiu que não ia deixar essa banda escapar. Por fim, sacou o talão de cheques e deu um adiantamento de US$ 200 mil – naquela época, só alguém como Elvis Presley seria capaz de conseguir tamanha quantia. E mais importante, em especial para Pagey, Peter insistiu para que a banda mantivesse controle total sobre a música. Sem exceções.

De cara, a Atlantic já soltou um *release* para a imprensa que deu início ao forte *hype* que os críticos da banda imediatamente atacaram. Segundo a promoção inicial da gravadora, "grandes músicos de *rock* ingleses e americanos que ouviram as [*primeiras*] faixas [*do Zeppelin*] compararam o LP ao melhor do Cream e de Jimi Hendrix, e consideraram o Led Zeppelin o próximo grupo a chegar ao patamar alcançado pelo Cream e por Hendrix".

Depois das decepções nos clubes britânicos, o contrato com a Atlantic não poderia ser mais delicioso. A banda ficou extasiada com o negócio – Bonzo correu para comprar um Jaguar XK 150 com sua parte do dinheiro. Porém, quando a notícia chegou à imprensa de *rock*, a publicidade inicial foi negativa. Graças em parte ao *hype* da Atlantic, os colunistas se referiam ao Zeppelin como uma banda comercial, capitalista e com propaganda demais, que ainda precisava se provar musicalmente. Era esse tipo de artigo desmoralizante que o Zeppelin lia – e tentava ignorar – ao partir para os EUA para a primeira turnê no país.

Minha primeira exposição na prática ao Zeppelin aconteceu nos EUA, em dezembro de 1968. Antes mesmo de o álbum de estreia ser lançado para apoiar os shows no país, Peter Grant achou que ainda valia apostar as fichas para ver se a banda poderia encontrar um nicho por lá. "A Inglaterra não parece estar correndo para comprar ingressos para ver vocês tocarem", disse ele a Jimmy. "Vamos ver o que acontece do outro lado do Atlântico."

Peter descreveu o melhor cenário do que poderia acontecer nos EUA: se a banda conseguisse criar alguma agitação, dizia ele, essa agitação poderia, numa bola de neve, se tornar uma avalanche capaz de varrer não só a América do Norte, como também ricochetear de volta para a Inglaterra e a Europa.

Peter tinha noção de que essa era uma estratégia incomum e talvez até tola. Afinal, a banda era ainda menos conhecida nos EUA do que na Inglaterra. O primeiro álbum só seria lançado lá em janeiro. Porém, estava convencido de que esperar algo acontecer na Inglaterra seria suicídio.

"Uma banda nova pode existir por meses no Reino Unido e ninguém vai perceber", disse ele a Jimmy. "Não há muito lugares onde tocar por aqui."

Em comparação, os EUA eram uma mina de ouro em potencial, se não agora, pelo menos no futuro. Peter tinha cinco anos de experiência nos EUA com bandas como os Yardbirds, Animals, Herman's Hermits e a New Vaudeville Band. Era um cara corajoso, disposto a correr riscos, mesmo com um *commodity* não comprovado, como o Led Zeppelin.

Peter sentia que conhecia os EUA de cima a baixo – quais cidades, quais clubes, quais anfiteatros incluir naquela primeira turnê. Assim como Jimmy fez meses antes para recrutar os membros da nova banda, Peter começou a fazer sua própria lista, anotando locais dos EUA que seriam críticos para maximizar a exposição do Zeppelin. Os Fillmores de Nova York e de São Francisco. O Boston Tea Party. O Grande Ballroom, em Detroit.

A lista crescia. Quando completo, o itinerário contava com mais de vinte cidades. "Vamos arriscar", disse Peter à secretária.

Entretanto, houve algumas complicações de imediato. Peter marcou o primeiro show americano em Denver, no dia 26 de dezembro, e então se deu conta de que precisaria providenciar um voo para a banda bem antes do Natal. "Estou cagando de medo só de pensar em dizer aos caras que eles vão ter de passar o Natal longe da família", disse a um assistente. "Isso pode se tornar um pesadelo para o cronograma."

Três integrantes da banda – John Paul, Robert e Bonzo – eram casados e aparentemente comprometidos o suficiente com seus relacionamentos para mandar um pedido de socorro com a simples menção de deixar as famílias no Natal. Jimmy, o único solteiro, estava namorando uma garota americana chamada Lynn, que conheceu em Boston, em turnê com os Yardbirds, e trouxe para morar com ele, na Inglaterra; Peter concluiu que não seria muito fácil tirar Jimmy de perto dela também. Assim, protelou o máximo que pôde para contar à banda os detalhes da turnê norte-americana.

Por fim, tomou coragem. Convocou a banda para uma reunião em seu gabinete e contou o básico a respeito da turnê. "Durante a maior parte dela, vocês vão abrir para o Vanilla Fudge. Ah, e começa um dia depois do Natal. Isso significa que vocês precisam partir no dia 23 de dezembro." Peter disse ainda que não os acompanharia; ficaria em casa para o Natal.

Esperou o abrir fogo. Para sua surpresa, nenhum deles sequer estranhou, pelo menos não de forma visível. "Bem, vamos fazer o que precisamos fazer", disse Robert. "A que horas o avião sai?"

Semanas depois, cada um deles juraria que nunca mais faria isso de novo. Mas, por ora, pareciam determinados a transformar o Zeppelin no próximo supergrupo, e confiaram no julgamento de Peter, que, por sua vez, se sentia confiante quanto ao que esperava a banda do outro lado do Atlântico. "Por que não daria certo?", ele se perguntava. Não obtinha nenhuma resposta fácil.

O Led Zeppelin fez as malas, pronto para testar o solo americano.

"Esteja no aeroporto de L.A. amanhã, às quatro", disse-me Peter numa chamada DDI. "É quando chega o voo da banda. E, Richard, não deixe eles se meterem em encrenca."

Eu estava em Los Angeles há quase uma semana, encerrando os trabalhos com Terry Reid para sua turnê norte-americana, mas ávido para começar minha nova tarefa com o Led Zeppelin. É claro, eu já conhecia Jimmy Page da turnê com os Yardbirds no começo do ano e imaginei que qualquer coisa que tivesse o dedo dele seria, por definição, de primeira linha. Minhas expectativas ficaram ainda mais altas ao longo de diversos telefonemas com Peter, já que o entusiasmo e o otimismo dele em relação ao Zeppelin ficavam cada vez mais patentes a cada conversa.

"É melhor você se preparar, Richard", ele me disse. "Você não vai acreditar no som deles. É sensacional."

No LAX, Jimmy foi o primeiro a descer do avião, seguido por Robert Plant e John Bonham. Kenny Pickett, o *roadie* daquela primeira turnê, estava com eles também. John Paul Jones iria nos encontrar em Denver, aonde chegaria num voo de Newark, Nova Jersey, onde ele e a esposa passariam o Natal com a cantora Madeline Bell.

Jimmy não era o único rosto familiar para mim na banda: eu já conhecia John Paul do início da minha carreira na indústria musical em Londres. Além disso, em outubro, enquanto o Zeppelin começava a se formar, conheci Robert e Bonzo brevemente no escritório de Peter, na Oxford Street, durante um curto intervalo das minhas próprias turnês com algumas das outras bandas do empresário. Como o Led Zeppelin era cliente de Peter, imaginei que viria a trabalhar com eles algum dia, e trocamos algumas palavras agradáveis. Porém, naquele momento, não registrei a possível significância dessa banda. Francamente, só passei dez dias em Londres e estava mais interessado em achar um *pub* aberto do que passar muito tempo fazendo amizade com Plant e Bonham.

Durante aqueles primeiros dias nos EUA, porém, gostei de Bonzo logo de cara. Era um camarada simpaticíssimo, com um rico senso de humor e uma risada contagiante. "Essa é a sua ideia de Natal, Cole?!", exclamou enquanto seguíamos de carro pela Sunset Strip num calor de vinte e nove graus. "Não trouxe nem camiseta nem sunga na porra da mala! É melhor você mudar esse clima antes que eu fique muito puto!"

Robert, por outro lado, achei mais difícil de decifrar. Logo de início já havia uma aura de arrogância ao redor dele – arrogância somada a ansiedade – que criava uma casca difícil de penetrar. Era a primeira vez dele e de Bonzo nos EUA, e Robert, em particular, parecia nervoso em relação ao que o aguardava. "Vou ficar bem depois que o primeiro show passar", ele me disse. Até lá, porém, ficou mal-humorado, irritável e tenso. Enquanto Bonham fazia piada dos EUA, Robert parecia genuinamente irritado em estar lá. Era possível sentir o frio na barriga dele a um quarteirão de distância.

Ao longo daqueles três dias em L.A., antes de voarmos para Denver, a banda deu algumas entrevistas, mas decidiu dispensar os ensaios. "Estamos afiados", dissera John Paul. "Tivemos tempo de entrar em forma na Inglaterra."

Comemos a ceia de Natal juntos – preparada por Bonzo –, num quarto do Château Marmont, um hotel no Sunset Boulevard. Não conversamos muito enquanto comíamos, já que as saudades de casa e a solidão realmente bateram naquele Natal. "Detesto insistir nisso, mas é realmente uma merda estar longe da minha esposa no Natal", reclamou Robert. "Uma bela merda!"

Jimmy concordou, mas nos pediu para colocar as coisas em perspectiva. "É um sacrifício", disse, "mas a recompensa vai ser maior. A banda tem muito a seu favor. Vamos aproveitar isso ao máximo."

Na manhã seguinte ao Natal, seguimos de volta para o LAX, para pegar um voo TWA para Denver. Naquela noite, nos encontramos com John Paul e nos reunimos no *backstage* do Denver Coliseum, a apenas poucos minutos do primeiro show do Zeppelin nos EUA.

De maneira quase inútil, a banda tentou se manter calma no *backstage*. Claramente, Robert e Bonzo eram os mais incomodados e inquietos. "Vamos nocauteá-los com tudo, mas vamos acabar isso logo, também", disse o vocalista. Havia passos nervosos de um lado para o outro e unhas roídas.

O Zephyr, banda comandada por Candy Givens, uma atraente vocalista e tecladista, abriu o show. Ao longo do *set* deles, a tensão crescia no *backstage*. Bonzo batucava nervosamente em caixas de papelão empilhadas no camarim. John Paul se encostou na parede, de braços cruzados, olhando para o chão em silêncio, perdido em seus pensamentos.

Depois de quarenta e cinco minutos, o Zephyr saiu do palco, e o Led Zeppelin foi anunciado. "Senhoras e senhores, em sua primeira aparição nos Estados Unidos, de Londres, Inglaterra, por favor, deem boas-vindas ao Led Zeppelin!"

Jimmy, John Paul, Robert e John se entreolharam, suspiraram juntos e desceram em fila indiana a escada de concreto em direção ao palco. Os aplausos eram firmes, mas não avassaladores.

O Led Zeppelin tocou numa plataforma giratória naquela noite. Jimmy detestava a ideia de tocar num palco móvel; fez isso umas duas vezes com os Yardbirds e odiou. Para os outros membros da banda, foi a primeira vez. "É como uma porra de um carrossel fora de controle", disse Jimmy aos demais minutos antes de o show começar. "O palco se move lentamente, mas nunca para de fato de rodar. É desorientador. Quando ele enfim para, você não sabe em que direção está olhando."

Como piada, para quebrar o gelo, antes de o show começar, perguntei se alguém queria um Dramin. Nenhum deles sequer esboçou um sorriso, tão pesado estava o clima.

A maior parte daquele público em Denver, é claro, tinha ido ver o Vanilla Fudge, mas o Led Zeppelin não pareceu inibido pelo papel de banda de abertura. Robert, com os cachos sedosos iluminados por luzes vermelhas, camisa entreaberta, desfilou descalço pelo palco, fazendo poses com a confiança de um Mick Jagger ao lançar sua voz de alta voltagem em direção aos céus.

"Good Times Bad Times"... "Dazed and Confused"... "Communication Breakdown". Eu conseguia ver a banda começando a relaxar à medida que o *set* prosseguia. Depois das primeiras músicas, um sorriso suave surgiu no rosto de Bonham, como se dissesse, *nada mau... nada mau!*

Jimmy, como um mágico a tirar surpresas da cartola, ficou mais agressivo, provocando *wah-wahs* viscerais e imprevisíveis com sua Fender Telecaster, os dedos dançando por entre os trastes, puxando *bends* na guitarra extravagante que Jeff Beck lhe dera de presente.

"I Can't Quit You Baby"... "You Shook Me"... "Your Time Is Gonna Come". A cada música, a excitação do público crescia.

Embora John Paul projetasse uma aura de tranquilidade, suas linhas de baixo bem calculadas aos poucos ajudavam a elevar a banda até quase a anarquia. E então havia Bonham. Lá pela metade do *set*, ele já tinha engrenado um ataque frenético e passional às peles da bateria, impiedoso, sem nunca abandonar o controle. Se ele fosse um piloto de bombardeiro, você não ia querer estar na linha de fogo.

Num momento, a música era delicada e precisa; no seguinte, violenta e inconsequente. O tipo de música que fazia ouvidos sangrarem. No final do repertório de pouco mais de uma hora, o Zeppelin anunciou ao mundo do *rock* que havia chegado.

Enquanto a banda saía do palco, a transpiração pingava de seus rostos, mas a adrenalina ainda estava a toda. "Adorei", disse Robert, ao se dirigir até um contêiner cheio de costeletas de um restaurante local. "Foi bom, não? Foi bom!"

Ninguém discordou.

Denver foi apenas o começo. Para mim, o show mais memorável aconteceu menos de uma semana depois, em Portland, Oregon. No meio do *set* do Zeppelin, Bonzo parecia possuído durante seu solo de bateria digno de maratona, quebrando tudo num poderosíssimo trovão rítmico. Por dez minutos, o resto da banda saiu do palco e assistiu das coxias, todos atordoados pela *performance* ofuscante e enérgica do baterista.

Virei-me para John Paul, que estava ao meu lado. "Jesus Cristo, Bonzo é incrível! Essa banda inteira é incrível!"

Um sorriso astuto surgiu no rosto do baixista, que me deu uma piscadela, assentiu, e então voltou para o palco. Ele também sabia. Todos nós sentíamos que o Led Zeppelin seria monstruoso.

Duas semanas depois da estreia em Denver, Peter veio de Londres a São Francisco para conferir a banda pela primeira vez nos EUA, nas três noites no Fillmore West. A caminho do aeroporto de São Francisco para buscá-lo, contemplei meu próprio futuro e decidi que, se o Led Zeppelin seria o próximo supergrupo, eu queria fazer parte dessa coroação.

No carro a caminho do hotel, juntei coragem e disse a Peter: "Estou de saco cheio de ficar de bobeira por aí com essas outras bandas com quem você me manda viajar. Quero ficar com o Zeppelin. Eles vão ser grandes".

Peter ficou em silêncio por um momento. Pensei que ele estivesse pensando na melhor maneira de me demitir.

Por fim, ele disse: "OK, Cole. Quando eles estiverem na estrada, você estará sempre com eles".

Minha empolgação foi tremenda. "Caramba, muito obrigado, Peter." Ao longo dos doze anos seguintes, o Zeppelin e eu fomos quase inseparáveis.

Nas apresentações no Fillmore West, a banda abriu para Taj Mahal e para o Country Joe & The Fish. De cara, já não foi uma boa combinação. O Country Joe era uma banda cuja música transbordava mensagens politizadas e humor ácido em relação a tudo, da Guerra do Vietnã ao uso de drogas. Suas canções de rebeldia, como "I-Feel-Like-I'm-Fixin'-to-Die Rag", se tornaram hinos para milhões de jovens nos anos 1960. Porém, no Fillmore, o Country Joe teve de tocar em seguida ao Zeppelin, o que teria desencadeado um ataque de nervos em praticamente qualquer músico nessa mesma posição. Quando o Zeppelin saía do palco, depois de deixar o público de pernas bambas e exausto, a sonoridade mais amena e cerebral do Country Joe era tão apropriada quanto uma hora de Mitch Miller ou Mantovani.

Nos shows do Fillmore, o Zeppelin não decepcionou ninguém – incluindo eles próprios. Depois do segundo show em São Francisco, Jimmy voltou-se para mim no trajeto de volta ao hotel e disse: "Esse foi um ponto de virada para nós, Richard", e riu com empolgação. "Quando uma banda de abertura começa a ofuscar o *headliner*, você sabe que aí tem coisa. Pode se preparar para uma viagem bastante emocionante."

Já naquela primeira turnê, para mim foi impossível passar um show inteiro do Zeppelin sem sentir um barato emocional, sem me comover, sem me sentir parte de uma experiência única e especial. Eu disse a Kenny Pickett: "Se essa banda se mantiver junta e não deixar as personalidades e os egos atropelarem a música, vai ser uma das mais longevas do *show business*".

Num espectro mais amplo, os três shows no Fillmore serviram de combustível para a máquina do Zeppelin, criando um rebuliço não só no norte da Califórnia, mas também em outras partes do país. Um DJ de uma rádio FM *underground* de Nova York falou da banda como "os próprios Beatles". Os fãs iam aos montes às lojas de discos, à procura de um álbum que ainda não existia. A Atlantic Records estava atolada de pedidos antes mesmo de o vinil sair da linha de produção. A hora do Zeppelin ganhava força.

Em duas ocasiões durante aquela primeira turnê nos EUA – no Grande Ballroom, em Detroit, e no Image Club, em Miami –, John Paul saiu do palco durante o solo de bateria de Bonham, com uma expressão consternada no rosto. "O que é que tem de errado com essa droga de equipamento?", berrou para mim. "Não consigo ouvir meu baixo!"

Na verdade, a música tinha de disputar com o barulho ensurdecedor do público. E quase sempre o público ganhava.

Se ainda havia alguma dúvida quanto ao poder do Zeppelin, ela desapareceu no final de janeiro, no Boston Tea Party, uma sinagoga transformada em casa de shows que se tornara uma ótima vitrine para músicos de *rock*. A essa altura da turnê, depois de trinta e três dias e vinte e oito shows, a banda já era uma unidade solidificada. Em turnê, as bandas tendem a se aproximar ou a começar a se desfazer; no caso do Zeppelin, à medida que os quatro músicos se conheciam melhor, começaram a curtir a companhia uns dos outros. E à medida que a música que faziam de fato começou a dar muita liga, eles pareciam não ver a hora de entrar no palco.

"As outras vinte e três horas do dia não significam nada", dizia Robert. "Só quero saber daquela uma hora de música."

O show no Tea Party teve os ingressos esgotados – na verdade, foram vendidos ingressos a mais do que a capacidade de quatrocentas pessoas do clube. Quando o Led Zeppelin começou a tocar seu *set* de sessenta minutos, tanto os músicos quanto o público foram entrando num frenesi. Jimmy foi até a beira do palco e apontou a guitarra para os fãs enquanto seus dedos dançavam de traste em traste, e então estendeu a perna esquerda como se estivesse prestes a saltar para o meio do público, que foi conduzido por ele a uma orgia de histeria.

Depois de uma hora, ninguém estava pronto para o fim do show. Por mais cinquenta e cinco minutos, tocaram mais músicas de romper os tímpanos. Foram ovacionados, às vezes no meio das músicas. Fãs correram em multidão até o palco. Um delírio absoluto. Bis atrás de bis, doze ao todo.

A essa altura, a banda só estava junta havia três meses, e à medida que um bis se somava a outro, simplesmente não havia mais músicas a tocar. Saltavam do palco a cada bis, com expressões estranhas que demonstravam tanto euforia quanto pânico. "Que outras músicas vocês sabem tocar?", perguntava Jimmy, empolgado, aos outros. "O que podemos tocar agora?"

Depois de apresentar o repertório inteiro do Zeppelin – algumas músicas mais de uma vez –, passaram para "Good Golly, Miss Molly"... "Long Tall Sally"... velhos *standards* de Elvis... canções de Chuck Berry... qualquer coisa que todos eles pudessem improvisar.

Quando a última nota reverberou pelas paredes e enfim foi sumindo, e o público recuperou o fôlego e começou a se dispersar, John Paul suspirou aliviado. "Foi uma noite espetacular, não?"

Na volta para o hotel, enquanto Bonzo enxugava o rosto com uma toalha e uivava de alegria, berrou: "O show pegou todo mundo feito uma tempestade!". Naquela noite, no Boston Tea Party, foi realmente um aguaceiro torrencial.

10. VIDA NA ESTRADA

APESAR DO SUCESSO inicial desfrutado pelo Led Zeppelin, não houve nada muito glamouroso naquela primeira turnê norte-americana. Além de providenciar segurança física para a banda e garantir que o equipamento estivesse pronto a cada show, eu também era responsável por cuidar de todas as reservas de voos e hotéis – e poucas delas eram de primeira classe. Voávamos de classe econômica, em voos comerciais, e contávamos os centavos nas passagens aéreas, aproveitando o plano "Discover America" da TWA, que nos permitia comprar passagens para trechos ao longo dos EUA com 50% de desconto a cada conexão. Isso cortava nossos gastos de viagem em milhares de dólares. Na maioria das cidades, nos hospedávamos em Holiday Inns ou em outros hotéis com tarifas razoáveis. Nos aeroportos, não havia limusines à nossa espera, e sim carros alugados, geralmente Ford LTDs da Hertz ou da Avis. Porém, como nenhum de nós tinha cartão de crédito, alugar um carro era geralmente um desafio.

No galpão da locadora no aeroporto em São Francisco, a atendente simplesmente recusou o meu pedido. "É política da companhia", disse ela casualmente. "Sem cartão de crédito, sem carro alugado."

Discutimos por dez minutos. Expliquei que conseguimos alugar em outros lugares. Ofereci ingressos gratuitos para um show do Led Zeppelin. Nada funcionou. Por fim, perdi a calma. Saquei seis mil dólares em dinheiro vivo do meu bolso, joguei no balcão e gritei: "Vou comprar o maldito carro então! Pode me dar a porra das chaves! Agora!".

Ela se afastou trêmula, preencheu uma papelada apressadamente e me jogou as chaves. “Vocês são loucos!”, disse, segurando o choro. Talvez fôssemos, mas enfim tínhamos um carro.

Os membros da banda iam comigo no LTD, com a bagagem pessoal amontoada no porta-malas. Kenny Pickett conduzia o caminhão da U-Haul[12], de três toneladas, com o equipamento, incluindo a Fender Telecaster 1958 de Pagey, o *setup* de baixo, os amplificadores Vox AC-30, a bateria Ludwig de Bonzo e alguns itens reserva. Eles desceram tanto o braço durante aquela turnê, que, quando voltamos para casa, a maior parte do equipamento estava destruída.

Um trajeto angustiante de Spokane a Seattle quase trouxe um fim prematuro à turnê – e ao Led Zeppelin – poucos dias depois de a banda ter chegado aos EUA. Acabáramos um show no Gonzaga Gym, em Spokane, e estávamos prestes a partir para o aeroporto da cidade para pegar um voo que nos levaria a Los Angeles. Porém, uma nevasca atingiu a região e só aumentava em intensidade. Todos os voos saindo de Spokane foram cancelados.

Ficamos presos e com frio. O estado de Washington é lindo, mas ficar preso lá, num clima digno da Sibéria, com direito a vinte centímetros de neve, não era como nós planejávamos passar o dia de Ano-novo, especialmente porque a banda tinha um show marcado no Whisky a Go Go, em L.A., no dia dois de janeiro.

“Tire-nos desse gelo do caralho!”, Robert gritou para mim. “Alugue um avião, se preciso!”

“Alugar um avião?!”, gritei de volta. “E quem vai pagar por ele? Vamos tirar dos cachês de vocês, que tal?”

Depois de alguns telefonemas frenéticos, descobri que poderíamos pegar um voo de Seattle para Los Angeles – se conseguíssemos levar o LTD alugado, em meio à tempestade, ao aeroporto de Seattle. Como nativo de

12 Companhia que aluga caminhões de mudança a serem conduzidos pelo próprio cliente. (N. do T.)

Londres, eu não tinha muita experiência em enxurradas de neve, mas escapar do estado de Washington era toda a motivação de que eu precisava.

A banda entrou no carro e eu assumi o volante para a viagem de trezentos e vinte quilômetros. Kenny Pickett foi sozinho no U-Haul. As condições da estrada começaram ruins – neve derretida e montes de neve – e só pioraram. À medida que seguíamos escorregando e deslizando, a visibilidade piorava. E eu ficava mais ansioso.

"Vocês têm testamentos prontos?", brinquei nervosamente.

Ninguém riu.

Para tentar me acalmar, peguei uma garrafa de *whiskey* do banco de trás. Entreguei-a a Bonzo e disse: "Abre! Rápido! Preciso de alguma coisa para relaxar!". Passamos a garrafa de mão e mão e todo mundo tomou uns goles.

Por volta da metade do caminho, as condições da estrada se tornaram quase impraticáveis. Em meio à tempestade adiante, consegui ver algumas viaturas paradas com as sirenes piscando. Havia um bloqueio erguido. "Merda", pensei. "É melhor esses desgraçados não nos mandarem de volta."

Ao pararmos, um policial a pé se aproximou do nosso caro. Abri um pouco a janela e ele teve de berrar: "Não tem como passar pelo Snoqualmie Pass. Está nevando muito. Peguem a saída da rodovia e deem meia-volta."

Choramingamos diante da possibilidade de passar mais uma noite em Spokane. Comecei a pensar em outras bandas – nos Beatles, nos Rolling Stones. Duvidava que eles já tivessem se metido em cagadas como essa. E comecei a me perguntar se eu conseguiria nos tirar dela.

No tempo que levei até sair da estrada, porém, já tinha decidido a prosseguir até Seattle. Talvez o *whiskey* tivesse me dado uma coragem extra, mas, quando chegamos ao topo da rampa de saída, anunciei: "Vamos pegar a porra do outro lado da rampa e voltar para a estrada. Não quero saber do que a polícia diz. Eles nunca vão conseguir nos ver ou nos alcançar".

Contornei o trevo, voltei para a estrada e nós continuamos rumo a Seattle. Senti-me vitorioso, como se tivesse passado a perna na polícia. Porém, depois de apenas alguns minutos, me dei conta de que talvez os agentes estivessem certos.

Rajadas de neve se alternavam com torrentes de chuva e granizo. Os ventos eram ferozes. Éramos o único carro na estrada. Parte da via estava coberta de gelo, e o carro deslizava entre uma faixa e outra. Se as condições piorassem, eu poderia desligar o veículo e deixá-lo escorregar até Seattle.

A essa altura, já me encontrava muito assustado, mas não ousei deixar a banda perceber isso. Como Jimmy e eu já havíamos trabalhado juntos no passado, ele confiava em mim e concluiu – equivocadamente, decerto – que eu sabia o que estava fazendo. Além disso, ele estava enfrentando a gripe de Hong Kong[13] e não tinha muita energia para reclamar de nada.

O resto da banda, porém, estava absolutamente horrorizado com a minha direção, em particular nas curvas fechadas – e tinha toda a razão para estar. Em dado momento, nos aproximamos de uma ponte suspensa longa e estreita, que de fato balançava com as rajadas de vento. Se tivéssemos feito uma votação no carro, não teríamos seguido em frente. Na verdade, àquela altura, eu estava finalmente pronto para dar meia-volta.

Começamos a cruzar a ponte. Eu podia senti-la tremendo abaixo de nós, e meu coração disparou. Estávamos tão perto da beirada – e a cair de cerca de trinta metros de altura –, que Bonzo e Robert ficaram absolutamente enlouquecidos.

“Richard, seu babaca do caralho, você vai nos matar!”, gritou Robert, arrancando a garrafa de *whiskey* das mãos de John Paul.

“Ai, meu Deus!”, berrou Bonzo. “Você não consegue estacionar até essa tempestade acabar?”

Gritei de volta: “Calem a boca, seus fodidos, e só bebam mais *whiskey*!”. Com medo e frustrado, pisei fundo no acelerador e o carro disparou. Em questão de um minuto, estávamos em segurança do outro lado da ponte.

Mais um quilômetro e meio adiante, parei. Precisava limpar o para-brisa – e me aliviar da bebida. Estava frio, então fui rápido – mas, obviamente, não rápido o bastante. Enquanto eu urinava nuns arbustos ao lado

13 Terceira pandemia de gripe do século 20, que ocorreu entre 1968 e 1969, causada pelo subtipo H3N2 do gênero viral influenza A. (N. do T.)

da estrada, o carro começou a deslizar para trás, na estrada coberta por gelo. O freio de mão estava puxado, mas de algum modo o carro foi em direção a um precipício e uma queda de 15 metros.

Os rapazes gritavam. Talvez suas vidas estivessem passando diante deles como um *flash*. A minha estava.

De algum jeito, enquanto fechava minha braguilha furiosamente, consegui pular para dentro do carro e assumir o volante. Robert havia se jogado no banco dianteiro e apertava freneticamente o freio com as mãos. Por milagre, conseguimos parar o carro antes de ele levantar voo.

Robert ficou absolutamente lívido. "Vou dar um jeito de te despedir, Cole!", gritou ele, exasperado. "Ou isso, ou vou te matar."

Por fim, chegamos ao aeroporto de Seattle. Entreguei o carro alugado e todos seguimos para o bar do aeroporto, para desopilar e tomar uma ou duas. Estávamos destruídos depois daquela viagem e precisávamos desesperadamente de um drinque.

"Uma rodada de *scotch* pra nós", falei ao *bartender*.

Enquanto pegava a garrafa, ele perguntou casualmente: "Posso ver as identidades de vocês?".

Olhei para Bonzo, que baixou a cabeça com tudo. "Você está de brincadeira", lamentou. Ele e Robert tinham menos de vinte e um anos.

"Dê uma colher de chá para a gente", eu disse ao *bartender*. "Acabamos de atravessar o inferno na estrada."

Plant e Bonham pediram cafés e deram alguns goles dos nossos *scotches* escondidos.

Enquanto isso, Kenny Pickett finalmente chegou ao aeroporto. Ele também atravessou o Snoqualmie Pass driblando escondido o bloqueio, mas não sem um infortúnio eventual. O U-Haul deslizou para fora da pista, atravessou uma cerca e acabou no quintal de alguém. Tudo isso em um único dia.

Quando o avião enfim pousou em Los Angeles, ver a luz do Sol animou nosso espírito. E melhor ainda, as três noites no Whisky a Go Go se mostraram simplesmente espetaculares – assim como a vida noturna que descobrimos em L.A.

A banda se apaixonou pelo Whisky, que estava na vanguarda das transformações da Sunset Strip. Clubes antigos, como o Crescendo e o Ciro's, fecharam e foram substituídos por casas de *rock* que atraíam um público jovem que incluía até pré-adolescentes – uma molecada ávida por se livrar da inocência e fazer parte da revolução do *rock* e da moda, mesmo que isso significasse ficar horas esperando numa fila para entrar na cena.

O Whisky ocupava um prédio que, antes, era uma agência do Bank of America. Foi pintado de verde e os cofres e as mesas foram removidos e substituídos por um palco, alto-falantes gigantes e gaiolas de vidro, onde garotas dançavam e eram capazes de te manter em transe por horas. O clube logo ganhou reputação internacional, e até o xá do Irã passou por lá certa noite, e, sem dúvida, se perguntou por que não havia nada como aquilo em Teerã.

Mesmo quando não estava tocando no Whisky, a banda gostava de simplesmente ir até lá, onde bebíamos até quase cair – algo que todos nós fazíamos muito bem. Por anos, contei com a bebida para relaxar e me anestesiar do que quer que estivesse sentindo. John Paul gostava de gim-tônica. Robert bebia vinho na maior parte do tempo e, às vezes, *scotch*. Jimmy não desgrudava do Jack Daniel's. Bonzo e eu, porém, não tínhamos frescuras. De Drambuie a cerveja, passando pelo champanhe, bebíamos praticamente qualquer coisa.

O abuso de substâncias se tornou parte da lenda do Led Zeppelin, e nós começamos rápido naquela primeira turnê. Para ser franco, parte do jogo do *rock* era ficar o mais chapado possível, pelo maior tempo possível. Com todo o estresse que veio com o lançamento de uma banda nova – e com as turnês de modo geral –, o álcool se tornou nosso companheiro constante. Tínhamos maconha de sobra também, e, de vez em quando, uma carreira ou duas de cocaína. O álcool, porém, era uma indulgência diária. Ajudava a passar o tempo, aliviava ansiedades e desprendia as inibições em todo o tipo de situação social.

Em apenas cinco dias em L.A., descobrimos que éramos capazes de criar todo o tipo de travessura bem-intencionada, em particular no Château

Marmont. O Marmont é um hotel antigo com uma história incrível. Jean Harlow teve um caso com Clark Gable lá. Paul Newman conheceu Joanne Woodward no Marmont. John Belushi morreu lá, em 1982.

Músicos de *rock* desenvolveram uma predileção especial pelo hotel. Graham Nash morou lá por meses. Os *roadies* de Alice Cooper jogavam futebol nus no mezanino. Jim Morrison caiu de uma janela do segundo andar, machucando as costas e as pernas.

Jimmy e eu nos hospedamos no Château Marmont com os Yardbirds, e eu estive lá novamente durante a turnê de Terry Reid. No início de 1969, quando o Led Zeppelin se hospedou no Marmont, decidi que dividiríamos os bangalôs, para cortar gastos. Robert e Bonzo ficaram num quarto no térreo, Jimmy e eu num quarto no andar de cima, e John Paul se hospedou com Kenny.

Bonzo costumava dizer que era impossível voltar ao hotel depois de uma apresentação e beber chá ou chocolate quente e assistir à TV. Depois de debulhar a bateria com a força de uma bomba atômica, ele precisava literalmente de horas para se acalmar e desanuviar. "Estou a mil", reclamava ele, enquanto batia os pés e coçava os braços. "Preciso soltar os cachorros e desopilar."

Foi assim que as lendárias diabruras do Led Zeppelin começaram. O intuito delas não era criar caos, mas sim lidar com o excesso de energia e com o tédio da vida a milhares de quilômetros de casa.

No Marmont, começou de maneira bastante inocente. Certa noite, depois de um show no Whisky, Jimmy e eu decidimos nos divertir um pouco. Enchemos baldes com água e ovos e esperamos Robert e Bonzo se arrastarem de volta para o bangalô.

Nossa paciência foi recompensada. Quando eles estavam prestes a passar pela porta, atacamos. Viramos os baldes e nossos alvos foram bombardeados com a solução gosmenta. Robert e Bonzo ficaram ensopados. Foi uma coisa puramente infantil, uma sacanagem de quinta série que Jimmy e eu já deveríamos ter superado há muitos anos. Mas rolamos de rir com o sucesso da armadilha.

De Los Angeles, a banda voou para São Francisco, onde a delinquência juvenil continuou. Ficamos num hotel chamado Alta Mira, do outro lado da Golden Gate, em Sausalito. Para economizar alguns dólares e atender ao vegetarianismo de Jimmy, decidi reservar quartos com cozinha – o que também nos deu munição de sobra para guerras de comida. Nossos quartos ficavam um na frente do outro e, ao meio-dia, Bonzo sugeriu: "Por que não servimos o almoço dos caras via correio aéreo?".

Pegou alguns ovos crus e começou a atirá-los de um quarto ao outro. Os ovos não duraram muito, então procuramos por outros tipos de munição – tomates, laranjas, batatas, queijos, *donuts*, *cookies*, castanhas. O caos durou cerca de quinze minutos, com comida voando pelo corredor. Quando acabou, havia colesterol o suficiente nas paredes e janelas para entupir as artérias de metade de São Francisco.

Peter às vezes ficava preocupado com essas estripulias, convencido de que eu havia perdido o controle da banda. Minha filosofia era a de que se chegássemos aos locais dos shows a tempo e o Led Zeppelin tocasse à altura, não havia motivo para viver como freiras ou bibliotecários fora do palco. Via essas nossas macaquices como diversão inofensiva; mas, talvez, elas tenham sido uma porta de entrada para algo muito pior – a destruição de propriedades ou, no fim das contas, de nós mesmos.

Naquela primeira turnê, um amigo de São Francisco me deu um pouco de nitrito de amila, e eu apresentei a substância a Bonzo. Enquanto eu e ele inalávamos alguns desses "*poppers*" certa tarde, Peter nos ligou de Londres e falou com todos os membros da banda, um por um, para perguntar o que eles estavam fazendo.

Quando chegou a vez de Bonzo, ele respondeu: "Está ótimo aqui, Peter. O Richard me deu o vestido da Camilla!".

Bonzo não tinha entendido o nome da droga, e o empresário provavelmente não soube o que pensar.

"Vestido da Camilla!", rugiu Peter. "Chame esse fodido do Cole e coloque ele na linha!"

Peguei o telefone e falei com Peter no meu tom de voz mais inocente: "Alô, Peter, como você está?".

"Que porra você está fazendo com Bonzo?", gritou ele. "Vestido da Camilla!"

Talvez Peter tenha pensado que uma *groupie* chamada Camilla – com seu vestido – se juntou a nós em Sausalito. Infelizmente, não era nada tão excitante assim. Isto é, ainda não.

Por fim, Peter se deu conta de que nossas macaquices eram de um nível muito juvenil. Às vezes, ao longo dos anos, ele até se juntou a nós em algumas dessas travessuras.

Porém, nem tudo era diversão e brincadeira. No meio de janeiro, emergiram as primeiras fraturas de verdade na banda. Robert levou uma piada a mal e isso criou muita animosidade entre mim e ele – sensação que durou meses.

Chegamos em Miami Beach para tocar no Image Club e fizemos *check-in* no Newport Hotel, na Collins Avenue. Em menos de uma hora, Jimmy e eu já estávamos na piscina do hotel, onde conhecemos e começamos a conversar com algumas garotas. Alguns minutos depois, Robert nos abordou, vestido para sair. "Vou dar uma volta por umas lojas por aí", disse. "Vejo vocês daqui uma ou duas horas."

Meio de brincadeira, eu disse a ele: "Quando voltar, Robert, traga uns sanduíches para nós. Eu quero um de atum no pão de centeio".

Talvez tenha sido a maneira como falei, quem sabe um pouco condescendente demais para o gosto de Robert, ainda mais já que eu deveria estar trabalhando para ele, não lhe dando ordens. "Vai buscar os seus próprios sanduíches!", retrucou ele, espumando, e saiu, injuriado.

Aprendi que, já naquela época, antes de o Led Zeppelin atingir o *status* de deuses do Olimpo, Robert tinha um ego forte, com o qual era melhor não brincar.

Por meses depois disso, Robert e eu estivemos em rota de colisão. Ele parecia disposto a me tripudiar, às vezes até a me humilhar, deixando claro quem era o chefe e quem era o empregado. Nos hotéis, ligava para o meu quarto e dava ordens como: "Richard, ligue para o serviço de quarto e peça que mandem chá e café da manhã para mim". Eu tinha vontade de dizer a Robert que ligasse ele mesmo para a cozinha do hotel, mas ele parecia ter prazer em me deixar com raiva. Eu sempre acabava ligando para o serviço de quarto, só para tirá-lo do meu pé. Mas ficava furioso. Comecei a sentir que, a longo prazo, minha relação com ele poderia ser tempestuosa.

A primeira turnê norte-americana do Zeppelin terminou em Nova York, no Fillmore East. Ficamos no Gorham Hotel, na West 55th Street, lugar maravilhoso que Chris Stamp descobriu quando era empresário do The Who, e que se tornou um dos favoritos entre as bandas de *rock* financeiramente conscienciosas, graças às suítes equipadas com cozinha e às diárias razoáveis. A essa altura, Nova York já esperava ansiosamente pela estreia do Zeppelin na cidade. As notícias sobre a potência da banda haviam se espalhado... *performances* tão eletrizantes, que os *headliners* achavam quase impossível tocar a seguir.

No Fillmore East, o Zeppelin – junto com Delaney & Bonnie – abriria para o Iron Butterfly. O Butterfly era uma banda enorme nos EUA; seu segundo álbum, *In-a-Gadda-Da-Vida*, teve um sucesso monstruoso – manteve-se nas paradas por cento e quarenta semanas –, e o terceiro estava a poucas semanas de ser lançado. Seu som colocava o público em seu devido lugar, com a força de um soco peso pesado de uma dúzia de Mike Tysons. Ainda assim, o Iron Butterfly estava nervoso por tocar depois do Led Zeppelin, e Peter sentiu isso.

Ele era o tipo de cara que gostava de exercitar os músculos corporativos, que partia para a jugular se tivesse a chance. "O Led Zeppelin é capaz de colocar *qualquer um* em seu devido lugar", disse. De vez em quando, gostava de observá-los fazer isso.

Embora o Zeppelin estivesse escalado para ser o primeiro a tocar naquela noite no Fillmore, seguido por Delaney & Bonnie e então pelo Iron Butterfly, Peter abordou Bill Graham, o mandachuva do Fillmore, para pedir um favor especial. "Bill, você tem que deixar o Zeppelin tocar em segundo", suplicou ele. "Faça isso por um velho amigo. Quero ver o Zeppelin e o Iron Butterfly tocarem em sequência."

Graham só deu de ombros: "Claro, por que não?!".

Peter conseguiu o que queria. Porém, chegou até nós que os membros do Iron Butterfly surtaram ao ficar sabendo da notícia. Sabiam das histórias do Led Zeppelin abalar as estruturas de um lugar atrás do outro. Segundo um pessoal da equipe de *backstage*, Doug Ingle e Erik Braunn, respectivamente vocalista/organista e guitarrista do Butterfly, ameaçaram nem entrar no palco. Exigiam que o Led Zeppelin fosse excluído por completo do show.

"Isso é ridículo", Graham teria dito ao Iron Butterfly. "Vocês têm um contrato que determina que toquem esta noite. Dane-se que vocês não gostam da banda de abertura, vocês não vão cair fora por causa disso. Sou eu quem decide a ordem das bandas, não vocês."

Pouco antes de o Led Zeppelin entrar no palco, Peter estava descontrolado. No camarim, reuniu a banda e contou o que estava acontecendo com o Iron Butterfly. "Vão lá e façam esses caras saírem com o rabo entre as pernas!"

Era uma ordem e tanto, mas foi exatamente o que o Zeppelin fez. Em noites consecutivas, os *sets* foram absolutamente incríveis. Quando saíram do palco, enquanto os acordes finais de "How Many More Times" reverberavam pelas paredes, o público entoava: "Zeppelin... Zeppelin... Zeppelin". Ingle, Braunn e o baixista Lee Dorman ficaram irados. O público ainda clamava por mais Led Zeppelin quando o Iron Butterfly começou seu próprio *set*. Para um *headliner*, não poderia ter sido mais desmoralizante. Para uma banda nova, como o Led Zeppelin, não poderia ter sido mais saboroso.

"O Iron Butterfly é uma boa banda", disse Peter, deixando um pouco de sua arrogância brilhar. "Mas não é páreo para o Led Zeppelin. Ninguém é páreo para o Led Zeppelin."

11. DE VOLTA À REALIDADE

JIMMY PAGE ESTAVA perturbado. A primeira turnê norte-americana terminara num ponto altíssimo, que deixou a banda eufórica por dias após o retorno à Inglaterra. Porém, no escritório de Peter, Jimmy ficou boquiaberto ao examinar algumas resenhas dos shows. Da forma como elas pintavam, parecia que o Led Zeppelin havia inventado o câncer ou as doenças cardíacas.

"Que coisa absurda", murmurou Jimmy. "Esses críticos não sabem porra nenhuma de música. Estão fora de sintonia. Completamente fora de sintonia."

Peter estivera certo em relação à turnê: os fãs estadunidenses estavam prontos para uma banda desbravadora como o Led Zeppelin. Ironicamente, porém, ao que tudo indicava, os críticos de *rock* não estavam.

Jimmy sentia que o Led Zeppelin era *sua* banda. E ler aqueles comentários viciosos e desaprovadores era como testemunhar a tortura de seu próprio filho. Desgostoso, ele amassou as resenhas numa bola de papel, que arremessou com toda a força no lixo.

Peter tentou acalmar Jimmy. Estava quase tão furioso quanto Pagey, mas era da opinião de que não havia muita vantagem em deixar alguns críticos confusos minarem o bem-estar ou a autoconfiança da banda.

"Coloquemos as coisas em perspectiva", disse Peter. "Boa parte da imprensa ainda está puta com todo o *hype* da Atlantic em torno da contratação do Led Zeppelin. E agora estamos pagando o preço."

Grande parte da mídia proclamara o Zeppelin como uma banda faminta por dinheiro, que estava sendo empurrada goela abaixo de um público ingênuo. Parecia ignorar o fato de que, naquela primeira turnê norte-americana, chegamos a receber duzentos dólares por show, e raramente mais do que mil e quinhentos dólares. Porém, os críticos azedaram para cima de nós antes de ouvir uma nota sequer.

A mídia reservou seus ataques mais viciosos a Robert, talvez não surpreendentemente. O vocalista de qualquer banda sempre tem de desnudar a alma um pouco mais do que os demais membros. E a imprensa, de modo geral, se perguntou quem era aquele cantor jovem e inexperiente, que nunca havia se apresentado diante de grandes plateias em grandes palcos. E, de repente, estava sob os holofotes, no centro do *hype*, na mira certeira dos críticos.

Peter e eu entramos em pânico e tentamos esconder a maioria dessas críticas viciosas de Robert. Quando comprávamos os jornais ou recebíamos os *clippings* no escritório, nos livrávamos das resenhas que eu tinha certeza de que iriam magoá-lo. Teria sido ridículo aborrecê-lo, mas algumas acabaram passando batidas, e tiveram um efeito desmoralizante.

Primeiro, Robert ficava com raiva, depois, entrava na defensiva. E então acabava cheio de si. Francamente, acho que ele ficava assustado. Sua aparente presunção era uma maneira de tentar esconder a dor e fingir que os ataques não o atingiam. Porém, atingiam, sim. Posteriormente, Robert diria que, em meio àquelas investidas devastadoras da mídia, a banda decidiu apenas que "a melhor coisa a fazer era calar a porra da boca e tocar". Entretanto, os ataques da imprensa o incomodavam muito. Era possível perceber na maneira como ele falava com os repórteres que tentavam acossá-lo para as entrevistas no *backstage*. "Diga a eles que nada de entrevista até eles aprenderem alguma coisa de música", ele me dizia. "Muitos deles são uns ignorantes."

Quando o álbum de estreia, *Led Zeppelin*, foi lançado nos EUA, no início de 1969, as coisas não melhoraram muito. Na verdade, as principais rádios FM por todo o país já tinham recebido cópias do álbum com antecedência e o tocavam havia semanas. A Atlantic também distribuiu discos promocionais de sete polegadas com as duas músicas mais longas – "Babe I'm Gonna Leave You" e "Dazed and Confused".

Porém, embora os DJs parecessem gostar do que ouviam – e continuassem a falar da originalidade e da energia visceral do álbum, e do quanto ele era vibrante –, a mídia impressa se mostrava impiedosa. Alguns críticos insistiam que o Led Zeppelin não passava de uma imitação do Jeff Beck Group, que também emergira do Yardbirds, encabeçado por Beck e Rod Stewart.

Na *Rolling Stone*, John Mendelsohn dilacerou o álbum do Zeppelin faixa a faixa: "No rastro da era dos *bluesmen* britânicos de grande sucesso, como Cream e John Mayall, a fórmula-padrão parece ser: pegue um guitarrista excelente que, depois de sair dos Yardbirds e/ou dos Bluesbreakers de Mayall, se tornou uma deidade musical menor, e acrescente a ele uma cozinha competente e um bonitão com um vozeirão de *soul* capaz de fazer umas boas imitações. O mais recente grupo britânico a ser concebido assim oferece pouca coisa que seu irmão gêmeo, o Jeff Beck Group, já não tenha dito tão bem ou melhor três meses atrás".

Ai!

Apesar de tais alfinetadas, as vendas do álbum não pareceram se abalar. O disco subiu rapidamente nas paradas, e à medida que isso acontecia, a mesma imprensa hostil começou a rondar a banda em busca de entrevistas. De súbito, estava ávida por uma manchete do Zeppelin, clamava por qualquer arremedo de fofoca. Ninguém da banda, porém, estava particularmente interessado em se sentar para dar uma entrevista.

"É ridículo", disse Jimmy. "Se eles não param de lançar machadinhas contra nós, por que iríamos querer alguma coisa com eles? Diga que estamos ocupados. Diga qualquer coisa."

Peter tentou se manter acima disso tudo e evitar que isso o incomodasse. Enquanto a banda tratava dos ferimentos causados pelo arame farpado da imprensa, ele pôs a mão na massa para planejar a próxima jogada do Zeppelin. Mesmo com todas as acusações de comercialismo, e até com todo o entusiasmo das plateias, a primeira turnê da banda nos EUA, no máximo, ficou no zero a zero. Quando voltamos para casa e eu coloquei tudo na ponta do lápis, fiquei surpreso com os números.

Peter examinou os recibos. “Passagens áreas... aluguel de carros... hotéis... comida... manutenção de equipamentos... cachês. Qualquer lucro que tivemos foi embora antes de chegarmos em casa.”

No entanto, ele não se aborreceu. A julgar pela reação de bandas como o Iron Butterfly, sabia que o Zeppelin estava no caminho certo e na via expressa. Àquela altura, não estava preocupado com a linha de chegada. As coisas mudariam dramaticamente para muito melhor, e logo, ele me dizia.

Num nível pessoal, nenhum de nós ganhava muito naquela época. Eu só recebia cem dólares por semana. Robert e Bonzo, o mesmo – salário fixo que eles enviavam para as esposas e os filhos para somar ao adiantamento da gravadora. O cheque da Atlantic providenciara uma boa almofada financeira – algo com o qual eles não estavam acostumados. Quando a banda foi formada, Bonzo estava tão apertado, que perguntou a Peter: “Posso dirigir a van com os equipamentos por um dinheirinho extra? Talvez umas cinquenta libras por semana?”.

Jimmy e John Paul não receberam nada naquela primeira turnê norte-americana. A banda era um investimento deles, que visualizavam um retorno enorme mais adiante. Assim como Peter, tinham familiaridade o bastante com o que mais havia nas lojas de discos para reconhecer que o Zeppelin estava prestes a levantar voo com um estrondo – pelo menos entre os fãs, se não entre os críticos.

Jimmy estava determinado a, por fim, manter os lucros do Zeppelin em seu devido lugar – com a própria banda. Relatava muitas histórias de horror – que o deixavam furioso só de contar – de ter sido extorquido no passado, inclusive em seu período com os Yardbirds. “Houve uma ocasião em que os Yardbirds fizeram uma turnê pelos EUA com os Stones, logo depois de aparecermos no filme *Blow-Up*, do Antonioni”, disse. “Estávamos no auge de qualquer que fosse a popularidade que tínhamos naquela época. Mas depois de cinco semanas de turnê, sabe quanto cada membro dos Yardbirds recebeu? Um cheque de cento e doze libras! Mais porra nenhuma!”

“Quem ficou com o resto do dinheiro que vocês ganharam?”, perguntei.

“Sei lá quem diabos! Mas não fomos nós!”

É uma história comum entre músicos de *rock*. As bandas podem atrair um público pagante e ter discos de ouro nas paredes, mas suas contas bancárias estão vazias.

Jimmy e Peter, porém, tinham uma química especial entre si que parecia tornar possível evitar esses problemas. Quando Peter assumiu o posto de empresário dos Yardbirds no crepúsculo da banda, Jimmy sentiu que ele de fato tinha cuidado com os músicos, não só consigo mesmo. Com o Led Zeppelin, Peter agia como se fosse um quinto membro da banda. Assim como eu intercedia pelo grupo na estrada, Peter era resoluto em proteger o lado dos negócios. A filosofia dele era simples: já que a banda está atraindo os fãs às casas de shows, deve colher os frutos financeiros. Era uma atitude rara e estimulante.

Jimmy estava tão acostumado a ver dinheiro desaparecer, que, mesmo nos períodos de tranquilidade do Led Zeppelin, não conseguia se desvencilhar de seus hábitos parcimoniosos. Certa vez, estávamos num *pub* londrino, bebendo com uma banda chamada Liverpool Scene, que provocava Jimmy por causa de seu jeito turrão de lidar com dinheiro. Um dos caras inventou de apelidá-lo de "Led Wallet" – "carteira de chumbo" –, e o apelido pegou.

Depois daquela primeira turnê pelos EUA, o telefone do escritório de Peter passou a tocar constantemente. Os *promoters* estadunidenses estavam ávidos em saber a disponibilidade do Zeppelin – um contraste forte com o que ocorria no Reino Unido, onde ainda havia muito pouco interesse na banda. O primeiro álbum do Zeppelin só seria lançado na Inglaterra em março, e até lá não houve uma expectativa muito grande por ele.

Assim, por mais ávidos que os *promoters* dos EUA estivessem para que retornássemos, os grandes *promoters* britânicos não se mostravam interessados. Um deles, de Londres, foi curto e grosso ao telefone: "Peter, uma banda nova é formada na Inglaterra quase a cada tique do relógio. Por que então precisamos de mais uma?".

Esse tipo de comentário era de doer. Porém, em algum nível, Jimmy e os demais compreendiam o que estava acontecendo. Depois que o álbum de estreia foi lançado na Inglaterra, a banda fez uma reunião no escritório de Peter e Jimmy analisou a situação da seguinte maneira:

"Nos EUA, as rádios FM estão dispostas a tocar faixas longas ao estilo do Zeppelin. As rádios britânicas, no entanto, ainda estão presas aos compactos, então é mais difícil para nós conseguirmos execuções por aqui. É um fato consumado com o qual temos de conviver."

Ainda assim, queriam desesperadamente a aceitação em casa. Embora não falassem muito sobre isso, se ressentiam do gelo que o Reino Unido lhes dava.

Para fazer convertidos na Inglaterra, a banda se lançou numa turnê britânica em março de 1969, restrita a shows em pequenos clubes – o Fishmongers' Hall e o Marquee, em Londres; o Mother's, em Birmingham; o Cook's Ferry Inn, em Manchester; e o Klook's Kleek, em Edmonton. Eram clubes pequenos e apertados, quase sempre abarrotados com não mais do que trezentas ou quatrocentas pessoas. Alguns não tinham camarins. Os cachês também eram pequenos – sessenta libras ou sessenta por cento da bilheteria era o mais comum, embora, às vezes, chegasse a cento e quarenta libras por noite.

Incrivelmente, quase todos os shows tiveram ingressos esgotados graças ao boca a boca. Porém, mesmo com casas cheias, ninguém ganhou muito dinheiro. Peter ainda estava frustrado, mas insistia: "Vai haver uma reviravolta na Inglaterra. Nesse meio tempo, talvez seja hora de voltar aos EUA".

Talvez o Led Zeppelin realmente pertencesse à América.

12. CARTEIRA DE CHUMBO

JIMMY PAGE ESTAVA sozinho em sua casa, examinando os instrumentos e equipamentos que juntavam poeira. Muitos datavam da época dos Yardbirds; outros eram até mais antigos.

Há coisa de dois meses, ao final da primeira turnê norte-americana, o Led Zeppelin havia surrado e quase destruído boa parte do velho equipamento dos Yardbirds que vinha usando. Ao contrário de Pete Townshend, que destroçava e mutilava instrumentos intencionalmente, enquanto o público rugia em aprovação, o Zeppelin simplesmente os tocava até a morte. Pagey, porém, sempre frugal, não apreciava a ideia de investir muito dinheiro, ou dinheiro algum, em equipamentos novos para a segunda turnê norte-americana, que começaria em apenas duas semanas, no final de abril de 1969. Assim, se perguntava como poderia ressuscitar alguns desses equipamentos antigos sem abalar o já incerto caixa da banda.

Havia alguns amplificadores Fender estourados, da época dos Yardbirds, guardados em sua casa. Ao lado deles, os amplis Rickenbacker da primeira turnê do Zeppelin, que, embora ainda estivessem utilizáveis, Jimmy não achava que estavam a altura de seus critérios. Os fãs poderiam não notar, pensou, mas ele notaria.

Era um verdadeiro dilema para um perfeccionista como Page. Queria que tudo fosse preciso e exato. Ao mesmo tempo, porém, a simples ideia de gastar milhares de dólares em equipamentos novos era dolorosa. A *Led*

Wallet ia de encontro ao Led Zeppelin e, pelo menos naquele momento, a situação era uma sinuca de bico.

Naquela noite, Jimmy fez um *brainstorm*. Pegou o telefone e ligou para Clive Coulson, que seria nosso *roadie* na nova turnê. "Clive, quero arrumar uns amplificadores Marshall antes de partirmos para os EUA", disse Jimmy.

"Eles são bem caros", disse Clive. "Quanto temos para gastar?"

"Não vamos gastar um tostão furado!", exclamou Jimmy. "Com algumas ferramentas e um pouco de criatividade, não vai nos custar nada."

Clive e eu chegamos à casa de Jimmy no dia seguinte, e Pagey nos explicou o que tinha em mente: pediu a Clive que trocasse os falantes dos gabinetes Fender pelos falantes dos gabinetes Rickenbacker. Em seguida, instruiu o *roadie* a levar as caixas Fender – com os falantes Rickenbacker dentro delas – até a Sound City, perto de Piccadilly Circus, e trocá-las por Marshalls novos.

"Com as tarifas de importações, os Fenders são os amplificadores mais caros que se pode comprar", disse Jimmy. "Eles nunca vão saber que são falantes Rickenbacker dentro desses gabinetes Fender."

Deu certo. Clive voltou da Sound City com dois gabinetes Marshall – sem gastar uma libra sequer. A *Led Wallet* saiu ganhando.

Nos dias que antecederam o voo para os EUA, para a segunda turnê, o Zeppelin começou a sentir um frio na barriga. Como vim a aprender ao longo dos anos, não importa quantas turnês e quantos shows uma banda tenha no currículo... não importa o quão bem ela toque ou o quão estrondosos sejam os aplausos do público... sempre haverá certa apreensão no início de cada nova turnê. Será que essa correrá tão bem quanto a anterior? Será que os shows vão lotar? Será que o público vai ficar sedento por mais?

Porém, quando a turnê começou, essas ansiedades se provaram infundadas. Noite após noite, a banda enfeitiçava o público em todas as cidades. São Francisco, Detroit, Chicago, Boston, Nova York... trinta apresentações em dezenove cidades que explodiram com aquela potência tamanha, que eclipsou quase tudo o que já reverberou pelos Fillmores; pelo Guthrie Theatre, em Minneapolis; pelo Kinetic Circus, em Chicago; e pelo Boston Garden.

A segunda turnê americana começou em São Francisco, com alguns disparos inesperados. Bill Graham, o imprevisível dono/gerente do Fillmore West, era um homem de negócios inteligente e trabalhador, duro e direto, que sempre foi justo com os Yardbirds e com o Led Zeppelin. Certificava-se de que cada detalhe fosse atendido, nos dava cada capricho solicitado, e até mais.

Porém, quando chegamos ao Fillmore West naquela tarde de quinta-feira, em maio, algumas horas antes do primeiro show, só recebemos boas-vindas cordiais. Clive abordou Graham, que estava jogando basquete com alguns funcionários numa tabela instalada nos fundos do clube.

"Sr. Graham", disse Clive, "estamos aqui para montar o equipamento do Led Zeppelin. Podemos começar?"

Graham arregalou os olhos em nossa direção e apontou o dedo indicador para nós.

"Com quem diabos você acha que está falando, amigão?", berrou, com as veias do pescoço saltando. "Quando eu estiver pronto para falar com você, aí eu falo com você. Não dá pra ver que estou no meio de um negócio aqui?"

Pobre Clive, que se virou para mim como se dissesse, *quando é que eu posso pegar o próximo voo de volta para Londres?* Aprendeu em primeira mão que quando Graham queria assumir sua *persona* assustadora, poderia ser uma interpretação digna de Oscar. Nunca entendemos muito bem por que Graham dava tamanho show, mas chegamos à conclusão de nunca mais interromper suas partidas de basquete. Também fui forçado a reconhecer que, embora nós, do *entourage* do Led Zeppelin, achássemos a banda incrível, outros poderiam ainda não estar prontos para estender o tapete vermelho.

Em parte da segunda turnê, assim como aconteceu na primeira, o Led Zeppelin dividiu os shows com o Vanilla Fudge. Porém, dessa vez o Fudge nem sempre foi o *headliner*. Quando chegávamos a uma cidade, a banda cujos álbuns estivessem tocando mais nas rádios da região seria a atração principal da noite, a partir das pesquisas de mercado da Atlantic Records. Para nós, não importava quem tocasse em primeiro ou segundo lugar; a reação do público ao Led Zeppelin era sempre a mesma – puro pandemônio.

No início da turnê, os shows do Zeppelin duravam uma hora. Porém, de acordo com a resposta do público, a duração ia aumentando... de uma hora e quinze... para uma hora e meia... e além. Quando o repertório da banda acabava, improvisavam músicas de Otis Redding e do Love. De vez em quando, Robert tentava encaixar alguma velha canção do Moby Grape aqui e ali, embora o resto da banda raramente fosse na onda, primordialmente para dar umas alfinetadas em Plant.

"Nenhum show é igual ao outro", dizia Jimmy. Embora as músicas próprias do Zeppelin já estivessem ganhando um padrão, sempre havia espaço para improvisação, dos *riffs* inventivos de Jimmy aos solos de bateria de Bonham, que convertiam até os fãs no fundo da pista. Às vezes, a banda se surpreendia com os rumos criativos que a música tomava e com a maneira como levava os instrumentos ao limite e voltava.

Lá pela metade da turnê, a autoconfiança do Zeppelin estava nas alturas, a ponto de a banda literalmente esperar o frenesi do público. Eles certamente não tinham uma postura *blasé* em relação a isso, mas ficariam surpresos se a plateia não estivesse se comportando como fanáticos ao final de cada noite. A reputação da banda a precedia, e as plateias pareciam estar à beira da histeria antes mesmo de o show começar. Quando começava a tocar, então, era loucura para todo o lado.

"É ótimo só tocar por aí", Bonham me disse certa noite, pouco antes de entrar no palco. "Mas quando o público empolga, é uma doideira absoluta. A energia dos fãs me leva a um ponto sem volta."

Porém, ao longo da turnê, a banda não pôde se dar ao luxo de apenas desfrutar os aplausos ininterruptos. Havia uma pressão constante da parte da Atlantic Records para a conclusão do segundo álbum, *Led Zeppelin II*. O primeiro entrou na parada da *Billboard* na 99ª posição e então foi catapultado para o Top 10. Por fim, passaria setenta e três semanas nas paradas, incluindo algumas reaparições até 1979 – dez anos depois de lançado.

"A Atlantic não pode se contentar em contar o dinheiro das vendas do primeiro álbum?", Robert reclamou certo dia. "Detesto ter uma arma apontada para a minha cabeça assim. Não é justo!"

"Por que a gente não é um pouco mais duro em relação a isso?", sugeriu Bonzo. "Vamos só mandar a gravadora se foder!"

Apesar da ansiedade diante das pressões da gravadora em plena turnê, o Led Zeppelin também foi absolutamente profissional. Perceberam que havia um compromisso contratual que deveria ser levado a sério. Jimmy e Robert começaram a compor freneticamente em quartos de hotel ("Whole Lotta Love", "Ramble On"), às vezes rabiscando letras e observações nos blocos de notas dos hotéis. Robert escreveu uma letra completa ("Thank You") sozinho pela primeira vez, que dedicou à esposa. Em algumas ocasiões, essas músicas eram ensaiadas e gravadas apenas horas depois de escritas.

Sempre que havia um dia de folga, onde quer que estivéssemos, Jimmy achava um estúdio disponível – o Ardent Studio, em Memphis; o Gold Star Studio, em Los Angeles – e a banda se isolava nele do começo da noite até alta madrugada para somar mais uma faixa ao álbum. De vez em quando, Robert entrava em estúdio sozinho para gravar vocais. O vocal principal de "Whole Lotta Love" foi registrado num único *take*. ("Acertei na mosca na primeira vez; simplesmente não havia como melhorar.")

"Whole Lotta Love" recebeu uma atenção enorme de Jimmy no estúdio. Com o vocal de Robert já registrado, ele passou horas construindo todo o resto da música ao redor da voz. Para o efeito ascendente no refrão, usou um *slide* de metal e uma técnica de eco ao contrário, também usada em "Ramble On".

Muitos dos efeitos em "Whole Lotta Love" e no restante do álbum surgiram de pura experimentação. Jimmy se sentava na técnica com o engenheiro de som e eles literalmente começavam a brincar com os controles da mesa, de um lado para o outro, para ver que tipos de sons conseguiam criar. Para "Whole Lotta Love", produziram uma saraivada desconcertante de guinchos, uivos e ruídos agudos.

Jimmy também trabalhou incessantemente sozinho na mixagem de "Bring It On Home", depois na de "What Is and What Should Never Be". Acrescentou um violão de doze cordas a "Thank You" e uma profusão de *overdubs* com sua Gibson a "Ramble On".

Às vezes, eu ficava nervoso só de observar Pagey no estúdio, onde ele se mostrava muito mais ansioso do que no palco. Por mais bem preparado que estivesse, raramente ficava satisfeito por completo. Sempre queria alguma coisa mais próxima da perfeição. Sua confiança ia e vinha. Às vezes, depois de horas de mixagem, colocava o rosto entre as mãos, como se para tentar abafar a tensão e se esconder da realidade de que ainda havia mais sessões, mais trabalho a se fazer num álbum que parecia nunca ter fim. Era um trabalho longo e exaustivo, e por mais que ele gostasse do processo criativo, por vezes isso o sobrecarregava.

Em várias ocasiões, Jimmy e eu pegamos um voo para Nova York depois de algum show em Minneapolis ou Chicago. Eu levava as fitas brutas comigo no avião, embrulhadas em papel-alumínio. Tomávamos um táxi até o A&R Studios, passávamos metade do dia lá, e então voávamos para a cidade do show seguinte. Era exaustivo, cruel e terrivelmente estressante. Mas era o que ele achava que deveria ser feito.

À medida que a turnê progrediu, chegamos em Baltimore para um show no Merriweather Post Pavilion. Frank Barsalona e Barbara Skydel, da Premier Talent, estavam cuidando da nossa agenda, e a agência também representava o The Who. "Por que não colocamos o Zeppelin e o The Who num mesmo show?", Frank sugeriu a Peter.

Peter se acomodou e contemplou a ideia por um momento. "Claro, vamos nessa." Ele sabia que o The Who seria a atração principal, mas sentia que o Zeppelin seria capaz de se garantir diante da banda mais veterana.

Ambas as bandas estavam nervosas por tocar uma com a outra. Depois da atração de abertura – um comediante cantor chamado Uncle Dirty –, o Zeppelin entrou no palco e fez um *set* poderoso de noventa minutos. Em seguida, o The Who estourou a boca do balão com seu próprio *set* com a mesma duração, coroado por uma destruição de instrumentos de quebrar recordes.

Perto do final do show, fui recolher o dinheiro do Zeppelin junto com John "Wiggy" Wolff, *tour manager* do The Who. "Espero que vocês tenham faturado um bom dinheiro", eu disse a ele. "Com todos esses instrumentos destruídos pelo Townshend, vocês vão precisar de alguns dólares para comprar novos."

Wiggy me disse que o The Who receberia seis mil, setecentos e cinquenta dólares pelo show. "Sério?", perguntei. "Nós vamos receber quase o mesmo – seis mil."

Ele ficou chocado. "Não acredito que vocês vão receber só setecentos e cinquenta dólares a menos que nós."

"Bom, ainda mais porque vocês vão ter de gastar uns dez mil dólares só para comprar instrumentos novos, acho que o Zeppelin saiu ganhando nessa."

Ao longo daquela turnê, como se as dificuldades de se trabalhar no novo álbum não fossem o bastante, o Zeppelin e a imprensa continuaram a se desentender. Mesmo à medida que o tamanho do público nos shows crescia, a indiferença – e até antipatia – da mídia parecia se intensificar. A resenha da *Variety* daquela segunda turnê foi um exemplo típico da impiedade com que nos deparávamos:

"A obsessão desse quarteto por potência, volume e teatralidades melodramáticas é tanta, que sobra pouco espaço para a sutileza empregada por outros britânicos. Deveria haver espaço de sobra para a dinâmica e as nuances no estilo de *rock* ultrapesado do Zeppelin. Porém, o grupo abandonou o senso de musicalidade em favor da potência absoluta que encanta seu público predominantemente juvenil".

Quando Jimmy lia essas críticas ruins, ficava completamente fora de si. "Esses críticos escrevem do meio de um vácuo?", reclamou ele certo dia, num quarto de hotel, em Chicago. "Eles não ouvem o público clamando por mais bis?" Enojado, jogou uma revista para o outro lado do quarto. "E escrevem com tamanha arrogância, como se a opinião deles fosse mais importante do que a dos outros. Só porque eles escrevem bem, não significa que entendam de música!"

John Paul quase sempre tinha uma abordagem mais curiosa dessa questão toda. "Há uma vantagem em sermos esnobados por eles", dizia. "Como eles não ficam muito ao nosso redor, não precisamos perder muito tempo respondendo às perguntas deles, que às vezes são bastante idiotas."

Às vezes, eu ficava nervoso só de observar Pagey no estúdio, onde ele se mostrava muito mais ansioso do que no palco. Por mais bem preparado que estivesse, raramente ficava satisfeito por completo. Sempre queria alguma coisa mais próxima da perfeição.

Pagey começou a cogitar recusar *toda e qualquer* entrevista, o que aborreceu o pessoal da publicidade na Atlantic Records. Depois que a banda alcançou o poder necessário para fazer exigências impopulares como essa, Jimmy enfim passou a recusar incondicionalmente todos os convites para entrevistas – política que se manteve firme por várias turnês. "Quando a mídia desenvolver uma perspectiva melhor, mais equilibrada da nossa música, aí volto a falar com ela", disse.

A hostilidade entre a banda e a imprensa chegou ao auge durante as três últimas semanas da turnê, quando Ellen Sander, repórter da *Life*, passou a viajar conosco. Não foi uma experiência particularmente prazerosa para nenhuma das partes envolvidas. Sander, na verdade, havia sugerido aos editores cobrir a turnê norte-americana do The Who; quando isso não deu certo, voltou-se para o Led Zeppelin como plano B.

Como o Zeppelin era uma banda muito nova, decerto a atenção de uma revista da estatura da *Life* seria bem-vinda. Peter, inclusive, se sentou conosco certa tarde e disse: "Por favor, deem uma certa atenção educada a ela, que é de uma revista americana grande. Tudo o que ela escrever vai ser lido por milhões de pessoas".

Assim tentamos; batemos papos casuais alternadamente com Sander, mas nenhum de nós achava nada de muito cativante nela. Não era uma pessoa muito divertida de se conviver. Não parecia gostar muito da nossa música e claramente desprezava nosso estilo de vida.

O jornalismo de Sander refletia os contínuos problemas que o Led Zeppelin tinha com a imprensa. Quando ela enfim escreveu sobre sua experiência na turnê, suas lembranças foram absolutamente desabonadoras para nós, e, do nosso ponto de vista, amplamente imprecisas. A alegação mais provocativa dela foi a de que, ao deixar a turnê e nos dar "adeus e boa sorte", teria sido atacada por dois membros da banda (os quais ela não identificou). Da forma como ela se lembrava, eles teriam agarrado suas roupas e rasgado seu vestido. Peter Grant, insistia ela, a resgatou antes que fosse sacrificada por completo àqueles monstros/músicos.

"Que monte de merda!", Bonzo me diria depois. "Talvez a gente tenha provocado ela um pouco, e talvez a nossa bebedeira a tenha ofendido. Mas se ela pensa que nós estávamos tentando estuprá-la, então a imaginação dela é mais doida do que a da maioria dos escritores."

As observações de Sander eram brutais. "Se você entrar nas jaulas dos animais no zoológico e vê-los de perto, acariciar a pelagem aprisionada e se misturar à energia que há por trás da mística", escreveu, "você também acaba sentindo o cheiro da merda em primeira mão."

Peter me pediu para tentar achar alguma maneira de ajudar a banda a conviver com as pressões que se acumulavam ao longo daquela turnê. "É tortura", Pagey me disse certa vez, num voo a caminho de um estúdio em Nova York. "Essa banda acabou de nascer, e eu já estou pronto para dar um tempo."

13. UM GOSTINHO DA DECADÊNCIA

NAQUELA SEGUNDA turnê norte-americana, já contávamos com garotas de sobra rondando as portas dos camarins e os hotéis. Plant e Page pareciam ser os interesses principais delas, mas muitas das moças não tinham uma preferência em particular. Quando a banda começou a contar comigo para providenciar o entretenimento da madrugada que desejassem, as garotas tornavam essa tarefa fácil.

Mesmo nesse período inicial da história do Zeppelin eu já conseguia ver o desenvolvimento dos padrões recreativos que persistiriam ao longo de toda a existência da banda. Havia as garotas, é claro, com quem começamos a festejar, às vezes em excesso, e garrafas de álcool até não poder mais. Ambas, é claro, foram bem recebidas distrações do estresse das viagens e das pressões da gravadora, que recaíram com força sobre a banda durante aquela segunda turnê dos EUA. Porém, logo começamos a fazer isso demais. O álcool e, depois, as drogas, por fim envolveram a banda e começaram a cobrar seu preço. Já em 1969 havia sinais de que uma escorregada ladeira abaixo estaria por vir.

No que se tratava de garotas, Jimmy dizia: "Quanto mais nova, melhor". Mais do que os outros, Jimmy parecia desejar as garotas cujos rostos eram infantis e inocentes e cujos corpos mal estavam formados. Porém, não era o único que gostava das mais novas. Talvez isso fosse um sinal da nossa imaturidade, afinal de contas, tínhamos vinte, vinte e um anos, então uma garota de quatorze ou quinze não era uma loucura total – ou pelo menos não parecia ser, na época. E quanto aos integrantes casados da banda, a maioria deles foi, pelo menos temporariamente, capaz de ignorar o fato de que havia esposas à espera deles na Inglaterra; se houve alguma pontada de culpa, eu nunca vi.

"Meu sonho", Jimmy me disse certa vez, "é achar uma sósia da Joni Mitchell... jovem, magra, traços angulares, cabelos loiros compridos, uma bela voz para cantar para eu dormir."

Eu ficava de olho, mas nunca consegui atender satisfatoriamente a esse pedido. Na verdade, acho que ele só se contentaria com a legítima.

"Richard, vou te contar qual é a minha fantasia. Queria a Joni Mitchell sentada na ponta da minha cama, tocando violão e cantando para mim." Ele não entrou em mais detalhes dessa fantasia, mas presumo que gostaria de um pouco mais do que apenas dedilhados ao violão de Joni.

Eu descia direto aos *lobbies* dos hotéis, onde as garotas congregavam, e convidava algumas delas para subir aos nossos quartos. Embora o Led Zeppelin e dezenas de outras bandas de *rock* fossem frequentemente acusadas de se aproveitar dessas garotas, eu achava isso uma grande balela. Era raro irmos atrás delas; elas é que se disponibilizavam para nós. Nunca as forçamos a fazer nada que não quisessem. Estavam à procura de diversão – assim como nós. Não havia envolvimento emocional de nenhum dos lados. Como uma loira de Boston me disse: "Só quero me divertir. Se algum de vocês quiser diversão, estou disponível". Ela estava usando o uniforme de líder de torcida da escola.

Algumas dessas garotas já eram conhecidas da época dos Yardbirds. Eram fãs de Jimmy e não largaram o vício nele. Parecia que também haviam criado sua própria hierarquia das *groupies* e estavam determinadas a permanecer no time titular, em vez de cair para o banco das reservas. Algumas ficavam loucas de ciúmes se percebiam alguma diminuição na atenção de Jimmy, e os bate-bocas entre elas volta e meia amargavam ("Jimmy sempre me tratou como uma dama, o que é mais do que se pode dizer de você!"). De vez em quando, se rebaixavam das palavras hostis para um vale-tudo de puxadas de cabelo e dedos nos olhos.

Em geral, as garotas e a bebida andavam juntas. Às vezes, porém, o álcool era suficiente. Naquela época, em algumas das cidades, fazíamos dois shows por noite, normalmente um às vinte e duas horas e outro à meia-noite, e durante o intervalo de uma hora entre as duas apresentações, abríamos uma garrafa de champanhe, às vezes, várias. "A bebida ajuda a acalmar meus nervos", Bonzo me dizia. "Simplesmente me sinto melhor depois de uma ou duas doses." Na verdade, ele tomava umas dez ou doze.

Certa noite, em Kansas City, depois do segundo show num clube ao sul do rio Missouri, levei a banda de volta ao hotel, o Muehlbach, um dos mais antigos e finos da cidade. Fomos para o bar do hotel, e depois de mais alguns drinques – *scotch*, champanhe e gim-tônica –, John Paul, Robert e Jimmy pegaram o elevador até seus quartos. Bonzo e eu decidimos que ainda havia mais a beber, então ficamos para fazer companhia ao *bartender*.

Por fim, ficamos tão bêbados, que eu duvidei que conseguíssemos chegar até nossos quartos. Ainda assim tentamos, perambulando pelo *lobby* do hotel como dois bebuns – que era mesmo o que estávamos nos tornando. Bonzo não aguentou mais ficar de pé, capotou numa poltrona gigante e se recusou a sair dela.

"Siga sem mim, Cole", disse ele, arrastando uma palavra atrás da outra. "Vou ficar bem aqui. Vou ficar bem."

Não tive condições de questionar, só queria dormir um pouco. Quando cheguei no quarto, tomei uns dois Mandrax[14] para me ajudar a pegar no sono e caí na cama, na esperança de roncar em paz até de manhã. Bonzo, porém, tinha outros planos. Por volta das três horas da madrugada, o toque do telefone me acordou com tudo.

"Richard!"

"Quem é?", balbuciei.

"Ei, Richard! Você precisa me tirar daqui!"

Reconheci a voz de Bonzo, mas ainda estava tentando me orientar.

"Sou eu, Richard. Desça e venha me buscar."

---

14 Metaqualona, também conhecida como quaalude, substância de efeito sedativo. (N. do T.)

"Onde você está, seu babaca?"

"Onde você acha? Na cadeia, oras. Venha até aqui pagar a minha fiança."

Bonham então passou o telefone a um policial, que me explicou que ele foi preso por estar embriagado num local público – mais especificamente, o *lobby* do Muehlbach – e me passou o endereço da delegacia, que ficava a uns três quilômetros do hotel.

Fiquei furioso, mas minha fúria tinha mais a ver com ter sido acordado do que com a condição de Bonham. Xingando para mim mesmo, me vesti e botei cinco mil dólares em dinheiro no bolso. Dez minutos depois, estava na delegacia.

"Estou aqui para pegar John Bonham", disse a um sargento ao chegar. "Sou empresário dele." Achei que me apresentar como empresário dele impressionaria mais do que dizer *tour manager*. "Quanto é a fiança?"

"Quanto é?!", zombou o sargento. "Esse filho da mãe não vai a lugar nenhum. Vai dormir aqui. Volte para buscá-lo de manhã, quando ele estiver sóbrio."

Assim, às nove da manhã, retornei. Bonham tinha uma expressão acanhada no rosto quando o trouxeram para a sala de espera da delegacia. Havia um hematoma abaixo de seu olho esquerdo e outro na bochecha.

"Acho que os caras pegaram meio pesado comigo", sussurrou. "Mas não lembro, na verdade."

Nenhum de nós aprendia muito de experiências como essa. Houve muitos outros episódios de bebedeira naquela turnê. Especialmente quando Peter não estava conosco, eu era o único que tentava manter o Zeppelin na linha, e em geral me encontrava tão possuído pelo álcool quanto o resto da banda – se não mais.

Em maio – pouco depois do vigésimo primeiro aniversário de Bonham –, o Zeppelin fez dois shows no Rose Palace, em Pasadena. Barry Imhoff, *promoter* do evento, sabia que caminho nosso estilo de vida estava tomando àquela altura. Assim, escolheu um presente de aniversário pelo qual não havia como John ficar mais grato – uma garrafa de champanhe de 1,2 metro de altura!

Entre o primeiro e o segundo shows, Bonzo entornou sozinho quase um terço da garrafa. Quando chegou o momento de se posicionar na bateria para o segundo show, ele levou a garrafa para o palco. Para um observador sóbrio, provavelmente foi uma cena triste: como um levantador de peso, ele erguia a garrafa sobre a cabeça entre uma música e outra e inundava a boca e a garganta com álcool. Ficou tão bêbado, que caiu da banqueta duas vezes. Ao final do show, a garrafa estava vazia.

Imhoff ainda tinha mais um presente para nós: quatro polvos vivos.

"O que é que a gente vai fazer com polvos?", perguntei.

"Eles são ótimos companheiros na banheira", argumentou ele. "Muito mais divertidos do que patos de borracha."

No hotel, convidamos duas garotas até o quarto, e eu achei que elas talvez fizessem melhor uso dos polvos do que eu. "Parece que vocês precisam de um banho, garotas", eu disse a elas. "Tirem a roupa e entrem na banheira."

Elas concordaram e, depois que pularam para dentro da banheira, Jimmy e eu trouxemos os polvos e os jogamos na água. "Achamos que vocês quisessem uma companhia", riu Jimmy.

As garotas permaneceram incrivelmente calmas, considerando as criaturas que nadavam ao redor delas. Enquanto observávamos aquela brincadeira, os polvos, de algum modo, sabiam por instinto para onde ir e onde posicionar os tentáculos. Uma das garotas, uma morena baixinha de quem Jimmy não conseguia tirar os olhos, arquejava e suspirava enquanto um dos polvos explorava suas partes.

"Meu Deus", guinchou ela. "Preciso de um desses. É como ter um vibrador de oito braços."

"A gente podia colocar essas coisas à venda", falei para Jimmy. "Talvez elas tivessem um apelo mais universal do que a música."

Ficamos na região de Los Angeles por aproximadamente uma semana e quase devastamos o serviço de quarto do Château Marmont com nosso apetite por bebida. "Los Angeles é um negócio muito especial", dizia Bonzo. "É diferente. Decadente."

Na Inglaterra, o Zeppelin vivia vidas bastante normais com famílias ou namoradas tradicionais. A estrada, porém – Los Angeles em particular –, estava se tornando um lugar de excessos. É claro que provavelmente passamos muito mais horas nos EUA sentados em aeroportos, assistindo à TV ou falando de música. Houve muitas horas passadas em estúdios de gravação e, mais ainda, no palco. Porém, são alguns dos episódios mais selvagens e inconsequentes que ainda permanecem mais vívidos na minha lembrança. Aparentemente da noite para o dia, nos vimos na posição de poder fazer quase qualquer coisa que quiséssemos, e em L.A. parecia haver um maremoto de garotas de espírito livre sempre cooperativas e complacentes. Para um grupo de rapazes da classe trabalhadora de Londres, era como encontrar a Terra Prometida.

Certa noite, bem tarde, eu estava no bangalô de John Bonham no Marmont, cada um com uma garota a tiracolo. Embora decerto não fôssemos casanovas, poderíamos ter acrescentado vários entalhes às cabeceiras do Marmont. A essa altura, depois de entornadas algumas garrafas, Bonzo e eu ocupávamos cada um uma cama do quarto, com nossas roupas amontoadas numa mesma pilha.

Enquanto eu me entrelaçava feito um *pretzel* com a minha garota – uma gata de Santa Monica chamada Robin –, Bonzo decidiu ir até a cozinha para recobrar o fôlego e tomar uma água. Lá, bateu o olho em duas latas grandes de feijão pronto. Aparentemente, seu lado *chef* assumiu o controle.

Bonzo abriu as latas e, com uma em cada braço, voltou saltitando para o quarto.

"Hora do jantar!", anunciou. "Sirvam-se!"

Enquanto Robin e eu olhávamos horrorizados, Bonham se aproximou de nós, posicionou as latas sobre nossas cabeças e virou as duas ao mesmo tempo, derramando o conteúdo frio delas sobre nossos corpos nus.

"Seu filho da puta", berrei ao rolar para o lado oposto da cama, numa tentativa fútil de escapar da linha de fogo.

Em questão de segundos, Robin e eu estávamos nadando numa poça gosmenta e nojenta de feijão, que nos cobria da cabeça aos pés. Uma cena digna de comédia pastelão.

Antes que pudéssemos parar para respirar, Peter Grant entrou no bangalô e deu de cara com aquela cena. De vez em quando, ele demonstrava raiva e desgosto diante de incidentes como esse. Todavia, não foi o caso naquela noite.

"Peter!", gritou Bonzo. "Pegue uma colher e mande ver!"

Peter deu uma risada e, então, foi tomado por suas próprias intenções perniciosas.

"Cole, seu desleixado do caralho, você não tem *nenhuma* classe?", rugiu. "Deixe-me colocar um pouco de sofisticação na sua vida."

Peter pegou uma garrafa de champanhe cheia que estava sobre a cômoda, a sacudiu e então sacou a rolha e jorrou todo o conteúdo dela sobre nós.

Os olhos de Bonham quase marejaram quando enfim tivemos de fazer o *checkout* do Marmont. Na nossa última noite lá, ele bebeu pesado e decidiu que queria brincar de médico. Pegou emprestado um jaleco branco e um carrinho do serviço de quarto, e sobre o carrinho colocou uma garota chamada Candy – uma adolescente loira bonita de Miami, que conhecemos durante a primeira turnê. Ela apareceu sem avisar no Marmont, salivando por altas travessuras com o Zeppelin. Nós não a desapontamos.

Bonham tirou a roupa dela no carrinho, caindo na gargalhada a cada peça. Depois que ela estava nua, ele anunciou: "É hora da operação, minha querida".

Ele correu para o banheiro e voltou com um pincel de barbeiro, espuma de barbear e uma navalha. "Não vai doer nada, queridinha", disse a Candy, que ficou lá deitada submissamente enquanto ele aplicava a espuma de barbear a seus pelos pubianos.

Ao longo dos dez minutos seguintes, os membros da banda e eu nos alternamos para raspá-la: Robert com vitalidade e pinceladas largas... Jimmy com a paixão de um Rodin ou um Michelangelo. Candy riu durante todo o procedimento.

Quando acabou, enquanto admirávamos nossas habilidades artísticas, Robert interrompeu subitamente os festejos com um uivo agudo e penetrante. "Ah, porra!", gritou. "Bonham, como você pôde fazer isso? Como?"

Robert pegou o pincel de barbear e o brandiu no ar. "Isso é meu. Essa porra desse pincel é meu."

Todos no quarto caíram na gargalhada. John Paul deu um tapinha nas costas de Robert e disse: "Desfrute do seu próximo barbear".

Nem todas as garotas com quem nos deparamos durante aquela segunda turnê eram tão bonitas quanto Candy. E, é claro, estávamos em posição de ser seletivos. Daquelas nada atraentes – as que doíam a vista –, bem, Bonham dizia: "Se você deixar algum desses cachorros subir para o quarto, está despedido!".

As Plaster Casters eram algumas das garotas mais persistentes, que se excediam no abuso da nossa hospitalidade, apesar das nossas súplicas insistentes para que simplesmente desaparecessem. Estavam determinadas a fazer moldes dos pênis eretos dos membros da banda, talvez para um dia exibi-los no Rock and Roll Hall of Fame. Certo dia, no Marmont, Cynthia Plaster Caster nos explicou como elas criavam os moldes que as fizeram tão famosas. "Primeiro, deixamos o músico duro, da forma que pudermos. Depois, minha assistente faz o molde de fato, enquanto eu mantenho a barraca armada. Ela é muito talentosa. Vocês deveriam experimentar, é uma verdadeira arte."

Talvez fosse, mas Robert brincou certa vez: "De jeito nenhum eu conseguiria manter meu pau duro perto dessas gordas".

Eu já conhecia as Plaster Casters da época dos Yardbirds, e elas já eram robustas e sem graça. Acho que o Zeppelin teria optado pelo celibato se as Casters fossem a única alternativa. Eu com certeza teria.

Certa tarde, no Marmont, estávamos tomando sol à beira da piscina. As Casters também estavam lá, e começaram a nos atormentar muito. Queriam fazer os moldes; nós nem cogitávamos. Queriam bater papo; nós queríamos que elas calassem a boca.

Por fim, Bonzo ficou farto. "A única forma de vocês se calarem é com a boca cheia d'água!"

Ele se levantou da *chaise lounge*, foi até Cynthia e a conduziu até a beirada da piscina. Quando ela estava a um passo da piscina, ele a empurrou com tudo. Cynthia caiu na água com a força de uma baleia grávida. O *tsunami* resultante ensopou metade do pátio ao redor.

Em vez de afundar como um peso morto, porém, as várias camadas de roupa de Cynthia – incluindo um vestido de veludo com uns penduricalhos insuportavelmente espalhafatosos – a ajudaram. O ar que ficou preso por baixo de suas roupas a manteve flutuando, servindo de suporte para que ela conseguisse manter a cabeça fora d'água, embora não sem certo esforço e muita molhadela.

"Me tirem daqui, seus cuzões!", gorgolejou ela, mal se fazendo ouvir por cima das nossas gargalhadas.

Pulei na piscina e a puxei até a escada, por onde ela saiu da água de maneira muito pouco elegante.

Apesar dessas maluquices, nunca perdemos de vista o motivo pelo qual estávamos nos EUA de fato. "Estamos aqui para fazer música – é o que vem em primeiro lugar", Bonzo proclamava, quase sempre meio bêbado. O álcool continuava a causar certas situações embaraçosas, e em algum momento ou outro afetava cada um dos membros da banda.

Por causa da bebida, frequentemente nos tornávamos um pesadelo nos aviões, em especial quando a tripulação não se importava em limitar a quantidade de álcool que nos servia. Durante aquela segunda turnê, num voo comercial de Athens, Ohio, a Minneapolis, Robert entornou alguns drinques e estava se sentindo inquieto demais para as dependências confinadoras de um avião. Assim, se levantou de seu assento e começou a desfilar pelo corredor, parecendo um cruzamento entre o Flautista de Hamelin e um toureiro espanhol; se soltou, se permitiu uma libertação temporária das exigências da agenda da turnê. Olhou para um lado, depois para o outro, agitou os braços e começou a cantar um refrão incomum:

"Banheiros! Banheiros! Banheiros para o Robert!".

Ele falava tão alto, que todos os setenta passageiros puderam ouvi-lo, estupefatos diante daquele homem que percorria o avião feito um lunático à solta.

"Onde estão os banheiros? Robert precisa de um banheiro! Banheiros!"

Muitos dos passageiros ficaram perceptivelmente perturbados, se perguntando o que poderia acontecer a seguir. Eu também me perguntava isso, mas estava mais interessado em pedir mais um drinque do que em levar Robert até o banheiro. Por sorte, um comissário pegou Robert pela mão e o conduziu até um. Depois de bater a porta e finalmente fazer o que tinha de fazer, seu "concerto" teve um fim abrupto.

Em dado momento durante a turnê, à medida que incidentes como esse começavam a se multiplicar, reconheci que talvez todos precisássemos de um pouco de descanso. Sugeri que desopilássemos por uns dias em Honolulu, onde já tínhamos um show marcado. Os votos a favor foram unânimes.

Havia duas mansões elegantes no cone vulcânico de Diamond Head, com vistas de tirar o fôlego do Pacífico e da praia de Waikiki, que muitas bandas de *rock* alugavam de tempos em tempos. Peter conseguiu uma delas para nós, uma *villa* em estilo espanhol, estimada em vários milhões de dólares, que faria inveja a William Randolph Hearst. Ao longo dos quatro dias que passamos lá, ganhamos um bronzeado do sol tropical, fizemos expedições de mergulho e participamos de um luau. Lembro-me de relaxar na praia ao som de "Lay Lady Lay", de Bob Dylan, que acabara de chegar ao topo das paradas. Talvez inspirados por Dylan, passamos parte da estadia no Havaí com *leis* – as guirlandas havaianas – no pescoço e deitados com corpos femininos.

Em certo sentido, nos vimos numa situação em que não havia vantagem. Quando a agenda nos mantinha ocupados sem parar, ansiávamos por uma pausa na ação, mas durante aqueles dias no Havaí, quando finalmente havia tempo para relaxar, logo nos vimos morrendo de tédio. "É difícil de entender", observou Bonzo certo dia ao abrir uma garrafa de cerveja. "Ou nós estamos correndo tão rápido, a ponto de quase entrar em colapso, ou temos tão pouca coisa para fazer, que ficamos doidos."

Ainda assim, ninguém era melhor do que Bonzo em inventar algo para fazer – e não havia alvo melhor para suas pegadinhas do que Plant. Bonham de vez em quando pregava alguma peça em John Paul, como quando inundou o quarto do baixista no Havaí ao colocar uma mangueira pela porta deslizante. Mas Jonesy era tão tranquilo, que mesmo quando acordou com o quarto transformado numa piscina, levou na esportiva. Esse tipo de reação amena o tornavam uma cobaia muito menos interessante para o tipo de estupidez de que nós gostávamos. Era muito mais divertido provocar alguém como Robert, que quase sempre tinha reações histéricas.

Do Havaí, voamos para Detroit, para um show no Grande Ballroom, uma antiga fábrica de colchões transformada no principal clube de *rock* da cidade. Nosso avião pousou nas últimas horas da madrugada, e o dia ainda não tinha nascido quando fizemos *check-in* no Congress Hotel. Varamos a noite voando e bebendo muito no voo. Estávamos mortos de cansaço, irritadiços e só queríamos chegar aos quartos e dormir.

Porém, enquanto arrastávamos a bagagem e a nós mesmos pelo *lobby* do hotel, algo além da necessidade de sono chamou nossa atenção. "Tem sangue por todo o carpete!", exclamou John Paul, andando na ponta dos pés por entre as manchas de sangue ainda frescas.

"Ah, vamos lá, Jonesy", eu disse. "Os EUA são um lugar hostil, mas não seja ridículo."

E então olhei mais de perto. Ele não estava sendo ridículo de forma alguma.

Menos de meia hora antes da nossa chegada, houve uma tentativa de roubo no hotel. O carregador de malas confrontou o ladrão com uma pistola carregada e o *lobby* se transformou em algo como o duelo de *Matar ou morrer*.

"Aquele filho da mãe tentou nos roubar", o carregador nos disse, com a voz ainda oscilante e as mãos trêmulas. "Atirei no desgraçado e ele morreu bem aqui aos meus pés. Acabaram de levar o corpo."

Robert olhou para o carpete – juramos que dava para ver vapor subindo das manchas frescas de sangue. "Acho que vou vomitar", gemeu Robert. "Vou mesmo."

"Segura a onda, Robert", eu disse. "Essas coisas acontecem."

E então ele explodiu: "Jesus Cristo, por que estamos hospedados neste hotel, para começo de conversa, Richard? Estamos trabalhando feito loucos, e você nos coloca num hotel que é tipo uma zona de guerra".

“Você acha que tudo o que acontece é culpa minha?”, berrei. “Não fui eu que atirei no desgraçado!”

“Às vezes me pergunto se é!”, murmurou ele.

Naquela noite, no Grande Ballroom, as coisas não melhoraram muito. Enquanto a banda tocava, tive de lidar com fusíveis estourados e quedas de energia. Cada vez que precisavam parar – uma bem no meio de “I Can’t Quit You Baby”, depois outra bem quando iam começar “Black Mountain Side” –, o público, em excesso, ficava cada vez mais agitado. Em pouco tempo, a desordem beirava uma rebelião. Talvez só o aroma calmante de maconha, que percorria o recinto e pairava sobre o público, tenha impedido um tumulto.

“Que noite fodida!”, reclamou Bonzo enquanto voltávamos para o hotel depois da apresentação. “Diga a Detroit que não vamos voltar.”

Pela primeira vez, me perguntei se aquele caos valia a pena.

À medida que a turnê ia chegando ao fim, o ritmo frenético afetava a todos nós. A banda passou a dormir um pouco mais e a farrear um pouco menos. Nos voos, ficamos mais interessados em ser deixados em paz do que importunar as comissárias por só mais um drinque. Toda noite, porém, a própria música parecia revitalizar a banda, junto com uma segunda onda ocasional de folia.

Mesmo naquele auge de exaustão, o The Scene, de Steve Paul, era um clube a que o Led Zeppelin não poderia resistir. Localizado no coração de Manhattan, na West 46th Street com a Oitava Avenida, foi o lugar onde os Young Rascals e outros grupos *pop* encontraram um público entusiasmado da metade para o final dos anos 1960, e onde Jimi Hendrix aparecia sem avisar para fazer *jams* com quem quer que fosse corajoso o bastante para se juntar a ele no palco.

Quando o Zeppelin começou a frequentar o The Scene, Page e Bonham pediam uma fileira de *porch climbers*, um drinque potente capaz de te fazer cambalear, embora o *bartender* nunca revelasse exatamente o que ia na receita. E se os drinques não dessem conta do recado, havia garotas de sobra para ajudar a noite passar.

Certa noite, no bar, uma ruiva alta abordou Robert e em questão de sessenta segundos estava no colo dele. Antes que Robert percebesse, ela já o estava beijando – com um bônus inesperado: enquanto se beijavam, ela passou um Seconal[15] de sua boca para a dele.

"Que diabo é isso?", perguntou ele.

"Engula e eu te digo", ela respondeu. Robert foi tolo o bastante para obedecê-la. Sempre que voltávamos ao clube de Steve Paul, Plant perguntava se a ruiva estava lá.

Por anos depois disso, se estivéssemos a uma distância razoável de Nova York, Robert, Jimmy e eu insistíamos em achar um jeito de chegar ao The Scene – mesmo que isso significasse um remanejo de última hora dos próprios shows. Éramos impelidos a satisfazer qualquer necessidade louca que houvesse e extravasar. Numa noite de sábado, a banda tinha um show no Philadelphia Spectrum, junto com o Jethro Tull, que tocaria primeiro. Fiz alguns cálculos e os resultados não eram encorajadores. "Pela hora que o show acaba, até dirigirmos os cento e cinquenta quilômetros até Nova York, não teremos muito mais tempo para beber até o bar fechar", queixei-me com Robert.

"Bem, então faça algo a respeito", insistiu ele.

Foi uma das poucas vezes na história da banda em que a farra precedeu a música. Talvez eu tenha me sentido um pouco culpado, mas estava tão interessado quanto eles em chegar aos bares de Nova York. Assim, abordei Larry Spivak, *promoter* do Spectrum, com uma história que certamente o comoveria.

"Larry, estamos com um problema sério aqui", disse a ele poucos minutos antes de o Jethro Tull começar. "Jimmy Page está muito doente, com algum problema intestinal. Não acho que ele vai aguentar a noite inteira aqui. Liguei para o nosso médico, conversei com a banda e, para o bem de Jimmy, os rapazes concordaram em tocar antes do Jethro Tull, para que a gente possa tirar o Jimmy daqui e colocá-lo logo na cama."

---

15 Secobarbital, barbitúrico sedativo-hipnótico. (N. do T.)

Spivak ficou atordoado. "Que diabos você está dizendo? Veio muito mais gente para ver o Led Zeppelin. Não posso trocar a ordem."

Eu não ia desistir.

"Larry, entre no camarim e dê uma olhada no Jimmy com seus próprios olhos. O pobre coitado está com uma aparência tão anêmica, que é capaz de desmaiar a qualquer momento. Precisamos tocar primeiro. Não há nem o que discutir."

Spivak ficou furioso. Porém, enfim começou a acreditar que não tinha escolha se não aceitar. Às oito horas, abrimos o show.

Enquanto isso, Ian Anderson, do Jethro Tull, ficou aborrecido por ter sido jogado para um horário mais tarde. Devia saber da futilidade que era tentar suceder ao Led Zeppelin no palco. Depois do mesmo incidente com o Iron Butterfly anteriormente naquele ano, ninguém mais queria nem tentar. Era praticamente suicídio.

Jimmy não sentiu muita pena de Anderson. "O Jethro Tull é uma banda superestimada", disse, "que recebe muito mais atenção do que merece." No ano seguinte, quando estávamos em Los Angeles, ao ouvir um anúncio no rádio de um show do Tull no Forum, Jimmy inventou sua própria paródia do comercial: "Senhoras e senhores: apenas esta noite, o Jethro *Dull*[16] vai entediá-los no Forum".

Naquela noite, no Spectrum, depois de tocar antes do Jethro Tull, estávamos no carro antes das nove e meia, para então quebrar a barreira do som num trajeto irresponsável até Nova York. Estacionamos na frente do The Scene um pouco depois das onze e bebemos e flertamos por três deliciosas horas.

A segunda turnê norte-americana acabou com duas noites brutais no Fillmore East. Ao final, a banda saiu com a sensação de que cada membro estava definindo seu lugar no grupo. Quando o Led Zeppelin foi formado, no ano anterior, era conhecido primordialmente como o supergrupo de

16 *Dull*: enfadonho, tedioso.

Jimmy Page. Porém, quando a banda retornou a Londres, no dia primeiro de junho, pouco mais de cinco meses desde a estreia nos EUA, os fãs de *rock* já estavam começando a colocar Robert Plant em pé de igualdade com Page, uma força poderosa por seu próprio mérito dentro da banda. Bonham e Jones também se tornavam mais descontraídos e mais confiantes.

No voo de volta para casa, John Paul me disse: "Essa banda pode se tornar uma das maiores da história. O que nós temos é uma coisa muito boa. Espero que não a estraguemos".

“Essa banda pode
se tornar uma das
maiores da história.
O que nós temos é
uma coisa muito
boa. Espero que não
a estraguemos”.

(John Paul Jones)

14. VIA EXPRESSA

DE VOLTA A LONDRES, o Led Zeppelin continuou a trabalhar em alta octanagem. Mal havíamos desfeito as malas depois da segunda turnê pelos EUA quando Peter Grant já começou a falar numa terceira.

"Consigo sentir o momento ganhando força", ele me disse em seu escritório, no início de junho de 1969, três dias depois da nossa volta. "Poderíamos manter a banda na estrada o ano inteiro e nunca ficar sem lugar para tocar." E então acrescentou: "Essa é a hora de tirar vantagem de todo o interesse que se criou".

Eu, porém, estava preocupado e alertei Peter do fator da fadiga. "A banda estava começando a murchar no final dessa última turnê. Se não tomarmos cuidado, o Led Zeppelin não vai morrer por causa dos conflitos de ego que matam outras bandas, e sim colapsar de exaustão."

Mesmo de volta à Inglaterra, a banda se mantinha num ritmo hipercinético. O segundo álbum, *Led Zeppelin II*, ainda não estava terminado e, ao contrário do primeiro – gravado em questão de horas –, parecia que nunca ia terminar.

Jimmy teria gostado de ter algumas semanas só para poder dar uns passos para trás e colocar todo o projeto em perspectiva. Nos EUA, correu tanto de um estúdio para o outro entre os shows, e neles ia até altas horas, com os olhos injetados, que sentia que precisava desesperadamente de mais tempo de planejamento para o álbum.

De volta a Londres, como eu tinha uma papelada enorme e outras questões a resolver no escritório de Peter, passei muito pouco tempo no Olympic Studios com a banda. Porém, quando eu dava uma passada lá, mesmo que fosse por meia hora, podia ver a fadiga da batalha cobrando seu preço de Jimmy. Seu rosto parecia fechado. As olheiras, mais escuras. Ele começou a fumar mais do que de costume.

Certa noite, Jimmy se viu diante de muito mais horas de estúdio para concluir "Living Loving Maid (She's Just a Woman)". A música não era a favorita de ninguém – e nunca foi tocada em nenhum show. No estúdio, o trabalho de Jimmy na faixa nunca chegou a resultar em algo que realmente animasse a banda. Em dado momento, à medida que sua frustração crescia, ele lamentou: "A gente nunca vai ter um tempo para desfrutar do sucesso? Nunca vai ter um tempo de folga?". Andou de um lado para o outro, acendeu outro cigarro e, de alguma forma, se convenceu a voltar ao trabalho.

Para somar às pressões sobre a banda, já havia dezesseis shows marcados na Inglaterra no mês de junho, em lugares como o Free Trade Hall, em Manchester; o Colston Hall, em Bristol; o Guidhall, em Plymouth; o Birmingham Town Hall; e o Newcastle City Hall. Para compensar, a banda poderia comemorar uma onda recente de interesse em sua música no Reino Unido. Em fevereiro, fomos recebidos por uma Grã-Bretanha completamente apática ao voltarmos da primeira turnê dos EUA. Dessa vez, porém, a resposta foi completamente diferente na Inglaterra. O *Led Zeppelin* estava no topo das paradas britânicas. Peter começou a recusar mais do que aceitar ofertas de shows pelo Reino Unido.

Porém, para ele, a Estrada dos Tijolos Amarelos não levava a Londres, e sim a cidades como Chicago, Nova York e Los Angeles. "Quero voltar aos EUA o quanto antes for possível", dizia. "Agora é a hora de fazer isso."

Quando a banda desembarcou em Atlanta, no dia cinco de julho, para o pontapé inicial da nova turnê, senti que o Zeppelin era, mais do que nunca, uma banda de iguais. Talvez Pagey e John Paul fossem os sócios seniores em termos de experiência musical, mas nunca se valeram dessa "carteirada". Todos respeitavam os talentos uns dos outros. Era rara essa admiração mútua ser expressa verbalmente, mas era possível vê-la nos olhares apreciativos que lançavam um ao outro no palco, ou no assentir subconsciente com a cabeça que parecia comunicar certo apreço pelo que cada um contribuía.

A essa altura, tinham também se tornado próximos o bastante para fazer brincadeiras e piadas uns com os outros, sabendo que provavelmente não causariam rusgas sérias. Certa noite, por exemplo, estávamos bebendo vinho e rindo com alguns daqueles programas chatos da TV britânica.

"E aquele sujeito *Percy Thrower*?!", disse John Paul. "Sabe, o cara que faz o programa de jardinagem? É um programa que mostra plantas crescendo! Tem como ser mais empolgante do que isso?!"

"Ei!", exclamou Jimmy. "Nós fazemos a mesma coisa. Vemos o Plant crescer, também!"

"Que apelido perfeito!", riu John Paul. "Percy."

Desse dia em diante, raramente chamamos Robert pelo nome: ele passou a ser Percy – e nunca reclamou.

No entanto, demonstrávamos um pouco mais de cuidado com alguns dos outros apelidos. Peter e eu costumávamos chamar Jimmy de "velha garota" – mas nunca na cara dele. O apelido veio de umas boas risadas que demos certa noite ao observá-lo nas horas que antecederam um show. Em Los Angeles, durante aquela turnê de verão, Jimmy se admirava diante do espelho no Château Marmont, como uma concorrente de concurso de beleza prestes a desfilar. Vestia uma roupa de príncipe encantado, com muito veludo. Estava com bobes no cabelo e, depois de removê-los, passou quinze minutos penteando os cachos. Foi uma *performance* e tanto.

Embora Jimmy merecesse uma zoada por se enfeitar mais do que uma adolescente na noite do baile de formatura, Peter e eu éramos covardes demais para tirar sarro dele diretamente. Havia certas coisas com as quais Jimmy poderia ficar mais sensível em certos dias, e não fazia muito sentido arriscar uma erupção vulcânica.

Entre nós, porém, Peter e eu rolávamos de rir. Dizíamos coisas do tipo: "Diga à velha garota que as limos estão esperando lá embaixo... Não está na hora da velha garota se aprontar para o show?". De um jeito esquisito, era, na verdade, um termo afetuoso, mas a menos que estivesse num bom humor incomum, acho que Jimmy ficaria injuriado se soubesse.

Durante aquela turnê de verão, o Zeppelin tocou em nove festivais a céu aberto, entre eles, o Newport Pop Festival, o Woodinville Festival, em Seattle, e um no Central Park, em Nova York. Esses shows ao ar livre com várias atrações também eram uma oportunidade de comparação com outras bandas, algumas das quais – como o The Doors e os Byrds – estavam acima de nós na época.

"É só uma questão de tempo até sermos *headliners*, até arrebentarmos esses caras no palco", Bonzo disse em umas duas ocasiões.

No início da turnê, tiramos um dia de folga para assistir às outras bandas de *rock* num festival desses, no Singer Bowl, no local da Feira Mundial de Nova York, em Flushing Meadows. Vanilla Fudge, Jeff Beck e Ten Years After eram as atrações principais. Assistimos aos shows do *backstage*, sem nos afastarmos muito de uma mesa de bufê repleta de cerveja, vinho e petiscos, e socializando com toda a sorte de amigos músicos.

Alvin Lee, guitarrista do Ten Years After, era um grande artista, e me lembro de como ficamos maravilhados ao assisti-lo – a velocidade impressionante de seus dedos sobre a guitarra a cada música, ao banhar o público nos sons pesados de *rock* que o tornaram um dos músicos mais respeitados do final dos anos 1960.

"Ele é ótimo", dizia Jimmy, com os olhos hipnotizados pelos dedos de Lee. Poucos eram os músicos que conseguiam cativar Jimmy dessa forma, e achei tão interessante observar suas reações quanto observar o próprio Lee.

Durante o show do Ten Years After, porém, Bonham pareceu ficar inquieto. Bebeu a tarde toda e estava ávido para ir embora. "Aguenta firme aí, Bonzo", disse a ele. "Em questão de mais ou menos uma hora estaremos fora daqui." Por fim, Bonham quase enlouqueceu, andando de um lado para o outro, coçando os braços, enxugando mais uma garrafa de cerveja.

E então, num instante, ele virou o Mr. Hyde, com o brilho diabólico nos olhos que praticamente o transformava no Bonzo do mal. Pressenti a encrenca.

"Oh, não, Bonzo", murmurei. Embora não fizesse ideia do que ele tinha em mente, sabia que, o que quer que fosse, não lhe renderia uma medalha de honra ao mérito.

"Vou dar um jeito nele!", berrou Bonham, apontando para Lee. "Olha só!"

Bonham pegou uma caixa de suco de laranja da mesa e avançou alguns passos para dentro do palco.

"Hora da pausa para o suco!", gritou. "Alvin, você quer um pouco de suco?"

Sem esperar por uma resposta, Bonham arremessou a caixa de suco contra Lee. Num instante, o suco ensopou o guitarrista e seu instrumento.

Ao som dos urros do público, Lee recuperou o fôlego, banhado pelo líquido frio. "Que diabo está acontecendo?", gritou, olhando incrédulo para Bonham. "Seu filho da puta!"

Lee tinha fúria nos olhos. Continuou a tocar, mas manteve contato visual com Bonham. Talvez fosse por causa do álcool, mas o baterista não parecia intimidado e apontava o dedo indicador para Lee, como se para alertá-lo que era melhor manter a boa.

"Não deixe um negócio desses te incomodar", berrou Bonham. "Suco de laranja faz bem. Vitamina C, sabe?"

Enquanto tocava, Lee levantava e apontava a guitarra na direção de Bonham, como se fosse uma espada ou talvez uma metralhadora. Pressenti que o confronto ia ficar muito mais interessante até os ânimos se apaziguarem.

Na verdade, no calor de trinta e sete graus daquela tarde, a situação só piorou para Lee. O suco de laranja secou rápido e suas mãos e guitarra ficaram grudentas, de forma que seus dedos não conseguiam percorrer devidamente os trastes e ele foi forçado a desacelerar. Tocou as músicas restantes com muito esforço.

Quando saiu do palco, Lee estava indignado. Passou espumando por nós em direção ao camarim.

"Você é um babaca, Bonham", balbuciou. "Um puta babaca."

Bonzo, no entanto, não se continha de satisfação. Começou a rir incontrolavelmente do caos que criou.

"Bonzo precisa tomar jeito", Jimmy me disse. Parecia genuinamente preocupado com esse caos que ocorria com frequência quando Bonham e o álcool se juntavam. "Ele é seu próprio inimigo. Talvez seja o *nosso* pior inimigo também."

"Ele só está extravasando", eu disse. "Se não fizesse isso, talvez estivesse agredindo alguém."

Mas Bonham ainda não havia acabado. Esperou pacientemente Jeff Beck entrar no palco, cerca de uma hora depois. Beck era um dos guitarristas de *blues* mais insanos que eu já vira, capaz de instigar o público a um estado febril em questão de minutos depois de o show começar. Naquela tarde em particular, parecia ter deixado Bonham em transe.

Bem adiante no *set* de Beck, um Bonham ainda mais embriagado cambaleou para o palco. Corri desesperado atrás dele e o agarrei pelo ombro, mas ele se desvencilhou. "Não se preocupe", disse. "Só vou ali um minutinho, Richard. Já volto."

Beck deu uma olhada para Bonham, mas, sem suco de laranja à vista, continuou a tocar, improvisando em "Rice Pudding", aparentemente sem se incomodar com a visita inesperada.

Bonham girou no palco por um ou dois minutos e então convenceu Micky Waller a ceder seu lugar na bateria. Beck parou de tocar enquanto Bonham se ajeitava no banquinho de Waller. Bonzo pegou as baquetas e de imediato começou a puxar um ritmo de música de *strip*.

"Ah, não", pensei. "Isso já está fora de controle."

Os tambores trovejaram. Os pratos vibraram. O público começou a bater palmas no ritmo. À medida que a empolgação de Bonham crescia, ele incitava o público a fazer ainda mais barulho, e era atendido.

De fora do palco, Plant e eu começamos a rir como moleques em idade escolar. "Ele é um lunático", falei. "Deveriam prendê-lo."

Quando o público rugiu ainda mais alto, Bonzo pulou do banquinho da bateria e correu para o centro do palco. De imediato, começou a tirar as roupas, peça por peça, requebrando: primeiro a camisa, depois a calça. A essa altura, Plant e eu já o estávamos encorajando a continuar.

Bonham não ia nos desapontar. Em poucos minutos, estava só de cueca.

"Mais?", gritou no microfone mais próximo.

"Mais!", o público respondeu.

Bonham tirou a cueca. O público, cada vez mais delirante à medida que cada peça de roupa era descartada, ficou absolutamente insano quando ele então se mostrou como veio ao mundo. Seu equipamento impressionou os presentes.

Nesse momento, Peter correu para o palco como um maratonista olímpico no momento da largada. "Seu filho da mãe!", gritou enquanto disparava em direção a Bonham. Ao mesmo tempo, meia dúzia de policiais fardados subiam no palco para realizar a prisão.

Peter alcançou Bonham antes da polícia, pegou o baterista nu e correu para o *backstage*. Esconderam-se num camarim vazio, bateram a porta e trancaram.

"Seu desgraçado!", rugiu Peter. "Se você não estiver vestido até o momento que a polícia arrombar essa porta, está fora da banda!"

De repente, Bonham começou a agir de maneira bastante sóbria, obedecendo timidamente às ordens. Pegou uma calça e uma camisa que nem eram dele, mas se encontravam numa cadeira a seu alcance. As roupas eram uns dois tamanhos menores, mas Peter não quis saber.

"Você sabe o que está fazendo?", esbravejou o empresário. "Tem noção de que está colocando o futuro de toda a banda em risco com esse comportamento? Qual é o seu problema, John? Está tentando arruinar tudo para todo mundo?"

Bonham não respondeu. Uma vez vestido, ele e Peter abriram a porta e passaram educadamente pelos policiais, sem dar um pio. O resto da banda se juntou a eles no acesso traseiro do palco, e então fomos em direção a um carro que esperava por nós. Saímos apressadamente, na esperança de que o incidente todo seria esquecido quando Bonham estivesse sóbrio. Felizmente, foi.

No Woodinville Festival, Bonham se comportou muito melhor. Sabia que teria de encarar a fúria de Peter se houvesse outros arroubos de selvageria. Além disso, assim como todos nós, estava impressionado com Chuck

Berry, que tocou logo antes de nós. Havia uma porção de atrações – Vanilla Fudge, The Byrds, Chicago Transit Authority, The Doors. Mas Berry era o artista que mais nos intrigava e começou o show com uma entrada meticulosamente cronometrada e o encerrou com uma saída que durou pouco mais do que um piscar de olhos.

"É incrível o quão pouco tempo Berry gasta num show", Peter comentou conosco de antemão. "Ele chega minutos antes de entrar no palco e vai embora antes de os aplausos terminarem."

Berry chegou num Cadillac cor de malva cerca de vinte minutos antes de seu *set*, mais magro do que eu imaginava, com o conhecido bigode perfeitamente aparado. Trouxe sua guitarra e arrumou uma banda local em Seattle, um trio que ensaiou suas músicas sem ele ao longo de três dias. "Toco 'Sweet Little Sixteen' desde que tinha sete anos", o tecladista me disse. "Não acredito que vou tocar com o próprio Chuck Berry hoje! Nunca vou me esquecer desse dia."

Que contraste com a forma como o Zeppelin funcionava. Embora a banda só chegasse no local de um show talvez uns trinta minutos antes de as cortinas subirem, nossa equipe costumava chegar às oito ou nove da manhã, doze horas antes do show, e trabalhava sem parar até cerca das quatro e meia da tarde – afinando as guitarras de Jimmy, preparando a bateria para o ataque brutal de Bonham, fazendo os ajustes finais no baixo de John Paul. O *rack* de efeitos especiais era testado e as passagens de sons eram feitas até que se tivesse absoluta confiança de que a voz de Robert ressoaria com a mesma intensidade capturada no estúdio. Os membros da equipe eram eles próprios artistas que criavam o ambiente técnico que a banda pedia. Sim, faziam pausas ocasionais durante as oito horas de preparação – para aproveitar o Jack Daniel's ou o vinho Blue Nun do camarim do Zeppelin. Porém, mesmo nesses momentos, não havia nem um pouco do desinteresse que vimos em Chuck Berry.

Três anos depois, eu estava em Birmingham, na Inglaterra, com Bonham e Plant. Estávamos entre uma turnê e outra, indo de bar em bar, bebendo cerveja e flertando com as garotas. Calhou de haver um show de Chuck Berry num clube chamado Barbarella's, e lá fomos nós para vê-lo.

No meio de "Johnny B. Goode", Bonham teve um de seus ataques nervosos inquietos. "Não acredito nesse baterista!", reclamou. "O Chuck Berry é uma lenda do *rock 'n' roll*, e eles arrumaram esse baterista lixo para acompanhá-lo. Richard, preciso fazer alguma coisa. Esse cara não toca nada!"

"Bem, que diabos eu posso fazer?", berrei com ele. "Senta aí. Vamos embora logo."

À medida que o show se arrastava, a ansiedade de Bonham começou a dominá-lo. Por fim, ele não aguentou mais. "Não dá. Essa porra desse baterista é inútil! Preciso tirá-lo dali!"

De repente, Bonham subiu no palco, pegou o baterista pela camisa e exclamou: "Chuck quer que eu assuma!".

Berry levou um susto, mas não disse uma palavra. Bonham sentou-se à bateria e abriu um sorriso largo para Berry, ávido para começar a tocar. Presumo que Berry sabia quem era esse novo baterista, mas nunca teremos certeza. Quando ele mandou os compassos iniciais de "Roll Over Beethoven", Bonham se lançou num acompanhamento tão sísmico, tão potente, que o próprio Beethoven deve ter sentido as vibrações. Bonzo tocou três músicas e, ao sair do palco, acenou para uma plateia animadíssima. Berry lançou uma piscadela a ele como se dissesse *isso, sim, é um baterista de verdade!*

Era uma sensação da qual muita gente compartilhava. Em um momento ou outro, todos nós nos preocupávamos com Bonzo por ele operar sempre no limite. Agia com frequência como se fosse um dos fugitivos de *Um estranho no ninho*. Porém, quando se toca bateria da forma como ele tocava, as pessoas ficam dispostas a aturar muito mais bobagens do que tolerariam vindas de alguém menos talentoso. Como resultado disso, o comportamento errático de Bonzo continuava quase inabalável.

15. HISTÓRIAS DE PESCADOR

"COLE, SEI QUE SÃO QUATRO da manhã, mas será que todos os malditos tubarões de Puget Sound já pegaram no sono?" John Bonham estava ficando impaciente.

"Vou esperar mais dez minutos, Cole. Só mais dez minutos. E aí vou entrar eu mesmo na água."

Bonham não parava de falar, e aquele tipo de papo sem sentido que, passado um tempo, começou a me enlouquecer. Tentei manter a calma, era só não responder. Talvez se eu não dissesse nada, pensei, ele simplesmente calasse a boca.

"Estou começando a ficar muito entediado, Cole. Se necessário, vou sair nadando e trazer esses desgraçados até a terra firme no braço. Falo sério. Vou fazer isso!"

Por fim, não aguentei mais. "Cala a porra da boca, Bonzo! Se você não baixar o volume, vai acordar metade de Seattle! Você provavelmente já está assustando esses tubarões!"

Estávamos sentados na sacada do quarto de Bonham, no segundo andar do Edgewater Inn, com nossas varas de pescar posicionadas sobre as águas escuras e paradas do Puget Sound, à beira do Pier 67. O Edgewater era um hotel extraordinário, e seu senso de novidade nunca se desgastava para o Led Zeppelin. Não havia nada de elegante nele, mas a estrutura de quatro andares se erguia diretamente sobre a Elliott Bay e a pesca poderia ser empolgante. A lojinha do hotel fornecia as varas, e se os pequenos tubarões *Squalus acanthias* estivessem mordendo, poderia ser tão divertido quanto uma caçada de grandes animais na África.

Na verdade, Bonham e eu não sabíamos muita coisa sobre pesca, além de espetar iscas no anzol e esperar algo acontecer. Ainda assim, ouvimos termos de pescaria o bastante para manter a conversa animada – pelo menos por um tempo –, embora não tivéssemos certeza do que eles significavam.

"O que estamos fazendo de errado aqui esta noite, Cole? Estamos fazendo *jigging* quando deveríamos fazer *spinning*? O ângulo deveria ser diferente?"

"E eu lá sei? Nunca tivemos tanto trabalho assim no Tâmisa, né?"

Nem as piadas conseguiram nos divertir por muito tempo, talvez por serem fracas. "Esses malditos tubarões simplesmente foram embora da cidade?", perguntei em dado momento, enquanto pegava os abajures dos nossos quartos e, com a ajuda de uma extensão, os apoiava no parapeito para iluminar a água. "Não estou vendo nenhum desses filhos da puta!"

Mais cedo naquela noite, Jimmy Page também ficou pescando da sacada ao lado, mas acabou desistindo. "Obviamente, ele não tem sangue de pescador correndo nas veias", brincou Bonham. Era mais provável que Jimmy tivesse se afogado em álcool até cansar e enfim se recolher. Ao longo da turnê, consumimos um pouco mais de cocaína do que nas viagens anteriores aos EUA, mas eu também me certifiquei de que houvesse bebida de sobra disponível, e ninguém ficava sóbrio por muito tempo.

Bonham pegou uma garrafa de champanhe – nossa terceira da noite. "Vamos pingar um pouquinho disso aqui na isca", disse. "Vamos deixá-los bêbados. Um pouco mais cooperativos."

A essa altura, o próprio Bonham já tinha bebido champanhe demais. Na verdade, ambos estávamos bem embriagados – é meio que um milagre que nenhum de nós tenha caído da sacada na água a sete graus. Nós realmente não sabíamos qual era o limite – o quanto poderíamos beber e ainda permanecer funcionais – e, francamente, raramente nos preocupávamos. Naquela turnê de verão, Bonzo e os demais aprenderam a maneirar no consumo de álcool nas horas que antecediam um show, mas, fora isso, a palavra "limite" não tinha muito lugar no nosso vocabulário de bebedeira.

Pode ter sido a música o que nos levou até os EUA, mas a pesca (e a bebedeira) no Edgewater Inn eram claramente algumas das diversões mais interessantes que encontramos para matar as longas horas entre um show e outro. Naquele ponto na história do Zeppelin – a terceira turnê norte-americana –, poderíamos pagar estadias em qualquer hotel em qualquer cidade. Em Seattle, porém, o Edgewater Inn – apesar das acomodações modestas e do aroma persistente de peixe que parecia impregnar até as toalhas e a roupa de cama – era certamente nosso favorito por motivos sentimentais.

"Se você nos colocar em qualquer outro hotel, Richard, pode procurar outro emprego", Robert me disse certo dia, metendo o dedo indicador no meu peito. Provavelmente, era brincadeira só em parte.

Minha própria familiaridade com o Edgewater Inn datava de 1968, da turnê com Terry Reid. Ele abriu para o Moody Blues certa noite em Seattle, e, antes do show, no *backstage*, conversei com Ray Thomas, o flautista do Moody Blues, e Pete Jackson, *tour manager* deles. "Onde vocês estão hospedados?", perguntou Pete. "Da próxima vez que vierem a Seattle, precisam ficar no Edgewater Inn. É inacreditável. Dá para pescar de dentro do quarto!"

Fui cético. "Pescar de um quarto de hotel! Acho difícil acreditar nisso, Pete."

"É verdade", afirmou Ray. "Os Beatles se hospedavam lá. Foram eles que nos falaram sobre esse hotel. Quando for lá, vá até a lojinha. Tem fotos dos Beatles pescando."

Então, quando o Led Zeppelin se lançou na terceira turnê pelos EUA, já fomos pensando em pescaria. Nas três semanas que levamos para chegar à Costa Oeste, passando por Atlanta, Filadélfia, Nova York, Chicago, Milwaukee e Saint Paul, a banda parecia bastante obstinada a chegar a Seattle.

"Quantos dias faltam para chegarmos ao Edgewater?", perguntava Jimmy.

"Estou coçando para me ver pescando", rugiu Bonham certa noite, num estupor ébrio no The Scene, de Steve Paul, em Nova York.

Todo mundo torceu o nariz. As rimas de Bonham não eram do tipo que intimidariam um Cole Porter. "É reconfortante saber que Jimmy e Robert, e não você, escrevem as músicas dessa banda", eu disse a ele.

Quando finalmente chegamos a Seattle, liguei para um mercado da cidade e encomendei dois quilos e meio de salmão fresco e dois quilos e meio de filé bovino. Seriam as nossas iscas nas próximas duas noites.

Naquela primeira tentativa de pesca, porém, Bonham e eu já estávamos ali há umas três horas e prestes a desistir. Então, de repente, ele fisgou alguma coisa.

"Meu Deus, Cole, está acontecendo", ele gritou. "Peguei um!"

Saltou da cadeira e começou a enrolar a linha.

"É enorme, Cole! Dá pra sentir! Prepare a câmera! Pode ser a Moby Dick."

Botei pilha nele. "Precisa de ajuda? Puxa o desgraçado pra cá!"

Berrávamos alto o bastante para acordar o hotel inteiro. As luzes dos quartos se acendiam uma por uma. "Pegue o arpão!", ordenou Bonzo. "Lá vem ele!"

Enquanto Bonham continuava a lutar contra a linha de pesca, levantei um dos abajures sobre a água, mais alto, para termos uma visão melhor quando a pesca monstruosa viesse à tona. "Segure firme, Bonzo", gritei. "Não deixe o desgraçado escapar!"

Na empolgação, acabei soltando o abajur, que caiu na água e afundou mais rápido que uma âncora.

"Foda-se o abajur! O que você pegou, Bonham? Acha que é um tubarão?"

Quando o peixe chegou a poucos metros da sacada, percebi que a predileção de Bonham pelo melodramático o consumira. Não era a Moby Dick, no final das contas. Tampouco o Monstro do Lago Ness. Bonzo fisgou uma cioba de aparência bem anêmica, que parou de se debater bem antes de sair da água.

Bonham não ficou nem um pouquinho desapontado. "Richard, é um começo!", exclamou, quase saltitando de empolgação. "Podemos pescar até o amanhecer. De manhã, vamos ter uma dúzia de peixes maiores do que esse."

Ele estava certo. Ao longo das próximas três horas, pescamos um atrás do outro, principalmente ciobas, mas uns dois tubarões pequenos também. E fazíamos mais barulho a cada fisgada – em especial quando gritávamos ao cortar os dedos nos anzóis. Pobres dos hóspedes do hotel que tentavam dormir.

No dia seguinte, contamos vantagem para um punhado de gente – incluindo Pagey, Plant e dois *roadies*. "Charles Atlas não teria conseguido puxar alguns daqueles desgraçados", gabava-se Bonham. "Eles são grandes aqui nos EUA."

"Então o que vocês vão fazer com os peixes agora?", perguntou Plant, tapando o nariz e examinando a lixeira que enchemos de água e peixes mortos. "Aposto que dá para sentir de Londres o cheiro desse negócio."

"Vamos achar alguma coisa para fazer com eles", falei.

Naquela noite, achamos. E isso provavelmente se tornou o mais infame incidente de bastidores já associado ao Led Zeppelin, o que ficou conhecido como Episódio do Tubarão, motivo de fofoca nos clubes de *rock* e casas de show do mundo todo. Assim como qualquer fofoca, a história foi torcida e retorcida a cada vez que foi contada, mas eis o que realmente aconteceu.

Estávamos com algumas garotas nos quartos, e uma delas parecia particularmente brincalhona. Seu nome era Jackie, uma ruiva alta de Portland, tinha dezessete anos e era uma das poucas garotas que conheci capaz beber muito mais do que nós. Bebia champanhe da garrafa, falava abertamente de sexo e apimentava suas frases com um linguajar picante. E parecia estar lançando a isca para fazermos algo ousado.

"Vocês curtem *bondage*?", perguntou ela em dado momento. "Gosto muito de ser amarrada. De verdade."

Olhei para Jimmy e trocamos sorrisos.

"Bem, vamos dar à garota o que ela quer", anunciei. "Vamos fazer o que pudermos para deixá-la feliz."

Telefonei para a recepção.

"Com licença, aqui é Richard Cole. Precisamos de uma corda aqui no quarto 242 o mais rápido possível. Vocês têm como nos arrumar?"

Houve uma longa pausa do outro lado da linha.

"Para quê vocês precisam da corda?", perguntou o recepcionista, num tom de voz surpreso.

Presumi que ele quisesse saber. "Para quê precisamos da corda?", titubeei à procura de uma resposta. "Bem, para a bagagem, é claro. Temos umas malas aqui que estão caindo aos pedaços, e a menos que as amarremos bem firme, elas vão desmontar no avião."

Dez minutos depois, conseguimos a corda. "Não muito apertado", riu Jackie enquanto tirava a roupa e ficava à vontade, esperando que a amarrássemos à cama. Prendemos suas mãos, depois os pés, e passamos a corda pelo estrado da cama.

"Só relaxe", eu disse a ela. "Acho que você vai gostar disso."

Peguei uma das ciobas e a inseri delicadamente na vagina de Jackie.

"Que diabo é isso?", guinchou ela.

Quase me vi ocupado demais para responder. "Estou colocando essa cioba na sua cioba!", bradei.

Depois, inseri o peixe na bunda dela. Jackie arquejou.

O procedimento foi filmado por Mark Stein, do Vanilla Fudge, banda que tocara conosco no Woodinville Festival, e tinha uma câmera portátil. "Sorria!", ria Mark com a câmera rodando. "Todo mundo olhe para a câmera e diga 'xis'."

O incidente todo foi algo que eu quis fazer e nunca havia feito. Uma diversão barata, diga-se de passagem. Eu sabia que poderíamos nos safar disso simplesmente porque nos safávamos da maioria das coisas. E ninguém me disse "Chega!" ou "Dê um tempo à garota!".

Jackie certamente não reclamou. Suas únicas palavras foram exclamações, aparentemente em resposta às sensações físicas que experimentava. "Ah, meu Deus!", ela gritou em certo momento. "Puta merda! Isso é incrível, porra!" Em outro momento, pediu que eu não parasse. Quando enfim parei, foi porque finalmente me entediei com aquele negócio todo. Até o tipo de sexo mais sujo perde a graça depois de um tempo.

A história dessa "aventura" se espalhou rapidamente. Circularam rumores de que a garota havia sido estuprada... que ela teria chorado histericamente... que teria suplicado para que eu parasse... que teria lutado para fugir... que um pequeno tubarão teria sido usado para penetrá-la. Nada disso era verdade. Porém, por anos, quando alguém queria criticar o Led Zeppelin, se referia ao incidente como uma metáfora para o que havia de pior do vandalismo pessoal do *rock*. Aquele episódio de trinta minutos era usado como o exemplo definitivo da "devassidão" e da "depravação" que corria solta pelo mundo do *rock*. E o Led Zeppelin era elencado como o pior de todos.

Esse tipo de comportamento, na verdade, era mais exceção do que regra para nós. Quando acontecia, Bonham e eu éramos certamente os líderes da gangue; quando os outros participavam, quase sempre tinham de ser coagidos, ou entravam no jogo mais como um respiro para o tédio ou para o ritmo frenético da vida na estrada.

16. DOGUE ALEMÃO

QUANDO O LED ZEPPELIN chegou a Los Angeles durante a turnê do verão de 1969 e se hospedou no Château Marmont para uma estadia de seis dias, havia algo no hotel que nos colocou no clima para uma conduta desordeira. E em L.A. havia garotas de sobra dispostas a qualquer coisa que quiséssemos experimentar.

Certa tarde, um amigo meu apareceu no Marmont com um dogue alemão – um macho grande, que devia pesar uns setenta quilos, de pelo cinzento-escuro. O cachorro parecia bem tranquilo, e achei que pudéssemos colocá-lo para fazer praticamente qualquer coisa – ou que pelo menos valia a pena tentar.

Abordei uma garota chamada Jamie, que há dois dias ficava sentada à beira da piscina, na esperança de receber alguma atenção de nós. "Você já fez amor com um cachorro?", perguntei.

Uma expressão atordoada surgiu no rosto dela. Não a culpo.

"Não que eu saiba", respondeu ela.

"Bom, John Bonham e eu fizemos uma aposta. Apostamos que esse dogue alemão que está conosco vai te achar tão atraente – e ficar tão excitado – que vai querer te lamber."

Jamie ficou assustada.

"Sei que soa como uma doideira", falei. "Mas seria divertido tentar, não?"

Jamie pensou por um momento. Provavelmente todos os domingos que ela passou na igreja e tudo o que ela aprendeu como escoteira na infância passaram como um *flash* diante de seus olhos. E então ela deu de ombros: "OK, acho que sim. Mas posso dar para trás quando quiser. OK?".

"Claro", respondi, enquanto nos encaminhávamos ao quarto de Bonham.

Jamie e o cachorro mediram um ao outro. Enquanto tirava a roupa, ela ria: "Isso é insano".

Uma vez nua, Jamie se sentou no chão e abriu as pernas. Meu amigo conduziu o cachorro em direção a ela.

"Vamos", disse, ajoelhando-se diante da garota e tentando convencer o cachorro a se aproximar da vagina dela. "Vamos, garotão."

Parecia uma cena excluída de um filme pornográfico muito ruim. O cachorro não queria saber.

"Tive uma ideia", disse Bonham. "Temos umas tiras de *bacon* na cozinha, que sobraram do café da manhã. O cachorro gosta de bacon?"

Bonham foi até a cozinha, voltou com o *bacon* e o colocou diante da vagina dela. "Vem, cachorrinho", disse, tentando incentivar o animal.

O cachorro latiu, deu meia volta e saiu de perto. A brincadeira acabara.

Assim como o Episódio do Tubarão, esse incidente foi algo a se fazer, algo que nunca havíamos feito. Depois de certa hesitação inicial, a garota topou. Mais tarde, Bonham racionalizaria o episódio todo. "A garota nem era tão bonita, mesmo", disse. "O cachorro tem um gosto melhor do que o nosso."

Como uma banda de *rock* com a popularidade em pleno voo, todos sabíamos que tínhamos um poder que a maioria das pessoas não tinha. Às vezes, talvez intimidássemos as garotas a fazer coisas que, caso contrário, não fariam. Mas éramos jovens e loucos o bastante para tirar vantagem da nossa posição – tanto em situações sexuais quanto não sexuais.

As esposas do Zeppelin se juntaram a nós por alguns dias durante aquela turnê, incluindo em alguns shows em Las Vegas e em outras cidades da Costa Oeste. A presença delas era bastante incomum ao longo dos anos, já que, em geral, elas ficavam bem contentes em ficar em casa, longe do ritmo insano das turnês. Quando estavam por perto, porém, o comportamento dos rapazes melhorava dramaticamente; as *groupies*, por exemplo, desapareciam quase que instantaneamente.

Naquela turnê em particular, imaginei que se mexesse alguns pauzinhos, poderia conseguir para nós alguns lugares na primeira fila do show de Elvis Presley no International Hotel. Elvis era um dos poucos artistas para quem a banda olhava com admiração. "Não há ninguém melhor", dizia Jimmy. "Ninguém."

Naquela tarde, liguei para Bill Miller, o diretor de entretenimento do International, cujo filho, Jimmy Miller, produzia discos dos Rolling Stones, Traffic e Spencer Davis.

"Meu nome é Richard Cole", eu disse a ele. "Sou um amigo próximo do seu filho." Eu não era, mas Pagey conhecia Jimmy Miller e achei que isso era próximo o bastante. "Jimmy nos disse que, caso viéssemos à cidade, você poderia providenciar ingressos para vermos o Elvis."

Bill nem hesitou. "Sem problema. Jimmy fala muito bem de você, Richard."

Tentei segurar o riso.

"De quantos ingressos você precisa?"

Naquela noite, nos sentamos em mesas na primeira fileira. Foi a primeira vez que vimos um show de Elvis, e não saímos decepcionados.

Talvez o único insatisfeito entre nós naquela noite tenha sido John Paul, mas foi um desespero bem-intencionado. Antes de entrarmos no salão para ver Elvis, passamos alguns minutos no *lounge* do International, onde Ike e Tina Turner estavam se apresentando. E enquanto Tina cantava "River Deep, Mountain High" e "Come Together", provocando sensual e sedutoramente o público com inúmeros requebrados, John Paul se apaixonou.

Voltou-se para sua esposa. "Mo, o que eu teria de comprar para você para eu poder dormir com a Tina Turner? Sempre quis transar com ela. Por favor, Mo. Dê o preço! Qualquer coisa!"

Mo decidiu que aquele era um negócio que ela não estava interessada em fazer.

Uma vez que as esposas foram embora, houve outras oportunidades de sobra para qualquer coisa que estivéssemos interessados em fazer. De volta a L.A., passamos muitas horas bebendo tanto no Whisky quanto num clube novo, o Thee Experience. Jimmy e eu conhecemos Marshall Brevitz, proprietário do Thee Experience, no ano anterior, num outro clube dele, em Miami. Era um cara muito simpático, pouco obeso e já meio calvo. Jimmy gostou de Marshall, e quando ele abriu o novo clube em L.A., no Sunset Boulevard, Pagey sugeriu que conferíssemos uma notoriedade imediata ao local, indo curtir um pouco por lá.

Embora as filas para entrar no Thee Experience se estendessem até alta madrugada quando o Zeppelin estava na cidade, o clube nunca desfrutou do mesmo sucesso de outros estabelecimentos de *rock* mais famosos em L.A. Marshall cometeu o erro de instalar o clube na esquina do Sunset com a Gardner Street, algumas quadras a oeste da La Brea Avenue, mas muito longe da maior parte da vida noturna de West Hollywood. O Whisky, o Roxy, o Rainbow e o Gazzari's estavam sempre lotados porque ficavam a um quarteirão de distância um do outro, e muita gente ia aos quatro clubes na mesma noite. O Thee Experience ficava muito isolado.

Assim, tentamos ajudar. "Só continue a nos dar bebidas de graça, e você pode dizer ao mundo todo que é aqui que o Led Zeppelin estará", eu disse a Marshall.

Depois de uma noite de bebedeira, havia pouca coisa que não estivéssemos dispostos a tentar, mesmo num lugar público, como o Thee Experience. Estávamos nos tornando mais safados, ainda mais desinibidos e bizarros, à medida que os dias e as semanas se passavam. Parecíamos dispostos a tentar qualquer coisa, sabendo que, se necessário, poderíamos dar a "carteirada" do nome Led Zeppelin e provavelmente nos livrar de praticamente qualquer situação.

Certa noite, eu flertava pesado com uma jovem loira no Thee Experience, e imaginei que ela seria uma possível candidata a voltar comigo para o Château Marmont. Começamos a nos beijar e nos tocar e, no decorrer natural das coisas, decidi que seria lamentável esperar até irmos para o hotel.

"Vamos juntar duas mesas e fazer aqui mesmo!", sugeri.

De cara, ela pensou – ou talvez esperou – que eu estivesse brincando. Quando percebeu que eu não estava, começou a rir nervosamente. "OK", disse ela, "mas vamos achar umas mesas num canto."

Ela me ajudou a manejar os móveis, e então abaixamos as roupas só o suficiente para transar bem ali, em cima das mesas, em plena vista de metade do clube. Pode não ter sido uma demonstração de bom senso, mas nenhuma pessoa sequer reclamou. Não foi uma *performance* de censura livre.

Na noite seguinte, no caminho para o Thee Experience mais uma vez, Robert brincou: "Não sei como poderíamos superar o seu show de ontem à noite". Mas, de algum modo, quase superamos. Enquanto esperávamos pela nossa terceira rodada de drinques, duas garotas se ofereceram para entrar debaixo das mesas e fazer sexo oral na banda. E o fizeram em tempo recorde.

Enquanto fechava a braguilha, Bonzo disse: "Marshall, creio que achamos um grande ás na manga para o seu clube. Essas garotas têm um talento especial que poderia atrair muitos novos frequentadores toda noite. Quando a notícia se espalhar, você terá o clube mais popular de Los Angeles".

Naquela época, muitas mulheres não eram tímidas ou constrangidas a respeito de nada. Não víamos razão para nós mesmos demonstrarmos qualquer comedimento. A carne estava à disposição, e era fácil se tornar hedonista. Não havia razão para não sê-lo.

17. PERFORMANCE FANTASMA

A TURNÊ NORTE-AMERICANA do Led Zeppelin do verão de 1969 acabou no último dia de agosto, com um show no Texas International Festival, em Dallas. Peter negociou um cachê de quase catorze mil dólares para o *set* de uma hora, mais do que ganhamos em qualquer outro show até então. Ainda assim, contávamos que o segundo álbum, com lançamento enfim agendado para o final de outubro, elevasse ainda mais o nosso preço.

Retornamos a Londres e nos separamos para tirar aguardadas, ainda que curtas, férias. Seis semanas depois que a turnê se encerrou nos EUA, a banda relutantemente se reuniu em Paris para começar a promover *Led Zeppelin II*. A relação entre o Zeppelin e a imprensa, é claro, já era um pesadelo, e qualquer coisa que envolvesse minimamente o trato com a imprensa era quase mais do que a banda aguentava.

"Acho que faz parte do jogo", dizia Robert. De todo modo, ele desprezava esse aspecto do ramo – ter de se sentar educadamente e bater um papo ou responder perguntas com gente cujo conhecimento de música era, quase sempre, patético.

Eddie Barclay, cuja Barclay Records distribuía os discos do Led Zeppelin na França, convenceu Peter a levar a banda pelo Canal da Mancha para tocar um *set* de uma hora numa festa privada para celebrar o lançamento iminente de *Led Zeppelin II*. "Deixe que a banda fale por meio da música", disse Eddie. "Eles vão tocar algumas músicas, e o pessoal de promoção e a mídia vão amar."

Tudo soava ótimo. Porém, até os planos mais bem elaborados podem dar ruim.

Hospedamo-nos no Westminster, um hotel caro com cem quartos, lareiras de mármore e piso parquet localizado na Rue de la Paix. Enquanto nos acomodávamos nos quartos, o telefone tocou. Era Clive Coulson.

"Richard, estamos aqui montando o equipamento para o show de hoje. Acho que a banda não vai gostar de saber disso, mas o palco é um ringue de boxe. Eles nunca tocaram num negócio desses, né? Acha que eles vão querer tocar num ringue de boxe?"

Eu já sabia a resposta sem ter de perguntar à banda.

"Isso é um absurdo", falei. "Desmonte todo o equipamento, Clive. A banda não vai tocar hoje. Se querem alguém para fazer um show num ringue de boxe, que arrumem um contrato de gravação para o Muhammad Ali!"

Embora não tenha havido música ao vivo, comparecemos à festa. "Tentem agir da forma mais cordial possível", Peter recomendou à banda antes de sairmos do hotel. "Sei que é terrível ter de aguentar essas coisas. Vou estar tão de saco cheio quanto vocês. Só mordam o lábio e tentem aproveitar ao máximo."

Sobrevivemos à festa, fingindo nos divertir ao socializar com a imprensa. Também descobrimos exatamente quanta influência Eddie Barclay tinha na mídia francesa. Mesmo sem que a banda tocasse naquela noite, o "show" ainda assim foi resenhado nos jornais no dia seguinte. "O Zeppelin foi chamado para um bis repetidas vezes", escreveu um crítico. "Até mesmo os executivos *blasés* das gravadoras queriam mais. Não importava o que a banda tocasse – de 'Good Times Bad Times' a 'Ramble On' – os convidados da festa gritavam por mais."

"Rapaz...", murmurou John Paul ao ler as resenhas nos jornais parisienses. Dada a relação turbulenta do Zeppelin com a mídia, ele brincou que aqueles eram os artigos mais legais já escritos sobre a banda. Até aquele momento, provavelmente eram mesmo.

"Talvez essa seja a chave para ganharmos a imprensa para o nosso lado", brincou Jimmy. "Vamos parar de aparecer nos shows! Nossas *performances* fantasma são muito melhores aos ouvidos dos críticos!"

Ao final da festa em Paris, fomos cada um para um lado, tarde da noite, a caminho dos clubes, levando a tiracolo algumas das gatinhas que trabalhavam para Barclay. "Só fiquem longe de encrenca", alertou Peter, sabendo que esse conselho vago não seria levado a sério, mas sentindo alguma obrigação em dá-lo. "Não quero ir embora de Paris amanhã com machucados demais."

Na manhã seguinte, acordei por volta das onze horas e liguei para o quarto de Bonham, para ver se ele queria que eu pedisse seu café da manhã. Ele não atendeu, e eu não ouvi barulho nenhum dentro do quarto quando bati à porta.

"O desgraçado tem o sono mais pesado que eu já vi", balbuciei comigo mesmo. "Preciso dar um jeito de acordá-lo."

Saí pela janela do meu quarto, no mesmo andar, imaginando que poderia ir pelo parapeito até o quarto de Bonham e entrar pela janela dele. Porém, quando comecei a travessia de dezoito metros do meu quarto ao dele, olhei para baixo pela primeira vez. De repente, percebi que um deslize ou um espirro inesperado que me desequilibrasse poderia colocar minha expectativa de vida em sério risco. No ato, o percurso ficou muito mais cuidadoso. Um passo de cada vez.

"Só vá devagar, Richard", disse a mim mesmo. "Não há pressa. Você tem o dia todo."

Mais ou menos na metade do caminho, ouvi gritos da rua. "Ah, calem a porra da boca, vocês aí", pensei. As últimas coisas das quais eu precisava naquele momento eram distrações.

O falatório na rua era todo em francês, e eu não consegui entender quase nada. Hesitei em olhar para baixo, e, em vez disso, me foquei em chegar incólume ao meu destino. Quando enfim dei uma olhada para baixo, havia um grupo pequeno, mas cada vez maior, de pessoas a observar cada movimento meu. Em meio à minha torcida, dois *gendarmes* bem falantes.

Por fim, a língua francesa começou a fazer sentido. "Desça daí o mais rápido possível", berravam. "Se você está tentando chegar à Cartier, a loja está protegida. Desça, gostaríamos de interrogá-lo."

Cartier! De que diabos eles estavam falando?

Então me dei conta de que a Cartier era vizinha do Westminster. Aparentemente, os *gendarmes* se convenceram de que eu era um gatuno parisiense prestes a roubar alguns milhares de francos em joias.

De repente, fiquei muito nervoso – algo não muito recomendável quando se está num parapeito a três andares da rua. "Se eles atirarem primeiro e perguntarem depois", pensei, "estou frito." Mudei de direção e voltei para o meu quarto. No caminho, sorri e até acenei educadamente para eles lá embaixo, na expectativa de evitar quaisquer disparos.

Alguns minutos depois, ao adentrar o quarto, suspirei de alívio. Os *gendarmes* estavam à minha espera, e eu tentei explicar que era só uma tentativa de acordar um amigo. Eles, porém, foram céticos. Deram-me um daqueles olhares que diziam: "*Essa é a melhor história que você consegue inventar?*". Mas quando me revistaram e descobriram que os meus bolsos não estavam cheios de pedras preciosas, não havia nada pelo que pudessem me prender. Depois de meia hora de interrogatório, me liberaram.

A ironia é que, aparentemente, arrisquei minha vida em vão. Bonham nem estava no quarto na hora. Cerca de três horas depois, um táxi o deixou na frente do Westminster.

No quarto de Jimmy, John tentou extrair algum sentido de sua própria noite. "Simplesmente não entendo", dizia, com uma expressão perplexa. "Acho que bebi demais ontem à noite e, de algum jeito, fui parar numa fazenda a uns vinte quilômetros de Paris. Não faço ideia como cheguei lá nem com quem estava. Quando acordei hoje de manhã, estava sozinho, dormindo num sofá numa casa de campo, com umas vacas mugindo ao longe. Usei o telefone para chamar um táxi e sair correndo de lá."

Apenas mais uma aventura breaca!

Ao voltarmos para a Inglaterra, Peter Grant não conseguia tirar os EUA da cabeça. Não havia empresário mais astuto na indústria do que Peter, que farejava oportunidades a milhares de quilômetros de distância. Era capaz de avaliar os prós e contras e chegar a uma conclusão instantânea quanto à viabilidade delas, e quase sempre acertava na mosca. E sempre que a banda estava em casa, ele salivava para levá-la de volta aos EUA.

"É uma questão puramente de dólares e centavos", disse ele certa tarde, no outono de 1969. "Essa banda pode ganhar muito dinheiro e receber muita atenção ao passar o máximo de tempo possível nos EUA. A essa altura, não acho que precisemos nos preocupar com excesso de exposição. E, com o novo álbum prestes a sair, agora é o momento perfeito para mais uma turnê."

Peter passou o resto dia ligando para cada um dos integrantes da banda para explicar seu raciocínio em colocar o Zeppelin de volta à estrada. Não precisou pressionar de forma muito agressiva, ainda mais quando explicou o que já estava provisoriamente na agenda. "A banda recebeu uma oferta para tocar duas noites no Carnegie Hall", disse ele a Jimmy. "O lugar é tentador demais e prestigioso demais para recusarmos. Os Stones tocaram no Carnegie Hall em meados dessa década; nenhuma banda de *rock* tocou lá desde então. Acho que é algo que devemos fazer."

Por melhor que soasse, havia sensações mistas dentro da banda. "Os EUA de novo, não!", pensou Bonzo. "Estamos todos cansados, nos dê um tempo de folga!" Todos queriam passar mais tempo com suas namoradas ou esposas. Em dado momento, Robert, frustrado, ecoou uma queixa que já havia sido ouvida antes: "Estamos ganhando um monte de dinheiro agora; o dinheiro não nos deveria comprar algum tempo para relaxar?".

Mas, no fim das contas, era o Carnegie Hall. Quanto mais Peter falava nisso, mais irresistível soava. "Vamos nessa!", Jimmy disse enfim. Com isso, Peter e eu passamos uma semana no telefone, montando uma turnê de três semanas e dezessete cidades. Ela nos levaria da Costa Leste até o Meio-Oeste e aos estados do Oeste, além de algumas datas no Canadá.

Com o lançamento do novo álbum nos EUA marcado para o meio da turnê, a banda se concentrou no repertório de *Led Zeppelin II* para o *set*: "Whole Lotta Love"... "Bring it on Home"... "What Is and What Should Never Be". "Thank You" foi arranjada em torno de um solo de teclado de John Paul. "Moby Dick" se tornou parte integrante do show, trazendo o solo de Bonham que, ao longo dos anos, chegou a se estender a vinte, depois a trinta minutos, às vezes até mais. Quando tocavam músicas do primeiro álbum, quase sempre havia alguma coisa nova nelas, como variações em "Dazed and Confused", com Jimmy levando a música a direções imaginativas – e, por fim, até inserindo trechos de outras músicas, como canções de Joni Mitchell ou dos Eagles, com a banda seguindo sua deixa. "Vamos deixar solto", dizia ele. "Nada precisa ser muito estruturado."

Todos na banda tinham a liberdade de pegar uma música e moldá-la e azeitá-la da maneira que quisessem, em qualquer show. Haviam desenvolvido uma confiança nos instintos musicais uns dos outros. Como resultado, frequentemente acertavam em cheio.

Mais ou menos na metade daquela turnê de outono, o Zeppelin tocou no Boston Garden para um séquito de fãs – quase vinte mil pagantes. O Garden estava num calor escaldante naquela noite, e o sistema de ar-condicionado derreteu na primeira meia hora. Porém, não fez diferença: os fãs se mantiveram histéricos da primeira à última música.

"Essa é a *performance* que coloca o Zeppelin no topo para mim", disse Peter no *backstage*. "Essa banda pode ser tão grande quanto os Beatles ou os Stones. Ou até maior."

O julgamento de Peter, é claro, era geralmente digno de atenção. Decidi me preparar para a ascensão do Led Zeppelin ao Olimpo do *rock*.

Naquela noite, depois do show em Boston, alguns fãs abordaram Peter no nosso hotel e falaram a ele de uma "força" do Zeppelin que ainda ecoava na cabeça deles. "Nesse ponto da carreira da banda", Peter me disse, "mesmo se eu quisesse poupá-los e levar as coisas um pouco mais devagar, não teria como fazer isso. Não há como parar o Led Zeppelin."

Quando *Led Zeppelin II* foi lançado, dificilmente dominava sozinho as lojas de discos, em meio a outros álbuns lançados na mesma época – *Let it Bleed*, dos Stones; *Abbey Road*, dos Beatles; *The Best of Cream;* e *Crosby, Stills & Nash*. Mas os seguidores fiéis do Zeppelin não se importavam com eles. Assim que o *Led Zeppelin II* chegou às prateleiras, em

"Nesse ponto da carreira da banda, mesmo se eu quisesse poupá-los e levar as coisas um pouco mais devagar, não teria como fazer isso. Não há como parar o Led Zeppelin."

(Peter Grant, empresário do grupo)

algumas cidades os fãs chegaram a fazer filas de virar o quarteirão para comprá-lo no dia de lançamento. As vendas começaram na terceira semana de outubro, e foram tão monstruosas, que, no dia 10 de novembro – dois dias depois do fim da turnê norte-americana de outono –, a indústria fonográfica americana já concedeu um disco de ouro à banda. Como proclamou um radialista de Denver: "Centenas de milhares de agulhas de toca-discos estão sendo sacrificadas esta noite ao tocar e tocar de novo e de novo o *Led Zeppelin II*".

Durante aquela quarta turnê pelos EUA, as vendas colossais do novo álbum injetaram um ânimo festivo na banda, que ajudou a amenizar a fadiga que parecia ir e vir com pouca previsibilidade, e a encher os egos que murchavam quando uma resenha pouco elogiosa pegava em algum ponto mais sensível. E também nos deram mais uma desculpa para festejar.

Em São Francisco, alugamos uma suíte no Villa Roma, um hotel elegante construído ao redor de um pátio, para uma celebração do sucesso do álbum com cerca de vinte e cinco convidados, a maior parte deles locais. Umas garotas absolutamente deslumbrantes apareceram – altas, cabelos longos, vozes sensuais, linguagem corporal sedutora e praticamente todas as outras qualidades femininas capazes de deixar nossa libido atenta. Os membros da banda quase tropeçaram uns nos outros na pressa em se apresentar a essas damas.

Uma dessas garotas trouxe três pombas cinzentas numa gaiola, embora as soltasse e as deixasse voar pelo quarto. Uma das pombas parecia um *kamikaze*, batendo nas paredes como se numa missão suicida. De algum modo, o pássaro atordoado recobrava força e equilíbrio e voltava a voar. Com as pombas como entretenimento, consumimos álcool tão rápido quanto o serviço de quarto conseguia fornecê-lo. As festividades enfim se encerraram por volta das três da manhã. A essa altura, eu estava tão bêbado, que não me lembro de quase nada, incluindo quem acabou com as garotas.

Passamos a noite em nossos próprios quartos no Villa Roma, e na manhã seguinte atravessei o pátio do hotel com Jimmy e John Paul, a caminho do café da manhã. Durante a caminhada, nossa atenção foi atraída pelo som de água corrente – de uma cachoeira, na verdade –, que caía de uma sacada no segundo andar e empoçava o cimento do térreo.

"Meu Deus!", exclamou John Paul de repente. "É o quarto onde demos a festa ontem à noite."

Imediatamente visualizei a cobrança dos danos. Sincronizados, nos viramos e corremos escada acima. Vasculhei os bolsos da calça desesperadamente à procura da chave do quarto. Quando enfim a encontrei, a metemos na fechadura, abrimos a porta com tudo e entramos voando. Demos dois passos e estávamos com água até o tornozelo.

"Ah, merda!", exclamei. "Isso aqui virou uma porra de uma piscina."

Corri para o banheiro, em busca da origem da enchente de São Francisco. A culpada era a banheira, que transbordava com um *tsunami* que, àquela altura, devia estar jorrando água há sete ou oito horas. Desliguei a torneira, examinei rapidamente a cena e chacoalhei a cabeça em negação, incrédulo. "Quem deixou a droga da torneira aberta, caralho?"

Jimmy olhou para dentro da banheira e viu a fonte do problema. "Olha ali", suspirou. "Uma daquelas pombas ficou presa no ralo. Foi o que entupiu."

Meti a mão na banheira e recolhi os restos do pequeno pássaro, que voara em sua última missão suicida. A água começou a descer pelo ralo.

"O carpete foi perda total", disse Jimmy, andando pelo quarto inundado. "Você acha que o hotel tem seguro?"

"Isso aqui vai ser caro", opinou John Paul. "Talvez tenhamos de ceder os *royalties* do novo álbum para pagar por isso."

"Eu não me preocuparia", falei para eles. E, de fato, estava confiante de que não tínhamos absolutamente razão nenhuma para preocupação. Afinal, quando fizemos *check-in* no Villa Roma, não dei os nomes reais dos membros da banda. Minha lógica era: evitar incômodos de fãs e também minimizar os rastros se acumulássemos cobranças adicionais.

Alguns dias depois, contei a história a Bonham, que caiu histericamente na gargalhada com o que eu havia feito. "Isso é espetacular", disse ele. "Não acredito que você conseguiu se safar de um negócio desses." E então perguntou: "O quarto foi reservado no nome de quem?".

"Frank Barsalona", respondi. Frank era o agente da Premier Talent, que cuidava da agenda da banda nos EUA. "Ele vai receber a conta a qualquer momento. Espero que tenha senso de humor."

"Se não tiver", disse Bonzo, "é melhor ele ser bom em instalar carpetes novos."

Enquanto as vendas do novo álbum se tornavam astronômicas, e com a popularidade crescente do Led Zeppelin aparente e absolutamente inevitável, os membros da banda de vez em quando conversavam com Peter, nas horas vagas, sobre como proteger seus pés de meia individuais. Também recebiam conselhos do escritório em Londres, onde nossos contadores forneciam recomendações feitas para transformá-los em *experts* tributários instantâneos.

Durante uma pequena pausa na turnê, todo mundo da banda saiu rapidamente do território estadunidense a conselho dos nossos advogados tributários, que somaram os ganhos prováveis da banda para 1969 e chegaram a um número em torno de um milhão de dólares. Como a banda trabalhara nos EUA por um total de quase seis meses, estávamos à beira de ter de pagar impostos tanto lá quanto na Grã-Bretanha – uma ideia não muito agradável para uma banda com rendimentos de sete dígitos.

Jonesy, Bonzo e Peter decidiram voar diretamente para Londres para ficar com suas respectivas famílias durante a pausa. Os demais se reuniram em San Juan, Porto Rico. Por razões fiscais, Porto Rico não era considerado parte dos EUA, embora estivesse a uma distância extremamente pequena do país.

Jimmy, Robert e eu ficamos no hotel Caribe Hilton, em San Juan. Aproveitamos ao máximo os banhos de sol no meio do dia, as *piñas coladas* no começo da noite e as festas até alta madrugada.

Certa noite, convenci Robert e Jimmy a me acompanharem até a Velha San Juan, uma área de sete quarteirões que foi a cidade original, com construções que datavam dos séculos 16 e 17. Um mensageiro do hotel nos alertou: "*Señores*, a Velha San Juan é segura durante o dia. Mas não vão lá à noite. É perigoso demais para turistas. Muito crime".

Arrastei Robert e Jimmy até lá mesmo assim, embora fosse possível ver a ansiedade impressa nos cenhos franzidos e nos lábios tensos deles. Comecei a procurar por um bar onde pudéssemos achar uma boa cerveja mexicana e talvez aliviar um pouco dessa tensão deles. Entramos no primeiro que vimos, na Calle San Sebastián – mas o lugar não era o que esperávamos. Na verdade, fiquei com a impressão de que entramos em *Além da imaginação*. O bar era tão escuro, que mal conseguia ver meus companheiros, muito menos quem mais estivesse ali. À medida que adentrávamos com cuidado o recinto, eu podia sentir dezenas de olhos nos encarando. E então, alguns segundos depois, alguém acendeu todas as luzes.

Éramos claramente diferentes do resto dos clientes, que pareciam ter acabado de desembarcar de um navio pirata depois de um dia árduo de saques e tortura. Nós usávamos camisas floridas e brincos e tínhamos cabelos compridos – uma coisa meio afeminada para aquele pessoal.

"Vamos dar o fora daqui", anunciou Robert, voltando-se para a porta.

"Que nada, Percy", eu disse, pegando-o pelo braço. "Vamos pedir umas bebidas."

"Você está louco, Cole", disse Jimmy. "Acho que eles não querem fazer amizade com a gente." Ele começava a tremer.

"Está tudo bem", falei, deixando meu desejo de álcool sufocar qualquer medo que pudesse ter. "Não vão encostar na gente." Eu não estava totalmente convencido da verdade dessa afirmação.

O clube era um dos mais sujos que já vi – não espanta que eu quisesse ficar. Sentamo-nos numa mesa com três pernas e pedimos três cervejas. Alguns minutos depois, bem quando Jimmy pediu licença para ir ao banheiro, uma morena maravilhosa, com uns três quilos de maquiagem – obviamente uma prostituta –, foi até nossa mesa, sentou-se na cadeira de Pagey entre Plant e mim, e tentou se enturmar.

Antes mesmo de a conversa avançar para além de "*Como estás?*", ela estendeu o braço e pôs a mão nas minhas partes.

"Oooh", suspirou. "*Grande!*"

Sorri e olhei para Plant. Eu estava começando a gostar desse lugar.

Ela então colocou a outra mão nas partes de Robert. "Ooooh", gemeu. "*Mucho grande*!"

Pela primeira vez naquela noite, Robert riu.

"Essa é uma jovem muito perceptiva", disse ele. "*Muito* perceptiva."

Quando Pagey voltou, se recusou a passar pela avaliação dela abaixo da cintura. "Vamos dar o fora daqui antes que nos matem!", disse.

Robert e eu já estávamos com os egos massageados para aquela noite, então concordamos na saída rápida.

No final da turnê norte-americana, quando finalmente voltamos para casa, em Londres, falamos de como o ano de 1969 foi incrível. A banda saiu do nada e estava no limite do superestrelato. Viajamos num ritmo impiedoso – cento e sessenta shows desde o primeiro, em Copenhague, quatorze meses antes. O grupo estava ganhando tanto dinheiro, que tivemos de fazer coisas do tipo avaliar nossa situação tributária no meio de uma turnê. Às vezes, era exaustivo só de pensar no quão longe havíamos chegado.

18. "O PREÇO QUE VOCÊS QUISEREM"

"QUANTO FOI QUE VOCÊ DISSE?"

"Você me ouviu, Cole. Eles nos ofereceram um milhão de dólares!"

"E você recusou?"

"Não seria certo. Teria sido um erro."

Peter Grant me explicava por que havia rejeitado uma das dezenas de propostas de show que inundavam os escritórios do Led Zeppelin. Devido às vendas enormes de *Led Zeppelin II*, muitos *promoters* praticamente diziam: "O preço que vocês quiserem". Era o tanto que queriam a banda.

Uma das ofertas mais tentadoras veio de um grupo de *promoters* americanos, que propôs um show do Zeppelin na Alemanha Ocidental na véspera de Ano-novo, que seria transmitido via satélite para cinemas dos EUA e da Europa.

"Vamos pagar meio milhão de dólares à banda", disseram eles na oferta inicial. "Isso vai abrir o ano de 1970 de vocês com um estouro!"

Não era um estouro grande o suficiente para Peter, mesmo que fosse uma quantia fenomenal para uma única noite de trabalho. Assim como Jimmy, Peter era um perfeccionista. E a ideia de submeter sua banda a uma transmissão via satélite lhe causava ojeriza.

"Já ouvi a qualidade dessas transmissões em circuito fechado", disse ele aos executivos americanos. "Nunca me impressionei. Não está à altura dos nossos padrões."

De início, os americanos pensaram que ele estivesse brincando. Afinal, por quinhentos mil dólares, talvez a banda pudesse ser convencida a aguentar um pouco de estática e um pouco mais de agudo do que de costume. Porém, quanto mais conversavam com Peter, mais percebiam que ele falava sério.

"A televisão simplesmente não é o melhor meio para uma banda preocupada com a qualidade", disse Peter. "É por isso que o Zeppelin nunca se apresentou na TV. Quando se fala numa transmissão via satélite ao longo de milhares de quilômetros, não pode ficar muito bom."

Aparentemente, os americanos ainda acreditavam que, pelo valor certo, Peter talvez mudasse de ideia. Voltaram a ligar dois dias depois. Aumentaram a oferta para um milhão de dólares!

Peter nem hesitou: "A resposta ainda é não. Podem subir o valor quanto quiserem. Não vou mudar de ideia. A qualidade ainda é soberana para essa banda".

Eu tinha um respeito tremendo por Peter por tomar decisões como essa. Afinal, um milhão de dólares era mais dinheiro do que qualquer banda de *rock* já ganhara numa única noite. Porém, ele não faria concessões em seus próprios princípios artísticos.

Acho ainda que Peter gostava de ouvir as reações chocadas dos americanos quando ele rejeitava casualmente as ofertas, como se um milhão de dólares não fosse uma quantia significativa de dinheiro. Os egos de todo mundo na organização estavam crescendo – talvez até demais – e recusar uma oferta de um milhão de dólares era uma maneira de dizer ao mundo o quão grandes e importantes éramos.

Contudo, a força que sustentava essa decisão era um conjunto inabalável de princípios em relação à qualidade da música da banda. "Há mais na vida do que dinheiro", ele me disse certa vez. Ele sabia que outras oportunidades se apresentariam sob condições com as quais ele estaria de acordo. Assim, na véspera de Ano-novo, ficaríamos em casa.

Não obstante, o Led Zeppelin de fato fez sua própria comemoração alguns dias depois. No dia 9 de janeiro, aguardávamos ansiosamente pela apresentação da banda no Royal Albert Hall. "A Inglaterra enfim pertence a nós", disse Bonzo. "Depois desta noite, ninguém mais vai duvidar disso."

Era também o vigésimo sexto aniversário de Jimmy Page. Enquanto o público se aglomerava no Royal Albert Hall, com gente chegando quatro ou cinco horas antes do show, muitos traziam cartazes para desejar feliz aniversário a Pagey. Outros eram um pouco mais genéricos: "Te amamos, Jimmy"... "Zeppelin Para Sempre".

Robert estava se sentindo no topo do mundo. As vendas extraordinárias eram abstrações em sua mente; era difícil se identificar com aqueles números de seis e até sete dígitos. Porém, quando ele tinha a oportunidade de estar diante de uma plateia, encarar rostos individuais e levá-los a dimensões orgásticas em questão de minutos, os números não significavam mais nada. Sabíamos que os críticos estavam errados. Se a imprensa não gostava do Led Zeppelin, o problema era com a imprensa. Sim, aquelas resenhas negativas – que ainda superavam as positivas em quantidade – enfureciam Robert. Porém, ele sabia que aquela banda tocava a vida das pessoas, e testemunhava isso de uma perspectiva que ninguém mais tinha.

O Royal Albert Hall foi a terceira parada de uma turnê curta de sete shows pelo Reino Unido. E a banda não reteve nada de sua potência. Planejaram um show de duas horas, mas tocaram pelo menos trinta minutos além disso. Acrescentaram músicas como "Since I've Been Loving You" e "Thank You" ao show, mas, mais do que isso, a reação do público foi tão avassaladora, que o *set* foi alterado várias vezes em tempo real. Durante "Bring it on Home", Pagey e Bonham começaram a duelar em seus respectivos instrumentos – primeiro um, depois o outro, num confronto eletrizante que ninguém, nem a banda, nem o público, queria que acabasse. Os aplausos a algumas músicas eram tão fortes, que a banda, mesmo prestes a encerrar, era inspirada a estender ainda mais a execução. Por exemplo, quando "How Many More Times" se aproximava do fim, a histeria do público ficou tão intensa, que a banda não pôde simplesmente passar para a música seguinte, "The Lemon Song". Assim, em vez disso, lançou-se em mais um *riff* de "How Many More Times" e prosseguiu nele por mais oito minutos.

Houve momentos de ironia, também. Por mais que o repertório original do Zeppelin fosse popular, o que realmente botou a casa abaixo foi um *medley* de velhas canções de *rock 'n' roll*, como "Long Tall Sally" e "Whole Lotta Shakin' Goin' On".

Roger Daltrey estava no *backstage* com um drinque na mão, assistindo ao show com uma expressão estupefata no rosto. "Sei por que ninguém quer tocar com esses caras", disse ele em dado momento. "Eles são simplesmente bons demais."

Daltrey estava acompanhado de sua namorada, Heather, que levou um presente bastante singular para Jimmy – uma bela e bem-sucedida modelo francesa chamada Charlotte Martin. Heather estava convencida de que Jimmy e Charlotte se dariam bem.

Conheci Charlotte no sul da França, em 1966, e a reencontrei dois anos depois, quando ela estava namorando Eric Clapton. Era o tipo de garota para a qual não havia como olhar apenas uma vez. Alta. Magra. Loira. Traços perfeitos. Era impossível não olhar duas vezes.

Porém, eu também conhecia um outro lado de Charlotte. Pelo menos no trato comigo, ela era desligada, antipática e indiferente. A minha impressão era de que, a menos que ela gostasse muito de você, sua atitude era de "é pegar ou largar". Francamente, não me impressionei.

Mesmo assim, Jimmy e Charlotte imediatamente se tornaram um casal. Depois do show daquela noite, Jimmy conversou com ela por vários minutos e então me chamou de lado. "Você pode levar Charlotte e eu ao apartamento dela? Não é muito fora de mão para você." Dei uma carona a eles, e esse foi o começo de um relacionamento que durou anos.

Durante esse tempo todo, Charlotte e eu nunca nos demos muito bem. Ela continuava a agir com indiferença comigo, como se nunca tivéssemos nos conhecido anos antes na França. Por fim, porém, ela percebeu que eu era uma presença constante no meio do Led Zeppelin e pareceu chegar à conclusão de que, se ia passar um tempo com Jimmy, teria de ser razoavelmente agradável para comigo também. Assim, nossa relação se tornou educada. Todavia, nunca a considerei uma pessoa fácil de conviver.

Quando Charlotte viajava com a banda, era quase sempre um pesadelo. Ao contrário das esposas dos outros membros da banda – Maureen Plant, Pat Bonham e Mo Jones –, que sempre colaboravam muito, Charlotte criava problemas constantes para mim, o que só amplificava o atrito entre nós. Como *tour manager*, uma das minhas responsabilidades era supervisionar a segurança da banda, e quando as esposas e namoradas iam aos shows, isso significava ficar de olho em oito pessoas, não apenas quatro.

De todo o modo, eu tentava manter as coisas funcionando da forma mais fluida possível. Quando a banda entrava nos bis, eu dizia às garotas: "Vão para as limos; vamos partir em breve". Todas seguiam essa instrução – menos Charlotte.

"Quero ficar e assistir o show até o final", reclamava ela.

"De jeito nenhum!", eu retrucava.

"Você não pode me dizer o que fazer", ela treplicava.

"Pode apostar que posso sim, porra! Vai pro diabo da limo!"

Por fim, ela colaborava, mas só depois de quase arrancarmos os cabelos um do outro.

De volta a Londres, fiquei satisfeitíssimo ao ouvir que Charlotte não estaria presente durante a turnê europeia agendada para começar no final de fevereiro, com paradas em Copenhague, Helsinki, Estocolmo, Amsterdã, Colônia, Viena, Hamburgo e Montreux. Para essa turnê de sete países, providenciei um caminhão de cinco toneladas para viajar conosco. Não só precisaríamos dele para transportar o equipamento do Led Zeppelin de uma cidade a outra, mas pressenti que a banda acumularia novos pertences no percurso. Isso é o que acontece quando se ganha dinheiro.

Contratei um camarada chamado Manfred Lurch como motorista; ele falava várias línguas, e imaginei que poderia se comunicar com autoridades aduaneiras em praticamente qualquer lugar. Como esperado, tanto Manfred quanto o caminhão se provaram indispensáveis. Carregamos o veículo com os mimos de dezenas de maratonas de compras, enchendo-o de álbuns de *blues*, pinturas de Ernst Fuchs, litografias de Escher e móveis.

No entanto, nem o melhor dos planejamentos poderia prever o que encontramos em Copenhague durante aquela turnê. Deveria ter sido uma apresentação de clima positivo, até sentimental, afinal, dezessete meses antes, a cidade foi o local do primeiro show da história do Zeppelin. Na verdade, quando desembarcamos no aeroporto de Kastrup, no dia 19 de fevereiro, todos estávamos empolgados e ansiosos. "Foi aqui onde tudo começou", disse Jimmy Page. "É quase como voltar para casa."

Porém, em vez de fazer um retorno triunfal, a banda de repente se viu no meio de uma controvérsia bizarra com uma das famílias mais famosas da Europa. Eva von Zeppelin não queria que a banda usasse "o nome da *minha* família desse jeito". E então, da noite para o dia, a música do Led Zeppelin foi ofuscada por alguns incômodos de fora do palco, amplamente divulgados.

"Que isso sirva de alerta para que essas pessoas que se dizem músicos, é melhor eles não usarem o nome Zeppelin nem tocarem sua música vagabunda na Dinamarca", anunciou Eva von Zeppelin na imprensa. "Se o fizerem, vou encontrá-los no tribunal."

Ela não estava brincando. Era descendente direta do conde Ferdinando von Zeppelin, a lenda da aeronáutica. Na virada do século, o conde Ferdinando foi o pioneiro das aeronaves mais leves que o ar que, por fim, levaram seu nome. E Eva não ia deixar uma banda que havia "roubado" o nome Zeppelin tocar na Dinamarca sem enfrentá-la.

A banda ficou enfurecida com as declarações dela à imprensa. Àquela altura da carreira, o Led Zeppelin se sentia bastante importante e não estava acostumado a ouvir exigências ultrajantes dos outros. "Quem diabos é Eva von Zeppelin mesmo?", disse Robert Plant. "*Ninguém* nunca ouviu falar dessa mulher! Muito mais gente já ouviu falar de nós!"

Talvez fosse verdade. Mas Eva estava fazendo alguns pronunciamentos públicos ridículos, nos quais rotulava o Led Zeppelin de um bando de "macacos berrantes". À medida que essa retórica piorava, Jimmy percebia que a banda teria de fazer algo para conter os danos.

"Vamos convidá-la para uma reunião conosco", disse ele. "Talvez ela então se dê conta de que não somos maníacos desordeiros, afinal."

De fato, Eva concordou em se encontrar com os "macacos berrantes" num estúdio de ensaios em Copenhague no dia anterior ao do show. Antes de Eva chegar, Peter nos disse: "Vamos manter a calma e tentar não a ofender mais do que ela já está ofendida. Talvez consigamos, na lábia, convencê-la a esquecer a coisa toda".

Na verdade, a reunião foi relativamente agradável. "Não estamos fazendo nada para difamar o nome da sua família", argumentou Jimmy. "Só fazemos música, e música que milhões de pessoas gostam."

O tempo todo, Eva insistia: "Tudo o que estou tentando fazer é proteger a reputação da minha família!".

"Milhões de pessoas nos conhecem pelo nome Led Zeppelin", disse Jimmy. "E acredito que nenhuma delas ache o nome ofensivo à sua família."

A reunião terminou no zero a zero, mas a banda sentia que havia abrandado o coração daquela senhora. Os disparos, porém, não acabaram. Enquanto Eva saía do estúdio, seus olhos pousaram sobre a capa de uma cópia do álbum *Led Zeppelin* – a que traz o dirigível em chamas rumo ao chão.

Eva von Zeppelin arfou e sua fúria entrou em erupção novamente. Xingamentos reverberaram pelas paredes. Houve ameaças ousadas de intimações judiciais iminentes, e então ela enfim saiu do estúdio pisando duro.

Peter ficou desesperado. Não sabia muito bem o que fazer, mas sabia que não tinha interesse em acabar no tribunal. "É a coisa mais ridícula que já ouvi", disse. "Mas essa mulher está furiosa o bastante para nos processar." Por ora, colocou os egos de lado e disse: "Eis a minha recomendação: vamos tocar amanhã à noite usando outro nome".

A princípio, a banda resistiu. "Deixe que *ela* mude de nome!", exclamou Bonzo. "Temos tanto direito a ele quanto ela."

Em pouco tempo, porém, Peter os trouxe para seu lado, como geralmente acontecia. Para o show de Copenhague, o Led Zeppelin tocou como The Nobs – em alguns círculos londrinos, gíria para o órgão sexual masculino! Felizmente, Eva von Zeppelin não reclamou direitos exclusivos a *isso* também.

Logo depois do show em Copenhague, a banda ainda estava espumando. "Por que a gente cedeu mesmo?", perguntou Robert ao pegar uma toalha no *backstage* e seguir rapidamente para a limo. "O que dá a ela esse direito?"

"Acabou, Percy", falei. "Esqueça. Vamos achar outra coisa para ocupar a cabeça."

O motorista da limo naquela noite era um sujeito simpático chamado Jann. "Vocês gostariam de ver alguns dos pontos turísticos de Copenhague?", perguntou ele. Que tal o Palácio de Christiansborg? Ou o calçadão de Strøget?"

Depois das últimas quarenta e oito horas que vivemos, não estávamos interessados nos pontos turísticos típicos. O Parque Tivoli e a estátua da Pequena Sereia poderiam esperar. Com a meia-noite se aproximando, tínhamos mulheres na cabeça.

"Vou te dizer o que a gente gostaria", eu disse a Jann. "A gente gostaria de conhecer as casas de *strip* de Copenhague!"

Jann de repente ficou muito quieto. "As casas de *strip*?", balbuciou, incrédulo. Virou-se para dar uma olhada nos passageiros – Jimmy, Robert, John Paul, Bonzo, Peter e eu. Nós não nos parecíamos exatamente com membros da família real britânica. A expressão no rosto de Jann gritava *como é que eu vim parar com esses palhaços?*

Seguimos por uns dez minutos, e então Jann estacionou na frente de uma das casas de *strip* mais populares da cidade. "Aqui estamos", disse. Imaginei que teríamos de sair da limo rapidamente, e que Jann daria no pé, com vergonha de ser visto naquela vizinhança. Porém, de repente, ele se tornou outra pessoa.

"Vou levar vocês lá dentro", disse. "O gerente é meu amigo. Vou informá-lo de que vocês são meus convidados especiais!"

Convidados especiais! Acho que Jann não era um coroinha pudico, afinal de contas.

"Aproveitem o show!", o gerente nos disse. "Só se lembrem do seguinte: nada de participação do público."

Entramos num salão mal iluminado, quase tropeçando uns nos outros até nossos olhos se ajustarem à escuridão. "Estou vendo coisas ou nós somos praticamente os únicos vestidos aqui?", brincou Jimmy.

Ao longo das próximas duas horas, o show tirou nossas cabeças de Eva von Zeppelin. Havia garotas de sobra, pelo menos umas vinte, e a maioria era absolutamente bela. Algumas serviam drinques; a maioria era parte da apresentação – e não era uma apresentação de Shakespeare. Sentamo-nos a alguns metros do palco, quando então uma das garotas nuas começou a se tocar na nossa frente. Rebolando, se esfregando, gemendo, arquejando.

"Acho que estou apaixonado", Bonham suspirou.

"Acho que ela também", disse Plant. "Pena que é por ela mesma."

Em questão de minutos, uma amiga se juntou a ela, e as duas começaram a transar na nossa frente. Pouco depois, uma terceira se juntou a elas. E então uma quarta. E então um ou dois vibradores. Eram como uma grande família feliz.

"Com licença, garotas", Bonham berrou para elas. "Vocês são pagas para fazer isso? Eu faria de graça! De verdade!"

Bonham foi em direção ao palco, pegou um dos vibradores de uma das garotas e fuçou no aparelho até retirar as pilhas, e então o devolveu.

"Vocês precisam trabalhar por esse dinheiro", gritou ele, por cima da música alta. "Não deixem a tecnologia moderna fazer tudo por vocês!"

A maioria dos outros clientes homens era mais tímida e parecia atordoada com a nossa balbúrdia.

"Uma dessas garotas é minha irmã", disse Bonham a um cliente assustado. "Nossa mãe me pediu para vir até aqui e garantir que ela não se metesse em encrenca."

Nunca tínhamos nos deparado com nada como aquilo em Londres. Ficamos por mais uma hora, e foi mais do mesmo – o tipo de sexo vulgar que é muito mais divertido de fazer do que de assistir, mas nós certamente não reclamamos. No caminho de volta ao hotel, Robert disse: "Da próxima vez que estivermos em Copenhague, Richard, certifique-se de incluir esse lugar no itinerário".

Quatro meses depois, pouco antes de retornarmos à Dinamarca, liguei para a mesma casa de *strip*. "Queremos reservar o clube só para nós na noite de sábado", falei. "Me diga quanto vocês tiram numa noite típica de sábado, e nós cobrimos em dinheiro."

Assim, na segunda visita ao clube, fomos só nós e as garotas. Parecia um acordo perfeito – mas não foi nem de longe tão divertido quanto a primeira vez que estivemos lá. Talvez porque já tivéssemos visto o show, ou talvez porque de vez em quando encenássemos shows como aquele nos nossos quartos de hotel – onde a participação do público era permitida! Além disso, como éramos os únicos clientes do clube, não havia ninguém para se chocar com nosso comportamento. Fosse no Carnegie Hall ou numa casa de *strip* em Copenhague, gostávamos de ser o centro das atenções. Nas casas de *strip*, porém, havia competição.

Na passagem por Copenhague, em fevereiro de 1970, nosso fascínio pelas casas de *strip* não significava que não tínhamos outros interesses. Na verdade, passamos muito tempo em galerias de arte também. Jimmy em particular estava à procura de obras de arte para comprar, embora houvesse outras maneiras de ocupar nosso tempo por lá.

Por sugestão de Peter, concordamos em fazer uma recepção à imprensa numa galeria adjacente ao calçadão de Strøget. Repórteres, críticos e executivos de gravadora se apinharam no local, e havia aperitivos e champanhe de sobra para mantê-los contentes. Em dado momento, um crítico de música encurralou a mim e Bonham e começou a lecionar a respeito de um assunto atrás de outro, nenhum dos quais nos interessava. "Uma vez que um grupo de *rock* obtém sucesso comercial, acredito que perde algo", tagarelava ele. "Talvez seja a fome o que dê intensidade à música. Vocês têm de ficar de olho nisso. Eu detestaria ver isso acontecer com vocês."

Em seguida, sua atenção se voltou para o quadro de *pop art* à nossa frente, que ele começou a analisar, forçando ainda mais a nossa paciência. "Me lembra muito Lichtenstein, talvez um toque de Rauschenberg também", disse. "Achei tão tocante... tão tocante."

Bonzo virou-se para mim e sussurrou: "Que papo furado do caralho".

"Quando olho para o quadro", continuou o crítico, "vejo uma declaração tão potente contra o expressionismo abstrato."

Bonzo enfim perdeu a calma.

"Você quer saber o que eu acho desse quadro?", rugiu.

"Claro, adoraria saber", respondeu timidamente o crítico.

Bonzo foi até o quadro, o retirou da parede e gritou: "Isso é o que eu acho dele!".

Levantou o quadro e desceu com ele com tudo na cabeça do crítico. A moldura rachou. A tela se rasgou no meio. O crítico foi nocauteado, levou as mãos à cabeça e gritou de dor.

Os presentes, atordoados, caíram em silêncio.

"Tem algum outro quadro que vocês gostariam que eu avaliasse esta noite?!", exclamou Bonzo ao ir em direção à porta.

Pensamos que era o momento perfeito para ir embora também. Deixamos Peter para trás para tentar consertar as coisas. Antes de sairmos da cidade, recebemos uma conta de cinco mil dólares da galeria de arte para cobrir o custo da pintura destruída por Bonham.

"Essa foi a última vez que demos uma festa para a imprensa numa galeria de arte", disse John Paul a caminho do hotel.

"De agora em diante, vamos organizá-las em casas de *strip*", falei. "Será muito mais apropriado."

19. "AQUELES DESGRAÇADOS DO ZEPPELIN"

HENRY SMITH, um dos nossos *road managers*, recolhia o nosso equipamento no aeroporto de Winnipeg. Acabáramos de chegar à cidade canadense durante nossa quinta turnê norte-americana, que começou em março de 1970. No entanto, quando Henry examinou o equipamento, percebeu que estava faltando uma das guitarras.

"Merda", disse a si mesmo. "É uma das guitarras do Jimmy. Ele não vai gostar nada disso."

Eu e a banda já estávamos no hotel quando Henry me ligou para informar sobre a guitarra desaparecida. "É a preta antiga", disse ele. "A Les Paul que o Keith Richards deu a ele."

Eu sabia que Jimmy não ia ficar nada contente. Fui até o quarto dele para lhe contar o que acontecera. Assim que ouviu a notícia, explodiu.

"Perderam uma guitarra!", gritou. "Como diabos eles conseguiram perder uma guitarra?!"

Ele chutou um sofá que estava por perto. "Richard, isso é ridículo! Você sabe o quanto eu amo aquela guitarra?"

Não me lembrava de já ter visto Jimmy tão furioso assim. Decidi apenas deixá-lo falar.

"Como é que alguém conseguiu simplesmente sair andando com ela?", ele berrou. "Os aeroportos não fazem nada para impedir que as coisas sejam roubadas?"

Jimmy continuou a desabafar por uma hora. "Onde estavam os *road managers*, Richard? Nós não os pagamos para ficar de olho nos equipamentos? Me dá vontade de despedir todos eles!"

Quando enfim saí do quarto de Jimmy, pensei: "Se isso é um sinal de como vai ser o resto da turnê, estou pronto para ir para casa".

A segurança do aeroporto não viu sinal nenhum da guitarra. Aparentemente, alguém a roubou de um caminhão de bagagem ou de uma esteira. Nossas chances de recuperá-la eram praticamente nulas.

Jimmy, porém, ficou desesperado. Colocou um anúncio na *Rolling Stone*, suplicando por ajuda para encontrar a guitarra. Esperamos que alguém nos contatasse, mas ninguém apareceu. A guitarra nunca foi recuperada. Alguém, em algum lugar, ficou com uma peça memorável de *memorabilia* do Zeppelin[17].

Ao longo da turnê, Jimmy pareceu nunca se recuperar por completo da perda. Não houve um impacto perceptível em sua *performance* ao longo dos vinte e nove shows, mas às vezes ele parecia abatido, e eu imaginava que tinha a ver com a guitarra. Não importava que os ingressos de todos os shows tivessem se esgotado, que já estivesse garantido que a turnê renderia um milhão de dólares antes mesmo de começar. Para Jimmy, a perda da guitarra arruinou tudo.

Ao planejar a viagem de 1970, Peter decidiu que o Led Zeppelin não contaria com bandas de abertura em nenhum momento da turnê. Noite após noite, seriam duas horas e meia só de puro Zeppelin.

"Quando há uma banda de abertura, há muita enrolação com que se preocupar", disse Peter. "Há as trocas de palco e as preocupações com a movimentação dos equipamentos e os possíveis danos a eles. Se formos só nós, podemos montar nosso equipamento e deixá-lo lá. Não tenho dúvida alguma de que a banda é capaz de segurar o show sozinha."

17 Em 2014 – vinte e dois anos após a publicação original deste livro, portanto –, a guitarra, uma Les Paul Custom "Black Beauty", foi identificada pelo vendedor/colecionador de guitarras *vintage* Nate Westgor, de St. Paul, Minnesota, e devolvida a Jimmy Page. (N. do T.)

Peter também sabia que os fãs não iam a um show do Led Zeppelin para ouvir bandas de abertura. A atitude dele era "vamos dar ao público o que ele quer", e isso significava uma longa noite de *Zeppelinmania.*

A banda se sentiu liberta pela decisão de Peter. Como atração única, teriam controle total do show inteiro, e essa ideia os empolgava. Em algumas noites, tinham vontade de tocar até de manhã.

Por mais arrogante que fosse o comportamento fora do palco – e mesmo com a reputação de banda que usava e supostamente abusava das jovens *groupies* ao seu redor –, o Zeppelin nunca desvalorizava os fãs. Sabiam quem comprava os discos, quem pagava pelos ingressos. "Se o show estiver indo bem, vamos só seguir em frente", dizia John Paul. "Contanto que os fãs estejam por aí, nós também estaremos."

Na metade da turnê, muitos shows já chegavam a três horas, às vezes até mais. Músicas chegavam a dez, quinze ou vinte minutos. "Dazed and Confused" se estendia por quarenta minutos rotineiramente. O público explodia em aplausos no meio das músicas.

Nunca havia intervalo. Bonham se esgueirava para fora do palco enquanto Jimmy e John Paul demonstravam um barato musical extenso, e então retribuía com seu próprio solo de bateria de vinte ou trinta minutos – rasgava a camisa, lançava as baquetas para o público e golpeava os tambores com as mãos até calejá-las. O interlúdio de Bonham era tão eletrizante, que ninguém se afastava muito do palco. Para colocar de maneira simples, a banda era boa toda noite, a noite toda.

Jimmy não aguentava ouvir falar de bandas grandes, de renome, que tocavam *sets* de apenas cinquenta minutos – e às vezes até encurtavam, se o clima não estivesse propício. "Entram e saem num piscar de olhos do público", murmurava. "Não é justo com os fãs." Jimmy achava que talvez essas bandas não tivessem muito o que dizer. Em contraste, o Zeppelin tinha muitos climas diferentes que tentava expressar ao longo da noite. Não é possível fazer isso em cinquenta minutos.

Quando a turnê foi para o sul – Memphis, Raleigh, Atlanta –, esperamos que a vida ficasse um pouco mais desconfortável para nós, embora isso nada tivesse a ver com a reação dos fãs. Em particular no sul, nos aeroportos, as pessoas encaravam, assobiavam e desdenhavam dos nossos cabelos compridos. Nada com que não pudéssemos lidar, embora depois de assistir a *Sem destino* tenhamos ficado um pouco mais nervosos em relação a como as pessoas reagiam aos nossos cabelos.

"Se vocês virem uns caipiras numa picape com um suporte de armas na janela traseira, se escondam!", brincou John Paul, com risos nervosos.

Em Raleigh, o assédio atingiu um nível mais alto. Henry Smith estava no banheiro no *backstage* pouco antes de o show começar e, da cabine, ouviu dois policiais conversando a respeito de "plantar umas coisas para esses desgraçados do Zeppelin e mandá-los para atrás das grades por um tempo".

Henry entrou em pânico e, ainda fechando as calças, correu do banheiro e disparou pelo auditório à minha procura. "Eles vão nos pegar!", disse, ofegante. "A polícia vai nos pegar!"

Em geral, eu não era tão paranoico quanto Henry, mas ainda assim fiquei bastante perturbado com o que ele me contou. Sem saber muito bem para onde ir, procurei um orelhão e liguei para os escritórios de Raleigh tanto da Pinkerton's quanto da Brink's, na tentativa de providenciar segurança imediata para a banda.

"Sou *tour manager* da banda de *rock* Led Zeppelin", falei para o camarada que atendeu o telefone na Brink's. Eu não era o tipo de cliente com quem ele estava acostumado a lidar, e ele foi cético quanto à minha alegação de que alguns homens fardados de Raleigh poderiam ter um plano maligno em mente.

"Sinto muito, amigo", disse a voz da Brink's. "Essa história está meio estranha para mim. Protegemos banqueiros, não guitarristas."

A essa altura, minha própria ansiedade havia subido consideravelmente. Visualizei a banda toda indo parar na cadeia até o fim da noite, e sabia que isso não era algo com o qual eu queria lidar. Como último recurso, liguei para Steve Weiss, nosso advogado, em Nova York. Contei a ele o que Henry havia ouvido e os problemas que tive ao tentar contratar seguranças locais.

"Você é advogado", disse a ele. "Talvez tenha mais influência para conseguir alguns seguranças aqui para nos ajudar. Estou me sentindo muito inseguro no momento e acho que precisamos de proteção muito rápido."

Steve concordou. "A banda tem muitos bens – incluindo a reputação – que precisam ser protegidos", ele me disse. "Vou ver o que posso fazer."

De Nova York, Steve deu alguns telefonemas e, em questão de quarenta e cinco minutos, dois seguranças – de gravata, sobretudo e cabelo curto – chegaram ao *backstage*. Pareciam muito sérios, e, se por acaso se sentiam deslocados por guardar músicos cabeludos, não demonstravam. "Estamos aqui para garantir que não haja problema algum em sua estadia em Raleigh", disse um deles.

De fato, não houve problemas. Um dos seguranças se posicionou na entrada do camarim da banda. O outro ficou nas coxias, vigiando a banda para o caso de qualquer coisa suspeita acontecer. A noite rolou sem problema algum. A segurança extra pode ter impedido a polícia de Raleigh de dificultar a vida do Led Zeppelin.

Mais tarde, naquela noite, quando contei à banda sobre todo esse incidente, ficaram estupefatos. "Isso é incrível, porra!", exclamou Bonzo. "Esses policiais não têm nada melhor para fazer do que tentar armar para músicos de *rock*? Tem gente sendo morta na rua, e eles aqui tentando criar um flagrante por porte de maconha! Que absurdo!"

Desse ponto em diante, tentei ser mais cuidadoso com as substâncias ilegais que levávamos conosco. Geralmente tínhamos cocaína e comprimidos, e, às vezes, a ansiedade em usar as drogas – e o próprio barato delas – me deixava cego em relação aos riscos que estaríamos assumindo. Porém, quando tinha a cabeça mais fria, quando deixava a ansiedade se sobrepor à ânsia, a ideia de um flagrante não saía da minha cabeça. Era mais uma fonte de estresse no meu trabalho.

20. ALGEMAS

"VOLTAMOS!"

A senhora da lojinha do Edgewater Inn, em Seattle, olhou para Bonzo. "Quem são vocês?", perguntou.

"Estivemos aqui ano passado", ele respondeu. "A senhora não se lembra? Somos alguns dos melhores pescadores que já passaram por aqui!"

Havíamos descido até a lojinha para comprar varas de pescar para usar à noite. Sentia-me meio tenso, me perguntando se as histórias do Episódio do Tubarão – que tinham se espalhado literalmente pelo mundo tudo – haveriam chegado até os funcionários do próprio Edgewater. Aquela senhora, porém, parecia ter outras prioridades. Naquele momento, a atenção dela parecia devotada a endireitar o *display* de doces ao lado do caixa.

Em questão de alguns minutos, estávamos mergulhando nossas iscas no Puget Sound. "É bom estar em casa", disse Robert.

Incrivelmente, retomamos no exato mesmo ponto em que paramos da última vez. Bonzo pegou dois tubarõezinhos na primeira meia hora. Jimmy pegou um também. À medida que a noite progredia, fisgávamos como velhos profissionais.

"Alguém deve ter reposto o estoque do oceano", presumiu Bonzo.

À medida que a noite progredia e nossa aventura de pesca continuava, não duas, mas três gatas adolescentes, duas loiras e uma morena, bateram na nossa porta por volta das três da manhã. Estavam de minissaia, com os peitos pulando para fora das blusas e tinham sorrisos que diziam *me fodam*. Podia ser madrugada de domingo, mas elas não pareciam estar a caminho da igreja.

Bonham e eu, porém, estávamos concentrados na pesca. Entreolhamo-nos e balançamos a cabeça em negativa. "Sinto muito", eu disse a elas. "Estamos pescando. Voltem amanhã!"

Por mais estranho que pareça, até as *groupies* nos entediavam às vezes. À medida que a fama e a fortuna do Led Zeppelin nos permitiam viver nossas fantasias, procurávamos constantemente por algo novo para nos entreter. A pescaria era tudo do que precisávamos naquele momento. Aquelas garotas em particular eram sedutoras e obviamente estavam a fim de um pouco de recreação. Mas haveria garotas em outras cidades; a pescaria era uma questão de "agora ou nunca".

Nessa passagem por Seattle, percebemos que o odor dos peixes podia se tornar insuportável depois de um ou dois dias no quarto do hotel. "É difícil não botar a bebida para fora com esse cheiro fétido de peixe por todo lado", reclamou Bonzo.

"Talvez seja mesmo", eu disse, "mas você precisaria de um desodorizante do tamanho de Cheyenne, Wyoming, para renovar esse lugar!"

Por fim, decidimos pegar um "quarto de pesca" extra, onde deixaríamos nossos peixes do dia. Naquela viagem em particular, fisgamos uns trinta tubarões em duas noites e os jogamos numa pilha no meio do quarto.

"O que vamos fazer com esses desgraçados agora?", perguntou Bonzo.

"Não sei", respondi. "Vamos tentar guardá-los no *closet*. Se fecharmos a porta, talvez o cheiro não fique tão ruim."

De maneira bastante ordeira, Bonzo e eu começamos e empilhar um tubarão em cima do outro no *closet*, pausando a cada um ou dois minutos para dar uns goles. Uma vez que estavam perfeitamente organizados, fechamos a porta do *closet* com cuidado e encerramos a noite.

Na manhã seguinte, acordamos com gritos. Uma camareira corria histérica pelo corredor, aparentemente depois de uma fuga veloz do quarto da pesca. Ela estava limpando o quarto e seguiu o odor até o *closet*. Ao abrir a porta, uma onda de tubarões – todos os trinta – caiu em cima dela, a derrubando no chão e a deixando desconcertada. Talvez ela tenha pensado que estava sendo atacada por monstros alienígenas.

Alguns minutos depois, o gerente do hotel correu até o quarto para inspecionar os danos. Ao examinar a carnificina, colocou as mãos na careca, aparentemente como uma forma de demonstrar seu desgosto. Se ele tivesse cabelo, provavelmente o teria arrancado todo, tufo a tufo.

"Vocês não têm o mínimo senso de decência?", disse ele. "Não têm respeito algum pela propriedade privada?"

Olhei para John Paul e sussurrei: "Acho que a resposta é 'não' para ambas as questões".

John Paul e eu retornamos para nossos quartos para tentar voltar a dormir. "Será que todo mundo nos EUA perdeu o senso de humor?", murmurou ele.

Quando fizemos o *check out*, mais tarde naquele dia, o hotel nos cobrou uma taxa de duzentos e cinquenta dólares para a limpeza dos carpetes e a remoção das manchas de peixes do *closet*.

Nossa primeira reação ao incidente do Edgewater era um exemplo clássico da banda sentir seu poder e talvez exibir parte do esnobismo que pode vir com o sucesso e o dinheiro. É fácil começar a pensar que você pode se safar de coisas que uma pessoa comum sequer consideraria fazer, em particular já que você, normalmente, pode fazê-las. Os duzentos e cinquenta dólares em danos realmente não significavam nada para nós. Era um preço baixo a se pagar por um pouco de diversão.

Como Bonzo disse certa vez: "Estamos numa posição agora em que não precisamos engolir merda nenhuma de *ninguém*!". Isso significava cair pesado em cima daqueles que parecessem ir contra nossos próprios interesses. Na turnê de 1970, isso quase sempre se traduzia em dar uma surra nos *bootleggers*[18] quando os pegávamos no pulo.

---

18 Os pirateadores que registravam shows em gravadores para então distribuir ou comercializar essas gravações piratas – os *bootlegs*. (N. do T.)

À medida que a popularidade da banda florescia, o mesmo acontecia com a demanda por fitas e vinis *bootleg* dos shows. Os dois álbuns disponíveis nas lojas não eram suficientes e muitos fãs queriam muito mais do Led Zeppelin do que havíamos dado até então.

Em todos os shows daquela turnê, Peter e eu ficávamos procurando por gravadores na plateia. "É dinheiro tirado do nosso bolso", reclamava Peter. "Esses desgraçados não vão se safar dessa."

Nos primeiros minutos do show em Vancouver, Peter viu um homem agachado perto da frente do palco, manipulando um gravador de aparência sofisticada e segurando um microfone acima da cabeça.

"Olha aquele desgraçado com um microfone e um gravador!", Peter rugiu. "Em plena vista. Que idiota!"

Eu e alguns membros da equipe corremos até lá, pegamos o camarada pelo colarinho, o levantamos do chão e berramos: "Você não pode fazer isso aqui, seu babaca! Se você quer uma gravação, vá até uma loja de discos e compre um, como todo mundo!".

O homem foi solto no ar e caiu no chão com tudo. Pegamos o gravador e o esmagamos numa das barricadas de segurança, despedaçando-o.

"Curta o resto do show!", brandi ao nos virarmos e voltarmos ao *backstage*.

Infelizmente, para nós, o homem não estava gravando uma fita *bootleg*. Não era nem um fã mais ávido.

"Um ajudante de palco acabou de me dizer que o cara que surramos é um agente do governo!", falei a Peter. "Ele trabalha para a prefeitura e mede os níveis de decibéis da música."

Antes do final do show, a polícia de Vancouver apareceu no *backstage* e nos interrogou por cerca de uma hora. Por sorte, os policiais não pareciam ávidos por prosseguir com um caso que talvez rendesse muitas manchetes. Concordamos em pagar pelo gravador e o incidente foi esquecido.

Deixamos o noroeste norte-americano e seguimos para Los Angeles via Denver. Por mais que ansiássemos por retornar ao Château Marmont em L.A., Peter insistiu que ficássemos mais abaixo, no Sunset Boulevard, no Continental Hyatt House. Desde o assassinato de Sharon Tate e quatro amigos dela pela seita de Charles Manson, em 1969, Peter ficou paranoico em relação à segurança. O Marmont, com seus bangalôs isolados espalhados pela propriedade do hotel, parecia um alvo fácil demais para alguém com intenções malignas na mente. Peter sentiu que um hotel num único prédio alto nos proporcionaria maior proteção.

Naquela primeira estadia no Hyatt House, Plant e Bonham já o rebatizaram de "Riot House"[19] – por razões óbvias. Garotas numa caçada ao Zeppelin lotavam o *lobby* e se amontoavam nos elevadores, que as levavam até o nono andar, onde hibernávamos. E, sem pescaria para nos distrair, teríamos achado uma bobagem resistir aos convites delas. Havia garotas por toda parte – no *lobby*, pelos corredores e, inevitavelmente, nas nossas camas. Às vezes, a banda e eu escolhíamos algumas garotas e as amontoávamos na nossa limusine estendida, que ficava tão pesada que a traseira emperrava na frente do Riot House, de forma que precisávamos empurrá-la até a rua para adentrar o Sunset Boulevard. Foi uma loucura total por quase uma semana.

Certa tarde, uma garota de dezessete anos me abordou no *lobby* do hotel. "Ouvimos falar dos chicotes do Jimmy", disse ela. "Ele usa chicotes mesmo?"

"Você gosta de chicotes?", perguntei.

"Eu adoro!"

Eu já ouvira histórias da afeição de Jimmy por chicote, mas nunca vira nenhum. Ele viajava com uma pequena caixa preta, e eu presumo que era lá que os guardava. Miss Pamela, que era uma das garotas de Jimmy nos EUA, no início dos anos 1970, dizia que outras garotas alegavam que Jimmy usava chicotes de vez em quando, embora nunca os tivesse usado com ela.

Nunca descobri se Jimmy realmente tinha uma queda por chicotes, mas havia outros apetrechos safados que usávamos de tempos em tempos – os mais comuns deles, algemas!

---

19 Trocadilho com a sonoridade do nome "Hyatt" e da palavra "*riot*" no sentido de tumulto, desordem. (N. do T.)

Antes de sairmos para um show no L.A. Forum, Bonham e eu algemamos duas garotas – uma morena bonita e sua amiga loira e alta – às nossas camas. Queríamos ter certeza de que elas estariam lá quando voltássemos. Como Bonzo disse: "Precisamos de alguma coisa para nos enfiar depois de um dia duro de trabalho! Essas garotas parecem perfeitas para isso!".

Ao fecharmos as algemas, seria de se esperar uma reação histérica das garotas, uma briga contra aquele confinamento, súplicas para a soltura. Nada disso aconteceu. Elas nunca reclamaram do confinamento temporário.

"Já avisei o serviço de quarto", eu disse às garotas ao sair. "Trarão o jantar de vocês às oito horas. Há também uns baseados aqui, se vocês quiserem. Se precisarem de mais alguma coisa, avisem o serviço de quarto. Tenham uma noite agradável!"

Quando voltamos do show, as garotas estavam à nossa espera no quarto. Já tinham jantado e, exceto por uma leve irritação nos pulsos, a experiência não causou nenhum efeito colateral.

"Podemos festejar agora?", perguntou uma delas.

"Por que não?", disse Bonzo, abrindo uma garrafa de champanhe.

As garotas só foram embora umas vinte e quatro horas depois. Não precisamos de algemas para mantê-las por perto.

21. "FRIENDS"

NOS ÚLTIMOS DIAS da turnê norte-americana de 1970, todos estávamos exaustos. Viagens demais, sono de menos, álcool demais, drogas demais.

Mais do que todo mundo, Robert às vezes parecia à beira de um colapso. Foi atormentado por dias por uma gripe, e sua voz estava baleada, ficou tão rasgada e rouca, que ele mal conseguia falar, menos ainda cantar. O orgulho profissional o levava a subir no palco a cada noite, onde empurrava a voz ao máximo. "Alguma coisa vai acabar cedendo", disse ele, com a voz grave e rouca, em Salt Lake City, com uma expressão de completa frustração no rosto. "Minha voz está bem baleada; não sei quanto tempo mais vai durar."

Deixávamos umidificadores ligados o tempo inteiro no quarto de hotel de Robert para tentar amenizar e preservar sua voz, mas nada parecia ajudar. A cada noite ele tinha de se esforçar um pouco mais do que na noite anterior para cantar até o final do show.

Em meados de abril, estávamos em Phoenix, no Biltmore Hotel. "Talvez se eu relaxar um pouco – sair do hotel por algumas horas –, vá me sentir melhor", disse ele, e pediu que eu agendasse um passeio a cavalo por uma tarde.

Em questão de uma hora, ele e Mario, um cara do departamento de promoção da Atlantic Records, estavam numa trilha ali perto, com dois cavalos alugados. Robert se sentiu ótimo ao sair ao ar livre. Depois de dez minutos, porém, o passeio chegou a um fim abrupto. Mario foi jogado num cacto pelo cavalo. O médico levou quase meia hora para tirar todos os espinhos.

Mais tarde, Robert brincou: "Na verdade, eu me senti *muito* melhor em saber que foi Mario, e não eu, quem teve de passar por esse suplício".

Um médico de Phoenix examinou Robert e não gostou do que viu. Ficou preocupado com danos a longo prazo e insistiu que cancelássemos o último show da turnê, planejado para a noite seguinte no Las Vegas Convention Center. Robert, porém, relutou. "Deixem-me tentar", disse. "É só mais um show. Seria lamentável decepcionar os fãs."

Assim como o resto da banda, Robert se incomodava com a ideia de decepcionar o público. Mal se fazendo ouvir, ele disse: "Vou experimentar tomar muito chá quente esta noite, e talvez amanhã minha voz esteja boa para uma última apresentação".

Na manhã seguinte, no entanto, sua voz não tinha melhorado. Peter interveio e assumiu o controle da situação. "Já era, Robert. Não haverá show nesta noite. Você cantou em vinte e nove shows ao longo de trinta e um dias. O médico diz que se você cantar sem descanso, pode acabar permanentemente com a sua voz. Você não vai arriscar destruir toda uma carreira por apenas um show. Já tomei a decisão. Vamos para casa."

Voamos de Phoenix para Nova York e, de lá, para Londres. Seguindo as ordens do médico, Robert mal proferiu uma palavra ao longo de toda a viagem de volta para casa.

Na Inglaterra, ele não conseguia parar quieto. Para alguém que reclamava que a banda não tinha tempo de folga o suficiente, ele ficou todo inquieto com apenas uma semana em casa.

Robert nos disse que andava brigando com Maureen. Sim, a vida na estrada era caótica, mas, em casa, era um inferno, pelo menos momentaneamente. Pensou que, talvez, se viajasse com Maureen – e levasse Jimmy com eles, numas "férias a trabalho" –, aliviaria a tensão dos conflitos matrimoniais.

Assim, pouco mais de uma semana depois de voltar à Inglaterra, Robert ligou para Jimmy: "Estou pronto para voltar ao trabalho. Vamos compor umas músicas".

No período de um ano e meio desde a criação do Led Zeppelin, o talento de Robert parecia ter evoluído de forma mais dramática do que os dos demais. Não só ele cantava com mais confiança, como também começou a acreditar em si mesmo como compositor. Não, ele não se via ainda no patamar de Jimmy, mas estava no caminho. Decerto não se sentia intimidado ou inseguro, embora estivesse compondo com um dos melhores.

Jimmy e Robert começaram a ver o que conseguiam criar juntos. Acompanhados pela família de Robert e por Charlotte Martin, foram para o sul do País de Gales, para um chalé nas montanhas, chamado Bron-Yr-Aur, que significa "Seio de Ouro" ou "Montanha de Ouro" em galês ("Tragam um desses seios de ouro para mim", eu disse a eles).

Localizado próximo ao rio Dovey, Bron-Yr-Aur era um cenário primitivo – não havia eletricidade, então a luz vinha de lampiões a gás. Robert e Jimmy encontraram tempo para relaxar, incluindo passeios de jipe pelas montanhas. Porém, o objetivo principal deles era começar a escrever músicas para o terceiro álbum do Zeppelin: "Out on the Tiles"... "Celebration Day"... "Bron-Y-Aur Stomp"[20]. Levavam um gravador portátil e, às vezes, um violão nas caminhadas e voltavam com letras e melodias. Numa dessas trilhas, se sentaram num pequeno vale, Jimmy começou a dedilhar uma melodia e Robert de imediato improvisou alguns versos. Por sorte, o gravador estava rodando e a canção rapidamente se tornou "That's the Way".

Robert assumiu a liderança em algumas das composições para o álbum. Seu fascínio pelas lendas celtas se tornou a força criativa por trás de "Immigrant Song". Seu cachorro, Strider, foi a inspiração para "Bron-Y-Aur Stomp". As canções surgiam rapidamente.

Em meados de maio, o Led Zeppelin estava pronto para gravar. No entanto, ninguém estava particularmente interessado em voltar à formalidade de um estúdio de gravação. "Que outras opções temos?", perguntou Bonzo.

20 A grafia do nome do chalé está de fato equivocada no título da música. Uma faixa posterior, intitulada apenas "Bron-Yr-Aur" e incluída em *Physical Graffiti*, traz a grafia correta. (N. do T.)

"Vamos alugar um retiro em algum lugar e levar um estúdio móvel", sugeriu Jimmy. Ninguém foi contra a ideia.

Carol Browne, nossa secretária, deu alguns telefonemas e encontrou uma grande casa de campo chamada Headley Grange, a cerca de sessenta e cinco quilômetros de Londres, que poderíamos alugar. Ajudei a banda a se instalar lá, abri uma conta no mercado local e levei a primeira leva de alimentos e bebidas. Enquanto a banda gravava, às vezes eu levava os *roadies* Mick Hinton e Clive Coulson a um bar na cidade, que gentilmente nos servia bebida por horas a fio.

O terceiro álbum mostrava um Led Zeppelin mais versátil – a mesma energia que já deixara a Europa e os EUA de joelhos, mas também um lado mais romântico e suave, em alguns momentos. Jimmy tocou banjo pela primeira vez em "Gallows Pole", antiga canção *folk* arranjada por ele e Plant. O banjo pertencia a John Paul. Jimmy o viu encostado num canto, o pegou e começou a brincar com ele. "Adoro esse som", disse a John Paul, e continuava a pegar o instrumento a cada intervalo. Por fim, começou a pensar em alguma música em que pudesse usá-lo. "Gallows Pole" se encaixava perfeitamente.

As primeiras versões que gravaram de "That's the Way" eram elétricas. "Algo não está dando certo", Jimmy insistia em dizer. "Ainda não chegamos lá." Por fim, sugeriu que tentassem com violões. Na mosca. A canção se fez rapidamente.

"Tangerine" datava da época de Jimmy nos Yardbirds. Robert acompanhou a si mesmo com vocais duplicados, e então Pagey acrescentou uma linha incrível de *pedal steel*. Foi uma canção que já deu liga desde o início. "Bron-Y-Aur Stomp" traz alguns dos melhores momentos de Jimmy ao violão. Ao mesmo tempo, Bonzo procurava sair um pouco de seu poleiro atrás da bateria e começou a transformar tudo o que encontrava em instrumentos musicais, levando até colheres para as gravações.

"Friends" foi incrementada com um arranjo de cordas. John Paul estava ampliando os horizontes em estúdio e sugeriu escrever o arranjo, que se mostrou magnífico. Talvez a ideia de ser acompanhado por violinos tenha inspirado Robert; nessa canção, ele atinge notas agudas que poderiam quebrar vidro, esticando os limites da própria voz um pouco mais a cada *take*.

Houve ainda um debate sobre como começar e terminar "Friends". Por fim, uma conversa corriqueira no estúdio foi inserida no início da faixa, e um sintetizador Moog foi usado no finalzinho.

Todos sentiram que o terceiro álbum foi feito da forma como um disco deveria ser feito; foi uma empreitada muito mais tranquila do que o segundo álbum, que foi escrito e gravado na estrada, em meio a pressões que não necessariamente servem à criatividade. "Isso é o que vamos fazer daqui em diante", Pagey insistiu certa noite, quando estávamos sentados ao redor da lareira. "Sinto-me energizado por esse ritmo de trabalho." Seu medo era que, a menos que a banda trabalhasse num ambiente mais descontraído, todos acabassem esgotados por completo.

22. A BARATA-D'ÁGUA

"VOCÊ ACHA QUE esses carros flutuam mesmo?"

Fiz o questionamento a John Bonham, ao lembrá-lo dos comerciais da Volkswagen que alegavam que os Fuscas eram hermeticamente fechados e se davam quase tão bem quanto o nadador multimedalhista olímpico Mark Spitz na água. Bonham, John Paul, o *roadie* Jim Dobson e eu estávamos passeando pela Islândia e, enquanto entornávamos garrafas de champanhe, concluímos que, com exceção do próprio Ralph Nader[21], ninguém estava mais preparado do que nós para fazer um teste de consumidor da Volkswagen.

"Bem, estou disposto a experimentar", disse Bonham, sempre um recruta entusiasmado, em particular quando estava um pouco bêbado. "Vamos achar um lago ou um rio e mandar ver!"

Fomos à Islândia em junho de 1970 a pedido do governo britânico. Jasper Parrott, agente de talentos britânico mais acostumado a lidar com bailarinos do que com astros do *rock*, recebeu a tarefa de organizar uma grande extravagância cultural britânica na Islândia e pediu ao Led Zeppelin que representasse a música *pop* no festival. Peter viu isso como um aquecimento valioso para o Bath Festival, na Inglaterra, mais importante e que

21 Advogado estadunidense que ficou célebre na década 1960 por suas campanhas em prol dos direitos dos consumidores. (N. do T.)

aconteceria apenas uma semana depois. Além disso, todos reconhecemos o prestígio de o Led Zeppelin ter sido escolhido para representar nosso país no exterior.

No segundo dia em Reykjavík, decidimos agir como turistas e alugar Land Rovers para passear. A Hertz, porém, não queria ajudar.

"Sinto muito", explicou o agente da locadora. "Não acho que exista um único Land Rover no país todo. Que outros carros vocês gostariam de alugar?"

Optamos pelos Volkswagens – um verde e um branco. Dobson e eu pegamos um dos Fuscas, e John Paul e Bonzo ficaram com o outro.

Durante o passeio, nos mantivemos aquecidos bebericando garrafas de Dom Perignon. Por fim, depois de umas três horas conhecendo geleiras, gêiseres, fontes termais e vulcões, o tédio se instalou. Foi quando decidimos ver se um Fusca realmente era capaz de flutuar.

"Vou dirigir o meu até a água", ofereceu-se Bonham. "Vamos achar um lago e tentar."

Chegamos a um rio, e Dobson e eu descemos do carro para examinar o cenário.

"Este pode ser um momento histórico", eu disse a Dobson. "O carro vai flutuar ou vai afundar?"

Certificamo-nos de que as janelas do carro branco de Bonham estivessem bem fechadas. Ele ficou no banco do motorista, com John Paul de copiloto. Bonham dirigiu até a beira do rio e parou, observando a água como Evel Knievel[22] e concentrado na façanha desafiadora da morte que estava por vir. A tensão aumentava. Por fim, ele engatou a primeira e pisou no acelerador, rumo à água.

O Fusca deixou a terra firme – e atingiu o riu com um baque. Balançou sobre a água por um ou dois minutos, até se assentar numa boiada tranquila para frente e para trás enquanto o motor parava.

"Aquela porra não está afundando!", gritou Dobson. "Não acredito!"

---

22 Motociclista performático e dublê célebre nos EUA. (N. do T.)

Dobson pode ter falado um pouco prematuramente. O nível do rio alcançou a vedação das portas e a água começou a vazar para dentro do carro. De súbito, me assustei e senti um arrepio terrível percorrer minha espinha. Pude visualizar uma manchete de jornal gritante: MÚSICOS DE *ROCK* SE AFOGAM ENQUANTO *TOUR MANAGER* SÓ OLHA.

"Merda, é melhor tirarmos os caras dali", gritei para Dobson. Entramos os dois frenéticos na água amargamente fria. Quando chegamos ao carro, o rio ainda estava raso o bastante para ficarmos em pé.

Dobson e eu estávamos em lados opostos do carro. Inacreditavelmente, Bonham parecia estar se divertindo; John Paul, por outro lado, estava furioso. Por alguma razão, Jonesy decidira usar um terno em nosso passeio. Imaginei que o pobre camarada estivesse mais preocupado com o terno ser arruinado do que com qualquer outra coisa.

Dobson e eu começamos a empurrar o Fusca para a terra firme o mais rápido que podíamos. "Lembre-me de nunca saltar da Golden Gate Bridge com um desses Fuscas", arfei, tentando ignorar o formigamento que começava nos dedos dos meus pés.

Em cerca de três minutos, manobramos o carro para fora do rio. Bonzo deu partida e o motor ligou de imediato.

"Daria um ótimo comercial de TV", falei a Dobson, enquanto voltávamos para o hotel. "Devíamos ter filmado. 'Da banda que lhes trouxe "Dazed and Confused" e "Whole Lotta Love"... agora é hora de flutuar com o Led Zeppelin!'."

Mais tarde, naquele dia, John Paul explicou por que ficou tão irritado quando o Fusca começou a afundar. "Não tinha nada a ver com o terno", ele me disse. "Alguém me deu maconha ontem à noite, e eu guardei na meia. Não queria molhar a maconha!"

O incidente do Fusca foi completamente frívolo, pueril até. Mas os membros da banda ainda se atraíam por esse tipo de travessura como um alívio das pressões que sentiam – ou simplesmente como uma fuga de uma situação que, sem isso, seria chata. Na Islândia, as coisas caíam nessa segunda categoria.

Depois de alguns dias em Reykjavík, adoramos quando o festival acabou e finalmente pudemos ir para casa. Peter não parava de nos lembrar que o Bath Festival estava logo ali e que seria outro ponto de virada importante para a banda. Como de costume, seus planos para o Zeppelin estavam muito bem pensados. "Se as coisas forem bem em Bath", disse ele, "seremos tão grandes em casa quanto nos EUA. É por isso que vale a pena fazer alguns sacrifícios por esse show."

Que tipos de sacrifício? Peter rejeitara datas nos EUA – incluindo uma oferta de duzentos mil dólares para dois shows no Yale Bowl e em Boston – para tocarmos em Bath, no dia 28 de julho por apenas sessenta mil dólares. Para ele, foi uma decisão mais fácil do que se poderia pensar. Freddie Bannister, organizador do festival a céu aberto, prometeu a Peter um público de duzentas mil pessoas. Não se pode contar com multidões muito maiores do que essa, a menos que você seja o Papa.

O Led Zeppelin não era a única atração grande. The Byrds, Jefferson Airplane, Dr. John, Country Joe & The Fish, Santana, The Flock e Frank Zappa and the Mother of Invention também tocariam. O Moody Blues também estava no *lineup*, mas acabou espantado do palco por um aguaceiro torrencial inesperado ao meio-dia.

Por mais que Peter quisesse que o Led Zeppelin tocasse em Bath, se lançou nas negociações com algumas exigências inflexíveis. Se importava com pouca coisa além de tornar o evento o melhor para a sua banda. Isso era mais importante do que dinheiro ou qualquer outra coisa prometida a ele. Durante as discussões com Bannister, Peter disse: "O Led Zeppelin *tem* de fechar o festival na noite de domingo. Quero que eles entrem no palco ao pôr do sol. Precisamente às oito horas. Nem um minuto a mais do que isso".

Bannister ficou confuso. "Por que oito horas?"

"É o horário exato em que o sol se põe", explicou. "Se o Zeppelin entrar no palco nessa hora, podemos acender as luzes e criar uma aura ao redor da banda enquanto o Sol desaparece atrás dela." Peter certamente não tinha perdido nada de sua queda pelo dramático.

Bannister concordou com o horário estipulado por Peter, e os preparativos para o evento começaram. Jimmy insistiu que o *set* contasse com músicas do álbum que estava por vir, não só para ajudar a promovê-lo, mas também para apresentar essas músicas pela primeira vez ao público britânico. A banda passou dois dias ensaiando isolada. No dia 28 de junho, data do festival, estava pronta.

O The Flock tocou antes do Led Zeppelin naquela noite. Porém, as oito horas se aproximavam e a banda aparentemente não tinha intenção de deixar o palco. Fizeram um bis. Depois outro. À medida que os minutos passavam, a impaciência de Peter se transformava em fúria.

"Tire esses desgraçados do palco", uivou ele para Bannister.

Freddie ficou desesperado na tentativa de não incendiar os ânimos de ninguém. "Eles estão quase acabando, tenho certeza de que estão quase acabando", suplicou ele a Peter.

Peter, por fim, não conseguiu mais se controlar. Faltando dez minutos para as oito, ele disse: "Dê um jeito nesses filhos da mãe, por favor, Cole?".

O papel de cara durão era um que eu sabia desempenhar muito bem. Recrutei Henry Smith e outro *roadie*, Sandy McGregor. Juntos, parecíamos três bandidos na intenção de causar alguns danos físicos sérios. Tínhamos a reputação de caras com quem você não queria ferrar – e essa reputação se fazia valer muito bem.

Marchamos para o palco e desplugamos metodicamente o equipamento do The Flock. "A festa acabou", berrei para a banda assustada. Henry e eu começamos a tirar a bateria do palco, e o restante do equipamento em seguida. O The Flock gritava para pararmos, assim como Bannister, das coxias. Por cerca de dez minutos, foi um puro pandemônio no palco, mas cumprimos nossa missão. Uma empresa de mudanças não teria sido tão eficiente.

Com pouco mais de cinco minutos de atraso, o Zeppelin começou seu *set*, com Jimmy usando um sobretudo e um chapéu ridículo de caipira. Robert, de camisa de manga comprida e jeans, estava com uma barba por fazer que dava a ele um visual mais desleixado do que de costume. John Paul usava uma jaqueta de couro, como se estivesse totalmente preparado para se juntar aos Hell's Angels. Bonham usava uma camiseta branca simples, que ele rasgou antes do final da noite, embora o clima tenha esfriado com o passar das horas. Nenhum deles pareceu perturbado pela comoção que se deu no palco poucos momentos antes.

O Zeppelin começou o *set* com “Immigrant Song” e não olhou mais para trás. Era uma das músicas de *Led Zeppelin III*, que deveria chegar às lojas mais adiante naquele ano de 1970. Dessa primeira música até o final do *set*, a resposta do público foi incrível. À medida que a banda tocava música atrás de música do novo álbum, a plateia se alternava entre tentar ouvir com atenção as letras do repertório novo e deixar seus próprios gritos e suas palmas competirem com o som.

Tocaram “Since I’ve Been Loving You”, depois “Celebration Day”, e então músicas mais familiares dos álbuns anteriores – “Bring it on Home” e “Whole Lotta Love”.

“A gente ama o Led Zeppelin!”, alguém gritou para Robert entre uma música e outra.

“Nós amamos vocês também!”, exclamou Robert ao microfone. “Estamos aqui para ajudar vocês a se divertirem nesta noite! Queremos saber se estão se divertindo!”

Parecia que o Led Zeppelin poderia ter tocado até o nascer do Sol. Nos últimos minutos, a banda provocou um frenesi na multidão. O último bis consistiu em “Communication Breakdown”, seguida de um *medley* que incluiu “Johnny B. Goode” e “Long Tall Sally”. Quando enfim terminaram, um MC/DJ chamado Mike Raven entoou ao microfone: “Iiiinacreditável... Led Zeppelin... vocês foram fantáaasticos... Led Zeppelin... a Inglaterra ama vocês!”

A Inglaterra de fato os amava. Quando o Zeppelin enfim saiu do palco, três horas e cinco bis depois do início do *set*, não se continha. Robert estava convencido de que haviam feito um gol de placa com o pessoal de casa. Na verdade, com nada mais a provar, o Led Zeppelin só voltaria a tocar no Reino Unido quase nove meses depois.

23. ESCORREGANDO PARA TRÁS

CERCA DE UMA SEMANA depois do Bath Festival, quando o Led Zeppelin estava enfim respirando um pouco, partimos para uma breve turnê pela Alemanha. Em Frankfurt, a banda tocou para onze mil fãs no Festhalle, maior público de um show de *rock* na Alemanha até então. Em Colônia, cerca de mil fãs se revoltaram diante do Sporthalle e atiraram pedras nas janelas ao não conseguirem entrar no show.

Ainda assim, por mais entusiasmadas que fossem as plateias alemãs, o Zeppelin experimentava uma decepção emocional depois do Bath Festival. Seria difícil superar as duzentas mil pessoas que os viram tocar alguns dias antes. A banda se esforçava ao máximo, mas não era a mesma satisfação da apresentação em Bath.

"É inevitável", ponderava Jimmy. "Não tem como estarmos no topo em todos os shows. Somos humanos também."

Depois do show em Frankfurt, achamos um bar, nos acomodamos num canto confortável e bebemos sem parar até o lugar fechar. Ao longo da noite, nossos excessos etílicos ficaram bem aparentes para os outros presentes no bar. Nós seis – John Paul, Jimmy, Robert, John, Peter e eu – tolerávamos álcool muito bem, e em pouco tempo a pequena mesa em que estávamos ficou lotada de garrafas e copos. Só o *bartender* estava contando exatamente o quanto bebíamos.

Quando finalmente fui pagar a conta, fiquei chocado. "Você tem certeza de que somou certo?", perguntei. "Estávamos só em seis na mesa."

"Eu sei que vocês são só seis!", exclamou o *bartender*. "Mas vocês quase acabaram com o meu estoque. Nunca vi ninguém beber como vocês!"

Num período de quatro horas, pedimos e consumimos cento e vinte *slivovitzes*, além de cerca de cento e sessenta cervejas – um total de duzentos e oitenta drinques divididos por seis!

Em dado momento, Bonzo exclamou: "Vamos enxugar essa porra desse bar! Quando fechar, esse pobre coitado do *bartender* vai estar cansado demais para nos expulsar!".

Por mais que o nosso consumo de álcool fosse imenso, eu é que não iria repreender a banda. Afinal, eu estava tão envolvido no abuso de álcool quanto eles, e não achava ainda que a bebida estivesse atrapalhando a banda ou a minha habilidade de levá-la de cidade em cidade. "Estamos todos bem", dizia a mim mesmo. "Só temos sorte de aguentar a bebida tão bem."

A curta turnê na Alemanha foi um prelúdio para o nosso retorno aos EUA em agosto, para a sexta turnê por lá. Trinta e seis shows em sete semanas. Todos tiveram os ingressos esgotados, e a banda nunca tirou menos de vinte e cinco mil dólares por noite.

A maior parte da imprensa ainda era hostil. "Não somos imunes a isso", disse Bonzo, resignado, "mas as resenhas negativas não magoam tanto quanto antes." Porém, com exceção da mídia, quase todo mundo só queria mais Led Zeppelin, até os dignitários locais. As autoridades de alguns lugares poderiam nunca ter ouvido falar no Led Zeppelin, mas era a maior banda de *rock* chegando *à* cidade, então elas aparentemente sentiam a necessidade de estender o tapete vermelho, particularmente em municípios menores, como Tulsa e Albuquerque, que quase sempre passavam batidas pelas bandas de *rock*.

Memphis foi um exemplo típico do tratamento de primeira classe que recebíamos. Tocamos lá anteriormente em abril, e os chefes da cidade ficaram contentes em voltar a nos receber. Na tarde antes do show, o prefeito de Memphis presenteou a banda com a chave da cidade na prefeitura.

"Memphis pode ser o lar de Elvis", vangloriou-se o prefeito, "mas vocês, rapazes, são bem-vindos aqui a qualquer momento também."

O Led Zeppelin sempre se comportava bem em solenidades como aquela, mas nenhum de nós entendia muito bem por que nos prestávamos a elas. Sim, estávamos lisonjeados por nos juntar a Elvis e Carl Perkins como recipientes da chave da cidade. E Pete nos disse: "Acho que tem algum valor para as relações públicas" – embora não tenha soado muito convencido.

Mais do que qualquer um de nós, Jimmy achava que aquilo era uma completa perda de tempo. Ao sairmos do gabinete do prefeito e seguirmos para as limos, ele murmurou: "Essas autoridades provavelmente são os mesmos caras que gritam conosco nos aeroportos para cortarmos o cabelo. Que papo furado!".

Naquela noite, o ar quente alcançou novos picos. Como acontecia na maioria dos shows daquela turnê, a banda levou o público de Memphis ao delírio. Porém, mais ou menos na metade da apresentação, alguns fãs em meio aos dez mil presentes começaram a ficar desordeiros. Copos de cerveja foram jogados para o ar. Soltaram bombinhas. O aroma doce de maconha permeava a escuridão. À medida que o show se aproximava das duas horas de duração, o camarada que parecia ser o responsável pelo auditório, um cara que vamos chamar de Bill, ficava cada vez mais agitado.

De vez em quando, nos deparávamos com comportamentos imprevisíveis e até rudes dos gerentes dos lugares em que tocávamos. Porém, naquela noite em particular, até eu fiquei surpreso com o que aconteceu em seguida. "Ei, amigo", Bill gritou para mim. "Esse lugar está prestes a explodir num tumulto daqueles. Vamos acabar com esse show agora mesmo!"

Olhei para Bill um pouco aturdido, me perguntando se aquilo seria uma brincadeira. Ninguém nunca pediu para encurtarmos um show. Porém, Bill aparentemente estava falando muito sério.

"Você precisa falar com o grandão ali", eu disse a ele, apontando para Peter.

Fomos até Peter, e Bill repetiu o pedido: "Sua banda precisa sair do palco depois desta música! O show acabou!".

Peter o encarou friamente. "Isso não vai acontecer", disse com muita tranquilidade.

"Bom, você não tem escolha. O show acabou! Vou cortar a energia, se for preciso!"

"O caralho que vai!", latiu Peter. "Por que diabos você está vendendo bebida alcoólica, para começo de conversa, seu babaca? É isso que está causando todos os problemas!"

Bill virou-se para ficar de frente para Peter e colocou a mão direita no bolso do casaco. "Tenho um negócio aqui que vai fazer você mudar essa porra de ideia, amigão."

Não era um blefe. Bill sacou uma .22 e a apontou para as costelas de Peter. "Acredita em mim agora?", gritou.

Naquele momento, a cena toda parecia surreal. Autoridades da cidade estavam sentadas na primeira fila, ainda curtindo a música dos convidados de honra de Memphis. Porém, Peter estava prestes a tomar uns tiros. Era como assistir a um filme B bem ruim. Porém, eu estava assustado, e todo mundo ao nosso redor com medo de dar um passo.

Peter, no entanto, não entrou em pânico. "Que porra é essa?!", exclamou. "Memphis nos dá a maldita chave da cidade, e agora você vai atirar em nós? Isso vai sair nos jornais de todo o país amanhã!"

Bill, aparentemente, pensou duas vezes. Deu uma recuada e, nisso, dois dos nossos seguranças o agarraram, o desarmaram e o jogaram contra a parede. Ele tombou no chão, sem fôlego. O Zeppelin tocou por mais uma hora, sem incidentes.

Ao longo daquela turnê, senti uma necessidade crescente por uma segurança mais acirrada para a banda. O Zeppelin quase sempre se sentia claustrofóbico nos quartos dos hotéis e insistia em ir a bares e clubes, gostava da atenção e se dispunha a aguentar os fãs ocasionalmente chatos, que falavam alto demais ou ficavam invasivos demais. Eu, porém, estava me tornando terrivelmente ansioso em relação à segurança física da banda. Eram, afinal, os EUA, onde armas e violência eram um estilo de vida. E houve momentos em que fiquei com medo e momentos em que provavelmente exagerei na reação.

Depois de uma apresentação no Madison Square Garden, nossas limos nos levaram até o Nobody's, um clube na Bleecker Street. Depois de algumas cervejas, Bonham e eu fomos ao banheiro, onde notei um rapaz de jaqueta de couro preta e uma barba de três dias. Só faltava um emblema dos Hell's Angels e a moto.

Fiz um breve contato visual com ele ao ir até a pia, onde comecei a lavar as mãos. Ele estava a apenas alguns metros de mim, olhando para o nada. Parecia que havia fugido da gangue de Charles Manson.

Alguns segundos depois, abriu a jaqueta. Sem dizer uma palavra, sacou rapidamente uma faca de um bolso interno. A lâmina tinha uns quinze centímetros, claramente capaz de machucar feio.

Não fiz nenhuma pergunta. Ergui o braço direito e, de punho cerrado e ensaboado, saltei para acertá-lo no queixo. Ele tropeçou para trás, a faca voou, ele bateu a cabeça na parede de azulejos e tombou no chão. Apagou na hora.

Bonham, que então acabara de sair da cabine do banheiro, não tinha ciência do que aconteceu, nem do porquê.

"Puta merda! Ele é seu amigo, Richard?", perguntou Bonzo, com os olhos vidrados no sangue que escorria da boca do pobre coitado e na faca no chão, a mais ou menos um metro dele.

Não respondi. Saímos do banheiro e voltamos para nossa mesa, deixando o encrenqueiro inconsciente para trás. Partimos para o hotel poucos minutos depois, sem descobrir a extensão dos ferimentos do meu rival de briga.

Talvez eu tenha extrapolado, talvez não. Porém, durante aquela turnê, me tornei hipersensível ao que acontecia a nosso redor. Às vezes, posso ter cometido erros, mas sentia que não podia arriscar a sorte.

Aquele show no Madison Square Garden estabeleceu um recorde para o Zeppelin – a primeira vez em que a banda ganhou mais de cem mil dólares num único show. E isso, na verdade, aconteceu em duas noites seguidas.

No voo de volta para Londres, bebericava meu quarto drinque e me perguntava que tipo de providências de segurança teríamos de tomar na próxima turnê. John Paul estava sentado ao meu lado. O Rochedo de Gibraltar do Zeppelin, ele fazia o que tinha de ser feito. Naquela turnê, mais do que nas outras, tendeu a se manter discreto. Talvez estivesse tentando se afastar um pouco da nossa loucura, ou talvez apenas gostasse mais de sua própria companhia do que da nossa. E embora Jonesy desfrutasse um bom tanto da bebida, parecia ter mais controle do que o resto de nós.

24. "STAIRWAY TO HEAVEN"

DUAS SEMANAS DEPOIS de retornarmos a Londres, *Led Zeppelin III* invadiu as lojas de discos. A turnê norte-americana aguçara o apetite do público pelo Zeppelin, e o novo álbum chegou como um furacão. As vendas antecipadas chegaram a quase setecentas e cinquenta mil cópias nos EUA e passaram de sessenta mil no Reino Unido. No primeiro dia nas prateleiras, o álbum já foi disco de ouro.

Enquanto isso, *Led Zeppelin II* ainda pairava pela parada da *Billboard* dos cem álbuns mais vendidos. Uma enquete da *Melody Maker* de 1970 elegeu o Led Zeppelin a banda de *rock* mais popular, ofuscando até mesmo os Beatles. A revista explicou o sucesso do Zeppelin da seguinte forma:

"O alto gabarito do Led Zeppelin é fenomenal, mas não de todo inesperado. Não há dúvida de que o Zeppelin merece todos os louros. Tem a magia, a habilidade e a atitude certa na abordagem do fazer música... Combina o apelo do formato tradicional de banda *pop* com a excitação, o ímpeto e a autenticidade convincente do *rock* moderno".

Nada mau para uma banda que se acostumara a ser atacada de surpresa por críticos hostis. Quando *Led Zeppelin III* foi lançado, se esperava uma recepção mais positiva da imprensa, mas Jimmy não estava muito otimista. "Não desisti da mídia", disse ele, "mas estou quase desistindo."

Uma a uma, as resenhas eram desmoralizantes. A de Lester Bangs para a *Rolling Stone* é um bom exemplo. Ele descrevia ter uma "postura de amor e ódio" em relação ao Zeppelin, "de interesse genuíno e de esperanças praticamente injustificáveis à convicção de que ninguém tão crasso poderia ser tão ruim assim".

Bangs prosseguia: "A maior parte do material acústico soa com o Zep padrão com menos decibéis, e os ataques pesados poderiam ser sobras de estúdio de *Zeppelin II.* Na verdade, ao ouvir o álbum pela primeira vez, minha impressão principal foi da consistente irrelevância da maioria das músicas".

O *Los Angeles Times* talvez tenha sido ainda mais mordaz ao traçar a popularidade do Zeppelin ao uso pesado de drogas pelos fãs: "O sucesso deles pode ser atribuído, pelo menos em parte, à popularidade crescente dos barbitúricos e das anfetaminas entre o público adolescente de *rock 'n' roll*, drogas essas que tornam os usuários mais responsivos a volumes esmagadores e à ferocidade histriônica, as únicas coisas com o que o Zeppelin trabalhou até aqui".

Em alguns dias, as resenhas passavam reto por cima das cabeças da banda, sem deixar marcas. Em outros, acabava com os ânimos de todos. "Os críticos são um bando de farsantes", Robert reclamou certa tarde no gabinete de Peter, demonstrando desgosto. "São críticos porque não têm talento para *fazer* música."

Logo após o lançamento de *Led Zeppelin III*, a banda tomou a decisão coletiva de retornar ao estúdio. Foi quase como um mecanismo de defesa, uma maneira de dizer *se vocês críticos não gostam deste, esperem até ver o que vem em seguida!*

Robert e Jimmy retornaram a Bron-Yr-Aur e começaram a compor músicas para o novo LP. Longe dos jornais e telefones, conseguiram deixar de lado a recepção decepcionante de *Led Zeppelin III* pela crítica e voltar ao trabalho. No entanto, Bron-Yr-Aur não se comprovou como a meca criativa que fora da outra vez. Muitas das músicas do novo álbum foram compostas depois, já no próprio estúdio.

Parte do quarto álbum foi gravada no Island Studio, em Londres, em dezembro, mas, depois do Natal, o Zeppelin partiu para Headley Grange, contando mais uma vez com um estúdio móvel. A casa tinha um clima confortável, que permitia à banda relaxar e deixar a energia criativa fluir. Logo de cara, Bonzo perambulou pela casa, inspecionando cômodo a cômodo. "Esta casa parece mais dilapidada do que da última vez que estivemos aqui", enfim reclamou. Eu então o lembrei que, em nossa última visita, havíamos sacrificado um balaústre aos deuses quando precisamos de lenha. "É melhor os proprietários deste lugar rezarem para não fazer muito frio, ou talvez a gente acabe reduzindo a casa a serragem até o fim da semana", falei.

"Misty Mountain Hop" foi composta em Grange, assim como "The Battle of Evermore" e outras três. E então veio "Stairway to Heaven". Robert improvisou a maior parte da letra de "Stairway" durante os ensaios, sentado diante da lareira crepitante, à procura de alguma maneira, dizia ele, de descrever a perfeição espiritual. Jimmy ouviu e ficou assombrado com o que ouviu. Desde o início, sentiu que essa música poderia ser algo especial, que Robert eclipsara tudo o que ele próprio escrevera até então.

Tarde da noite, sozinho, Pagey trabalhou para dar uma forma coesa à "Stairway", usando a Telecaster e gravando faixa após faixa de guitarra até conseguir as harmonias instrumentais poderosas de que gostaria. Gravou três solos de guitarra diferentes, nenhum parecido com o outro, e por fim escolheu o que achou que soava melhor, depois de passar uma madrugada agoniado no estúdio.

A música acabou se tornando uma das faixas mais populares do Zeppelin, embora baladas representassem uma mudança tão dramática no repertório típico da banda. No entanto, a canção combinava outros elementos associados ao Zeppelin, de momentos mais *bluesy* à sonoridade bem mais pesada na conclusão. "Se há uma música dessa banda que tem propriedades atemporais, acho que é 'Stairway to Heaven'", disse Jimmy, radiante como um pai orgulhoso ao ouvir os *playbacks* no estúdio. Estava certo. A música se tornaria a mais pedida nas estações de rádio dos dois lados do Atlântico.

Jimmy ficou tão impressionado com a letra de Robert para "Stairway", que decidiu tirar um hiato de escrever letras. "Não é uma decisão muito difícil", ponderou. "Robert cresceu muito como compositor."

Pagey disse a Robert que a banda tinha um novo letrista consumado. "Vou me valer dos seus talentos agora."

"Se há uma música
dessa banda que
tem propriedades
atemporais, acho
que é 'Stairway
to Heaven'."

(Jimmy Page)

Este sou eu, à direita, antes do Led Zeppelin, posando com Henri Harrison, da New Vaudeville Band, depois de uma noite agitada em Las Vegas, em 1967.
(Acervo de Richard Cole)

Na última turnê dos Yardbirds nos EUA, Jimmy Page se prepara para tocar alguns acordes num show a céu aberto em Rhode Island, em 1968. *(Acervo de Richard Cole)*

Aqui, estou recebendo um disco de ouro de Keith Moon (à esquerda) para Maggie Bell, pelo álbum com as músicas de *Tommy* executadas pela Orquestra Sinfônica e Coro de Câmara de Londres, em 1972. *(Acervo de Richard Cole)*

John Bonham, com a vara de pescar estrategicamente posicionada, espera por uma mordida na isca na sacada do Edgewater Inn, em Seattle, em 1969. "Corre lá e corte mais uns filés, Richard; os tubarões estão famintos!" *(Acervo de Richard Cole)*

O assistente da banda, Brian Gallivan *(à esquerda)*, e o chefe de segurança do Led Zeppelin, Bill Dautrich, observam a pescaria da sacada em Seattle, em 1977. *(Acervo de Richard Cole)*

Membros da nossa equipe de estrada relaxam antes de descarregar o equipamento, em Nova York. Da esquerda para a direita: Joe "Jammer" Wright, Clive Coulson, uma amiga e Mick Turner (assistente de Eric Clapton), em 1969. *(Acervo de Richard Cole)*

A milhares de quilômetros no ar, Bonzo e sua esposa, Pat, partem para o próximo destino durante uma turnê pelos EUA, em 1969. *(Acervo de Richard Cole)*

Robert Plant nunca pareceu tão tranquilo quanto neste cochilo em pleno voo depois de uma noite de trabalho pesado fazendo música. *(Acervo de Richard Cole)*

Maureen e Robert Plant voando alto numa feira no Texas, em 1969. *(Acervo de Richard Cole)*

Clive Coulson *(à esquerda)* bate um papo com Robert na frente de um hotel nos Estados Unidos, em 1969. *(Acervo de Richard Cole)*

Pat e John Bonham, com John Paul à direita, à espera do carro alugado no Texas, em 1969. *(Acervo de Richard Cole)*

Robert *(à esquerda)*, Jimmy *(ao centro)* e Bonzo *(à direita)* no palco na Escandinávia. Sou eu ao fundo. Fevereiro de 1970. *(Foto de Torbjorn Hansson)*

Num clube em Düsseldorf, em março de 1970, nos deparamos com um camarada que se autointitulava "O Barão" *(o segundo da direita para a esquerda)*. Eu *(à esquerda)*, Jimmy *(ao meu lado)* e Robert posamos para uma foto com ele. *(Acervo de Richard Cole)*

Jimmy fazendo macaquice de novo, em Mumbai, em 1972. *(Acervo de Richard Cole)*

Robert *(à esquerda)* e Jimmy na Ilha Keats, na Colúmbia Britânica, em 1970. Estariam eles à procura de cogumelos mágicos? *(Acervo de Richard Cole)*

Robert e o tronco na Ilha Keats, em 1970. *(Acervo de Richard Cole)*

Bonzo *(à direita)* e eu dando uma de turistas no Fontainebleau, em Miami, em 1970. "Onde estão aquelas trinta cervejas que você pediu para nós, Richard?" *(Acervo de Richard Cole)*

Ricardo e Percy dançam coladinhos no Hyatt House, em 1973. *(Acervo de Richard Cole)*

Rod Stewart *(à esquerda)*, uma amiga e Ronnie Wood, do Jeff Beck Group, aproveitam sua primeira visita a L.A. na piscina do terraço do Hyatt, em 1968. *(Acervo de Richard Cole)*

Jeff Beck *(à direita)* e eu observando as garotas a passar. Detroit, 1968. *(Acervo de Richard Cole)*

Uma das minhas maiores fisgadas no Edgewater Inn, em Seattle, em 1970. "Bonzo, por favor, pendure esse aqui no armário." *(Acervo de Richard Cole)*

Aqui estou eu, numa sacada cheia de peixes, no Edgewater Inn, em 1970. Nesse dia, os peixes estavam particularmente famintos. *(Acervo de Richard Cole)*

Peter vai para o mar nas águas de Vancouver, em 1970. *(Acervo de Richard Cole)*

Jimmy desfruta do ar fresco num passeio de barco perto de Vancouver, em 1970. *(Acervo de Richard Cole)*

Peter *(à esquerda)*, Jimmy *(ao centro)* e Bonzo *(à direita)*. "Só mais alguns shows e estaremos a caminho de casa." *(Acervo de Richard Cole)*

Jimmy, de câmera em punho, visita o Buda de Esmeralda, em Bangkok, em 1971. *(Acervo de Richard Cole)*

Bonzo *(à esquerda)* e Robert conversam num parque no Japão, em 1971. *(Acervo de Richard Cole)*

Até mesmo na Índia, Jimmy *(à esquerda)* e John Paul gostavam de viajar de primeira classe, em 1972. *(Acervo de Richard Cole)*

Robert *(à direita)* e eu nos equilibrando num camelo em Mumbai, em 1972. "É uma pena, Richard, que você não consiga ficar sem beber por tanto tempo quanto este camelo!" *(Acervo de Richard Cole)*

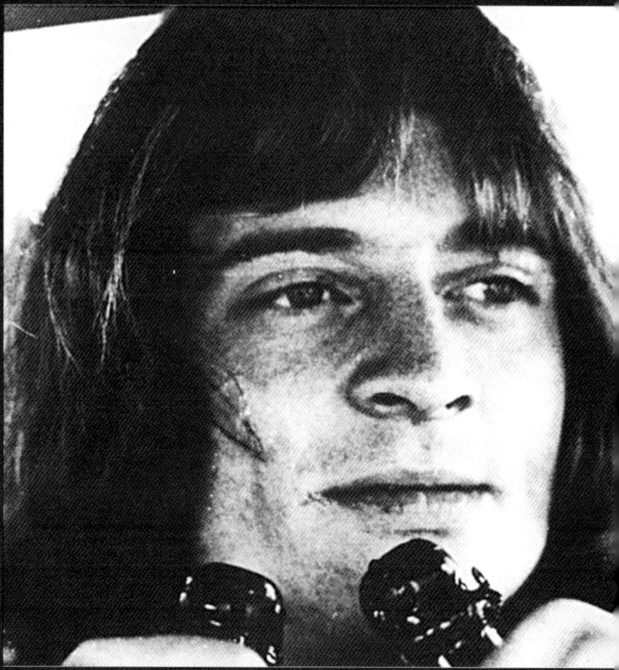

John Paul segura o "café da manhã" em Chicago. *(Acervo de Richard Cole)*

"Achei que você nunca pegaria esse trem!" Robert se prepara para uma viagem ferroviária, em 1973. *(Acervo de Richard Cole)*

Eu *(à esquerda)* e John Paul *(segundo da direita para a esquerda)*, na companhia de Harold *(ao centro)* e Al, "nossos rapazes em Chicago", em 1973. *(Acervo de Richard Cole)*

À medida que Jimmy passava mais tempo no estúdio, ficou obcecado por cada uma das músicas do novo álbum e por como elas poderiam ser melhoradas. Ouvia momentos individuais e então as músicas inteiras como um todo. Ao montar "The Battle of Evermore", de sotaque *folk*, ele e Robert debateram sobre como dar a ela uma sonoridade mais distinta. Robert sentia que seria preciso mais uma voz para enriquecê-la e, por fim, sugeriu que Sandy Denny cantasse com ele. Denny, a voz de soprano do Fairport Convention, achou que Plant estivesse brincando quando recebeu o convite. O Zeppelin, afinal, tinha a reputação de ser um "clube fechado", que raramente chamava outros músicos para participar de sessões de gravação ou de apresentações ao vivo. Robert, porém, a convenceu de que o convite era real. Sandy cantou em contraponto a ele, como uma pregoeira pública a representar a voz do povo, em cima de um instrumental exuberante de violões e bandolim.

As gravações do quarto álbum foram concluídas em fevereiro de 1971. Durante os preparativos para o lançamento, houve um papo de chamá-lo de *Led Zeppelin IV*. Jimmy, porém, se opôs. Ainda estava irritado com os críticos e, talvez como uma forma de retaliação ou de confundi-los, não queria que o álbum tivesse título algum. Não quis nem o nome do Led Zeppelin, nem o número de catálogo em lugar algum do álbum.

"A música é o que importa", argumentou. "Deixem que as pessoas comprem o disco por gostar da música. Não quero *nada* escrito na capa! Ponto final!"

Os executivos da Atlantic Records ficaram ultrajados com a exigência de Jimmy. "Um álbum sem título!", exclamaram. "Um álbum sem o nome do artista! Vocês estão assinando sua própria sentença de morte!"

Mesmo assim, a banda não ia fazer concessões. Numa última tentativa, a Atlantic tentou convencê-los a colocar "Led Zeppelin" pelo menos na lombada da capa do disco. O Zeppelin recusou.

A relação entre Atlantic e Zeppelin já estava tensa antes da discussão em relação ao título do álbum. Peter ficou tão aborrecido com a gravadora, que parou de falar com alguns dos executivos. A maior parte dos problemas se relacionava às súplicas contínuas da gravadora para que a banda começasse a lançar compactos dos álbuns. Peter, porém, recusava consistente e categoricamente. Quando a Atlantic sugeriu "Whole Lotta Love" como a escolha perfeita para um lançamento em compacto, Peter desdenhou da ideia. O mesmo aconteceu com "Immigrant Song". A lista só crescia.

Um dos vice-presidentes da Atlantic ligou para o escritório certo dia e tentou argumentar comigo, presumivelmente supondo que eu poderia influenciar Peter. "Essas músicas já estão sendo tocadas pelas rádios como se fossem compactos", disse ele. "Por que não facilitar para elas e para os fãs e já lançá-las como compactos?"

Peter tinha seus próprios argumentos. "Se não lançarmos compactos, as pessoas vão ter que comprar o álbum se quiserem alguma das músicas. E faixas como 'Whole Lotta Love' são longas demais para compactos, de qualquer forma. Não vamos cortá-la para dois minutos e meio só para deixar os diretores de programação das rádios felizes."

Na época, Peter poderia muito bem estar falando grego. Os lucros da Atlantic apontavam constantemente que não só os compactos tinham mais execução como também eram outra via de venda de discos, mas Peter não se convencia.

Não obstante, a Atlantic fez seus próprios planos. Numa decisão sem precedentes e unilateral, lançou uma versão em compacto de "Whole Lotta Love" nos EUA. Em pouco mais de um mês, o compacto vendeu mais de um milhão de cópias. Para o Led Zeppelin, porém, as vendas não importavam.

"Eles nos apunhalaram pelas costas!", rugiu Peter. "Dissemos para eles não fazerem isso, e fizeram mesmo assim." Se não houvesse um contrato assinado com a gravadora, a banda talvez tivesse pulado do barco em 1970.

Segundo Phil Carson, que acabara de assumir o comando do escritório londrino da Atlantic, foi ele quem pagou o pato no tiro ao alvo do Led Zeppelin. Phil disse que teve uma confrontação quase violenta com Peter, que mal se conteve certa tarde e começou a bater em mesas e escrivaninhas para descontar a raiva. Nesse momento, Phil, que tocou baixo nos Springfields (a banda de Dusty Springfield), deve ter se perguntado por que um dia quis ser executivo de gravadora e ter de lidar com os temperamentos imprevisíveis de músicos e seus empresários.

Em dado momento, enquanto Peter espumava e Phil se afastava em direção a uma janela, este talvez tenha se convencido de que seus dias estavam contados. Afinal, Phil sabia da carreira de Peter como lutador profissional, quando arremessava oponentes por entre as cordas para fora do ringue. Phil provavelmente se imaginou lançado pela janela e em queda livre em direção ao chão, como um míssil desativado. Naquele momento, talvez tivesse preferido arriscar descer as cataratas do Niágara dentro de um barril.

Phil convenceu Peter de que usaria sua influência para garantir que não fosse lançado mais nenhum compacto. E, de fato, foi bem-sucedido nesse aspecto no Reino Unido.

Essas crises fortaleciam a determinação do Zeppelin. Na batalha em relação ao quarto álbum sem título, a banda não ia ceder. "É pegar ou largar!", disse Jimmy à Atlantic. Ele estava furioso o suficiente para suspender o lançamento do álbum por causa do impasse.

Enquanto isso, o quarto álbum entrou numa sequência de atrasos que acabaria por adiar seu lançamento até outubro de 1971. Em dado momento, Jimmy foi para Los Angeles mixar as faixas no estúdio Sunset Sound. Porém, ninguém, incluindo ele próprio, ficou satisfeito com o resultado. Tudo soou bem em L.A., mas quando Pagey voltou a tocar as fitas em Londres, a qualidade sonora simplesmente não estava lá.

"De algum modo, consegui uma sonoridade irreal em L.A.", reclamou Jimmy. "Você viaja oito mil quilômetros porque o equipamento é supostamente tão incrível, e eu poderia ter conseguido uma sonoridade melhor num estúdio aqui em Londres a dez minutos de carro. É ridículo." Como se as impertinências da Atlantic não fossem o suficiente, os problemas com o som só pioravam os níveis de estresse.

Por fim, a Atlantic concordou em acatar as exigências da banda. O álbum seria lançado sem título e sem palavra alguma na capa. Na frente, haveria uma foto de um velho ermitão apoiado numa bengala, carregando um feixe de madeira nas costas.

Ao longo de meses e provavelmente anos, tanto fãs quanto críticos debateram qual seria a simbologia dessa foto; para Jimmy, que estava se aprofundando em leituras metafísicas, o ermitão representava sabedoria, autossuficiência e harmonia com a natureza.

Jimmy vinha acumulando uma coleção grande de livros sobre ocultismo e o sobrenatural. Nunca conversou muito a respeito disso com a banda, e nunca tentou convencer nenhum de nós a se tornar devoto de algum conceito metafísico em particular. Assim, embora tudo isso parecesse um pouco esquisito para nós, ninguém jamais interferiu na sintonia em que Jimmy pudesse estar naquele momento.

Para o novo álbum, no entanto, ele sugeriu que cada membro da banda escolhesse um símbolo metafísico para a capa do disco. A maior parte deles vinha de um livro de runas que Jimmy mostrou aos demais certa tarde. Robert escolheu uma pena dentro de um círculo, o sinal da paz. Bonzo optou por um desenho de três anéis, símbolo de unidade (posteriormente, a banda brincaria que o símbolo de Bonzo tinha uma similaridade impressionante com o emblema da cerveja Ballantine). O símbolo de John Paul – três formas ovais que convergem num círculo – representava competência e autoconfiança. Jimmy elaborou seu próprio símbolo, que parecia soletrar a palavra "zoso". Ele negou que fosse de fato uma palavra e nunca disse a nenhum de nós o que aquilo queria dizer ou o que significava, se é que havia um significado.

Os fãs começaram a chamar o álbum de vários nomes – *Four Symbols* ("quatro símbolos") e *Zoso* eram os mais populares. Porém, da parte da banda, era um álbum sem título.

Até o novo álbum ser enfim enviado para as lojas, a banda permaneceu apreensiva. Será que a Atlantic manteria a palavra de lançar o disco com uma capa anônima? "Não confio naqueles desgraçados", dizia Bonham. "Nós somos os artistas. Eles deveriam nos ouvir, e não às pesquisas de marketing."

25. RINOPLASTIA

"Não vale a pena ir para a cadeia por isso, Bonzo. Vamos dar o fora daqui."

Minha mão direita se encontrava sobre o ombro de John Bonham, na tentativa de empurrá-lo para fora da cozinha do restaurante de um hotel em Dublin. Ele pressionava as mãos contra o meu peito, na tentativa de me desequilibrar e partir para cima do *chef* do hotel, que já estava devidamente armado para o combate, empunhando uma faca trinchante na posição de um esgrimista pronto para o duelo.

"Ei, seu babaca", disse Bonham. "Eu só queria uma droga de uma refeição. Que merda você está tentando fazer?"

Depois de um show no Boxing Stadium, em Dublin, retornamos ao hotel, e Bonham foi até a cozinha pouco depois da meia-noite, cerca de trinta minutos depois de o restaurante ter fechado. Estava determinado a comer e nada disposto a receber um "não" como resposta. Bonzo podia ser o membro mais cabeça-dura e reativo da banda, embora também tivesse um lado gentil e amável.

Era março de 1971 e o Led Zeppelin estava na estrada. Depois de um hiato de mais de cinco meses sem shows, Peter convenceu a banda a voltar aos palcos, embora houvesse sentimentos conflitantes em relação a isso. Certamente, ninguém precisava mais do dinheiro que os shows rendiam. E não havia um entusiasmo inflamado para reacender a excitação que inevitavelmente surgia nas apresentações ao vivo. A banda se apresentou quase duzentas e cinquenta vezes nos primeiros dois anos de existência, e havia uma sensação de "fizemos o que tínhamos de fazer".

Porém, como um disco riscado, Peter voltara a olhar para os EUA. Esperava que a banda passasse pelo menos um mês lá no verão, e não queria que ela estivesse enferrujada quando a turnê começasse. Embora Peter não controlasse o Zeppelin com punho de ferro, eles ainda confiavam nele implicitamente e, em geral, concordavam com todas as jogadas de carreira que ele defendia com firmeza. Assim, à medida que a primavera se aproximava, Peter convenceu a banda a fechar uma série de shows na Irlanda e no Reino Unido, com a possibilidade de mais alguns shows em outros lugares da Europa também. "Isso vai afiá-los", disse ele. "E não vai ser muito exaustivo."

Em certo sentido, os dois shows marcados na Irlanda eram singulares. A maioria das bandas britânicas evitava rotineiramente o país desde o final dos anos 1960, quando a violência entre protestantes e católicos disseminava o caos pelas ruas. Ainda assim, o Led Zeppelin concordou em levar o show até lá, apesar de termos sido alertados que sequestros, bombas e outros ataques terroristas haviam se tornado acontecimentos quase cotidianos em partes da Irlanda e da Irlanda do Norte.

Jimmy, porém, não se preocupou muito. "Não sei por que o Led Zeppelin seria um alvo", disse. "Inclusive talvez até possamos afastar um pouco a cabeça das pessoas dessa insanidade ao redor delas."

Poucas horas antes do show em Belfast, houve um confronto entre a polícia e os manifestantes a cerca de um quilômetro e meio do Ulster Hall, onde a banda se apresentaria. Uma pessoa morreu. Dois policiais foram hospitalizados. Quatro carros foram incendiados. Quando as notícias da violência chegaram até nós, meu nervosismo foi às alturas. A parte mais estressante do meu trabalho continuava a ser garantir a segurança da banda, e uma viagem para a Irlanda era como adentrar a cova dos leões. Expressei minha preocupação a Peter, embora ele não achasse que fosse necessário aumentar a segurança. Porém, eu estava mais ansioso do que de costume, ainda que não tenha discutido isso com a banda, sentindo que não havia necessidade de espalhar esse nervosismo.

Depois da apresentação, uma limusine se encontrava à nossa espera para uma saída rápida para nos levar até Dublin, onde o Zeppelin tocaria na noite seguinte. Eu precisava de alguma coisa para acalmar meus nervos e achei que ninguém reclamaria se houvesse o bastante para ser compartilhado. Assim, naquele dia, parei numa loja de bebidas e providenciei uma garrafa de *whiskey* irlandês Jameson para cada um de nós na limo.

"É incrível como a viagem passa mais rápido com esse negócio", disse Robert. "Richard, você deveria comprar em caixas."

Era o que eu havia feito. O porta-malas estava cheio de *whiskey*, no jeito para repor nosso estoque.

No trajeto até Dublin, passamos por algumas redondezas perigosas. Havia tanques parados nas ruas. Soldados caminhavam pelas calçadas com os rifles nos ombros, de maneira sinistra. Janelas estavam cobertas por tábuas como proteção para as pedras lançadas pelos manifestantes. Alguns prédios estavam completamente dilapidados por bombas. Foi um choque de realidade.

Quando enfim chegamos a Dublin, cada um de nós já tinha enxugado umas duas garrafas de Jameson. E depois do show, mais algumas doses de *whiskey* irlandês não ajudaram no autocontrole de Bonzo quando ele saiu atrás de comida no hotel.

Nosso chofer acompanhou Bonham até a cozinha, e, à medida que o confronto ali se intensificava, ligou freneticamente para o meu quarto. "É melhor você correr para cá antes que o John mate alguém, ou vice-versa."

Disparei escada abaixo e, ao entrar com tudo na cozinha, Bonham e o *chef* se encaravam, cada um de um lado de uma mesa.

"Já te falei que estamos fechados, seu babaca!", o chef gritava. "Não podemos servir comida depois das onze e meia!"

"Não estou pedindo uma refeição de cinco pratos", retrucou Bonham. "Aceito uma porra de um sanduíche. Posso até fazê-lo eu mesmo, se você é preguiçoso demais para isso!"

O *chef* brandia a faca de forma ameaçadora. O utensílio era grande o bastante para destrinchar carne de brontossauro. "Quando eu acabar com você", disse ele, "vai parecer que você passou por um fatiador de pão!"

Bonham não gostava de ser ameaçado. Começou a contornar a mesa em direção a seu adversário. Eu não acreditava no que estava acontecendo. Quando Peter colocou a Irlanda no nosso itinerário, fiquei preocupado que fôssemos pegos pela guerra civil no país; nunca esperaria que a verdadeira ameaça viesse de um *chef* na cozinha de um hotel!

Entrei rapidamente na frente de Bonzo e o empurrei para trás. Ele resistiu e tentou me afastar. Foi aí que girei para cima com seu nariz na mira do meu punho direito.

Na mosca! Bonham cambaleou alguns passos para trás, tropeçou numa cadeira e caiu com um joelho no chão. Seu nariz jorrava sangue – tanto sangue que, se fosse uma luta esportiva, seria nocaute técnico.

"Porra!", gritou Bonzo, sentindo o nariz cuidadosamente com as costas da mão direita. "Porra, Cole, você está do lado de quem?"

"Quando você estiver sóbrio, vai me agradecer por isso", eu disse, para então me dar conta de que não havia a mínima chance de ele de fato me agradecer. Peguei-o pela camisa e o conduzi para fora da cozinha. "Aquele cara estava pronto para te transformar em carne moída!"

Talvez eu tivesse salvo Bonham de alguns pontos e uma ou duas cicatrizes, mas ainda assim tivemos de ir até o pronto-socorro. Minha mão direita não era tão viciosa quanto a de um Joe Frazier[23], mas quebrei o nariz de Bonzo.

À espera do médico, Bonham me disse: "Como é que eu posso te agradecer?". A pergunta transbordava sarcasmo. E então a raiva em sua voz se intensificou: "Talvez eu diga ao Peter para te dar um pé na bunda! Se dependesse de mim, Peter te despediria!".

No dia seguinte, Peter não estava a fim de fazer nada. Depois que retornei do hospital com Bonham, fui até o quarto de Peter para explicar

23 Pugilista norte-americano que competiu entre 1965 e 1981 e foi campeão peso pesado invicto entre 1970 e 1973. (N. do T.)

a ele o que acontecera. Havia várias garrafas de champanhe pelo quarto – nenhum de nós contou quantas –, e nós acabamos com elas numa bebedeira de três horas. Mais tarde, entornamos trinta *Irish coffees*[24], o que não colaborou muito com a nossa condição.

Foi a última vez que usamos café para curar uma ressaca!

24 Bebida que mistura café a uísque irlandês. (N. do T.)

26. VACAS MAGRAS

NA INGLATERRA, O ZEPPELIN voltou a tocar, dessa vez numa turnê de "retorno aos clubes" – ideia concebida por Peter. Em meio ao enorme sucesso da banda, Peter nunca se esqueceu dos primórdios, quando era difícil chamar a atenção em casa. Nos clubes apinhados em que tocavam naquela época, os seguidores eram poucos, mas fiéis, e Peter ainda achava que devia a eles.

"Essa nova turnê é uma forma de dizer 'obrigado' àqueles fãs que estão conosco desde 1968 e 1969", disse Peter ao sugerir a ideia. Assim, no resto de março, tocamos em doze clubes, incluindo o Marquee, em Londres; o Mayfair Ballroom, em Newcastle; o Boat Club, em Nottingham; e o Stepmother's, em Birmingham. Com públicos entre trezentas e quatrocentas pessoas, essas apresentações eram o contraste definitivo com o Bath Festival.

A turnê de clubes, porém, era muito melhor em conceito do que na prática. Nenhum de nós particularmente gostou da experiência. Os clubes eram pequenos e a demanda para ver o Zeppelin era, é claro, muito maior do que naquela época do início. A banda agora era muito maior, mundial, e literalmente milhares de pessoas ficavam de fora. Os fãs desapontados muitas vezes descontavam as frustrações e a raiva naquilo que pudessem – fosse nos seguranças dos clubes ou nos postes ao redor. Em umas duas ocasiões, a polícia foi chamada para evitar que um tumulto explodisse.

Depois dos sustos na Irlanda, insisti que levássemos dois guarda-costas na turnê britânica, e Peter concordou. Dois seguranças fortões, Patsy

Collins e Jim Callaghan, me deram certa paz de espírito na maioria daquelas apresentações pelo Reino Unido. No entanto, a turnê de retorno aos clubes não foi isenta de incidentes. Enquanto o Zeppelin tocava no Boat Club, em Nottingham, um camarada de vinte e poucos anos, com um rosto diabólico, se aproximou do palco e ficou rondando por um ou dois minutos enquanto a banda tocava "Whole Lotta Love". Tinha uma faca no cinto, e embora ela ainda estivesse embainhada, decidi não esperar para ver o que aconteceria em seguida. Corri para a frente do palco e me atirei sobre o desgraçado, derrubando-o no chão. E então, com ajuda de Patsy, o arrastei para o *backstage*, onde apreendi a faca e dei uma surra nele que o deixou de olho roxo e camisa rasgada.

"Que porra é essa de faca?", berrei em cima dele, pronto para desferir mais um soco.

"Minha namorada ama o Robert Plant", balbuciou ele. "Sempre que ela fica encantada por ele, eu fico louco. Às vezes tenho vontade de matar os dois."

"Curioso", eu disse. "Estou com vontade de matar *você*!"

Dei-lhe um tapa de mão aberta na cara e vi outro vergão aparecer em sua bochecha. "Se você quer viver para ver o Sol nascer amanhã, é melhor não chegar a menos de quinze metros do palco pelo resto da noite." Joguei-o de volta ao meio do público.

Quando tocamos no Mayfair, pouco antes de a banda entrar no palco, Jimmy reclamava daquela turnê toda. "Depois que você toca nos lugares grandes, esses clubes pequenos são de matar. É legal estar perto do público, mas você se esquece do quão pequenos são esses camarins. Nesse ponto da nossa carreira, acho que merecemos mais luxo do que isso. É muito difícil de acreditar."

O Zeppelin ficou mimado muito rapidamente com os shows grandes. Acostumaram-se com camarins grandes e serviço de alimentação. Esperavam sistemas de som excelentes, não alto-falantes improvisados e caixas de fusíveis sobrecarregadas, que engasgavam e morriam no meio de um *set*. Então, mesmo que a banda estivesse ávida por mostrar aos fãs as músicas do álbum vindouro – como "Stairway to Heaven", "Rock and Roll" e "Black

Dog" –, eu via as caretas deles cada vez que os sistemas de som estouravam, chiavam e microfonavam.

Tampouco havia muito retorno financeiro. A banda ficava com uma porcentagem da portaria, mas quando você enfia não mais do que trezentas a quinhentas pessoas num clube, a parte da banda cobre o dinheiro da gasolina e talvez algumas garrafas de *whiskey*. "É, não é um Madison Square Garden", disse Peter, mostrando aptidão para eufemismos.

Porém, ele ainda achava que toda aquela experiência era válida, pelo menos em termos de relações públicas. Mesmo assim, nunca sugeriu que repetíssemos a turnê de retorno aos clubes. Nem ele nem ninguém.

Para mim, o momento mais memorável daquela turnê aconteceu fora do palco, num novo hotel, em Manchester. O Zeppelin tocara no Guild Hall em Preston, mas, como não conseguimos quartos na cidade, nos dirigimos a Manchester, de onde planejamos pegar o trem para Londres no dia seguinte. O hotel estava a alguns anos-luz de distância de um cinco estrelas, mas foi o único lugar decente que Tony Smith, o *promoter*, conseguiu para nós a curto prazo.

"Vocês vão gostar", brincou Tony. "Os ratos têm quartos próprios, então não incomodam muito os hóspedes, exceto durante as refeições."

Por algum motivo, no show em Preston, Patsy Collins e Jim Callaghan pensaram que seria uma ótima pegadinha rasgar minhas calças. Assim, no *backstage*, vieram para cima de mim e se lançaram ao trabalho. Enquanto a banda tocava "You Shook Me" a poucos metros de distância, meus jeans foram confiscados e retalhados. Meu próprio senso de humor esquisito me faria apreciar a brincadeira, embora a viagem até Manchester só de roupas de baixo tenha sido um pouco desconfortável. Até onde me lembro, ficar com a bunda de fora congelando não fazia parte da descrição original do trabalho de *tour manager* do Led Zeppelin.

Quando chegamos ao hotel, entrei escondido por uma porta lateral, de modo a não criar muita comoção no *lobby*. Uma vez no quarto, fiquei satisfeito ao encontrar um uniforme de garçom no guarda-roupa – que era próximo demais do meu tamanho para ficar lá no cabide. Naquela noite, quando fomos até um clube de Manchester chamado Mr. Smith's, fui com a roupa de garçom. Bonham pensou que o traje poderia render algumas risadas; já eu achei que seria muito menos engraçado do que usar apenas cueca.

O Mr. Smith's era, na verdade, um clube de alta classe – serviço de mesa e garotas de parede a parede. O serviço, porém, era decepcionante, e o Zeppelin era uma banda que não gostava de esperar mais do que alguns segundos para a primeira rodada de drinques começar a fluir. Pedimos vinho, mas dez minutos depois ainda estávamos esperando.

"Cole, ao trabalho!", Bonzo disse enfim.

"Como assim?"

"Você está vestido de garçom! Arrume bebida para nós!"

Por que não? Ajeitei a lapela e fui em direção ao bar. Tentei agir como se pertencesse ao lugar – fui para atrás do bar e peguei algumas garrafas de Muscadet, e depois de Borgonha.

Havia tanta gente no Mr. Smith's e os outros garçons ficaram tão confusos e intrigados com a minha presença, que ninguém falou nada. Para eles, eu devia ser apenas o novo garçom no pedaço.

"Ei, garçom!", gritou Bonham numa voz afetada e aguda. "Que tal algumas doses de *schnapps*? Quantas você conseguir carregar para cá – numas dez viagens!", e riu histericamente.

Por quase duas horas, repus os copos dos beberrões da mesa do Zeppelin. A cada oportunidade, também pegava uns drinques para mim também. Naturalmente, a bebida ficou por conta da casa naquela noite.

Antes de ir embora, convencemos algumas garotas a voltar conosco para o hotel. Estávamos todos tão bêbados, que tivemos dificuldades em encontrar nossos próprios quartos e acabamos no de Tony Smith, onde continuamos a beber das garrafas que eu peguei escondido no clube. Jimmy conduziu uma das garotas ao banheiro, e nós ouvimos a água correndo na banheira.

"Jimmy está ficando sem vergonha de novo", disse Plant.

Alguns momentos depois, comecei a sentir cheiro de fumaça vindo do banheiro.

"Que diabos está acontecendo?", perguntei, ao dar uma espiada e notar que Jimmy, de algum modo, ateara fogo na pia com jornais e toalhas. Gritei para que alguém viesse me ajudar do outro quarto.

Robert correu freneticamente pelo corredor e quebrou o vidro que guardava o extintor, o que disparou o alarme de incêndio, e conseguiu extinguir as chamas bem quando o gerente noturno entrou com tudo pela porta.

"Puta merda!", exclamou ele. "O que vocês estão fazendo, seus desgraçados?"

Robert pensou muito mais rápido do que os demais. "É um rito religioso", disse calmamente. "Meu amigo aqui é um homem muito devoto, muito espiritual. Estava recitando uma oração usando os rituais ancestrais de seus antepassados. É uma cerimônia comovente."

Jimmy parecia um pouco envergonhado. "Isso. Sinto muito por ter causado essa perturbação. Agora já acabou!"

O gerente estava furioso e não pareceu ter comprado a explicação de Robert. Embora o Zeppelin esperasse se safar de estripulias como aquela – e geralmente se safava –, desta vez parecia que teríamos problemas.

"Acho que temos de dar o fora daqui o mais rápido possível", sussurrei para Jimmy. Enquanto o gerente estava no banheiro calculando os danos, pegamos nossos pertences e as garotas e descemos sorrateiramente as escadas até as limusines. Partimos direto para Londres, passando reto pela estação de trem.

A propósito, nunca descobrimos qual foi a do incêndio de Jimmy no banheiro. É claro, havia o interesse crescente dele pelo ocultismo e talvez o fogo estivesse relacionado a isso. Quando perguntei o que acontecera, tudo o que ele disse foi: "Gosto mais da explicação do Percy. Digamos apenas que foi um rito ancestral que acabou se incendiando".

27. "FOTOS DE PAU"

HAVIA ALGO DE LASCIVO no próprio nome "Copenhague". Talvez fossem as lembranças das casas de *strip* o que me deixava alerta sempre que Peter mencionava a possibilidade de retornar à Dinamarca. Ou talvez fossem os bordéis, os bares e as demais atividades da madrugada.

Em junho e julho de 1971, o Zeppelin voltou a tocar em lugares grandes, uma rebatida revigorante dos apertos da turnê de retorno aos clubes. "Era como estar numa porra de uma camisa de força", disse Robert a respeito daqueles clubes minúsculos. Então, quando Peter marcou uma turnê europeia que passaria pela Dinamarca, Suécia, Alemanha, Áustria e Itália, voltamos às casas de show do tamanho do Zeppelin.

Por toda a Europa, o público ia ao delírio com "Stairway to Heaven". Quando a banda tocou no KB-Hallen, em Copenhague, o quarto álbum ainda estava a meses de ser lançado. Porém, a julgar pelo frenesi da plateia naquela noite enquanto Robert guiava a multidão pela jornada fascinante de "Stairway", a impressão era a de que a música já estava no topo das paradas há semanas. Obviamente se criou muito entusiasmo no boca a boca a respeito da canção. E quando Plant a apresentava como "algo meio épico", e Jimmy dava a ela uma sonoridade distinta com sua Gibson SG vermelha de dois braços, a *performance* dessa música em particular claramente se tornava um acontecimento.

"Aposto que tem uns cem gravadores aí no meio para tentar registrar 'Stairway to Heaven'", disse Peter no *backstage*. "Os *bootleggers* vão cair matando nessa."

Ao final do show, Jimmy só sacudiu a cabeça. "Temos um verdadeiro monstro nas mãos", disse, intoxicado pela resposta do público a "Stairway to Heaven". "É uma dessas músicas que desenvolve vida própria." Pagey sabia que todo músico espera por uma canção assim. E o Zeppelin enfim criara uma.

Depois do show, Robert, Bonzo, Peter e eu estávamos a fim de ir de bar em bar. Passamos de clube em clube, ao decidirmos prolongar a noite contanto que nossa adrenalina estivesse correndo.

Quando entramos num bar bastante barulhento, Robert disse: "Vamos ver o que conseguimos laçar por aqui nesta noite". Em questão de dez minutos, conhecemos uma loira bonitinha com um corpo esguio e angular e lábios cheios que levaram minha imaginação às alturas. Ela não reconheceu os membros da banda logo de cara, mas assim que nos apresentamos, ficou muito mais simpática. Em poucos minutos, Robert já disse: "Precisamos achar um lugar com um pouco mais de privacidade". Todos os cantos mais reservados estavam ocupados, então, por fim, peguei a garota pela mão e conduzi nós três ao banheiro masculino.

"Já voltamos", eu disse a Robert ao levar a jovem para uma das cabines e trancar a porta. Baixei a calça e me sentei na tampa fechada do vaso. Sem dizer uma palavra sequer, a garota ficou de joelhos à minha frente e começou a me pagar um boquete. Era uma das vantagens de ser *tour manager*.

Podia ouvir Robert andando para lá e para cá, inquieto, do lado de fora. "Ande logo, Cole", disse ele em voz alta, de forma a ecoar pelas paredes do banheiro. Mas eu não tinha pressa alguma. "A paciência é uma virtude", berrei numa voz perceptivelmente excitada.

Robert continuou inquieto. "Relaxa, Percy", gritei. "A boca dela não vai se cansar."

Nesse momento, a paciência de Robert se esgotou. Como um faixa preta de caratê, ele lascou um chute na porta da cabine. A potência do golpe quebrou a fechadura e a porta abriu para dentro com tanta força, que empurrou a loira na minha direção, e eu fui jogado para trás e para cima, rachando a porcelana do vaso. Num instante, uma lasca solta da porcelana rasgou minha bunda, abrindo um corte de sete centímetros e meio que imediatamente começou a jorrar sangue.

"Seu cuzão do caralho!", gritei para Robert enquanto apalpava a bunda na tentativa de avaliar o quanto ainda restava dela. "Você não podia esperar só mais um minuto?"

Suponho que eu deveria ter contado minhas bênçãos, grato pela garota não ter me mordido quando a porta se abriu com tudo, o que me deixaria com um ferimento muito mais sério do que um corte na bunda.

"Que isso te sirva de lição", rugiu Robert, rindo e dando de ombros ao examinar a cena bizarra de seu *tour manager* apertando um rasgo na bunda com papel higiênico e uma loira assustada se arrastando de quatro para a saída do banheiro. "De agora em diante, deixe que *eu* vá primeiro", disse ele.

Fiquei puto. Não só a garota não chegou a completar sua missão, como eu sabia que teria de me sentar com muito cuidado por alguns dias.

"Por que você não volta para o hotel com a gente?", Robert tentou convencer a garota, que, no entanto, parecia traumatizada com o acontecido. "Não, obrigado", respondeu ela, verificando se não perdera nenhum dente. "É melhor eu ir para casa. Minha amiga está esperando por mim no bar. É, é melhor irmos para casa."

Robert olhou estupefato para mim, como se eu tivesse arruinado a noite toda dele. E então caiu na gargalhada. "Você parece um palhaço, apalpando a bunda desse jeito." Tive vontade de apagá-lo com um soco.

De volta ao Palace Hotel, Robert e eu paramos no *lobby* para continuar nossa discussão. Desde o início do Zeppelin, nós dois nunca fomos particularmente próximos. Havia certa má vontade lá atrás que provavelmente se extrapolou, e embora nós certamente agíssemos de forma civilizada um com o outro na maior parte do tempo, um incidente como esse trazia toda a animosidade à tona.

"Eu queria que ela tivesse arrancado na mordida!", berrou ele, chamando algumas atenções no *lobby*. Começamos a nos empurrar, e então a trocar cotoveladas e a salpicar nosso linguajar com xingamentos. Enquanto os seguranças do hotel nos separavam, o recepcionista ligou para a polícia.

"Eles são meus filhos", Peter explicou à polícia local, que chegou alguns minutos depois. "Posso cuidar deles."

Peter se divertiu mais do que todo mundo com aquele incidente todo. Porém, enquanto íamos em direção ao elevador, ele fingiu que ia nos ensinar umas poucas e boas. "Vocês vão ver só quando chegarmos lá em cima", disse ele, se esforçando para manter uma cara séria, numa interpretação muito boa para o gerente do hotel.

"Só não me bata de cinta na bunda", supliquei.

Francamente, eu estava pronto para voltar para casa. Porém, ao final da turnê europeia, nos deparamos com mais um incidente traumático – este, uma ameaça à vida e à saúde física da banda. Embora não tivéssemos encontrado nenhuma dificuldade em termos de segurança ao longo da maior parte da turnê, minha preocupação com os problemas potenciais me tirava o sono. Quando tocamos em Milão, o show se transformou num pesadelo da vida real.

O Zeppelin tocaria no Velodromo Vigorelli, num festival bancado pelo governo, junto com mais dezoito atrações. A essa altura da carreira, o Zeppelin costumava exigir – e receber – o cachê antecipadamente, incluindo as passagens de avião. Era uma precaução contra a areia movediça que pode, inesperadamente, engolir até mesmo os shows planejados com o maior cuidado – shows como o de Milão. Mais tarde, Peter viria a dizer que "o festival de Milão foi um caso clássico de por que você não deve nem se dar ao trabalho de tirar os instrumentos dos *cases* até que o cheque tenha sido depositado e descontado".

Quase quinze mil pessoas lotaram o estádio italiano, e do meu ponto de visão, ao lado do palco, a multidão pareceu bem comportada ao longo da maior parte da tarde. Porém, cerca de trinta minutos antes de o Zeppelin começar seu *set*, uma série de explosões irrompeu no fundo da pista, e nuvens de fumaça pairaram sobre os fundos do estádio.

Imaginei que a polícia colocaria ordem na multidão, mas a situação parecia ficar cada vez mais, e não menos caótica a cada minuto. "Vou estrangular esses fodidos", falei para o *roadie* Mick Hinton, enquanto me embrenhava por entre a multidão. Num momento pouco racional, decidi que eu mesmo daria um jeito nos arruaceiros.

Porém, enquanto abria caminho até o local da confusão, mal podia acreditar no que via. Os verdadeiros anarquistas eram a polícia, não os fãs! Numa tentativa bizarra de controlar a multidão, o esquadrão de choque abusava da autoridade e brandia os cassetetes selvagemente e lançava bombas de gás lacrimogêneo no público. Jovens engasgados, tossindo, em pânico, fugiam para todos os lados – inclusive em direção ao palco. Um pandemônio começava a se deflagrar.

Ironicamente, quando chegamos ao estádio, fiquei impressionado ao ver dezenas de policiais e até soldados uniformizados patrulhando os portões e as instalações, empunhando escudos, aparentemente preparados para intervir em qualquer balbúrdia. "Se todos os shows fossem bem protegidos como este, eu me sentiria bem mais confortável", falei para Peter. Na hora, simplesmente não me dei conta do quanto estava mordendo a língua.

Enquanto a situação se deteriorava, o Zeppelin decidiu entrar no palco mesmo assim. O *set* começou com "Immigrant Song", e daí em diante dispararam músicas do quarto álbum, uma atrás da outra. No entanto, talvez pela primeira vez na carreira da banda, a música estava sendo sobrepujada pelo que ocorria no meio do público. Eu retornara para a lateral do palco e, enquanto o Zeppelin continuava a tocar, os fãs literalmente se jogavam no palco, numa tentativa desesperada de escapar do gás lacrimogêneo e evitar ser pisoteados pela multidão que avançava frenética atrás deles.

"Por favor!", Robert suplicava ao microfone entre uma música e outra. "Não entrem em pânico! Nós vamos continuar tocando se vocês se acalmarem!"

Peter, que em geral era mais propenso a encarar essas situações com calma, estava claramente preocupado. "Esses policiais de merda estão incitando um tumulto!", exclamou. "Isso é totalmente ridículo."

Em dado momento, Robert, desesperado, virou-se para Jimmy e gritou: "Como é que se diz 'calma!' em italiano? Que merda, isso é terrível".

De repente, a área do *backstage* foi inundada de gente. Fãs em busca de refúgio esfregavam os olhos, secavam as lágrimas, cuidavam dos ferimentos e – em alguns casos – saqueavam o que conseguiam meter nos bolsos ou carregar nas costas. Virou uma anarquia pura.

Por volta de uns trinta minutos de show, Peter e eu já tínhamos visto de tudo. Os fãs corriam pelo palco na fuga em busca de segurança. Outros se sentaram no palco, observando o caos piorar por todo o estádio.

Até os guarda-costas contratados pelos *promoters* para proteger a banda se assustaram e correram para se esconder, deixando a frente do palco livre. A essa altura, eu estava totalmente horrorizado, de fato temendo por nossas vidas. Sabia que precisávamos dar o fora, mas não fazia ideia de para onde fugir.

Por fim, enquanto o Zeppelin tocava "Communication Breakdown", uma garrafa de cerveja voou na direção do palco e atingiu Mick Hinton na testa. Ele ficou zonzo, quase desmaiou e o corte em sua pele começou a jorrar sangue. Quase no mesmo momento, uma bomba de gás lacrimogêneo estourou a cerca de sete metros e meio do palco. "Esse lugar virou uma porra de uma zona de guerra", berrei. Foi aí que Peter ordenou que o Zeppelin saísse do palco.

"Vamos tirar os rapazes daqui", Peter berrou para mim enquanto corria em direção à banda. Pegamos Robert e John Paul literalmente pela camisa, conduzindo-os em meio ao gás lacrimogêneo que pairara em direção ao palco. Bonham e Jimmy dispararam atrás de nós. A essa altura, o gás estava tão espesso, que parecia que estávamos abrindo caminho por entre a neblina londrina, com o problema adicional do ardor nos olhos. Pudemos ouvir mais bombas explodindo enquanto seguíamos em direção a um túnel cheio de fumaça. Eu ficava cada vez mais histérico enquanto procurávamos por algum tipo de fuga.

Com a ajuda de Gus, um dos nossos motoristas de limusine, enfim conseguimos chegar a uma enfermaria, e uma vez lá dentro, tranquei a porta. Jimmy tossia, tentando recuperar o fôlego. Todos nós coçávamos os olhos, mas pelo menos estávamos seguros, por ora.

Ficamos na enfermaria por uma hora até o pandemônio lá fora sossegar. Havia batidas ocasionais na porta, talvez de fãs desesperados em busca de um refúgio seguro. "Se alguém abrir essa porta, eu mesmo vou lhe quebrar o pescoço!", gritou Peter. "Haveria dez mil pessoas tentando se enfiar aqui!"

Os *roadies* resgataram os instrumentos de Jimmy e John Paul e encontraram um lugar seguro para eles em outra sala do *backstage*. Inquieto na enfermaria, Bonzo se deu conta de que sua bateria provavelmente estava sendo pulverizada naquele vale-tudo lá fora.

O Led Zeppelin não voltou mais ao palco. Na verdade, não restava muita coisa do palco depois que o tumulto o desmantelou. Dez policiais bem armados enfim nos escoltaram para fora do estádio, uma hora depois de termos buscado abrigo no *backstage*.

No voo de volta para casa, a banda estava ainda mais taciturna. "Você não espera esse tipo de merda num show de *rock*", disse John Paul, cabisbaixo. "Aqueles fãs vão para ouvir música, não para ter o crânio afundado e o corpo pisoteado. De que lado a polícia está mesmo?"

Robert corria os dedos pelo cabelo e quase chorou. "Tentei acalmá-los, mas aqueles policiais do cacete estavam fora de controle. Que pesadelo. Que porra de pesadelo!"

O Led Zeppelin nunca mais tocou na Itália. Já havíamos visto o bastante da Itália para várias vidas.

Demorou um pouco até nos recuperarmos do tumulto em Milão. Por dias, Peter não parava de repetir: "Eu simplesmente não entendo. Coisas como aquela *nunca* deveriam acontecer".

Todos nós poderíamos ter nos beneficiado de uma pausa em toda aquela ação, de um tempo para respirar e avaliar que rumo tomar em seguida. Peter, porém, já tinha alinhado as datas para uma turnê norte-americana no verão de 1971, que começaria em Vancouver, no dia 19 de agosto. Foi difícil se recobrar emocionalmente para isso, mas essa banda sempre encontrava uma maneira de cumprir os compromissos profissionais, incluindo esse.

Havia trinta e um shows no itinerário, incluindo três no Los Angeles Forum, dois no Boston Garden e um no Madison Square Garden. No fim das contas, a turnê renderia pelo menos um milhão de dólares.

Seria a sétima turnê norte-americana da banda, e a novidade de se estar nos EUA – e em turnê de modo geral – já começava a se desgastar. Todos os shows tiveram ingressos esgotados, todas as plateias pareciam quase possuídas, de tão fanáticas pela banda. No entanto, o incidente em Milão nos traumatizou demais. Quando chegamos aos EUA, o Zeppelin ficava praticamente recluso enquanto íamos de cidade em cidade, e raramente deixava os hotéis, exceto para os shows em si. De vez em quando, Jimmy se aventurava até alguma loja de antiguidades em New Orleans ou Dallas, mas essas expedições eram mais exceção do que regra.

"Nunca pensei que as turnês trariam um desgaste tão pesado", disse Robert. "Mas trouxeram." Não eram mais tão divertidas quanto antes, para ninguém.

Peter e eu conversamos muito a respeito da segurança da banda e concordamos que quanto mais tempo passássemos nos quartos de hotel, longe das multidões enlouquecidas, melhor. Na maior parte do tempo, podíamos contratar alguém para nos trazer praticamente qualquer coisa que quiséssemos até os quartos, das comidas mais caras às garotas mais maduras. Em Montreal, ficamos no hotel Queen Elizabeth, onde nos hospedamos um dia antes do show no Forum. À noite, Bonzo foi visitar a suíte que eu compartilhava com Peter, e nós três ficamos nostálgicos dos confortos de casa. Ligamos para o serviço de quarto e pedimos alguns favoritos – ovos e fritas e molho madeira HP. Não importava que pudéssemos pagar pelas iguarias mais caras naquela época, fazíamos questão de um prato realmente proletário como esse.

Ao acabarmos de comer, houve uma batida na porta. Atendi, e eram duas jovens garotas – uma ruiva e uma morena. "Oi", disse a ruiva. "Conhecemos vocês em Nova York no ano passado. Pensei em passarmos aqui para dar um oi."

Convidei-as para entrar, e em questão de meia hora, Peter saiu e eu e as garotas estávamos na cama em um dos quartos. As coisas costumavam acontecer assim, bem rápido. Havia poucos cortejos ou joguinhos; meu interesse era pelo sexo, e aparentemente o delas também.

Bonzo, que não quis saber da nossa festinha, ficou vendo TV na sala. O fato de estarmos transando a poucos metros dali não pareceu incomodá-lo. Porém, o barulho das garotas enfim começou a irritá-lo, e ele então pegou o sapato de uma delas, que estava perto da porta. "Deixe-me dar um motivo para ela gritar de verdade!" Abaixou as calças – e começou a defecar no sapato!

Alguns minutos depois, quando a morena foi buscar o sapato, se deparou com o presente de Bonzo. Uma expressão de horror surgiu em seu rosto, mas ela parecia assustada demais para dizer qualquer coisa. Levou o sapato para fora timidamente, ao sair com a amiga.

Na noite seguinte, durante o show no Forum, Bonzo saiu do palco rapidamente no meio do *set* e disse: "Você não vai acreditar nisso, Richard. A garota do sapato cheio de merda está na terceira fileira. Espero que ela não jogue o sapato em mim".

Ao final do show, partimos para as limos, nos preparando para a fuga até o aeroporto. Nesse exato momento, a morena apareceu do nada, correndo em direção aos carros. "Puta merda, era o que me faltava", balbuciei para mim mesmo.

Um segurança a abordou a alguns metros da limo e ela então gritou para nós: "Lembra de mim? Você cagou no meu sapato ontem! Só queria agradecer por uma noite maravilhosa!".

Nunca se sabe o que vai fazer as pessoas felizes.

Embora não tenhamos nos aventurado por aí tanto quanto antes, a sétima viagem aos EUA ficou longe de ser tranquila. Mais do que em qualquer outra turnê até então, recebemos uma avalanche de ameaças de morte. Mesmo no início do Zeppelin, houve ameaças ocasionais, mas nós, talvez ingenuamente, as ignoramos. Em 1971, porém, elas se tornaram quase semanais. Em Chicago, um *promoter* recebeu um telefonema que alegava que "Jimmy vai levar um tiro de alguém do público nesta noite". Em Detroit, uma mensagem escrita num garrancho foi deixada sorrateiramente na recepção e dizia: "Dois membros do Led Zeppelin não vão sair vivos de Detroit!".

Talvez fossem apenas alguns desmiolados querendo pregar uma peça. Mas eu sabia que não podíamos nos arriscar se algum maluco estivesse de fato com algum membro da banda na mira. Sempre denunciávamos as ameaças à polícia, e em algumas cidades contratamos seguranças extras, porém Peter e eu nunca ficávamos seguros de que era o bastante. Quando estávamos longe das nossas suítes, eu quase sempre ficava paranoico, com medo de que algo estivesse prestes a acontecer.

Por sorte, a turnê prosseguiu sem incidentes. Talvez essas coisas fossem o preço da fama. Era, porém, algo terrivelmente perturbador.

Em geral, os membros da banda ficavam menos ansiosos do que eu. Na verdade, eu de vez em quando levava uma bronca quando eles me viam, ou um dos seguranças, dar uma surra em alguém do público. "Caramba, Richard, pega leve com eles", Robert me disse certa noite, depois que derrubei um fã em Minneapolis. Porém, Peter e eu havíamos decidido nunca subestimar que tipo de dano em potencial esses pirados poderiam causar.

"Faça o seu trabalho e eu faço o meu", retruquei para Robert. "Muitos desses fãs estão chapados, e o estado mental deles é imprevisível demais. Goste você ou não, vou ser agressivo se for preciso."

No início dos anos 1970, nosso contrato com cada *promoter* estipulava que deveria haver uma barreira instalada na frente do palco. O show nunca acontecia sem ela, embora, em algumas ocasiões, a barreira não estivesse de acordo com as nossas especificações e os fãs pudessem alcançar o palco apenas se debruçando sobre ela.

A turnê norte-americana de 1971 terminou com dois shows em Honolulu. A banda alugou a mesma mansão em Diamond Head onde ficamos em 1969, mas, dessa vez, Jimmy insistiu em ficar sozinho nela. Os demais membros haviam decidido convidar suas respectivas esposas para esses shows, e Jimmy – ainda o único solteiro – achava que a presença delas não seria motivo para tolher suas próprias peripécias sexuais.

Assim, os demais de nós ficaram num Hilton ali perto. Alguns membros da equipe ficaram aborrecidos depois de ouvir falar no luxo da casa na montanha, mas o Hilton não era nada mau. Ficamos nas suítes mais altas, com uma vista do Pacífico de tirar o fôlego. Pudemos, ainda, tirar proveito total do serviço de quarto, e ao final da nossa estadia de quatro dias, literalmente acabamos com o estoque de álcool. Isso me ajudou a tirar a cabeça das preocupações com segurança.

Certa tarde, Peter, Bonzo e eu havíamos voltado de um dia na praia e estávamos sentados na sacada da minha suíte para planejar o resto do dia. Johnny Larke, membro da equipe cujo trabalho incluía manter nossos frigobares cheios, entrou na suíte e perguntou se queríamos alguma coisa.

"Larke", disse Bonham, "estamos aqui há quase vinte e quatro horas e ainda não aprontamos nenhuma." Bonzo não havia mudado; se havia uma chance de criar um pouquinho de caos ou se meter em encrenca, ele a encontraria. "O que há para fazer por aqui?"

"Bem, os drinques exóticos são bons!", disse Johnny.

"Que tipos de drinque eles têm por aqui?", perguntou Peter. Johnny lhe entregou um cardápio. Peter deu uma olhada e então disse: "Vai demorar muito para ler essa porra toda. Larke, peça ao serviço de quarto que traga quatro de cada drinque no menu. Pode beber com a gente".

Em vinte e cinco minutos, dois *valets* do serviço de quarto entraram com carrinhos na nossa suíte, trazendo álcool o suficiente para neutralizar os sentidos de cada banhista na Praia de Waikiki. Havia quase cem drinques naqueles carrinhos – e nós começamos a atacá-los um a um. Nenhum foi desperdiçado. Depois de uma tarde entornando *mai tais* e *highballs* havaianos, *green dragons* e *wowees* de Waikiki, o resto do dia virou um completo borrão. Com todo o estresse daquela turnê norte-americana, fiquei feliz demais em me perder na neblina por um tempo.

Mais tarde, naquele dia, usamos a câmera de Jonesy para tirar algumas fotos. Com bastante filme sobrando e alguns drinques para entortar um pouco as ideias, Bonham fez uma sugestão.

"Vamos tirar fotos dos nossos paus! Temos que ter alguma coisa para nos lembrar do Havaí!"

E assim fizemos. Jonesy, Bonham, Plant e eu nos alternamos posando para a câmera. Planos gerais, closes. Até uma ou outra com lente grande-angular. Foi tudo muito divertido, e rimos histericamente ao longo da coisa toda. Em dado momento, Bonzo sugeriu vendermos as fotos para o tabloide *National Enquirer* para tirar um troco, mas a sensatez prevaleceu.

Tempos depois, naquele mesmo ano, numa festa de família na casa de John Paul, Jonesy foi mostrar os slides do Havaí, e se esqueceu das "fotos de pau". Mostrou cerca de uma dúzia de fotos da praia e algumas à beira da piscina. E então as fotos de pau surgiram na tela de 1,8 m na sala de estar. Os parentes da esposa de John Paul ficaram aturdidos com aquela visão muitíssimo íntima do Led Zeppelin.

No dia seguinte, Mo Jones ligou para Maureen Plant e disse: "Ah, ontem à noite eu vi uma foto adorável do seu marido, tirada no Havaí. Absolutamente adorável!".

28. DESVENTURAS NO ORIENTE

NO INÍCIO DO LED ZEPPELIN, Jimmy Page e Robert Plant estabeleceram um objetivo ambicioso para a banda: tocar em todos os países do mundo.

Robert tinha paixão por viagens e lugares exóticos. Queria conhecer tudo, em todo lugar. Se não fosse fazer isso com a banda, gostaria de fazer sozinho. Porém, o Led Zeppelin dava a ele a oportunidade perfeita de percorrer o globo.

Jimmy possuía o mesmo tipo de sede por viagens. Ao contrário de Robert, ele tinha a vantagem de não ter laços familiares para mantê-lo em casa. Tinha uma atração particular pelo extremo Oriente, graças ao seu fascínio cada vez maior pela filosofia e pela mística orientais. Queria experimentar um pouco dessa cultura oriental em primeira mão e, ao mesmo tempo, apresentar o *rock 'n' roll* a esses países.

John Bonham e John Paul Jones não se enamoravam tanto da ideia de viajar. Sentiam-se muito mais confortáveis em casa, satisfeitos em passar um tempo com as respectivas famílias, mais do que lidar com aeroportos e hotéis. Inclusive, quando mencionávamos suas famílias a eles, o lado mais terno tanto de Bonzo quanto de Jonesy vinha à tona. No caso de Bonzo, em particular, isso surpreendia muita gente. Afinal, na estrada, às vezes ele se comportava como um lunático à solta, mas sua esposa, Pat, lhe fornecia estabilidade e um refúgio que permitia a ele ser simplesmente John Bonham.

Muita gente nunca viu o lado caloroso de Bonzo; para mim, era um de seus atributos mais preciosos.

Em 1971, Jimmy e Robert não se furtavam a pressionar os companheiros de banda a explorar novas fronteiras no estrangeiro. Finalmente, depois de semanas de discussão, John Paul e Bonzo cederam. Isso se traduziu em seis apresentações em uma semana no Japão – em Tóquio, Hiroshima, Osaka e Kyoto.

Viajamos de primeira classe para o Japão no final de setembro de 1971, e no primeiro dia já percebi que seria uma turnê intranquila, ainda que curta. Sim, o motivo de estarmos lá era a música. Porém, fora do palco, as coisas nunca se acalmaram: era um incidente bizarro e um episódio esquisito atrás do outro.

No primeiro show, no Budokan Hall, em Tóquio, antes de Robert cantar uma nota sequer, ele já estava cuidando de um corte no lábio. Incrivelmente, o machucado não interferiu em nada em sua *performance*, mas atraiu muito a atenção dos repórteres, embora Robert insistisse em se recusar a discutir a questão com eles.

"Não é da conta de vocês, porra", gritou ele para um jornalista. "Isso é entre mim e Bonzo."

Bonham e Plant tinham uma relação de amor e ódio. Eram amigos há muito tempo, mas às vezes se bicavam como um casal que se conhecia bem até demais. Em geral, os bate-bocas deles diziam respeito a coisas triviais, e qualquer animosidade que houvesse não durava muito tempo.

No *backstage* do Budokan, os dois deram continuidade a uma discussão que se estendia há semanas – uma contenda em relação a qual deles assumiria a responsabilidade pela conta de trinta e sete libras de gasolina de uma viagem de carro que fizeram juntos à Escócia. Bonzo pagou pelo combustível, mas cansou de pedir a Robert que o reembolsasse.

Por fim, no Japão, Bonzo ficou exausto desse debate. Concluiu que a maneira mais rápida de argumentar seria com os punhos. Acertou Robert na boca, arrancando sangue e o deixando com um lábio cortado e inchado.

Robert ficou atordoado, mais no sentido emocional do que pela dor física. Começou a xingar Bonham enquanto cuidava do lábio com um lenço. Em questão de minutos, porém, o show começou. Nunca mais voltei a ouvi-los falar do soco de Bonzo.

"Robert e eu nos conhecemos há tanto tempo, que nunca há nenhuma intenção maliciosa nessas brigas", Bonzo me diria depois. "Às vezes, a gente só perde a calma."

Em 1971, o Led Zeppelin já se tornara tão bem-sucedido e rico, que era capaz de pagar qualquer preço para garantir que todos os shows acontecessem sem incômodo algum. Levamos Rusty Brutsche, um dos donos da Showco, de Dallas, conosco para o Japão, além do sistema de som de sua companhia, que era a melhor do ramo. Em vez de contar com equipamento e engenheiros de som locais, senti que valia o investimento de levar os melhores de fora. Foi a decisão certa.

A música do Led Zeppelin foi incrivelmente bem recebida por todo o Japão. Embora o *rock* fosse uma música relativamente nova para Tóquio e para o resto do país, era óbvio que os jovens conheciam muito bem aquele som. Embora os japoneses tenham uma reputação de serem mais quietos e reservados do que os ocidentais, nos shows do Zeppelin, os fãs se soltavam por completo, e aplaudiam das primeiras notas de "Immigrant Song" à ultima batida do bis. Os shows variavam de noite para noite, mas o público guardava a recepção mais barulhenta para os *rocks* das antigas, como "I'm a Man", de Bo Diddley; "Maybellene", de Chuck Berry; e "Twist and Shout", dos Isley Brothers. Talvez conhecessem mais *rock 'n' roll* do que nós pensávamos.

Para mim, porém, a música parecia ofuscada por outros acontecimentos na agenda de interesses do Led Zeppelin. Comigo livre da paranoia que sentia nos EUA, nós começamos a provar avidamente da vida noturna japonesa. Na nossa primeira noite em Tóquio, Tats Nagashima, nosso *promoter* e anfitrião, nos levou ao que ele dizia ser o restaurante mais elegante da cidade. "Vocês vão ficar muito impressionados", prometeu.

Tats estava certo. Havia sukiyaki e tempurá de sobra. Música ao vivo tradicional, tocada no koto e no shamisen. Mais importante, o saquê corria solto e havia gueixas por todo o lado, todas muito amigáveis.

As garotas nos serviam o saquê em copinhos brancos, a maneira tradicional de consumir a bebida. Mas Robert reclamou por todos nós: "Desse jeito, só vamos ficar bêbados na velhice!".

Bonzo demonstrou a mesma impaciência. "Será que você não pode nos trazer uns copos maiores?", enfim solicitou a uma das gueixas. "Talvez uma xícara. Ou uma caneca. Ou uns baldes!"

Naquela noite, aprendemos que, na tradição japonesa, se você oferece saquê a uma gueixa, ela tem de beber. Então, para demonstrar simpatia, a banda não parava de oferecer saquê às garotas, tanto quanto nós mesmos bebíamos. À medida que a noite prosseguia, as observamos ficar cada vez mais alegres.

É claro que o Zeppelin aguentava beber mais do que a maioria dos seres humanos, fosse saquê ou *scotch*. Ainda assim, houve coisas que não entendemos muito bem naquela noite. "Eis o que alguém precisa me explicar", disse Robert, tentando manter o equilíbrio. "Geralmente, quando bebemos muito, as mulheres vão ficando cada vez mais bonitas. Aqui, estamos cada vez mais bêbados, e essas gueixas estão parecendo cada vez mais velhas e mais abatidas!"

"Tem razão", acrescentei. E então levei a questão a Tats: "Por que essas garotas parecem tão velhas e feias?".

Talvez eu tenha falado de uma forma grosseira demais. Tats, um homem alto que cabia no estereótipo do japonês polido e correto, pareceu se assustar. No entanto, limpou a garganta e respondeu: "Essas mulheres que estão nos servindo agora são do pessoal da cozinha, não as gueixas. Vocês deixaram as garotas tão bêbadas, que o restaurante teve de mandá-las para casa! Elas foram educadas demais para lhes dizer que tinham bebido além da conta".

Mais tarde, naquela noite, apesar do nosso estado ébrio, a festa continuou. Acabamos numa discoteca chamada Byblos, onde começamos a beber cerveja japonesa aos fardos. Poderíamos, ainda, ter cheirado um pouco de cocaína, mas não conseguimos obtê-la por lá; parecia ser um tabu no Japão. Sim, o álcool ainda era nossa substância de preferência, mas, além dele, começáramos a usar cocaína com mais frequência, pelo simples fato de que era facilmente disponível. Quando se tratava de ficar doido, não fazíamos muita discriminação.

Em dado momento, enquanto observávamos a ação na pista de dança, Bonzo exclamou: "Olha a porra desse DJ! Ele está tocando os discos dentro de uma gaiola que não para de se mexer!".

O DJ estava numa plataforma móvel que subia e descia como um elevador fora de controle. "O cara não só é uma porra de uma piada, como também não tocou nenhuma música do Led Zeppelin ao longo da noite toda", disse Bonzo do mezanino, de onde observávamos o elevador subir e descer abaixo de nós. "Acho que precisamos dizer a ele como estamos nos sentindo."

"Oh, oh", pensei. "Tenho pressentimento de que isso vai dar problema."

Bonzo abriu a calça e, antes que eu pudesse agir, começou a urinar na gaiola – e no DJ dentro dela – enquanto ela subia na nossa direção. A mira de John era impecável; o DJ precisaria de um guarda-chuva para não se molhar com os fluidos corporais de Bonzo. Por sorte, não havia nenhuma lei em Tóquio contra urinar num DJ!

Levei Bonham rapidamente para a rua, e então entramos numa limo que estava à nossa espera. O motorista nos levou de volta ao Hilton, porém, quando chegamos, Bonzo estava tão bêbado, que eu mal consegui tirá-lo do carro, imagine então ajudá-lo a chegar ao quarto. Nos degraus que levavam ao hotel, ele se ajoelhou com uma perna e não parecia que iria se levantar.

"Bonham, vamos andando, droga", eu disse ao tentar arrastá-lo até a entrada. Mas de nada adiantou. Exasperado, por fim simplesmente o deixei na calçada, a poucos metros da sarjeta, e fui para o meu quarto. Os transeuntes japoneses passavam por Bonzo, deixando que ele dormisse. Antes do amanhecer, ele deu algum jeito de subir até seu quarto.

Mais tarde, me dei conta de que Peter provavelmente teria atravessado uma espada de samurai na minha barriga se descobrisse que deixei Bonham dormindo na calçada.

Embora só tenhamos passado uma semana no Japão, parecia que estávamos tentando compensar toda a depravação que talvez tivéssemos perdido nas turnês anteriores. Em dado momento, Bonzo e eu decidimos comprar espadas de samurai na loja de presentes do hotel. Naquela noite, de espadas em punho, começamos a duelar como maníacos. Enquanto as espadas colidiam uma na outra, eu brinquei: "Você tem o telefone do pronto-socorro mais próximo? Acho que é melhor se precaver".

Em questão de minutos, o alvo das nossas agressões passou a ser o próprio quarto do hotel, e nós partimos para cima de qualquer coisa que pudesse ser cortada... cortinas, roupas de cama e colchões, papel de parede, quadros. A cada golpe, provavelmente acrescentávamos algumas centenas de dólares em danos à conta.

John Paul dormia no quarto ao lado, e nós decidimos convidá-lo para participar da anarquia. Batemos na porta, depois batemos um pouco mais alto, e enfim abrimos e entramos, para então encontrá-lo dormindo serenamente, tranquilizado por uma dose excessiva de álcool.

"Vamos levá-lo para o corredor", sugeriu Bonzo. "Eu o desafio a continuar dormindo lá fora."

Peguei John Paul pelas pernas enquanto Bonzo o levantava pelas axilas. Nós o deitamos no corredor, o cobrimos com um cobertor e o deixamos lá pelo resto da noite.

Quando os funcionários do hotel viram Jonesy, foram educados demais para acordá-los. Em vez disso, trouxeram três biombos e os posicionaram ao redor dele, para minimizar qualquer incômodo que ele pudesse ter. Ele dormiu assim até de manhã.

Ainda assim, o Hilton de Tóquio não sabia muito bem o que fazer conosco. Quando fui fazer o *check out* da banda, o gerente me chamou até sua sala. Em seu melhor e mais apologético inglês, ele me disse: "Sei que os seus músicos são muito bons, mas não podemos ter esse tipo de comportamento no nosso hotel. Houve muitos danos aos quartos. Um de vocês ficou bêbado na sarjeta. Outro dormiu no corredor. Sinto muito, mas não posso deixá-los se hospedar neste hotel novamente. Por favor, procure outro lugar para ficar da próxima vez que vierem a Tóquio".

Sayonara!

Porém, nem mesmo lições de gerentes de hotel afetavam o nosso comportamento. Simplesmente não registrávamos que estávamos passando do limite e que precisávamos controlar nossos excessos. Mais tarde, na turnê, no trem-bala a caminho de Osaka, nossos ânimos não estavam refreados de jeito nenhum. Pedi a Tats que providenciasse alguns itens para quando embarcássemos no trem. "Certifique-se de que a banda tenha doze garrafas de saquê, seis de *whiskey* Suntory, e alguns sanduíches para a viagem."

Ele sequer piscou. "Considere feito."

A bordo do trem, não demorou muito para entornarmos as bebidas – e começarmos a criar problema. Jimmy conhecera uma mulher em Tóquio – uma garota japonesa bonitinha chamada Kanuko, com belos olhos castanhos, que parecia não saber muita coisa sobre o Led Zeppelin. Jimmy a convidou para nos acompanhar no restante da turnê, e acho que ele esperava que a tratássemos com respeito. Bonham, no entanto, tinha outras coisas em mente.

"Ela é doce demais para o Jimmy", Bonzo me disse. "Vou mostrar a ela como o mundo do *rock 'n' roll* é de verdade."

Enquanto Jimmy e Kanuko comiam no vagão restaurante, Bonzo pegou a bolsa dela da cabine e a levou para o banheiro. Ao voltar, tinha um sorriso sarcástico no rosto. "Adivinha só!", disse. "Acabei de cagar na bolsa!" Estava virando um padrão.

Bonzo fechou a bolsa e a colocou de volta onde a encontrara. Meia hora depois, Kanuko foi buscar a bolsa e entrou com ela no banheiro, e saiu em questão de segundos – pálida, atordoada, chorando. Bonzo sussurrou para mim: "Parece que a merda bateu no ventilador e caiu na bolsa".

Kanuko foi até Jimmy e mostrou a ele a obra de arte de Bonzo. Num instante, Jimmy ficou absolutamente furioso. "Quem fez essa porra?", gritava ele, pisando duro pelo corredor do trem, frenético, tentando escolher a quem enforcar. Todos nós fugimos cada um para um lado, imaginando que ele estava raivoso o bastante para estripar a primeira pessoa que visse.

Bonzo pulou para dentro da cabine de Peter, sem perceber que Peter já estava lá dentro. Não só ele caiu em cima do empresário grandalhão e corpulento, como também, nisso, derramou sua bebida em cima de ambos.

"Seu cuzão do caralho!", rugiu Peter. "Sai de cima de mim! Sai da porra de cima de mim!"

Bonzo deu um salto e ainda tomou um soco daqueles de Peter na barriga, antes de conseguir se livrar e sair correndo.

Robert procurou refúgio na minha cabine, o que me forçou a buscar um esconderijo alternativo. Enquanto isso, Peter, ensopado, saiu se arrastando pelo trem, partindo para cima de todo rosto familiar que encontrava, incluindo o meu, e provocando gritos dos demais passageiros, que se convenceram de que terroristas haviam tomado o trem.

"Cole, você está despedido!", rugiu ele. "Assim que essa porra de trem parar, providencie o próximo voo de volta para a Inglaterra! Você está acabado!"

"O que eu fiz?", supliquei sem muita energia, já que não esperava que Peter me demitisse de verdade.

A essa altura, Tats Nagashima estava à beira da histeria. Era um cara maravilhoso, mas, enquanto o pandemônio se desenrolava, parecia entrar em pânico. Encontrou um telefone no trem e fez uma ligação transcontinental para Ahmet Ertegun, em Nova York.

"Ahmet, temos uma confusão terrível, terrível aqui." A voz de Tats estava trêmula. "Estamos todos num trem para Osaka, e a banda enlouqueceu! O sr. Grant socou o sr. Cole e o sr. Bonham. Começou a demitir gente. Não sei o que fazer. Estão agindo como se fossem matar uns aos outros."

Ahmet recebeu a notícia com resiliência. "Você está lidando com o Led Zeppelin", disse ele a Tats, rindo. "Esse comportamento é normal para esses caras. Não se preocupe. Vai ficar tudo bem quando eles ficarem sóbrios e vocês chegarem a seu destino."

E foi exatamente o que aconteceu. Éramos como irmãos que brigavam, mas cujos laços familiares suportam a tempestade. Todos nos desculpamos uns aos outros no dia seguinte e prosseguimos com a turnê.

Se havia alguma expectativa de que a fúria de Peter no trem colocaria um fim nas nossas estripulias, ela nunca se concretizou. Phil Carson, da Atlantic, nos acompanhou naquela turnê japonesa e, em determinado momento, me perguntou: "Vocês nunca pisam no freio?". A resposta era: "Não". Aquela turnê foi como um filme dos irmãos Marx ininterrupto.

Em Osaka, a banda perguntou a Phil se ele gostaria de subir no palco para tocar baixo. Phil era um baixista e tanto, muito bom, e como o Led Zeppelin raramente convidava alguém para tocar com eles, ficou honrado com a proposta. Ele não sabia, porém, que a banda tinha segundas intenções.

Phil correu para o palco quando deram sua deixa. John Paul foi para os teclados, e Phil pegou o baixo. De cara, Phil já se sentiu à vontade. Sentiu-se ótimo ao observar a plateia, e estava curtindo a experiência por completo. Porém, depois de uns quatro minutos de música, percebeu, de repente, que só estava ouvindo o baixo. Olhou ao seu redor rapidamente – e se viu sozinho no palco. Como pegadinha, a banda saiu à francesa no meio da música, deixando Phil largado à própria sorte. Valentemente, ele tentou fazer um solo de baixo, mas desistiu quando percebeu que era claro que os caras não voltariam para resgatá-lo. Tirou o instrumento e correu do palco também, enquanto a banda rolava de rir.

O incidente foi hilário, mas algo ali me incomodou, também. O Led Zeppelin sempre levou a música muito a sério – e ainda levava. Porém, essa foi uma ocasião em que eles deixaram que a música ficasse em segundo plano para uma pegadinha. O público japonês ficou completamente estupefato com o que aconteceu no palco. Aquilo não tinha nada a ver com a banda, e foi preocupante.

Na noite seguinte, Phil foi "zeppelinizado" de novo, porém, desta vez, *depois* do segundo show em Osaka. Visitamos diversas boates até altas horas e, numa delas, os membros da banda decidiram coletivamente rasgar as roupas de Phil. Começaram pela camisa, depois as calças. Ele logo percebeu que estava numa batalha impossível de vencer, e decidiu cooperar com eles, tirando a própria roupa sistematicamente, incluindo a cueca. Passou alguns minutos nu na boate e, quando fomos embora, pegou uma toalha branca de uma das mesas e se enrolou nela.

Na limusine, enquanto voltávamos ao hotel, Robert e John Paul se desculparam pela maneira como trataram Phil, o que era incomum. "Sinto muito pelo que fizemos contigo lá", disse Robert. Phil deveria ter ficado desconfiado dessa compaixão recém-descoberta.

Quando a limusine estacionou na frente do hotel, Phil (ainda vestido apenas com a toalha de mesa) e a banda desceram, e, quando se aproximaram da porta giratória, Robert estendeu o braço amigavelmente e disse: "Vá na frente, Phil, vou em seguida". No momento em que Phil deu um passo adiante e começou a rodar a porta, Robert puxou a toalha de mesa com tudo e empurrou a porta para frente, de forma a catapultar Phil completamente nu para o lobby do hotel.

Embora a política da Atlantic Records não cobrisse esse tipo de situação, Phil se manteve incrivelmente calmo. Olhou para nós com uma expressão assustada, mas percebeu que estávamos em maior número e nunca recuperaria a toalha. Assim, foi até o balcão e pediu ao recepcionista: "Posso pegar a chave da suíte 332, por favor?". O balconista, atordoado, entregou a chave a ele, e Phil seguiu para o elevador e subiu até seu quarto como veio ao mundo.

Quando chegamos a Kyoto, pensei que Phil estivesse tentando virar o jogo. Certa madrugada, ele ligou para o meu quarto. "Richard, desça até o meu quarto, rápido", disse ele, numa voz inquieta. "Estou com uma garota aqui, e ela desmaiou."

"Rapaz...", pensei. Lá vinha a retaliação das nossas pegadinhas.

Jimmy e eu fomos até lá, mas, quando chegamos, de fato havia uma garota japonesa no chão, inconsciente. "Que diabos aconteceu?", perguntei enquanto nos ajoelhávamos ao redor dela. Notei que a calça de Phil estava aberta e ele estava terrivelmente aborrecido.

"Estávamos nos beijando", respondeu ele, "e então coloquei o pau para fora e ela desmaiou."

Jimmy deu tapinhas no rosto dela, na tentativa de acordá-la, e ela enfim começou a recobrar a consciência.

"Graças a Deus", disse Phil. "Achei que ela tivesse tido um ataque cardíaco ou alguma coisa assim."

Ficamos lá por alguns minutos até a garota se sentir melhor. Por fim, ela disse: "A única coisa que lembro é que ele baixou o zíper, eu olhei para baixo e o negócio era desse tamanho". Ela mediu uns trinta centímetros com as mãos – e então desmaiou de novo.

A partir desse momento, concluí que Phil era um cara que merecia muito mais respeito do que déramos a ele.

Em meio àquele inferno que criávamos, o Zeppelin descobriu o quão popular era no Japão, com ingressos esgotados para todos os shows. Mesmo assim, quando enfim coloquei tudo na ponta do lápis, na verdade *devíamos* dinheiro a Tats Nagashima – foi a primeira vez que terminamos uma turnê, grande ou pequena, no vermelho. Gastamos tanto dinheiro de Tats com toda sorte de fins – câmeras, antiguidades, equipamentos eletrônicos, danos a hotéis e, acima de tudo, cerveja e outras bebidas alcóolicas japonesas –, que Peter teve de emitir um cheque no valor de muito mais ienes do que gostaríamos. Entreguei em mãos o dinheiro – um total de dois mil dólares – e dei adeus a Tats.

Peter filosofou a respeito dessa realidade financeira. "Se não fosse uma turnê tão importante para nós, poderíamos dizer que foi tudo um desastre. Mas marcamos presença no Oriente pela primeira vez."

Sim, foi um desastre do ponto de vista financeiro, mas havia outros a se considerar.

Depois do último show no Japão, John Paul, Bonzo e Peter foram direto para a Inglaterra, mas Jimmy, Robert e eu não estávamos prontos para voltar para casa. Ávidos por conhecer mais do mundo, decidimos aproveitar nossa presença no Oriente e viajar para Bangcoc, na Tailândia.

Nas primeiras horas lá, visitamos o Templo do Buda de Esmeralda, alguns templos budistas menos conhecidos e um museu. Fizemos compras em lojas tailandesas e Jimmy comprou um cavalo alado, quase de tamanho real, feito de ouro, vidro e madeira. Comprei um Buda de madeira para Peter, de um metro de altura e um de largura. Ao olhar para aquele Buda rotundo, falei para Jimmy: "Se essa estátua tivesse uns quilos a mais, não conseguiríamos diferenciar o Buda do Peter". Pagey sugeriu que eu guardasse a piada para mim.

Naquela noite, não tivemos dificuldade em encontrar o distrito da luz vermelha de Bangcoc com a ajuda de Sammy, motorista que contratamos para nossa estadia por lá. Os bordéis, na verdade, eram mais como saunas, e contavam com garotas com pouca roupa de sobra. Sammy entrou em um dos bordéis conosco. Havia pelo menos umas doze garotas perto da porta, em fileiras, cada uma com um número no robe.

"Belas garotas, hein?", disse Sammy. "Eu poderia ficar a noite toda olhando para elas."

"Bem, meus amigos e eu não queremos olhar para elas", eu disse a ele. "Queremos trepar com elas!"

"Tudo bem", disse ele com naturalidade. "Elas fazem isso também."

Sammy conversou com uma das garotas, que veio até nós, sorriu e perguntou timidamente: "Podemos dar a vocês o que vocês quiserem. Basta escolher as garotas pelos números".

Subitamente, viramos crianças numa loja de doces. "Temos dinheiro de sobra", disse Robert, já escolhendo os números. "Quero a 11, a 19 e a 41."

"OK", disse eu, "mas também quero a 41 antes do fim da noite."

Ao longo das duas horas seguintes, nós três desfrutamos de tudo, de massagens ao bom e velho sexo. Quando enfim já não tínhamos mais fôlego, Jimmy disse: "Devem ter inventado o termo 'trepar até morrer' aqui".

Ao perambular pelas ruas de Bangcoc, chamávamos muita atenção, mas já que ninguém na Tailândia já tinha ouvido falar no Led Zeppelin, não era por causa da música. "Acho que estão tirando sarro do nosso cabelo comprido", Robert por fim concluiu. Usávamos brinco, e isso era uma verdadeira novidade por lá.

"*Billy boy*! *Billy boy*!", crianças gritavam ao apontar para nós. Depois, Sammy nos disse que "na Tailândia, *Billy boy* significa que você é gay ou homossexual. É o que eles acham de vocês por causa do cabelo!".

De Bangcoc, nós três fomos para Mumbai (então ainda conhecida como Bombaim), para uma visita de quatro dias. Hospedamo-nos no hotel Taj Mahal, bem diante do Portal da Índia, e passamos um tempo pelas ruas da cidade. Na frente do hotel, dezenas de taxistas se ofereciam para trocar nosso dinheiro por rúpias no mercado negro. "Acho que não", eu dizia a eles, com medo de entregar dinheiro a desconhecidos.

Robert, porém, acabou me convencendo a fazê-lo. "Que diabos", disse ele. "Dê umas notas a algum deles e veja o que ele traz de volta."

Da sacada do meu quarto no Taj Mahal, pude ver nosso cambista conversar com outro taxista e fazer o câmbio com ele. O segundo taxista não se parecia com a maioria dos demais que havíamos visto. Embora usasse o mesmo tipo de uniforme cáqui, as calças estavam passadas com perfeição, a camisa recém-lavada, ele não tinha um fio de cabelo fora do lugar e o bigode parecia ter sido transplantado diretamente do rosto de Clark Gable. "Esse cara deveria estar fazendo uns filmes em Hollywood", falei.

Depois de pegar nosso dinheiro, decidimos nos apresentar ao taxista estiloso e pedir a ele um *tour* pela cidade. "Nosso marata está meio enferrujado", eu disse a ele. "Podíamos contar com um guia, se você estiver disponível."

Seu nome era Razark, e ao longo dos três dias seguintes ele se tornou parte do nosso *entourage*, nos levando aos bordéis indianos, a uma discoteca, onde Jimmy fez uma *jam* com músicos locais surpresos, incrédulos com a habilidade dele naqueles instrumentos de fabricação japonesa, e a algumas lojas onde compramos instrumentos musicais, óleos aromáticos e um jogo de xadrez de marfim.

Razark até nos convidou para comer em sua própria casa. Ficamos impressionados com a pobreza opressiva do bairro de condições precárias em que ele morava, de ruas apinhadas de barracos frágeis que não suportariam uma tempestade de vento, mesmo das mais fracas. "Minha casa é muito pequena", disse Razark, como que se desculpando. "Minha esposa e eu dividimos um quarto com quatro filhos. Minha mãe mora no outro quarto. Não é muito, mas me custou dezessete mil libras. Bombaim é uma cidade muito cara para se viver."

Não era de se espantar que os pobres permanecessem tão pobres.

Na nossa última noite em Mumbai, convencemos Razark a nos acompanhar a um restaurante de seu bairro. "Queremos que você nos leve aonde *você* come", disse Jimmy.

"Não, não", ele retrucou. "Não é bom para turistas. Pode ser perigoso para a sua saúde."

"Não se preocupe conosco", disse Jimmy. "Vamos ficar bem. Somos resistentes."

Razark então nos levou a um pequeno restaurante indiano onde cabiam cerca de vinte pessoas; em Londres ou Nova York, teria sido fechado pela vigilância sanitária. Seguindo a sugestão de Razark, todos pedimos frango ao curry, mas tivemos dificuldade em achar a carne do frango em torno dos ossos quando os pratos chegaram.

Em questão de uma hora, nos arrependemos de não ter levado o alerta de Razark mais a sério. Tivemos cólicas e náuseas que nos mantiveram acordados a maior parte da noite. De manhã, estávamos com uma diarreia violenta. Tremi diante da ideia de passar quase o dia seguinte inteiro em um avião.

Durante o voo de volta a Londres, corríamos ao banheiro toda hora. Por sorte, eu tinha um frasco de talco Johnson's, que nós três compartilhamos, numa tentativa desesperada de trazer algum alívio às nossas pobres bundas. Quando o avião fez escala em Genebra, o talco acabou e nós sofremos todo o resto da viagem.

Ao longo da maior parte do trajeto de volta a Londres, talvez como forma de distrair a cabeça do nosso problema físico mais imediato, conversamos sobre a nossa experiência em Mumbai. Foi um choque de realidade pesado ver as condições em que Razark, um homem totalmente correto, e sua família viviam. Decerto não nos sentíamos culpados por nosso estilo de vida extravagante; afinal, a banda deu duro por essas riquezas. Porém, uma vez envolvidos demais nesse estilo de vida, fica fácil ignorar a miséria do mundo. Em Mumbai, aprendemos uma dura lição a respeito de como a maior parte da população mundial vive. Pelo menos durante aqueles dias na Índia, todos nós sentimos a dor deles.

29. RUMO À AUSTRÁLIA

POUCO DEPOIS DE RETORNARMOS à Inglaterra, o quarto álbum do Zeppelin finalmente foi lançado. "Lançar esse disco foi provavelmente mais doído que um parto", observou Jimmy.

Como a banda havia insistido, a Atlantic lançou o novo álbum sem título, o que não impediu os fãs de o chamarem de *Four Symbols* ou de *Zoso*, nem de comprá-lo em quantidades enormes. O álbum nunca chegou à primeira posição nos EUA, mas se estabeleceu num confortável segundo lugar. Não havia dúvidas de que seria disco de ouro.

Para reforçar a venda dos discos, embarcamos numa breve turnê de doze shows pelo Reino Unido, cujos destaques foram duas apresentações com ingressos esgotados no Wembley Empire Pool, em Londres. Todos os dezenove mil ingressos foram vendidos em questão de minutos, cada um no valor equivalente a US$ 1,75 para ver a banda mais quente do mundo.

Durante toda aquela curta turnê britânica, porém, eu fiquei com a Austrália e a Nova Zelândia o tempo todo na cabeça. Assim que a turnê terminou, Peter me enviou até lá para sondar o terreno para os primeiros shows da banda na região, planejados para fevereiro de 1972. Assim, enquanto o Led Zeppelin fazia suas compras de Natal, embarquei num voo de Londres para Melbourne. Nos dias que se seguiram, passei por Perth, Adelaide, Sydney, Brisbane e Auckland. Negociei com *promoters* locais e inspecionei, fotografei e, quando necessário, mudei os locais dos shows. Também deixei alinhadas nossas reservas de hotéis.

No início de fevereiro, me juntei ao Led Zeppelin para o voo para a Austrália pela Air India. A decisão de voar pela companhia indiana, porém, não foi fácil. Por conta de a Atlantic Records ter se tornado parte da família Warner Brothers, pudemos conseguir as passagens com cinquenta por cento de desconto por causa de um acordo entre a Warner e a Air India. No entanto, nossas bundas mal haviam se recuperado daquele último ataque de comida indiana, e nós não sabíamos muito bem o que esperar. "Não sei se tem talco o suficiente no Reino Unido para aguentarmos a viagem toda até a Austrália", brincou Robert. Pelo menos ele teve senso de humor.

O avião fez uma parada em Mumbai, onde ajeitamos, com antecedência, uma pausa na viagem – uma chance de desopilar por alguns dias antes de retomar a jornada até a Austrália. Foi uma bênção só de poder sair do avião. Em Mumbai, ligamos para Razark, que nos levou até uma praia, onde andamos de camelo a tarde toda – outra experiência indiana que deixou nossos traseiros machucados e doídos. Ele nos levou também a uma loja de instrumentos musicais, onde John Paul comprou um belo conjunto de tambores.

Dois dias depois, quando enfim embarcamos numa aeronave da Air India rumo a Perth, foi como entrar no *Além da Imaginação*. Havia tão pouca bebida alcóolica no voo, que quase tivemos uma crise de abstinência antes de chegar à Austrália. "Você tem cocaína aí, Richard?", perguntou Bonham. "Preciso de alguma coisa para distrair a cabeça."

Pelo andar da carruagem, deveríamos saber que nunca passaríamos lisos pela alfândega australiana. Quando chegou a nossa vez na fila, John Paul foi avisado que seus tambores foram confiscados. "Esses tambores são feitos de pele de animal", disse a ele o agente aduaneiro. "Infelizmente, eles são ilegais aqui."

Ao entrarmos na limo que nos aguardava, Jimmy previu: "Nossas vidas só podem melhorar".

Jimmy, o eterno otimista. Eu, porém, tinha minhas dúvidas. Só o tempo diria.

"É a polícia!"

E então ouvi batidas fortes na porta do meu quarto no hotel.

"Temos um mandato para revistar seu quarto! Abra a porta!"

Apenas uma hora depois do *check-in* no hotel em Perth, eu estava tentando tirar uma soneca quando ouvi essas batidas barulhentas e inesperadas na porta. A polícia estava percorrendo o corredor e se convidando a entrar no meu quarto e nos quartos dos membros da banda.

Assim que abri a porta, os policiais entraram com tudo, olharam debaixo do colchão, nas gavetas da cômoda, e inspecionaram minhas malas. Sentei-me na cama para observar aquela expedição, sabendo que pelo menos eu não tinha droga alguma. Por sorte, ninguém mais do nosso *entourage* tinha.

Os agentes ficaram terrivelmente desapontados. Afinal, pegar uma banda de *rock* famosa numa batida provavelmente vale uma promoção. E uma banda como o Led Zeppelin, com uma reputação consolidada na decadência, devia parecer um alvo fácil. Concluí que tivemos sorte de eles não plantarem nada nos quartos. "Isso provavelmente vai acontecer mais adiante", disse Bonzo.

A polícia foi embora tão rápido quanto chegou, sem pedir desculpas ou dar explicações, sem demonstrar o mínimo embaraço por nos ter importunado desnecessariamente. Apenas mais um dia de trabalho, presumo.

Pagey balançou a cabeça. "Esses babacas burros! Se tivessem esperado mais um ou dois dias, talvez tivessem encontrado alguma coisa!"

A banda *estava*, de fato, se envolvendo mais com drogas – principalmente cocaína e maconha. Porém, depois da visita surpresa dos policiais, Peter nos deu um alerta: "Precisamos ter cautela extra aqui. Não quero que ninguém acabe algemado neste país".

Ele achava importante melhorar as nossas chances de evitar a prisão, mas isso não significava insistir que a banda se mantivesse longe de substâncias ilegais; significava contratar seguranças particulares para servir de barricada entre nós e a polícia local. A pedido de Peter, dei alguns telefonemas e, na manhã seguinte, uma agência de segurança nos forneceu três ex-detetives de polícia grandalhões, que nos acompanhariam pelo resto da turnê.

Os fãs australianos foram bem mais hospitaleiros do que aqueles agentes de polícia. Os shows na Austrália e na Nova Zelândia quebraram recordes. Atraíram os maiores públicos para um show de *rock* até então em ambos os países. Para conseguir trazer o maior número de pessoas possível, todos os shows foram a céu aberto, e, seguindo as instruções de Peter, ficamos de olho nos alertas de chuva. Ele se recusava inflexivelmente a deixar a banda tocar na chuva, com medo de que, com todo o equipamento eletrônico, os cabos e plugues, haveria uma possibilidade real de alguém ser eletrocutado. O show em Adelaide chegou a ser adiado para o dia seguinte, quando uma garoa se transformou num aguaceiro.

Em todos os locais de shows na Austrália e na Nova Zelândia, eu chegava com algumas horas de antecedência para garantir que o palco e as barreiras ao redor dele haviam sido montadas de acordo com nossas especificações. Em algumas ocasiões, as barreiras não eram altas o bastante ou fortes o suficiente, e eu então pegava um martelo e fazia eu mesmo os ajustes. Foi o que aconteceu em Auckland, onde a banda tocaria no estádio de Western Springs. Convenci Bonham a ir comigo mais cedo para o lugar, e nós batemos alguns pregos e ajeitamos as coisas.

Reparos feitos, Bonham e eu fomos atrás de algo para fazer até que os portões se abrissem. Atacamos as caixas de bebidas no *backstage* e, depois de algumas cervejas, Bonzo viu duas motos Honda estacionadas perto do palco. "Bem", disse ele, "não fique aí parado. Vamos dar uma volta nelas."

As motos pertenciam a Rem Raymond, o *promoter* do evento, que nos deixou andar nelas por alguns minutos. "Tem mais um negócio que deveríamos tentar", Bonham por fim sugeriu. "Nunca brinquei de jogo da galinha[25]. Vamos fazer com as motos!"

Engoli em seco. "Esquece isso, Bonzo. Não estou num clima suicida hoje."

"Richard", disse ele. "Faça isso por seu velho amigo. Vamos, Richard."

---

25 Jogo da galinha ou jogo do galinha (dependendo da fonte): do inglês *game of chicken*, um tipo de disputa quando um carro (ou moto) vem de encontro ao outro para ver quem desvia primeiro.

Ele estava começando a se lamuriar, e eu a criar coragem. Por fim, num momento de total insanidade, topei. "OK, mas devo avisar: quando tiro esse tipo de racha, não vacilo."

O Led Zeppelin quase sempre vivia por um credo de "qualquer coisa pela emoção", uma atitude de "aja primeiro, pergunte depois". Esse foi provavelmente o exemplo definitivo disso.

Enquanto Bonham e eu conduzíamos as motos a um campo perto dali, eu dizia a mim mesmo: "Tenho três cervejas a culpar por isso". Posicionamo-nos um diante do outro, a uma distância de uns quarenta e cinco metros.

"Se um de nós morrer", murmurei, "espero que seja eu. Se for o Bonzo, o Peter vai mandar me matar do mesmo jeito."

Dei a partida, pisei fundo, e então, como dois lunáticos, Bonham e eu disparamos um em direção ao outro. A cinquenta por hora, nos aproximamos quase que de imediato. Porém, a uns seis metros de Bonzo, apesar da minha promessa, devo ter vacilado. Minha moto derrapou na terra e eu caí.

"Inferno!", gritei, me virando para olhar para Bonham, que a essa altura já estava a uns quarenta metros de mim, obviamente entretido com o meu pouso nada gracioso. Com exceção do jeans rasgado e do orgulho ferido, saí ileso, mas a moto não se deu tão bem – nem durante nem imediatamente depois da derrapada. "Deve ter sido culpa da moto!", berrei para Bonham.

Nesse exato momento, notei um machado junto a algumas ferramentas, a uns vinte metros dali. Fui até lá, peguei-o e fiquei olhando a moto por alguns segundos. "É como um cavalo com a perna quebrada", falei. "Você precisa acabar com o sofrimento dele."

Brandindo o machado, desmantelei sistematicamente a moto, golpe a golpe. Paul Bunyan[26] não teria sido mais violento.

Rem Raymond ficou bem aborrecido quando lhe contei o que aconteceu. "É claro que me deixei levar um pouco", expliquei. "Mas deve haver uma boa oficina por aqui. Mande a conta para nós."

26 Lenhador gigante, personagem folclórico de alguns estados dos EUA. (N. do T.)

Quando já não estávamos mais no campo de audição de Rem, Bonzo murmurou: "Claro, mande a conta para nós. Nós não vamos pagar, mas pode mandar mesmo assim!".

Em Auckland, houve gente que viajou até mil e quinhentos quilômetros de trem para o show, vinda dos pontos mais longínquos da ilha, e se juntou à multidão de vinte e cinco mil pessoas que pagou cerca de quatro dólares por ingresso para ver a banda quebrar tudo, quase a um ponto de colapso. O estádio de Western Springs era, em geral, reservado a corridas de *stock car*, mas nunca vira tantos cavalos de potência quanto os gerados pelo Zeppelin naquele dia.

Embora Robert ainda estivesse passando meio mal – uma leve indigestão, dizia ele –, o show em Auckland foi um dos melhores da turnê. "Stairway to Heaven" preparou a multidão para o que estava por vir. O lugar foi à loucura com "Whole Lotta Love", que agora fazia parte de um *medley* de *rocks* antigos e outras músicas do Zeppelin ("Good Times Bad Times", "You Shook Me", "I Can't Quit You Baby"). Por uns bons dezesseis minutos, a banda levou "Whole Lotta Love" a um ponto sem volta, e o público respondeu com sua própria erupção de emoções, reagindo como se estivesse testemunhando a história sendo feita. No que dependesse deles, de fato estava.

Esse tipo de *performance* deixava a banda absolutamente eufórica, pois a lembrava das turnês norte-americanas do início da carreira, quando os fãs assistiam ao Led Zeppelin pela primeira vez. Bonzo saía tão energizado dos shows, que proclamava: "Não vou conseguir dormir por dias". Às vezes, parecia que ele de fato não dormia.

Em Adelaide, o Creedence Clearwater Revival havia tocado na noite anterior e ainda estava na cidade quando chegamos. O baterista do Creedence, Doug Clifford, estava com uma bateria de estudo no quarto do hotel, e se alternou com Bonham para tocar batidas trovejantes quase até o amanhecer. Incrivelmente, ninguém no hotel reclamou.

Em sua maior parte, contudo, exceto pela música, a turnê foi puramente enfadonha. Quando nos hospedamos no hotel White Heron, em Auckland, bem depois da meia-noite, pouca coisa correu bem. O recepcionista noturno teve dificuldade em encontrar em quais quartos estávamos e acabou colocando Peter e eu na mesma suíte. Para ser mais preciso, ele colocou Peter, eu e um casal que não conhecíamos na mesma suíte!

Quando Peter e eu giramos a chave e entramos no quarto, o camarada estava na cama com a esposa, e parecia que a última coisa que eles queriam eram visitantes na madrugada. Sinceramente, errado ele não estava.

"Que diabos vocês estão fazendo no meu quarto?", gritou ele, enquanto a esposa pegava um lençol para se cobrir.

"Eu estava prestes a fazer a mesma pergunta a você, porra!", retrucou Peter. "Gostaríamos que vocês dessem o fora daqui!"

Descemos até a recepção para resolver a questão. Para nossa grande surpresa, porém, encontramos nosso *roadie* Mick Hinton na posição de recepcionista.

"Que diabos você está fazendo?", perguntei.

"Subornei o porra do recepcionista para que ele fosse até a cozinha pegar comida para nós. Ele me disse para ficar aqui cuidando das coisas até ele voltar."

Nesse momento, o telefone tocou.

"Recepção", disse Mick ao atender, tentando soar como se soubesse o que estava fazendo. Era nosso "colega de quarto" na linha, reclamando da aparição-surpresa que Peter e eu fizemos alguns minutos antes.

Mick parecia bravo. "Olha só, se você não gosta como as coisas são por aqui, então pode ir se foder!", berrou.

Aparentemente, o hóspede tentou argumentar com Mick, o que foi um esforço inútil. "Seu cuzão", Mick gritava ao telefone, "é assim que o hotel funciona! Sugiro que você dê o fora daqui!"

Quinze minutos depois, o homem e sua esposa fizeram o *check out*.

Quando chegamos a Sydney, na primeira semana de março, ficamos no Sebel Townhouses e, para variar um pouco, tentamos de verdade nos comportar bem. Certa noite, pedi ao recepcionista para nos indicar alguns clubes capazes de aguentar o massacre zeppeliniano. Nossa segunda parada foi no Les Girls, cujo dono era um americano chamado Sammy Lee. "É cheio de travestis", o recepcionista nos disse.

Na verdade, o Les Girls era muito mais... apresentava um show completo que contava com transexuais muito talentosas – boas cantoras, dançarinas melhores ainda, e elas ainda eram bastante atraentes. Lá pela metade do show, Bonzo perguntou a um garçom aquilo que todos estávamos interessados em saber: "São homens ou mulheres?".

"Bem, elas não têm mais pau e aumentaram os seios", respondeu o garçom. "Até onde sei, agora são mulheres!"

"Pois é, isso com certeza diz que elas não são mais homens!", disse Robert, com um certo tom de eufemismo.

Descobrimos que as garotas do Les Girls eram, na verdade, bastante famosas na Austrália. Quando ficaram sabendo que o Led Zeppelin estava na plateia, vieram nos cumprimentar. Nós as convidamos para o show na noite seguinte e para ir beber conosco depois.

O Zeppelin tocou para vinte e oito mil fãs no Sydney Showground e, depois do show, vimos que as garotas eram uma ótima companhia e beberronas melhores ainda. Ficamos em Sydney por quase uma semana, quase o tempo todo na companhia das transexuais. "A imprensa não sabe o que fazer com isso", riu Peter. "Um repórter me perguntou se todos os membros do Led Zeppelin são gays."

De fato, as garotas eram pura diversão, o que era exatamente o que procurávamos. É claro que perdiam um pouco da beleza às quatro da manhã, quando a barba começava a aparecer. Certa manhã, começaram a perder a paciência e, em vez de se tratarem por Louise ou Marilyn, passaram a chamar uma a outra de Barney ou Burt. Já era um show por si só.

Para partirmos da Austrália, pegamos um voo da Boac (British Overseas Airways Corporation). A pedido de John Paul, optamos por uma escala na Tailândia; ele ouviu as nossas histórias sobre aquela viagem depois da turnê pelo Japão, e decidimos fazer uma parada de três dias em Bangcoc para mostrar a cidade a ele antes de prosseguir para a Inglaterra. Porém, no aeroporto de Bangcoc, não chegamos a passar da alfândega.

"Perdão", disse um dos agentes. "O cabelo comprido de vocês é inaceitável na Tailândia. Vocês não estão autorizados a entrar no país assim."

Ficamos estupefatos. "Estivemos aqui no ano passado", disse Robert. "Nosso cabelo provavelmente estava ainda mais comprido. Isso é absurdo!"

Porém, os oficiais tailandeses foram inflexíveis. "Sentimos muito", disse outro, "mas agora é regra. Nada de cabelo comprido no país."

Não estávamos acostumados a não conseguir as coisas do nosso jeito. Fosse um assento de primeira classe num voo com *overbooking* ou a melhor mesa num restaurante da moda, a banda esperava que seu nome e sua notoriedade conseguissem o que quiséssemos.

Desta vez, contudo, não funcionou. Por mais de meia hora, discutimos com quem pudesse ouvir. Fizemos de tudo, menos oferecer suborno (o que poderia ter nos levado para a cadeia). Nada funcionou. Por fim, percebemos que era uma disputa que não iríamos vencer.

"Vocês parecem não entender", argumentou Robert. "Vamos gastar *dinheiro* no seu país!" Talvez eles não precisassem de mais dinheiro estrangeiro na Tailândia.

Em questão de uma hora, estávamos a bordo do avião de novo, rumo a Londres.

30. NARRAÇÃO DE QUARTO

"QUANDO SE ESTÁ NO TOPO, você pode fazer exigências das quais as pessoas dariam risada em outras circunstâncias."

Era assim que Peter Grant explicava sua estratégia de partir para a jugular ao negociar os contratos de show do Led Zeppelin.

Na prática, não acontecia uma negociação de verdade. Em seu tom de voz mais sisudo e intransigente, Peter simplesmente informava aos *promoters*: "De agora em diante, o Zeppelin fica com noventa por cento da bilheteria. Ponto final". Era pegar ou largar. Os *promoters* reclamavam – e então, relutantes, assinavam na linha pontilhada.

No início dos anos 1970, uma banda grande qualquer, ao tocar num estádio a céu aberto, recebia uma quantia de garantia (talvez uns US$ 50 mil), mais sessenta por cento da bilheteria. Mas o Zeppelin não era um nome qualquer. Segundo Peter, as regras do Zeppelin seriam diferentes.

"Depois de pagarmos pelo espaço, pela segurança, pelas limos, pelo sistema de som e pela iluminação, ficamos com noventa por cento", dizia Peter. "Nem vamos nos dar ao trabalho de pedir a garantia."

Não é de se surpreender que esse tipo de conversa não tenha colocado Peter no topo da lista da maioria dos *promoters* e agentes de *rock* na hora de enviar cartões de Natal. Alguns o consideravam arrogante, outros diziam que ele e a banda sofriam de um caso sério de presunção. A maioria simplesmente o achava injusto. Todos ficavam furiosos. O Zeppelin, porém, colheu frutos financeiros enormes com esse estilo *kamikaze* do Peter de fazer negócios.

Com o esquema dos noventa por cento, a banda geralmente embolsava pelo menos US$ 80 ou 90 mil, às vezes mais, numa única noite, no início da década de 1970. Alguns anos depois, poderiam ter usado um carro-forte para transportar acachapantes US$ 500 mil em algumas noites. Os ingressos de todos os shows esgotavam, o que desencadeou uma avalanche financeira digna dos Rockefellers. O dinheiro era dividido em cinco, com Peter em pé de igualdade com os quatro músicos.

"Olha só", Peter argumentava com os *promoters* locais atordoados, "mesmo com dez por cento da bilheteria, vocês ainda ganham mais dinheiro do que normalmente ganhariam ficando com cinquenta por cento de uma banda mediana. Para nós, tudo o que vocês fazem mesmo é cuidar das miudezas."

A turnê norte-americana do verão de 1972 foi a primeira em que Peter fez essa exigência implacável de noventa por cento, que pulverizou o procedimento-padrão da indústria da música.

Nas semanas que antecederam essa turnê, enquanto Peter lançava a carta dos noventa por cento na mesa em diversas cidades dos EUA, a banda se reuniu em Stargroves, a casa de campo de Mick Jagger, para registrar as primeiras faixas do próximo álbum. Usaram o estúdio móvel de Jagger e talvez tenham feito mais experimentações do que em qualquer outra sessão do Zeppelin até então. Jimmy chegou com algumas músicas no papel, completamente escritas e arranjadas, como "Over the Hills and Far Away", mas houve muita improvisação na maioria das outras. Havia tanta energia criativa e todos estavam se sentindo tão para cima, que Jimmy sentia que um grande álbum ia surgir, mesmo sem tudo estar preparado por completo com antecedência.

Ou pelo menos essa era a atitude de Pagey no início. Porém, ao final das sessões, ele não ficou satisfeito com a qualidade do som. Sim, estava certo quanto à energia criativa, mas começou a pensar em regravar algumas das faixas em outro lugar.

Ainda assim, o álbum teve um progresso gradual em Stargroves. Foi Bonzo quem teve a ideia original para "D'yer Mak'er", canção à qual ele incorporou uma sonoridade *doo-wop*. Quando a música finalmente ficou pronta, tinha um clima de *reggae* também. Na tentativa de dar forma a "D'yer Mak'er", a banda se reunia no gramado de Stargroves e ouvia cada *take*, remexendo ao som da batida e fazendo passos de dança que pareciam um cruzamento dos movimentos de Charlie Chaplin e Groucho Marx.

Como em qualquer ocasião em que os integrantes do Zeppelin se reuniam, houve algumas macaquices em Stargroves. Isso dissipava a tensão que se acumulava e parecia regenerar os ânimos da banda para o próximo dia de trabalho. De forma curiosa, era também como os membros da banda demonstravam afeição uns pelos outros. Haviam desenvolvido muito carinho entre si, embora nenhum deles fosse particularmente bom em articular sentimentos. Porém, se engajar em atividades brincalhonas – fosse dividir uma garrafa de champanhe ou armar uma pegadinha – era uma forma de demonstrar essa afeição.

Em Stargroves, um dos técnicos de som, que chamaremos de Steve, foi o alvo de algumas dessas altas travessuras. Ele estava acompanhado da namorada, e Bonzo escondeu um microfone no quarto onde os dois dormiam. Nós então esperamos que eles se retirassem para a noite.

"Ótimo!", exclamou Bonzo enquanto monitorava o barulho vindo do quarto, pressionando os fones com tanta força sobre os ouvidos que eu pensei que eles fossem se amalgamar a seu crânio. "Eles estão transando! Isso vai ser maravilhoso!"

Enquanto a respiração ofegante ficava séria, Bonzo registrava em fita toda a celebração sexual. Ao mesmo tempo, mexia nos controles e transmitia os sons do quarto para o sistema de alto-falantes da casa. Ao longo dos trinta minutos seguintes, todos os cômodos da casa – exceto o quarto onde Steve e sua garota desempenhavam acrobacias vigorosas – puderam ouvir uma narração muito explícita daquelas atividades.

À medida que o nível de excitação no quarto aumentava, aumentava também a torcida pela casa toda. "Vamos, Steve! Manda ver! Vai, Steve, vai!"

Na manhã seguinte, Steve se viu vítima de provocações impiedosas – "Steve, essa garota com certeza sabe gemer!" –, apesar de aparentemente nunca ter descoberto como o emboscamos e espionamos sua transa a cem decibéis.

Jimmy tentava manter as sessões de gravação o mais profissionais o possível. Continuava a insistir que a banda deveria limitar os custos de gravação, e isso significava encarar as sessões com a seriedade de um neurocirurgião ao sondar um cerebelo. Dessa vez, o ritmo não foi tão rápido quanto o das sessões do debute *Led Zeppelin*, de 1968, gravado na velocidade do Concorde, mas o clima tampouco foi indolente. Jimmy exigia que o produto final tivesse uma precisão decimal.

Por esse motivo, acabamos indo para o Olympic Studios, em Londres. Num ambiente de estúdio mais formal, o Zeppelin ficava muito mais resoluto. Mandaram ver em músicas como "The Crunge", com Jimmy e John Paul seguindo a levada de Bonzo para costurar a música numa sonoridade *funky* à la James Brown; Jimmy acrescentou um *riff* calcado no *blues* com o qual vinha brincando havia sete anos e enfim descobriu um lugar apropriado para usá-lo. Robert rabiscou a letra de "The Song Remains the Same" num bloco de notas durante um arroubo de inspiração baseado em sua visão de um denominador comum para todas as pessoas e coisas; Jimmy elaborou cuidadosamente a música complexa ao longo de muitas semanas, e pretendia que fosse uma faixa instrumental antes de casá-la com a letra de Plant.

Enquanto a banda permanecia trancada no estúdio, Peter e eu começamos a conversar seriamente a respeito de contratar um assessor para tentar ganhar alguma vantagem contra uma imprensa que ainda tratava a banda com tanto respeito quanto a peste bubônica. Algumas semanas antes, no voo de volta da Austrália, Jimmy e Robert levantaram esse assunto pela primeira vez, imaginando que um assessor experiente talvez fosse capaz de fazer uma oferta de reconciliação à imprensa, de forma a conseguir um tratamento mais justo.

"Se você está à procura de alguém que tenha alcance na mídia que atenda a um público jovem, tente B.P. 'Beep' Fallon", eu disse a Peter. "Ele fez um bom trabalho para chamar a atenção da imprensa para o T. Rex. Sabe o que faz."

Peter seguiu meu conselho. Com a banda ocupada com as gravações, ele assumiu a iniciativa e contratou Fallon, que trabalhou conosco por cerca de quatro anos. Beep era um cara pequenino, que não parecia ter o necessário para enrolar e manipular a imprensa. Porém, de seu escritório em Londres, ele claramente tinha as habilidades e a experiência para abrir portas, em particular junto à imprensa britânica, mesmo com os jornalistas que tradicionalmente reagiam ao Zeppelin com um grande bocejo.

Beep era o tipo de camarada que conseguia te irritar com sua personalidade hiperativa e seu jeito cafona de falar, porém, como ele conseguiu a cobertura positiva que queríamos, todo mundo concordava que ele fazia valer seu salário.

Quando a banda enfim emergiu do estúdio no final de maio, a turnê norte-americana estava definida. Com a intensidade dos trabalhos no novo álbum, o Zeppelin sentia que não tivera muita folga naquela primavera. E eles nem haviam pensado de verdade nos shows que estavam por vir – o que tocariam, quais músicas novas apresentariam.

Porém, fizeram as malas e se prepararam para o voo para o oeste. Tinham autoconfiança o bastante para sentir que esses próximos shows do Zeppelin seriam tão bons ou melhores quanto qualquer outro já feito.

31. NEGÓCIO ARRISCADO

PARA A TURNÊ DE VERÃO DE 1972, Peter e eu concordamos em fretar um jatinho Falcon para transportar a banda de uma cidade a outra. Com uma agenda corrida e caótica – o itinerário contava com trinta e quatro shows em pouco mais de um mês –, senti que o jato particular seria essencial. Assim, fui para os EUA antes da banda para providenciar o aluguel de um de nove assentos.

No fim, consegui por uma barganha. Acho que ouvi muitas das conversas de Peter ao telefone com os *promoters*, quando ele jogava duro para conseguir os termos que queria. Diante do representante da companhia na mesa, insisti num valor mais baixo. Ele providenciou uma garrafa de gim enquanto começávamos a discutir os detalhes do nosso fretamento, e depois de noventa minutos de pechincha – e de bebedeira –, parecia disposto a concordar com praticamente qualquer coisa.

"Não conheço muito bem a música de vocês", disse, "mas ficaríamos honrados demais se vocês usassem esse avião."

Por insistência minha, ele nos deu seis mil e quinhentos quilômetros gratuitos e tirou US$ 5 mil da taxa de fretamento, embora, por esse valor, teríamos de voar sem comissária. "Está ótimo", eu disse a ele. "Preferimos ter mais um assento sobrando."

Nos dias que antecederam o primeiro show da turnê, também dediquei boa parte do meu tempo às necessidades de segurança do Led Zeppelin. As ameaças de morte aos membros da banda haviam se tornado um estilo de vida durante o giro anterior pelos EUA, mas ainda era difícil se acostumar com elas. Durante a turnê de 1972, às vezes eu achava que a banda era um alvo fácil no palco; se algum maluco quisesse atirar neles, não teria sido tão difícil. Sempre que ouvia algum estouro mais alto – poderia ser um balão estourando –, eu tremia e já olhava rápido para ver se os membros da banda estavam bem. Sem dúvida, meu trabalho estava se tornando muito mais estressante.

Ao longo de toda a turnê, tentei encontrar maneiras de apaziguar minhas próprias ansiedades em relação à segurança do Zeppelin. A convite da banda, frequentemente eu tocava congas durante "Whole Lotta Love", o que era uma distração muito bem-vinda do estresse da rotina, mesmo que durasse apenas alguns minutos.

Certa noite, no Madison Square Garden, pouco antes de eu subir no palco para "Whole Lotta Love", Jerry Greenberg, vice-presidente da Atlantic e ex-baterista, me disse o quanto ficaria eletrizado de tocar com o Led Zeppelin nessa música. "Bem", eu disse, "se você quiser tocar com eles, prometa que vai me dar cem dólares, e você toca! Só mandar ver na percussão!"

Jerry nem titubeou. "Feito!" Ele subiu no palco para "Whole Lotta Love", e eu me ative à única outra maneira que conhecia de aliviar a tensão – cheirar cocaína no *backstage*.

Esse show no Madison Square Garden foi uma das raras ocasiões em que os fãs claramente se tornaram um risco para a banda no meio de uma apresentação. Era o primeiro de dois shows altamente eletrizantes no Garden e, mais ou menos na metade, uns vinte e tantos fãs mais animados abriram caminho até a frente do palco e pularam por cima das barreiras. Nossos seguranças correram de encontro a eles e os empurraram para os lados ou os nocautearam com socos bem dados. Quando o caos aumentou, alguns dos fãs ainda sentados entraram em pânico. Começaram a partir para a frente do palco, como se ali houvesse algum tipo de refúgio. Os seguranças ficaram em menor número, e dezenas de fãs subiram no palco. Não parecia haver intenções maliciosas da parte deles, mas, com o peso de todo mundo somado, um canto do palco de fato começou a desabar.

Enquanto o Zeppelin tocava "The Battle of Evermore", Peter ficou assustado. "Tire a banda do palco", gritou ele, embora a banda já estivesse começando a se dispersar por conta própria. Nenhum de nós sabia o quanto mais do palco poderia ceder, e o show parou por completo. As luzes se acenderam, e durante quinze minutos uma equipe pôs a mão na massa febrilmente na tentativa de reforçar o palco. Ao mesmo tempo, a segurança se misturava aos fãs entusiasmados, na esperança de restaurar um senso de calmaria. O show foi retomado e não houve mais incidentes. Porém, esse era o tipo de coisa que tirava o meu sono.

Para a maior parte das nossas necessidades de segurança naquela turnê, contamos com Bill Dautrich, um ex-policial da Filadélfia. Ele recomendou que mantivéssemos o acesso à banda fechado à vácuo. Bill viajaria antes de nós para cada cidade e se encontraria com os chefes de polícia locais para organizar escoltas às nossas limusines nos trajetos entre aeroportos e locais de shows. Ele trabalhava para uma companhia chamada Ogden Security, de Boston, e tinha contatos com os departamentos de polícia em todas as grandes cidades do país. "Falamos a mesma língua", dizia Bill. "Eles me dão qualquer coisa que eu quiser."

A cada show, Dautrich planejava uma saída rápida para a banda depois da última música. "Quando feita direito, a 'fuga' deve levar menos de um minuto", dizia ele. Cada membro da banda sabia com antecedência a rota que deveria fazer do palco até as limos ao final de cada show, e qual carro era o seu. Jimmy, Robert e Peter iam na limo da frente; ao mesmo tempo, Bonzo, John Paul e eu embarcávamos na segunda. Havia um segurança no banco dianteiro do passageiro de cada uma. A última das três limos levava outros membros importantes do nosso "círculo interno" – Steve Weiss, nosso advogado, ou, nos anos seguintes, o assessor de imprensa/presidente da Swan Song, Danny Goldberg. Em geral, em questão de trinta segundos as limos já estavam se movendo e, quando chegavam ao topo da rampa, as sirenes começava a soar e assim seguiam pela maior parte do trajeto até o hotel ou aeroporto.

No dia seguinte a um show em Winnipeg, não tínhamos nada planejado em especial. No hotel sem fazer nada, Peter reclamava do tempo ocioso.

"Bem", eu disse, "por que não fazemos um passeio de barco? Não tem uns barcos no rio Assiniboine?"

Peter olhou para mim como se eu tivesse perdido uns parafusos. "Richard, você não está organizando uma excursão de escoteiros. Esquece esse passeio de barco. Arrume umas *strippers*!"

Abri as *Páginas amarelas* e dei alguns telefonemas. Uma hora depois, duas *strippers* chegaram ao hotel. A essa altura, o serviço de quarto já tinha trazido nosso pedido de sessenta *screwdrivers*[27], um terço dos quais já tinha sido entornado quando o show começou. "Mesmo se as garotas forem feias", falei para Bonzo, "podemos ficar bêbados e fingir que elas não estão aqui."

As garotas trouxeram sua própria trilha sonora e algumas trocas de fantasias. Ambas eram morenas de vinte e poucos anos, uma era extremamente magra e a outra poderia perder uns quatro quilos. "Essa festa é de vocês, rapazes", disse a magrinha ao ligar a música. "Digam o que a gente pode fazer para entreter vocês."

Em questão de dez minutos, eu já estava entediado. As garotas estavam se esforçando, mas nós já havíamos sido entretidos por *strippers* dezenas de vezes, e não havia nada de especialmente excitante naquelas reboladas e esfregações.

Por fim, quase pegando no sono, fui para o quarto, tirei a roupa e coloquei algumas das peças trazidas pelas garotas – fio dental, sutiã, robe, cinta-liga, meia-calça. Para ser bem sincero, fiquei ótimo. Gypsy Rose Lee[28] teria ficado com inveja.

Voltei para a sala e comecei a fazer um *strip*, incentivado pela banda. "Você é fantástico!", gritava Robert. "Que movimentos! Que movimentos incríveis!"

As garotas ficaram impressionadas e se sentaram para assistir ao show. Demorei cinco minutos e muitos giros, reboladas e passos de dança para tirar a roupa. "Essa cinta-liga é de matar!", exclamei.

---

27 Drinque com suco de laranja e vodca. (N. do T.)

28 Célebre artista burlesca estadunidense. (N. do T.)

No dia seguinte, Jimmy me disse: "Acho que é melhor você continuar na carreira de *tour manager*. Quase passei mal de te ver dançando naquele fio dental!"

Levei como um elogio.

As *strippers* podem ter sido uma diversão agradável, mas Pagey encontrou alguém durante a turnê que rapidamente se tornou uma presença muito mais permanente em sua vida. Seu nome era Lori Maddox – alta, graciosa, muito atraente, de cabelos escuros, pele morena, rosto angelical, belos olhos castanhos e lábios cheios e deliciosos.

Jimmy ainda se relacionava com Charlotte Martin, mas se apaixonou por Lori assim que a conheceu. Beep Fallon foi quem trouxe Lori ao *entourage* do Zeppelin. Cerca de um ano antes, ele esteve nos EUA com uma banda chamada Silverhead, cujo vocalista era Michael Des Barres (que foi marido de Pamela Des Barres). Certa tarde, Beep folheava uma revista quando viu uma foto de Lori, uma modelo adolescente que ele conhecera alguns meses antes, embora não se lembrasse muito bem de onde. Beep conseguiu encontrá-la e mostrou a foto dela a Jimmy. Pagey ficou babando. "Ela é magnífica", disse, "me dê o telefone dela."

Beep conhecia Pagey bem o bastante para imaginar que ele e Lori poderiam ser uma combinação perfeita – e que as faíscas não seriam apagadas pela presença de Charlotte em Londres. Afinal, além dos atributos físicos fascinantes de Lori, ela tinha apenas quatorze anos. E Jimmy, com vinte e oito na época, ainda tinha uma fraqueza por garotas que tinham dificuldades em colocar os primeiros cílios postiços e cambaleavam ao usar o primeiro par de saltos altos.

Quando enfim chegamos a Los Angeles na turnê de 1972, Jimmy ligou para Lori e, quando os dois se conheceram no Hyatt House, ele mal se continha. Era melhor do que na foto, dizia. Alegava sentir um certo magnetismo que saía dos olhos dela quando ela sorria para ele – bem, ela era uma garota que ele achava irresistível.

De imediato, a adolescente se tornou titular na vida de Jimmy, o que não caiu bem com as dezenas de *groupies* que dariam seus sutiãs com enchimento por uma chance de passar um tempo com ele. As histórias a respeito de Lori e Jimmy corriam pelos clubes de L.A., fofocas de garotas ultrajadas com o fato de aquela menina de quatorze anos estar, de algum modo, vivendo todas as fantasias delas: "Você ficou sabendo que o Jimmy achou uma colegial com quem brincar?"... "Meu pai nem me deixava olhar para garotos até eu ter uns três anos a mais do que ela!"... "Queria ver alguém arrancar os olhos dela!".

Havia também rumores de que os demais membros da banda estariam incomodados com Jimmy por ele cortejar uma garota menor de idade, o que prosseguiu pela maior parte da década de 1970 quando estávamos em L.A. Porém, não era bem assim. Bonzo brincava que só estava "puto porque Jimmy conseguiu o telefone dela antes de mim". Havia garotas adolescentes de sobra ao nosso redor, e Lori não era a única disposta a se submeter ao feitiço do Zeppelin.

De qualquer modo, como Bonham acrescentou, havia muitas outras coisas que ele gostava de fazer em Los Angeles além de flertar com as garotas. Seu fascínio por carros, por exemplo, parecia se intensificar nos trajetos entre o aeroporto LAX e o Riot House.

Certa tarde, nossas limos subiam o La Cienega Boulevard em direção ao Sunset. Ao passarmos por uma concessionária chamada Old Time Cars, Bonzo e Jimmy insistiram em parar. Para eles, a visão de automóveis antigos – Alfa Romeos, Bugattis, Pierce-Arrows – na vitrine era tão fascinante quanto uma bela garota. Bem, quase tão fascinante.

Pagey desceu da limo e foi direto até um Cord Sportsman 812 de 1937, imaculado. Era azul-escuro, com pneus brancos e faróis escondidos nos paralamas. Em menos de dez minutos, ele disse: "Preciso ter esse carro". O preço era US$ 17 mil, e Jimmy barganhou até chegar aos US$ 13.500. Negócio fechado.

Enquanto isso, Peter viu um Pierce Silver Arrow preto e azul, um dos grandes carros de luxo dos anos 1930, que ele decidiu ser uma "necessidade". Começou a negociar o preço enquanto Bonzo entrava e saía do banco do motorista de um Duesenberg Model A de 1928, completo, com degraus de madeira nas laterais e uma buzina que certamente daria um ataque cardíaco nos mais fracos. "Preciso tê-lo, preciso tê-lo", suspirava Bonzo. O preço, porém, era US$ 50 mil, e ele achou caro demais. "Se você chegar a 45 mil, podemos começar a conversar", disse ao vendedor. Quando isso não aconteceu, Bonzo recuou. "Bem, voltaremos no ano que vem. Se eu ainda quiser, trago o dinheiro e volto dirigindo para a Inglaterra!"

Tanto Jimmy quanto Peter fecharam negócio em questão de uma hora, a compra impulsiva definitiva. Peter me disse para ligar para a Atlantic Records e pedir que a gravadora enviasse um mensageiro com um cheque para pagar pelos carros. Ambos os automóveis foram enviados para a Inglaterra alguns dias depois.

Quando a turnê norte-americana acabou, no final de julho, quase toda a banda voou rapidamente de volta a Londres. Jimmy, porém, quis ficar. "Se é por causa de Lori", perguntei a ele, "por que você não a convida para voltar à Inglaterra conosco?"

Ele se voltou para mim com uma expressão incrédula. "Lori vai ficar muito bem em L.A. Só quero fazer umas compras. Vamos passar uns dias em Nova York."

Pegamos uma suíte no Waldorf Astoria, e Jimmy começou a comprar antiguidades e livros. No fim das contas, tive de contratar duas limos adicionais só para transportar as antiguidades dele para o aeroporto para o voo de volta para casa.

32. HEROÍNA

PETER GRANT ÀS VEZES se perguntava como é que teve tanta sorte. Não só era empresário da maior banda de *rock* do mundo, como a jornada foi relativamente fácil. A maioria das superbandas se separava antes de chegar a ganhar força, mas, ao final de 1972, com o Led Zeppelin comemorando o quarto aniversário, Peter achava que eles talvez durassem para sempre.

"É realmente incrível", ele me dizia. "Eu realmente não tive de gastar energia alguma para resolver conflitos internos da banda ou para evitar que algum dos membros pulasse fora. As maiores decisões que preciso tomar se referem a onde eles vão tocar em seguida."

Pouco mais de dois meses depois que voltamos dos EUA, Peter nos colocou na estrada de novo, mais uma vez no Japão, com sete shows em Tóquio, Osaka, Nagoya e Kyoto. Tocamos em alguns dos mesmos lugares que na viagem de 1971 – o Budokan Hall, em Tóquio; o Kaika Hall, em Kyoto; e o Osaka Festival Hall –, porém, dessa vez, os ingressos se esgotaram de imediato. Uma única propaganda, uma simples menção no rádio e a molecada já fazia uma fila que se estendia até o monte Fuji.

Durante uma breve pausa na turnê japonesa, resolvemos ir descansar um pouco em Hong Kong. Hospedamo-nos no hotel Mandarin, e Andrew Yu, um amigo de Tats Nagashima, nos encontrou lá e nos levou a um restaurante cinco estrelas. Lá pela metade do jantar, encostei num rapaz que

Andrew apresentou a nós e perguntei: "Meus amigos e eu queremos um pouco de cocaína. Você acha que consegue arrumar para nós?".

Ele assentiu, porém, como não falava muito bem inglês, não tive certeza se ele havia entendido o que eu disse. Quinze minutos depois, no entanto, ele reapareceu e acenou para que eu o acompanhasse até a cozinha. A banda inteira foi junto.

Com o passar do tempo, o Zeppelin continuava enamorado da cocaína. Não que tivéssemos abandonado o álcool, mas as pessoas constantemente nos ofereciam cocaína, e parecia tolo recusar. Bonzo costumava falar no barato da cocaína, que viajava de seu nariz até seu cérebro mais rápido que um piscar de olhos. "É uma porra indescritível", dizia, com olhos vidrados. Quando queríamos gratificação instantânea, a cocaína era a nossa droga de preferência.

Na cozinha do restaurante, o amigo de Andrew perguntou: "Vocês gostariam de uns canudos?". Entregou um a cada um de nós e então esticou o pó branco na mesa. "Sirvam-se", disse, com um orgulho radiante.

Todos nós demos uns tiros. No entanto, havia alguma coisa de errado. Por fim, peguei um pouco do pó com o dedo e levei à boca para provar. "Puta merda!", gritei. "Que negócio é esse? Com certeza não é coca!"

"Não encontrei coca", anunciou nosso traficante. "Então trouxe heroína! Vocês gostaram?"

Anos antes, eu havia passado por uma experiência parecida; me deram heroína, embora eu pensasse ser cocaína. Na época, assim como agora, a mera menção da palavra "heroína" trazia prontamente imagens de *junkies* acabados injetando em becos escuros. Não era a vida que eu queria.

Nessa ocasião, em questão de minutos depois de cheirar, todos nós começamos a passar terrivelmente mal. Talvez algumas dessas reações tenham sido psicológicas, mas todos só quiseram voltar para o hotel. "Vamos morrer?", perguntava Bonzo. Não acho que ele estivesse brincando.

Eu já havia providenciado algumas putas para nós no hotel, mas perdemos o interesse nelas. Só queríamos nos deitar. "Garotas", eu disse a elas, "vamos ter que botar o papo em dia com vocês numa próxima visita a Hong Kong. Vamos passar muito mal essa noite." E passamos.

Por sorte, no dia seguinte, já nos sentimos de volta ao normal. Foi uma experiência assustadora, mas parecíamos ter nos recuperado. Outro amigo de Andrew organizou um passeio de barco para nós naquela tarde, e parecia uma empreitada mais saudável do que a da noite anterior. Imaginei que o ar fresco nos faria bem.

O barco saiu do porto de Victoria, porém, depois de apenas quinze minutos na baía, o capitão pareceu terrivelmente nervoso. Por fim, desligou o motor e anunciou: “Há um furo no barco, está entrando água”.

Entrando água!

Pelo menos de início, foi uma aposta para ver quem estava mais em pânico. Todos começamos a acenar freneticamente para outros barcos virem a nosso resgate. Depois de uns dois minutos, Jimmy quase entrou em histeria. “Não sei nadar”, choramingou. “Se precisarmos pular na água, alguém vai ter de me ajudar a dar braçadas até a costa.”

Houve alguns momentos de silêncio. “Não olhe para mim”, disse John Paul. “Também não sei nadar.”

Peter, por fim, me designou voluntariamente para uma tarefa. “Você é o melhor nadador aqui, Cole. Por que não nada até a costa e traz ajuda?”

“Vai se foder!”, gritei. “Não vou nadar nessa água. E se houver tubarões?”

Por sorte, um barco se aproximou do nosso.

“Não fiquem animados demais”, o capitão disse a Robert, à medida que o outro barco chegava perto. “É só um lixão chinês que foi transformado num mercado flutuante. Ele não quer nos resgatar, quer nos vender laranjas!”

Cerca de dez minutos depois, nosso capitão enfim conseguiu fazer a bomba de porão funcionar e foi capaz de escoar a água do interior do barco, que começou a retornar à costa, de forma meio truncada, mas sem que nenhum de nós molhasse os pés.

Havia uma jovem loira de sotaque australiano a bordo do barco que eu notei que sorria para mim a maior parte da viagem. Um dos membros da tripulação me disse que ela era amiga do capitão, mas ela dirigia muito mais atenção a mim, e enfim me abordou enquanto o barco retornava. “Você não se lembra de mim, né?”, disse, abrindo um sorriso. “Você me deu uma carona em Sydney, uns meses atrás. E quando ficou bravo comigo, me deixou na rua.”

"Ah, meu Deus, era você?"

"Sem ressentimentos. Tive de seguir a pé, mas foi bom para me exercitar."

Ela então tirou um saquinho plástico da bolsa. "Quer experimentar um pouco disso?"

Parecia heroína. A julgar pelo quanto passei mal na noite anterior, meu primeiro instinto foi pegar e jogar aquilo na água. Porém, para mim, havia algo de sedutor nas drogas – e numa mulher bonita. Decidi tentar a sorte com ambas. Fomos até a popa do barco e compartilhamos alguns tiros.

Mais tarde, o Zeppelin tinha de pegar o voo de volta para o Japão. A essa altura, eu já estava começando a sentir os efeitos da heroína por completo. Como verdadeiro novato nessa droga, não sabia muito bem o que esperar. Desta vez, porém, mais do que tudo, comecei a ficar incrivelmente ansioso – até paranoico – enquanto esperávamos nossas malas serem inspecionadas no aeroporto.

"O que há de errado com você, Richard?", sussurrou Jimmy enquanto aguardávamos na fila. "Você está suando feito um porco. Não tem nada aí com você, né?"

"De jeito nenhum", respondi. "Não estou levando nada. Só estou com essa sensação de que tem alguém me espiando. Não sei explicar."

Quando embarcamos, minha respiração já estava acelerada e eu me sentia completamente desidratado. "Você poderia nos trazer algo para beber?", perguntei a uma comissária depois que nos sentamos. Sentia-me desesperado por qualquer coisa, um copo d'água que fosse.

"Vocês terão de esperar até decolarmos", ela nos avisou.

"Que merda!", eu disse a Jimmy. Minha respiração estava pesada e eu fui até o compartimento de bebidas, que estava trancado com um cadeado. Peguei um carrinho de comida vazio e comecei a esmurrar o cadeado com ele até abri-lo. Os passageiros só olhavam, se perguntando se haviam embarcado num voo cujo destino era algum tipo de manicômio.

Peguei umas duas cervejas e voltei a me sentar. "Sinto muito se envergonhei alguém", falei a Jimmy. "Às vezes, minha sede não pode esperar." Se eu tivesse sido esperto, naquele dia teria dado adeus à heroína em definitivo.

Depois da turnê japonesa, decidimos tentar entrar na Tailândia mais uma vez. Nossos cabelos estavam tão compridos quanto da última vez em que fomos rejeitados no aeroporto, mas, dessa vez, tínhamos um aliado importante: o rei da Tailândia. Alguns dias antes, em Hong Kong, reclamei com Andrew Yu a respeito da inospitalidade com que nos deparamos em Bangcoc. "Não se preocupe", disse ele com um ar confiante. "Eu conheço pessoalmente o rei da Tailândia. Vou pedir a ele que escreva uma carta para vocês mostrarem aos oficiais no aeroporto. Eles não vão ousar rejeitá-los."

É bom conhecer gente em posições de poder.

Em nosso hotel em Osaka, recebemos uma mensagem de Andrew que, quando trocássemos de avião em Hong Kong, a caminho de Bangcoc, um mensageiro com a carta do rei encontraria nossa aeronave. Como prometido, a carta estava à nossa espera, e assim que Robert, Jimmy, o *roadie* Ray Thomas e eu chegamos à Tailândia, fomos conduzidos pela alfândega sem nenhuma pergunta. Ao longo dos três dias seguintes, nos reencontramos com a decadência tailandesa.

De Bangcoc, fomos para Mumbai, onde Jimmy e Robert haviam se organizado para fazer algumas gravações experimentais. Jimmy levou um gravador portátil quadrafônico Stellavox, muitas gerações mais sofisticado do que qualquer coisa já vista até então pelos indianos. O Stellavox foi construído na Suíça sob as especificações de Jimmy, e sua qualidade sonora era superior à de todos os estúdios de oito pistas de Mumbai juntos. Vários músicos indianos se ofereceram para comprá-lo, mas não estava à venda.

Os melhores músicos de Mumbai, incluindo alguns membros da orquestra sinfônica da cidade, foram convidados para participar da sessão de gravação. Robert, Jimmy e seus colegas indianos gravaram versões em estilo *raga* de músicas do Zeppelin, como "Friends" e "Four Sticks". Não havia planos para que esses registros fossem lançados e, quando a qualidade geral das sessões não se mostrou à altura dos padrões perfeccionistas de Jimmy, não houve considerações sérias para mudar essa ideia.

Ao retornarmos à Inglaterra, Jimmy guardou as fitas das sessões de Mumbai num depósito em sua casa. Recentemente, ele comprara uma nova casa na região rural de Sussex, uma mansão majestosa chamada Plumpton Place. Deu adeus ao Tâmisa e levou todos os seus pertences – incluindo suas estimadas antiguidades e sua estimada namorada, Charlotte Martin – para a casa nova. Havia fossos, pátios e três lagos interconectados na propriedade de vinte hectares, projetada por Sir Edwin Lutyens. Mais importante para Jimmy, havia espaço para um estúdio de gravação. Ele gastou uma extravagância para mobiliar o imóvel, comprou mais antiguidades, além dos diversos itens trazidos das nossas turnês pelo Oriente, incluindo estátuas de Buda e o cavalo alado da Tailândia, cujas asas tinham seis metros de diâmetro, e que poderia levantar voo se deixado do lado de fora quando as brisas noturnas se transformavam em rajadas de vento.

John Paul passou a folga depois da turnê oriental com a esposa e as filhas em sua casa, num condomínio fechado ao norte de Londres. Era uma casa adorável, construída nos anos 1920, um lugar aconchegante e perfeito para um cara como John Paul, que, no fundo, era simplesmente caseiro. Ele a remodelou de acordo com suas próprias necessidades, é claro, e montou um estúdio, onde passava cada vez mais tempo. Era tão confortável, que ele teria ficado contente em raramente sair de casa, isso se saísse.

Robert se recolheu em seu rancho de 1,2 hectare perto de Kidderminster, onde estava claramente encantado com seu novo bebê, que agora tinha seis meses. Quando Robert comprou o rancho, a casa parecia estar praticamente condenada. Porém, ele e Maureen investiram nela com muito carinho e a reformaram e renovaram, mobiliando-a com belos móveis ingleses antigos.

Não muito longe dali, Bonzo foi buscar paz em seu rancho em West Hagley, Worcestershire, embora pouco depois tenha comprado uma nova propriedade de quarenta hectares chamada Old Hyde Farm. Bonzo reconstruiu do zero as estruturas que já existiam ali e deu atenção especial a uma sala de jogos, cuja peça central era uma mesa de sinuca. Também começou a criar gado hereford, que imediatamente se tornou um empreendimento lucrativo para ele, além de um verdadeiro motivo de orgulho.

Para um cara que ganhava a vida esmurrando peles de bateria, fiquei impressionado com a afeição que Bonzo demonstrava para com o gado. "É

Se o público achava que havia um certo mistério em torno do Led Zeppelin, não estava sozinho nisso. Por mais próximo que eu fosse deles, às vezes eu achava que havia algo no interior de Jimmy que ele nunca deixou ninguém ver.

diferente de fazer música, é claro", ele me dizia, "mas sinto um senso semelhante de realização com o que tenho feito com esses touros."

Certa vez, estávamos num voo comercial com Bill Wyman, dos Rolling Stones, acompanhado de sua namorada, Astrid. Durante o voo, Bill, Bonzo e eu falávamos sobre os touros hereford de Bonham, que haviam levado todos os principais prêmios numa competição local. "Amo aqueles touros, adoro acordar de manhã e vê-los", disse John, radiante como um pai orgulhoso dos filhos. No avião, ele usava um macacão e um chapéu de aba larga, que qualquer fazendeiro poderia usar para se proteger do sol no dia a dia.

Alguns minutos depois, Bonham foi usar o banheiro e Astrid se voltou para mim e perguntou: "Por que vocês trouxeram esse fazendeiro junto?". Obviamente, ela não havia reconhecido Bonzo. "Ele só fala nessa droga desses touros! Ele trabalha na propriedade de algum de vocês?"

"Não exatamente", respondi, tentando dar a notícia a ela da forma mais educada o possível. "Ele é o nosso baterista! É o John Bonham!"

Ela pareceu genuinamente surpresa. E envergonhada. O Led Zeppelin era mais do que músicos, embora fosse difícil para a maioria das pessoas enxergar além da música.

Sempre senti que, mais do que os outros, Jimmy era um indivíduo complexo demais para viver apenas para a música. Sabia que sua brincadeira com o ocultismo continuava, embora ele ainda mantivesse esse lado de sua vida bastante privado. De vez em quando, mencionava o nome de Aleister Crowley para mim. Crowley foi parte poeta, parte mago, parte montanhista, e conduzia rituais de magia negra, muitos deles em seu "templo satânico", em Fulham Road. Era um verdadeiro mistério.

Em algumas ocasiões, fui o chofer não oficial de Jimmy em alguns de seus giros de compras relacionadas a Crowley. Apesar do amor de Pagey por automóveis – ao longo dos anos, ele teve carros como um Bentley, um jipe militar Austin Champ, um Cord Sportsman e um velho Mercedes com degraus laterais –, ele nunca tirou carteira de motorista ("Simplesmente nunca me dei ao trabalho de tirar", ele dizia). Assim, ele me ligava várias vezes para dizer: "Richard, estou a fim de ir às compras atrás de alguns artefatos de Crowley". Íamos até casas de leilão e *showrooms* de livros raros, onde Jimmy comprava manuscritos e outros pertences de Crowley (chapéus, pinturas, roupas).

"Qual é a desse tal de Crowley, que te fascina tanto?", perguntei a Jimmy numa dessas saídas.

"O sujeito foi bastante notável, de verdade", respondeu ele. "Um dia vamos conversar sobre isso, Richard."

Porém, nunca conversamos. Se o público achava que havia um certo mistério em torno do Led Zeppelin, não estava sozinho nisso. Por mais próximo que eu fosse deles, às vezes eu achava que havia algo no interior de Jimmy que ele nunca deixou ninguém ver. Em particular no que se tratava do interesse de Pagey por Crowley, sessões espíritas e magia negra, eu tinha muitas perguntas sem resposta.

33. HOUSES OF THE HOLY

PASSOU A SER ALGO dolorosamente monótono. Não importava onde o Led Zeppelin tocasse, nem o quanto planejássemos com antecedência, parecia que a segurança sempre se tornava uma preocupação predominante, de abalar os nervos. Nos meses finais de 1972 e nos primeiros de 1973, a banda deu um giro pela Grã-Bretanha e pela Europa, com shows em lugares como o New Theatre, em Oxford, e o Liverpool Empire, além de locais na Suécia, Noruega, Holanda, Bélgica, Alemanha, Áustria e França. Na França, em particular, comecei a me perguntar se algum dia eu voltaria a ter paz de espírito nos shows.

Nossa pior experiência foi em Lyon, onde a segurança foi simplesmente atroz. O show foi num ginásio de basquete, com capacidade para doze mil pessoas. Porém, horas antes da apresentação, dezenas de jovens já haviam invadido a arena e perambulavam pela arquibancada. Peter me alertou: "Se necessário, você e os *roadies* vão ter de resolver essa questão com as próprias mãos".

Pouco depois do início do show, foi exatamente o que aconteceu. Alguns fãs começaram a jogar lixo, incluindo garrafas vazias, dos assentos mais altos. Uma das garrafas voou diretamente em direção à banda e se espatifou no palco. Lascas de vidro explodiram para cima de Bonzo e sua bateria.

Foi tudo o que eu precisei ver. Olhei para as últimas fileiras de assentos, encontrei os culpados e corri lá para cima, seguido por uns dois membros da nossa equipe de palco. Pegamos os delinquentes, os arrastamos pela fileira e demos uma surra neles. Acho que esses caras pagaram o pato dos anos de ansiedade e frustração que eu sentia em relação à segurança da banda. Ao expulsá-los do local, um deles com um corte sangrando na testa, me dei conta de que a força bruta parecia ser a única opção para dar o recado aos fãs cuja intenção era causar problemas. As turnês já eram estressantes o bastante, sem contar com as preocupações adicionais em relação a se os membros da banda sairiam ilesos de cada apresentação.

Depois de um show em Nantes, decidimos desopilar com uma bebedeira daquelas. A banda, os *roadies* e alguns agregados – dezesseis pessoas ao todo – se amontoaram num Volvo alugado. Estávamos literalmente saindo pelas janelas e pelo teto solar, com Benoit Gautier, que trabalhava para a Atlantic Records em Paris, ao volante na maior parte do tempo. Foi um trajeto de desafiar a morte até o bar e, como não parávamos de mudar de posição, na tentativa de achar uma razoavelmente confortável, amassamos o painel e rasgamos o estofado. Bonham e eu estávamos em pé sobre o porta-malas, inclinados para a frente e de fato quase arrancando o teto solar.

Antes de chegarmos ao nosso destino, um policial viu o carro com corpos saindo de todas as aberturas e nos mandou parar. Balançou a cabeça incrédulo e então disse, em francês: "Vou prender todos vocês. Vocês todos estão com bafo de álcool".

"Álcool!", gritou Bonzo. "Nem começamos a festa ainda. Se você quer um bom motivo para nos prender, nos deixe beber por algumas horas."

Botaram-nos no xadrez e lá, a meu pedido, começamos a entoar cantigas britânicas de bebedeira, nos esforçando ao máximo para enlouquecer os policiais. Enquanto isso, ao perceber que não havia de fato queixas que podiam ser feitas contra nós, o capitão ligou para o nosso hotel e perguntou ao recepcionista se estávamos registrados como hóspedes lá.

"Com certeza, estão", disse o recepcionista. "Mas não os queremos de volta. As portas do andar deles estão todas quebradas, e alguém jogou uma TV pela janela!"

O policial agiu como se não tivesse ouvido nada. "Bem, já cansamos deles aqui. Vamos mandá-los de volta ao hotel. Boa sorte!"

Alguns minutos depois, fomos soltos e levados até o hotel em viaturas. Assim que os policiais sumiram da vista, caminhamos até um bar na rua do hotel e passamos o resto da noite lá.

Em março de 1973, o quinto álbum do Led Zeppelin foi finalmente lançado, depois de muito atraso por conta de infindos problemas com a arte da capa. Toda vez que o Zeppelin avaliava os protótipos que chegavam da gráfica, os rejeitava e mandava de volta, em geral por causa das cores inaceitáveis, irreais e excessivamente claras. Jimmy temia que as cores suntuosas da capa a fizessem ficar parecendo uma propaganda de cosméticos numa revista de moda.

O álbum foi intitulado *Houses of the Holy*, numa aparente referência à aura espiritual romantizada pela banda como se pairasse sobre os locais dos shows e o público. Mais uma vez, o nome do Zeppelin não aparecia na capa. Em vez disso, ela trazia crianças loiras e nuas escalando uma montanha rochosa. Ironicamente, a canção-título foi guardada para o álbum seguinte, *Physical Graffiti*, que só sairia em 1975.

A banda estava bem orgulhosa com *Houses of the Holy*. Cinco álbuns e mais de quatro anos de estrada, tinham uma confiança forte o bastante em si mesmos como artistas para seguir qualquer nova direção artística a que seus instintos musicais os conduzissem. Com a banda firmemente consolidada no topo do mundo do *rock*, muitos fãs esperavam que ela continuasse a dar mais do mesmo ao público. Porém, em *Houses of the Holy*, o Led Zeppelin se mostrou disposto a explorar novas ideias à medida que seus músicos evoluíam, mesmo se essas ideias fossem arriscadas.

Em "The Rain Song", John Paul criou sozinho uma orquestração majestosa num Mellotron, que soava como se fosse uma orquestra sinfônica inteira. "No Quarter" exibia a predileção da banda pelo misterioso e pelo dramático. E o lado compositor de John Bonham foi exibido em "The Ocean"; ele foi creditado como autor principal da música.

Talvez a banda sentisse que estava crescendo musicalmente, mas os críticos não haviam evoluído em nada. Pouco depois de *Houses of the Holy* chegar às lojas, a *Rolling Stone* soltou um ataque feroz ao disco. Gordon

Fletcher o chamou de "um dos álbuns mais chatos e confusos que ouvi neste ano".

Com uma grande turnê norte-americana agendada para começar em maio, o Zeppelin não queria ser esmagado por uma imprensa hostil a cada parada nos EUA. Beep Fallon já não trabalhava mais para a banda, e Peter cogitou contratar algum figurão das relações públicas nos EUA, com contatos importantes na mídia, para tentar virar o jogo com a imprensa. "Os Stones estarão em turnê pelos EUA na mesma época que nós", Peter me disse. "Se não formos ativamente atrás de alguma grande visibilidade, os Stones vão nos aniquilar em termos de publicidade, embora nós os superemos nas bilheterias."

Os Stones recebiam uma publicidade consistentemente muito maior – e muito melhor – do que o Led Zeppelin, e isso cutucava os egos da banda. É claro, os Stones andavam com uma turma diferente da nossa, atraídos por celebridades como Truman Capote, Andy Warhol e Lee Radziwill. Jagger & cia. eram os queridinhos desses círculos sociais, e, embora Mick tivesse uma imagem diabólica, parecia um coroinha se comparado à forma como a mídia retratava o Led Zeppelin.

Ficávamos perfeitamente satisfeitos em frequentar de forma relativamente anônima bares e casas de *strip* locais, mas essas não eram as atividades sociais que traziam a publicidade que sentíamos que precisávamos. Em geral, a imprensa ainda nos tratava como se estivéssemos tramando a Terceira Guerra Mundial.

Assim, Peter fez o contato inicial com a Solters, Roskin e Sabinson, uma das firmas de RP mais prestigiadas, poderosas e caras dos EUA. Peter conversou com Lee Solters, um puritano de meia-idade que ganhava muito bem a vida representando alguns dos maiores astros de Hollywood. "Estamos no último braço de uma turnê pela França", explicou Peter. "Gostaria de levá-lo para conhecer a banda. Apesar da imagem, acho que você verá que eles são jovens bastante educados e inteligentes."

Solters pegou um voo para esse encontro inicial com Peter e a banda no hotel George V, em Paris. Foi acompanhado de Danny Goldberg, responsável pela divisão de *rock 'n' roll* da firma e quem lidaria com a conta do Zeppelin.

Goldberg tinha vinte e dois anos, um camarada alto e simpático, que geralmente usava o cabelo preso num rabo de cavalo. Usava a camisa para fora da calça jeans estilosa e cuidadosamente passada. Na adolescência, frequentou uma prestigiada escola preparatória em Nova York, e depois abandonou a Universidade da Califórnia, em Berkeley. Ironicamente, já havia escrito resenhas para a *Rolling Stone*, um dos maiores nêmesis do Zeppelin.

Nessa primeira reunião com a banda, Solters sugeriu que o Led Zeppelin precisava de uma cirurgia plástica aos olhos da mídia. "Sua música está ficando em segundo plano em relação a muita publicidade negativa a respeito das suas vidas fora dos palcos, e essa imagem de fora dos palcos vai precisar de certa reabilitação", pontificou ele. "Como vocês passaram muito tempo recusando entrevistas, tudo o que a imprensa tem com o que trabalhar são os boatos sobre seu comportamento insano. Precisamos levá-los ao *mainstream* e mudar essa imagem de foras da lei. Também precisamos fazer com que a maior parte da população saiba que vocês são músicos talentosos, não selvagens."

Foi discutido nutrir uma relação diferente com a imprensa. Conversaram a respeito de dar mais entrevistas, embora apenas as cuidadosamente selecionadas. Levantou-se a ideia de alguns shows beneficentes. Ao final da reunião, o Zeppelin fechou com um aperto de mão um acordo para trazer a firma de RP a bordo, a começar pela turnê norte-americana.

A banda gostou de Danny Goldberg de imediato. "Tudo nele passa uma sensação boa", disse John Paul. Quando o cabelo de Danny não estava num rabo de cavalo, era mais longo do que o de qualquer um de nós. Assim, em questão de dias, a banda o apelidou de "Cachinhos Dourados". Ele era vegetariano, o que lhe rendeu pontos com Jimmy, embora tenha recebido alguns olhares curiosos ao nos dizer que também se abstinha de drogas e até de cigarros.

O Zeppelin desenvolveu rapidamente uma confiança nos instintos midiáticos de Danny e na proeza dele junto à imprensa. Quando ele arranjava uma entrevista, a banda fazia sem questionar nada. Quando ele recomendava uma recepção para a imprensa antes ou depois de certos shows, a banda raramente recusava.

Enquanto Peter e Danny delineavam uma estratégia final para a invasão dos EUA que se aproximava, o Zeppelin congregou no Shepperton Studios para ensaiar, principalmente para trabalhar em como levar as músicas de *Houses of the Holy* para o palco. O Shepperton era de propriedade do The Who, e suas instalações permitiam que a banda elaborasse a iluminação para a turnê, além de refinar a música. Providenciei que a Showco, de Dallas, nos enviasse seus dois melhores técnicos até Londres para revisar a iluminação final e as especificações sonoras junto com a banda e testá-las no Shepperton. Para essa turnê, o Zeppelin não deixaria muita coisa à própria sorte.

Antes de partirmos para os EUA, Danny Goldberg plantou uma história na *Rolling Stone* que chamava a turnê vindoura de "a maior e mais lucrativa turnê de *rock 'n' roll* na história dos Estados Unidos". A previsão era que a turnê rendesse mais de US$ 5 milhões, o que excedia as afirmações feitas por Alice Cooper de que ele ganharia US$ 4,5 milhões por sua turnê atual.

"Ao final dessa turnê, todo mundo vai dizer que ninguém é páreo para o Zeppelin", prometeu Danny.

Confiamos na palavra dele.

34. "NÃO TEM COMO MELHORAR"

UM SOL COR DE TANGERINA se escondia, brincalhão, atrás de uma cortina baixa de nuvens brancas que pairava sobre o Atlanta Stadium. Enquanto esse sol mergulhava aos poucos no horizonte, Jimmy Page, da sacada de sua suíte de hotel, contemplava a distância. Usava jeans desbotados e uma camiseta cor de carvão e segurava uma taça meio cheia de vinho tinto, enquanto se apoiava no parapeito. A coisa de um quilômetro dali, bem dentro de seu campo de visão do alto de um arranha-céu, ele podia ver milhares – na verdade, dezenas de milhares – de carros e pessoas a peregrinar para o Atlanta Stadium.

Não era uma visão incomum no estádio em maio de 1973. Porém, naquela noite, não haveria jogo de baseball em Atlanta. Era uma noite para o Led Zeppelin colocar os EUA de joelhos.

À medida que o congestionamento em torno do estádio piorava, Jimmy ficava mais maravilhado com aquela visão. Um carro atrás do outro nas ruas e rodovias, impacientes, se movendo poucos centímetros de cada vez a caminho dos estacionamentos do estádio. Mustangs e Camaros, Jeeps e Volkswagens, todos com os rádios a todo volume, todos cheios de jovens ávidos por uma noite de música de altos decibéis.

Desde 1968, o Zeppelin já tocara mais de quatrocentos shows ao redor do mundo. Para a banda, porém, esse era diferente. Era o maior show do Zeppelin nos EUA até então, o primeiro de uma turnê pesada de trinta e três cidades e trinta e oito apresentações.

Peter Grant falava em números altos – os lucros de talvez US$ 5 milhões só dessa turnê somariam ao caixa e fariam de 1973 um ano de US$ 30 milhões para a banda, contando com as vendas de discos. A julgar pela corrida pelos ingressos em Atlanta – todos os 49.200 vendidos em apenas quatro horas depois de começadas as vendas em abril –, Peter provavelmente acertara na mosca. Esperávamos mais 56 mil no Tampa Stadium... 49 mil no Kezar Stadium, em São Francisco... 47 mil no Three Rivers Stadium, em Pittsburgh. A lista só aumentava.

John Paul, em geral, era bem tranquilo, nada propenso a afirmações exageradas. Mas até mesmo ele sentiu que essa viagem aos EUA seria singular. "Vai ser a turnê que vai acertar os EUA em cheio", previu ele no voo. E se a música sozinha não sobrepujasse o país, talvez os lasers, as máquinas de fumaça, a pirotecnia e os espelhos giratórios o fizessem. Contratamos uma equipe de trinta e três técnicos e contrarregras para garantir que os efeitos especiais e a música estivessem sincronizados.

Por fim, a apenas uma hora do show em Atlanta – enquanto fãs de cabelos compridos e calças boca de sino corriam para dentro do estádio –, as razões do trabalho duro se tornaram aparentes. "Que visão absolutamente incrível", disse Jimmy ao tomar mais um gole de vinho. Pagey há muito já não sofria de medo do palco, mas, pela primeira vez em um bom tempo, sentiu algo próximo de um nervosismo por antecipação. Acreditava que as apostas eram altas para essa turnê.

Houses of the Holy subia rapidamente nas paradas. Mas a banda, cujo anseio por reconhecimento crítico oscilou ao longo dos anos, queria provar seu ponto para a mídia e mostrar o quanto havia se tornado uma influência musical potente e popular. E, é claro, chegava melhor armada do que de costume, com Danny Goldberg e seu maquinário publicitário a bordo.

Voei para Atlanta dois dias antes da banda para me encontrar com Tom Hulett, o *promoter* da Concerts West no sudeste do país. No escritório dele, peguei um bloco de notas e esbocei as especificações para o show de sexta-feira à noite... o tamanho do palco (25 x 10 m) que precisávamos... a altura das barreiras de proteção (3 metros) que impediriam os fãs fervorosos de tomar o palco... a distância entre o palco e as barreiras (4 metros e meio)... a localização precisa das quatro torres que suportariam alto-falantes potentes o bastante para atordoar um tímpano médio... e o posicionamento dos holofotes Super-Trooper, capazes de iluminar metade do estado da Geórgia. Tudo foi colocado por escrito.

Em 3 de maio, na noite anterior ao show, a banda chegaria a Atlanta. Encontrei-me com eles em Miami e senti a tensão nervosa enquanto nos preparávamos para embarcar.

Uma vez instalados no Hilton de Atlanta, mantivemos o serviço de quarto bem ocupado noite adentro. Com menos de vinte e quatro horas até o show no Atlanta Stadium, pedimos de tudo, de champanhe a *irish coffee* e lanchinhos da madrugada. E então, antes que qualquer um de nós pudesse sentir ansiedade ou tédio, Bonham assumiu as rédeas. Eu dissera a ele que os técnicos que operariam os lasers no dia seguinte haviam guardado o equipamento em seus próprios quartos. E Bonham não se conteve: "Traga essa porra desses lasers para cá, Richard. Vamos ver que tipo de caos conseguimos causar".

Em questão de minutos, com ajuda dos técnicos, estávamos lançando os raios vermelhos e verdes da nossa sacada até a calçada. Alguns transeuntes que faziam passeios de madrugada se assustaram com o bombardeio de luz que parecia vir dos céus.

"Os marcianos chegaram!", Bonham berrava noite adentro. "Cuidado com os marcianos!", e ria tanto que, para ele, a turnê já era um sucesso. Mais de quatro anos de história do Led Zeppelin e Bonham ainda não perdera nenhum de seus atributos pueris.

Ao final da tarde do dia seguinte, a equipe partiu para o estádio para instalar as luzes, testar os microfones e plugar e afinar os instrumentos. Mick Hinton montou a bateria de Bonham. Ray Thomas verificou a guitarra de Jimmy e Brian Condliffe ajustou o Mellotron de John Paul, instrumento que faria parte de um show do Led Zeppelin pela primeira vez. Benji Le Fevre assumiu a mesa de controle dos efeitos especiais e repassou mentalmente as responsabilidades que teria naquela noite.

Apesar dos meus planos muito bem definidos, a área do palco não foi construída de acordo com as especificações. A barreira de proteção na frente do palco tinha quase um metro a mais de altura, o que talvez deixasse a equipe de segurança mais confiante, mas também atrapalharia a visão dos fãs mais próximos do palco. Decidi não contar isso para a banda; àquela altura, já era tarde demais para fazer qualquer mudança, de todo o modo.

Às sete e quinze, limusines e escoltas policiais chegaram ao hotel. Reuni a banda, descemos de elevador até o estacionamento no subsolo e embarcamos rapidamente nas limos. Assim que as portas dos carros bateram, a procissão seguiu em frente, acelerando a cerca de 65 km/h, com as luzes das motos da polícia piscando. A polícia bloqueara o trânsito no nosso trajeto, como se fôssemos parte de uma carreata presidencial. Em menos de cinco minutos, estávamos na entrada de artistas do estádio e corremos para o camarim escoltados por meia dúzia de seguranças.

Mesmo do subsolo do estádio – antes de o show começar –, o público estava incrivelmente barulhento. Com o entusiasmo crescendo em intensidade, os fãs já batiam palmas, comemoravam e batiam os pés.

Embora o Zeppelin já tivesse tocado centenas de vezes, Robert descrevia um frio violento na barriga. Na verdade, todos pareciam um pouco mais tensos do que de costume. E até que Bonham desse o primeiro golpe numa das peles da bateria e que Robert vibrasse a primeira nota, a tensão era inevitável.

Por fim, as luzes no estádio baixaram. A banda percorreu o trajeto até o palco. E então, com todos em suas posições, Bonham levantou as baquetas e desceu o braço na bateria. Holofotes iluminaram o palco. As primeiras notas de "Rock and Roll" explodiram na noite de Atlanta.

Ao começar a tocar, o Zeppelin via gente para todo o lado. Com "assentos de festival", milhares de fãs aglomeraram o campo e se amontoaram o mais perto do palco possível. Havia mais gente ainda nas arquibancadas, em todos os setores, em todas as fileiras. Estavam de pé, gritando histericamente, se divertindo, aplaudindo, rindo. O barulho era quase ensurdecedor. Por todo o estádio, flashes se acendiam como centenas de vagalumes que apareciam e, num instante, desapareciam.

Do *backstage*, Danny Goldberg pensava: "Se isso é um sinal do que está por vir, meu trabalho talvez seja mais fácil do que eu pensava".

Ao longo de três horas, nem a banda nem o público sossegaram. Robert desfilou pelo palco, perseguido pelos holofotes brancos que ficavam vermelhos, depois laranja, depois amarelos. Segurava o microfone a poucos centímetros da boca, e às vezes até o repousava sobre o lábio inferior. Quando as músicas acabavam e o público urrava em aprovação, Robert estendia para frente a mão que segurava o microfone e o direcionava à multidão, como se para abençoá-la e reciclar sua energia por meio dos alto-falantes enormes.

Enquanto tocava, Jimmy dançava na ponta dos pés, jogando o peso de um lado para o outro. Às vezes, levantava o joelho direito, apoiando a guitarra Les Paul na coxa enquanto palhetava as cordas numa velocidade ofuscante, fazendo a música cantar com toda a emoção que conseguia extrair de si e de seu instrumento.

John Paul, com seu corte de cabelo de bom moço, contrastava fortemente com seus colegas de banda mais ativos. Com um blazer de cores caleidoscópicas, com corações gigantes costurados nas mangas, prendeu-se aos teclados por boa parte do show, satisfeito em deixar Jimmy e Robert curtirem a maior parte das atenções. Bonham, por outro lado, era um estudo de caso de energia hipercinética. Seus lábios se moviam quase que constantemente, não para dublar as letras por trás do vasto bigode, mas aparentemente como se ele estivesse envolvido numa conversa consigo mesmo, como se incentivando a si mesmo a encontrar só mais um pouco de energia, mais um pouco ainda de precisão, enquanto voava entre os tambores e pratos. No breve intervalo entre uma música e outra, ele recuperava o fôlego e enxugava as palmas das mãos suadas na calça jeans.

No início de "No Quarter", a máquina de gelo seco lançou uma névoa que tomou rapidamente o palco – flutuando, borbulhando, vazando, à deriva pela plateia. Enquanto o Mellotron de John Paul criava um clima etéreo, Jimmy emergiu da neblina, seguido por Robert. Com braceletes decorando os pulsos, Robert posicionou as mãos na cintura, e então estendeu os dedos e projetou a voz ao céu.

O público foi à loucura.

Lasers verdes decolaram e rasgaram o céu noturno.

Em seguida, a banda passou para "Dazed and Confused", e os efeitos especiais que restavam foram revelados. Bombas de fumaça explodiram.

Canhões dispararam. Lasers formaram padrões de arco-íris de tirar o fôlego, se ainda houvesse fôlego.

Nas coxias à esquerda do palco, Peter balançava a cabeça, incrédulo, e dizia: “Não tem como melhorar”.

Três horas depois de começar o show, depois de quatro bis e de gritos que suplicavam por ainda mais música, a banda saiu do palco e correu para as limusines à espera. Todos estavam absolutamente eufóricos enquanto os carros aceleravam, cercados por motos da polícia que abriram caminho para sairmos do estádio.

“Mostramos para eles!”, exclamou Robert, se referindo aos críticos. “Uau, que noite!”

Peter tampouco conseguia conter sua empolgação. “Somos a maior coisa a chegar a Atlanta desde *E o Vento Levou*!”

Graças aos ingressos esgotados, a banda era US$ 250 mil mais rica do que no começo do dia. Mas esse era só o começo. A multidão no Tampa Stadium, na noite seguinte – 56 mil pessoas – arrebentou o recorde de público de um show único estabelecido pelos Beatles no Shea Stadium, em 1965, onde contaram com várias atrações de abertura. Esse show dos Beatles atraiu 55 mil pessoas e rendeu US$ 300 mil; o “festival a céu aberto” do Zeppelin em Tampa rendeu quase US$ 310 mil.

Havia motivo para comemoração e, para o Led Zeppelin, as comemorações começaram ainda no Hilton de Atlanta. Bonham pediu dois Brandy Alexanders ao serviço de quarto para começar e, quando o pedido chegou, disse ao valet: “É melhor você nos trazer mais quatro”.

Os dois primeiros acabaram em questão de segundos, literalmente, e quando a bandeja com mais quatro chegou, Bonzo sugeriu: “Traga-nos uma jarra assim que possível”. Na viagem seguinte do valet, as instruções de John foram: “É melhor trazer mais duas jarras”.

Em pouco tempo, Bonham e eu estávamos os dois bebendo Brandy Alexanders direto da jarra. O excesso de álcool faria parte dessa turnê tanto quanto foi das outras. Algumas coisas no Led Zeppelin nunca mudavam.

35. BARES GAY E RANCHOS TURÍSTICOS

COM O SUCESSO DAQUELE primeiro show, o Led Zeppelin estabeleceu um *groove* confortável à medida que a turnê de 1973 prosseguia. Mais do que nas duas turnês norte-americanas anteriores, a banda se aventurava por aí, socializava em clubes, bebia em bares próximos aos hotéis. Provavelmente não havia menos riscos de segurança do que no passado. Na verdade, ameaças de morte surgiram praticamente nas primeiras horas em que estávamos nos EUA. Porém, os membros da banda discutiram a questão e sentiram que *eles* é quem deveriam ditar as regras e controlar suas próprias ações, não os pirados que passavam esses trotes. Quase sempre éramos acompanhados por um segurança nessas expedições da madrugada, então a banda sentia que havia tomado medidas razoáveis para garantir seu bem-estar.

Em New Orleans, fomos a uma meia dúzia de clubes, a maioria no French Quarter, onde fizemos nosso próprio desfile de Mardi Gras na Bourbon Street, passando pelo Déjà Vu até o Ivanhoe e o Fat City. Passamos a maior parte do tempo em bares gay, onde encontramos o mesmo tipo de decadência e fanfarronice de Sydney no ano anterior. As drag queens de New Orleans sempre pareciam se divertir muito mais do que as pessoas que conhecíamos nos clubes hétero.

Um dos motivos pelo qual íamos aos bares gay é porque neles as pessoas simplesmente não nos incomodavam e nós podíamos nos concentrar no álcool. Danny Goldberg não ficava tão enamorado das nossas escolhas de bares, mas nós também adorávamos chocar as pessoas, e não havia lugar melhor para fazer isso do que um bar onde quase sempre só havia nós e algumas travestis!

Certa noite, em New Orleans, Bonham e eu enchemos tanto a cara, que literalmente não conseguíamos lembrar que dia era. Parecia os apagões que Keith Moon sofrera anos atrás quando viajei com o The Who.

No meio de uma bebedeira daquelas, Bonzo de repente entrou em pânico e exclamou: "Cole, que horas temos de entrar no palco? Tem show hoje?".

"Espera", respondi, parando para organizar meus próprios pensamentos. "Acho que não. Acho que só amanhã."

"Bom, o que fizemos ontem?"

Eu não fazia ideia. "Talvez viemos e bebemos quase o dia todo. Só temos de trabalhar amanhã, Bonzo. Disso tenho bastante certeza. Toma mais um drinque."

Num momento mais sóbrio, eu teria ficado perturbado com esse tipo de desorientação. A bebida estava cobrando seu preço, mas eu raramente estava de cuca fresca para reconhecer isso.

Certa noite, John Paul conversava com duas drag queens num bar de New Orleans. Elas flertavam fortemente com ele, como se tivessem encontrado a "presa" da noite. Uma delas acabou no quarto dele no Royal Orleans. Aparentemente, fumaram um baseado ou dois – e, de repente, um baseado ateou fogo na cama. Em questão de minutos, sirenes chegaram soando e os bombeiros arrombaram a porta munidos de machados.

Mais tarde, Jonesy insistia que não sabia que a travesti era um homem. Parecia sincero na explicação, mas não importava a verdade, sabíamos que o havíamos flagrado numa situação bem embaraçosa. "Não vamos deixar Jonesy esquecer dessa por um *bom* tempo", eu disse a Robert.

Depois da Louisiana, decidimos procurar acomodações menos claustrofóbicas ao chegar ao Texas. Em cima da hora, aluguei um rancho turístico nos arredores de Dallas, a um quilômetro e meio de uma pista de pouso privada, de forma que poderíamos ir e vir facilmente de shows em Houston,

Dallas, Fort Worth e San Antonio. Convidamos algumas garotas para ficar conosco no rancho, e foi muito divertido. Havia passeios a cavalo e uma piscina. Não queríamos ir embora nunca.

Certa noite, ao partirmos para um show em San Antonio, deixamos para trás um dos seguranças, Willy Vaccar, que não estava se sentindo bem. Quando voltamos, nas primeiras horas da madrugada do dia seguinte, Willy estava à nossa espera nos degraus na entrada da casa, tremendo de verdade. "O dono desse rancho pirou pra caralho!", exclamou.

"Como assim?", perguntou Peter.

"Ele entrou na casa sacudindo uma Bíblia, falando várias e esbravejando sobre as coisas terríveis que estamos fazendo aqui."

Dito e feito, o proprietário – um camarada idoso chamado Jim – apareceu alguns minutos depois, usando um chapéu Stetson enorme, fazendo todo o tipo de ameaça e apontando uma espingarda para nós no escuro. Definitivamente, faltava a ele a estabilidade que você gostaria em alguém com um dedo no gatilho.

"Não gosto de ter vocês, rapazes, no meu rancho!", disse ele, num sotaque texano arrastado. "Vocês estão com garotas aí também, não?"

Fiquei puto. "Pode apostar que estamos. Pagamos por este lugar. Podemos usá-lo da maneira que quisermos!"

"Sinto muito, rapazes! Quero vocês FORA!"

Ele sumiu, e quinze minutos depois recebemos outros visitantes. O xerife e o comissário locais chegaram numa viatura. Pararam na frente da casa. O xerife devia ter pelo menos uns setenta anos. Estava de pantufas e armado com uma pistola minúscula, com cabo em madrepérola. Seu parceiro parecia um personagem de TV caricato e ingênuo. Eram uma dupla e tanto.

O xerife se voltou para o proprietário do rancho, que então reaparecera. "Jim, esses cavalheiros estão lhe causando problemas?", perguntou a ele.

Durante os quinze minutos seguintes, fizemos o possível para explicar nosso lado da história. O xerife teve dificuldade em decidir exatamente o que fazer, mas enfim disse o seguinte: "É melhor vocês irem dormir. Se houver mais alguma encrenca aqui nesta noite, eu volto para prender todos vocês. Vamos lidar com essa situação toda amanhã".

No meio da manhã, Peter ligou para os *promoters* com quem estávamos trabalhando no Texas, que disseram a ele que haviam esquecido de mandar o cheque a Jim. Como Jim não havia sido pago, sua raiva e seu comportamento instável, de repente, se tornaram um pouco mais compreensíveis.

"Por que não damos o fora daqui?", perguntei à banda. "Vai saber o que esses caras vão fazer em seguida!" Começamos a nos preparar para ir embora, e nisso Jim retornou e ficou esperando do lado de fora até sairmos.

"Não quero saber de vocês me sacaneando!", gritou. Lançou uma lata de cerveja para o alto e atirou nela com a espingarda. Errou o tiro.

Peter se voltou para mim e disse: "Merda! Esse cara é doido! Ele pode ter errado o tiro na lata, mas pode crer que em mim ele acerta!".

Jim correu até o portão e o trancou, aparentemente para que não pudéssemos sair sem pagar. Corri até lá e tentei freneticamente destrancar o portão com um alicate. Porém, nisso, ele ergueu o rifle e ameaçou atirar em mim. Ordenou que eu retornasse à casa.

No meio disso tudo, John Paul se escondeu no banheiro, com medo das balas começarem a voar. Robert, enquanto isso, tentava ao máximo levar as coisas com serenidade, reclamando que precisava de uma xícara de chá antes de partirmos, que não conseguia fazer nada sem sua bebida matinal.

Por fim, reunimos as garotas e todos nós embarcamos nas peruas alugadas. Sentei-me ao volante do carro da frente e pisei fundo, mirando no portão trancado. Preparei-me e senti minha frequência cardíaca disparar. Quando o carro colidiu contra o portão, este cedeu. Estávamos livres.

Saímos trovejando pela estrada, deliberadamente excedendo o limite de velocidade. Como já esperava problemas, contatei nosso piloto duas horas antes e pedi que ele estacionasse nosso avião fretado no aeroporto Love Field, em vez de na pista particular. Enquanto corríamos para o aeroporto, vimos o xerife e uma tropa de viaturas com as sirenes ligadas seguindo na direção oposta, rumo à pista privada, onde acharam que nos encontrariam. Nunca mais vimos Jim nem o xerife, mas presumo que não os tornamos fãs do Led Zeppelin.

36. DESTINO: CALIFÓRNIA

QUANDO A TURNÊ DE 1973 chegou a Los Angeles, no final de maio, *Houses of the Holy* já era o álbum mais vendido nos EUA, o que deixou a banda toda quase pulando de empolgação. Até então, praticamente tudo estava a nosso favor. Éramos invencíveis.

Porém, literalmente minutos depois que nosso jatinho fretado pousou no LAX e nós pisamos na pista, o clima mudou. Fãs estavam enfileirados no cercado do aeroporto, e Jimmy foi até lá para cumprimentá-los e dar autógrafos. "Me deem dez minutos e já vamos", ele me disse. Pagey estendeu o braço por cima e por entre o cercado, para ter algum contato com os fãs. Mas, ao fazer isso, um arame solto pegou seu dedo e ele puxou a mão rapidamente. De algum modo, nesse processo, torceu o dedo.

"Ah, merda!", ele gritou, tanto de raiva quanto de dor. Virou-se e caminhou até a limo com a mão esquerda numa posição contorcida. "Acho que me dei mal", disse ao entrar no carro. Estirou-se no assento, com uma expressão exasperada.

Dentro de uma hora, Jimmy foi examinado por um médico. Concluiu-se que ele não poderia movimentar o dedo sobre o braço da guitarra efetivamente. "O melhor remédio para esse tipo de machucado é o repouso", recomendou o médico.

Jimmy ficou incapacitado, pelo menos por um ou dois dias. Não tivemos escolha se não fazer alguns reagendamentos rápidos. Um dos shows no L.A. Forum foi adiado em quatro dias.

Todos ficamos chateados com o acidente de Jimmy. Porém, em 31 de maio – o vigésimo quinto aniversário de John Bonham –, Jimmy insistiu que não deixássemos o machucado atrapalhar as comemorações. Era a noite do primeiro show no Forum e, depois da apresentação, o diretor de uma rádio FM de L.A. deu uma festa para Bonzo em sua casa nas colinas acima de Hollywood, com a ajuda de Tony Mandich, da Atlantic Records, e do radialista nova-iorquino J.J. Jackson. Bonzo apareceu de sunga e camiseta. George Harrison e sua esposa, Patti, também foram à festa.

George viu o show no Forum e parecia intrigado com o Led Zeppelin. Certa vez, ele conversou comigo sobre ir ver a banda se apresentar no Madison Square Garden e sugeriu "dar uma passada no *backstage* durante o intervalo".

"Bem", eu disse a ele, "o Zeppelin não faz intervalos."

George ficou confuso. "Por quanto tempo eles tocam?"

"A maioria dos shows chega a quase três horas. Nunca menos de duas horas e meia."

"Puta merda!", disse ele, tentando absorver esses números. "Quando os Beatles faziam shows, os contratos estipulavam um máximo de trinta minutos! Normalmente, em quinze já tínhamos sumido do palco!"

Harrison sentia que havia algo de especial no Led Zeppelin. Assim, quando Bonham quis tirar uma foto com George, o ex-Beatle ficou lisonjeado – mas também um pouco hesitante. Afinal, ele conhecia a reputação do Zeppelin para pegadinhas e ficou receoso de que Bonham tivesse algo em mente além da foto. Assim, George decidiu atacar primeiro. Foi até o bolo de aniversário, pegou a camada de cima e derrubou-a na cabeça do baterista.

Os convidados ficaram boquiabertos. E então caíram na gargalhada. John saiu correndo atrás de George, pegou ele alguns passos depois, e então o levantou e o lançou na piscina. Quase que imediatamente um pandemônio completo se instalou. Bonzo foi empurrado na água, e a maioria dos outros convidados pulou atrás.

Jimmy, enquanto isso, em vez de arriscar ser jogado na piscina, entrou na água graciosamente pela escada, num terno branco elegante. "Inferno, eu não sei nadar", disse. "Vou achar um lugar no raso e ficar firme lá antes que alguém me empurre para a parte funda."

No dia 2 de junho, 49 mil fãs se apertaram no Kezar Stadium, na ponta sudeste do Golden Gate Park, para assistir ao espetáculo zeppeliniano. A essa altura, o dedo de Jimmy ainda doía um pouco, mas ele conseguia mexê-lo melhor a cada dia. Aguentou firme durante os shows no L.A. Forum, e sabia que poderia fazer o mesmo em São Francisco.

Bill Graham, que foi o *promoter* do show no Kezar Stadium, ficou impressionado com as vendas dos ingressos. "Poderíamos ter vendido três vezes mais ingressos, talvez até mais, se tivéssemos espaço", ele me disse. Os cambistas estavam à solta em massa, inicialmente determinados a revender os ingressos por US$ 25, mas logo se viram na posição de pedir bem mais... US$ 50, US$ 100, até US$ 200 por um ingresso.

Graham abriu os portões do Kezar às cinco e meia da manhã, e mais de 3 mil fãs, que haviam acampado por duas noites no parque, correram para dentro como se alguém estivesse entregando dinheiro, em vez dos *frisbees* e bexigas que Graham distribuiu. O Zeppelin só entrou no palco no meio da tarde, depois de três atrações de abertura (Roy Harper, The Tubes e Lee Michaels) que só pareceram deixar o público mais inquieto, mais impaciente pela banda que realmente queria ver.

Por fim, começando às 15h30 e tocando por duas horas e meia, o Zeppelin sacudiu a cidade que já estava bem familiarizada com terremotos. Começaram com "Rock and Roll" e, daí em diante, foi um banquete de pedradas com o melhor do Zeppelin. A multidão pareceu demonstrar o maior entusiasmo em "Dazed and Confused", "The Song Remains the Same" e "Whole Lotta Love", mas a banda poderia ter tocado "Dó, Ré, Mi, Fá" e teria posto tudo abaixo da mesma forma.

A alguns quarteirões dali, na Parnassus Avenue, pacientes que tentavam repousar no centro médico da Universidade da Califórnia reclamavam que o barulho do show estava atrapalhando o sono deles. No posto militar de Presidio, os soldados de guarda juravam que conseguiam sentir as vibrações. Embora houvesse 49 mil pessoas apinhadas no Kezar, a cidade inteira sabia que o Zeppelin estava na área.

Quando pus na ponta do lápis a bilheteria do Kezar, o valor bruto deu US$ 325 mil. "Quase uns dezesseis mil dólares a mais do que em Tampa", eu disse à banda no trajeto de limo até o San Francisco International.

"Precisamos colocar o Danny Goldberg na jogada", exclamou Bonzo, levando o punho direito ao ar, triunfante. "Quero que os porras dos Stones fiquem sabendo quanta gente estamos atraindo. Eles não chegam nem perto. Nem um pouco!"

No voo de volta para L.A., porém, o Zeppelin esqueceu completamente das vendas de ingressos e da loucura do público, pelo menos por um momento. O jatinho acabara de decolar quando pegou uma zona de turbulência criada pela decolagem de um jumbo poucos segundos antes. Nosso avião quicou, mergulhou e tremeu, causando uma ansiedade alta na cabine.

Ninguém disse muita coisa, exceto por um palavrão aqui e ali, do tipo que daria para perdoar até a Madre Teresa se ela os tivesse dito nas mesmas circunstâncias. Agarramo-nos aos assentos, sentimos um nó no estômago e começamos a transpirar.

Todos nós havíamos ficado com os nervos à flor da pele em algum momento ou outro ao longo dos anos. Bonham passou um período de tanto medo, que só conseguia embarcar depois de beber alguma coisa. Jimmy também nunca gostou de voar, e às vezes parecia que ia desmaiar em voos turbulentos.

Naquele dia, sobrevoando São Francisco, assim que o piloto estabilizou o jatinho, Peter ficou furioso. "Já estou farto desses aviõezinhos! É a última vez que voamos neles. A última!"

Antes de pousarmos em L.A., Peter me deu as seguintes ordens:

"Temos um mês de hiato no meio dessa turnê. Quando retomarmos, já quero ter um avião maior. Não quero saber do preço. Arrume alguma coisa grande o suficiente para nem parecer que estamos voando".

37. O STARSHIP

Quando a banda voltou para a Inglaterra para esse hiato planejado, passei o resto de junho tentando encontrar um avião que atendesse aos gostos extravagantes deles e aplacasse suas ansiedades extravagantes, ao tornar as viagens mais confortáveis.

Entrei em contato com Lou Weinstock, da Toby Roberts Tour, que providenciava aviões para Elvis. Lou me deu o prospecto de um jato da Boeing chamado *Starship*. Era um 720B – contava com quarenta lugares e era customizado especificamente para *rock stars*, embora ninguém o tivesse alugado a longo prazo ainda. Francamente, duvido que alguém pudesse pagar por isso.

O *Starship* era de propriedade do cantor Bobby Sherman e de um dos criadores dos Monkees. E era elegante. Tinha um bar comprido, televisores, uma lareira artificial e uma cama coberta de peles no quarto. Um órgão Thomas fora instalado no bar. Uma cozinha para o preparo de pratos quentes. "É como o Air Force One[29] com lençóis de cetim", falei a Peter.

"Veja o preço que você consegue negociar", disse ele. "Parece uma maneira ótima de viajar. E Danny Goldberg provavelmente vai conseguir uma ótima publicidade para nós a partir disso."

---

29 O avião oficial dos presidentes dos Estados Unidos. (N. do T.)

Depois de vários e longos telefonemas, fechei negócio. O preço: US$ 30 mil pelas três semanas restantes na turnê norte-americana. Sim, era caro. Mas depois que a banda se acostumou com a conveniência, o conforto e o luxo, o preço não era mais importante. Como disse Robert em nosso primeiro voo: "É como um palácio flutuante".

Quando pegamos o avião no aeroporto O'Hare, em Chicago, no início de julho, ele estava estacionado ao lado do avião de Hugh Hefner. Graças a Goldberg, os jornalistas de *rock* tomaram a pista enquanto embarcávamos no *Starship* pela primeira vez. Um repórter perguntou a Peter: "Qual é a diferença entre o avião de vocês e o de Hefner?".

Peter pensou por um segundo e, embora ainda mal tivesse visto o interior do nosso avião, respondeu: "O *Starship* faz o avião de Hefner parecer um brinquedinho".

O comentário ganhou as manchetes da imprensa musical, embora Bonham depois tenha me dito que "gostaria de algumas daquelas garotas do Hefner a bordo do *Starship*!".

"Não se preocupe", eu disse a ele. "Haverá garotas de sobra. Pode deixar comigo."

A banda não só se apaixonou pelo *Starship* como adorou o *status* de ter um avião tão elegante, algo que faria inveja às outras bandas de *rock*. Talvez os Stones recebessem muito mais atenção da mídia, mas ninguém tinha um jato como aquele.

Para aproveitarmos o *Starship* ao máximo, elaborei uma estratégia para minimizar a exaustão – física e mental – que se tornara parte quase inevitável da turnê. Nessa turnê norte-americana e nas seguintes, estabelecemos base num número limitado de cidades dos EUA – Nova York, Chicago, New Orleans, Dallas, Miami e Los Angeles –, em hotéis onde nos sentíamos confortáveis. Dessas bases, usávamos o *Starship* para voar para shows em Milwaukee, Cleveland, Filadélfia, Boston e outras cidades. Não havia mais a necessidade de se hospedar em um hotel novo e pouco familiar a cada noite.

Nos voos a caminho dos shows, o clima no *Starship* era relativamente tranquilo. Porém, o pandemônio reinava nos voos *depois* dos shows. Não importava o horário, não importava o quão cansados estivéssemos, ninguém dormia, não quando havia refeições quentes para comer, cervejas para beber e comissárias e garotas com quem flertar.

Ironicamente, na época em que o Zeppelin já estava firmemente consolidado como a maior banda de *rock* do mundo, havia menos *groupies* se jogando no nosso colo do que no início. Uma loira de dezessete anos que conhecemos no Riot House, em Los Angeles, durante a turnê de 1973, me disse: "Minhas amigas não querem nem tentar chegar até vocês. A segurança de vocês está tão cerrada, que elas simplesmente concluíram que nunca conseguiriam chegar perto".

Muitas das *groupies* de antigamente sumiram. Algumas simplesmente amadureceram. Outras se casaram. Muitas morreram de overdose. Ainda assim, conhecíamos garotas, quase sempre nos clubes de L.A., como o Rainbow Bar & Grill, e algumas até recusavam um passeio no *Starship*. Quando topavam, o quarto nos dava um pouco de privacidade.

Entre outros apetrechos, o *Starship* contava com um telefone a bordo, e, sempre que voávamos para Los Angeles, eu ligava para o Rainbow ainda no ar, e avisava que estávamos a caminho. Geralmente falava com Tony ou Michael, os gerentes, e lhes dizia: "Vamos pousar às nove e meia, depois levamos uns vinte e cinco minutos de limo até o bar. Por favor, separem as mesas para nós e deixem o Dom Perignon a postos". O Rainbow nunca dizia não. Eles nos mimavam até o osso, mas, a essa altura na carreira da banda, esperávamos – e quase sempre conseguíamos – um tratamento especial.

Linda e Charlotte, que eram nossas garçonetes favoritas e "chefes das escoteiras" no Rainbow, reservavam uma área para o Led Zeppelin, e ninguém ultrapassava a linha demarcada, a menos que um de nós sinalizasse a permissão. Geralmente, garotas adolescentes com maquiagem pesada, tops apertados, minissaias e saltos altos tinham as melhores chances de ganhar acesso ao nosso espaço recluso.

Havia outras diversões no *Starship*. Os refrigeradores estavam sempre bem estocados – champanhe, cerveja, vinho, *scotch*, Jack Daniel's e gim de sobra. O porão do avião estava cheio de caixas de Dom Perignon (safras de 1964 e 1966) e cerveja Singha. Bebíamos praticamente qualquer coisa, mas, às vezes, entrávamos no clima de algum tipo de álcool – ou droga – em particular, e essa se tornava a "substância de preferência" em determinadas turnês.

Quando não ficava num canto jogando gamão, John Paul volta e meia se sentava ao órgão Thomas e, com a bebida correndo, cantávamos cantigas de bebedeira. Encorajávamos os comissários – duas garotas e um cara – a se juntar à festa, e embora eles levassem suas responsabilidades de voo a sério, começaram a se sentir parte da família Zeppelin. Não aprontávamos nada com as comissárias, Susie e Bianca, porque elas certamente não queriam saber. Mas havia muita provocação.

Susie era uma loira atraente de 18 anos; Bianca tinha 22, pele morena e um bom senso de humor. Anos depois, Susie me disse: "Lá em 1973, quando vocês saíam do avião e nós íamos arrumar as coisas, achávamos notas de cem dólares enroladas com cocaína dentro. Sabíamos que não estávamos num voo fretado pela rainha da Inglaterra, mas, no começo, eu ficava chocada".

Certa tarde, num voo para Cincinnati, para um show no Riverfront Stadium, o *Starship* estava no ar há apenas quinze minutos quando ouvi batidas na porta e gritos vindos de dentro do banheiro.

"Me tirem daqui! Me tirem daqui!"

Era Bonzo. A porta do banheiro estava trancada. Dei uns dois chutes estilo Bruce Lee, e ela tremeu e então se abriu. E lá se encontrava, diante dos meus olhos, Bonzo sentado no vaso com a calça abaixada, literalmente incapaz de se mover.

"Me ajuda, caramba!"

Por mais que tentasse, Bonzo não conseguia ficar de pé. Aparentemente, um mecânico não havia selado devidamente a saída de ar debaixo da privada, e a pressão estava literalmente sugando Bonzo para baixo, grudando seu traseiro no assento.

Peguei-o pelos braços e o soltei. "Ah, meu Deus!", arfou ele, seriamente abalado, mas não ferido. Subiu a calça e não pareceu nem um pouco envergonhado com o que acontecera. Provavelmente só estava feliz em estar vivo. Ao retornar à cabine principal do avião, balbuciou: "Nunca mais confio num assento de vaso".

O *Starship* se tornou um símbolo do quão alto o Led Zeppelin estava voando. Sim, era extravagante, pretensioso e esnobe. Mas a banda sentia que fizera por merecer. Não era o único sinal da crença deles em sua própria importância: nos voos, Peter conversava comigo sobre seus planos de registrar a vida e a época da banda num filme. Outro sinal dos egos crescentes.

Minha primeira exposição de fato à realidade do filme aconteceu quase no final da turnê norte-americana de 1973. No hotel Sheraton, em Boston, notei dois nomes estranhos na nossa lista de quartos. Liguei para Peter e perguntei: "Porra, quem são esses caras?". Ele então me chamou até seu quarto para conhecer um deles.

"Este é Joe Massot", disse. "Ele é diretor de cinema e vai viajar conosco nessas últimas datas."

Se a banda iria fazer um filme, Peter e Jimmy queriam que fosse algo além de apenas um documentário dos shows. Cada membro teria influência no filme, de forma a refletir suas personalidades.

Massot era um dos cineastas com quem Peter conversara a respeito do projeto. Tinha uns 40 anos, era alto, taciturno e fumava charutos do tamanho de Havana. Era amigo de Charlotte Martin, o que obviamente lhe dava certa preferência no projeto. Dois anos antes, esteve envolvido num filme chamado *O Clamor da Juventude*, um faroeste de *rock* que se tornou *cult* graças, em parte, às participações de atores como um jovem Don Johnson e à música de Doug Kershaw e Country Joe & The Fish.

Muitos cineastas abordaram a banda, mas Massot foi além de visualizar apenas mais um *Woodstock – 3 Dias de Paz, Amor e Música*. "O filme tem de dizer alguma coisa sobre o *rock* e o modo como os músicos vivem", dizia. "Quero incluir algumas 'cenas de fantasia' também, com cada membro da banda colaborando no desenvolvimento da sequência em que aparece."

De início, Peter não se empolgou muito com a ideia de Massot de cenas de fantasia. Porém, quanto mais pensava nela, mais gostava. Reuniu-se

Os shows no Madison Square Garden foram um clímax adequado para a turnê de 1973. Com todos os assentos ocupados e fãs dançando por entre as fileiras, lucramos mais de US$ 400 mil pelas três noites. Não conseguiríamos fazer tanta grana assim tão rápido nem se o Led Zeppelin imprimisse o próprio dinheiro.

com Massot algumas vezes e, com um aperto de mão, lhe deixou livre com uma câmera e acesso total à banda.

Peter insistiu que usássemos o dinheiro do próprio Zeppelin para financiar o filme. "Não quero sentir que estou devendo satisfação para ninguém", dizia. "Vamos ficar de olho nesses caras para garantir que eles não enxuguem todo o nosso dinheiro. Mas quero que seja o *nosso* filme."

A equipe viajou conosco para Baltimore, Pittsburgh, e ainda nos acompanhou por três dias em Nova York e no Madison Square Garden. Massot fez algumas filmagens fora do palco e então montou as câmeras para capturar os três shows no Madison. A equipe usou câmeras portáteis, além das gruas para a filmagem das apresentações.

Desde o início, porém, a banda às vezes tinha a sensação de que a equipe não só não sabia o que estava fazendo, como também se tornava um verdadeiro empecilho. Alguns membros da equipe volta e meia esbravejavam ordens e instruções questionáveis. "Isso é muito importante", disse Massot certa vez. "Precisamos que todos da banda usem as mesmas roupas nos três shows no Madison Square Garden. Se vocês mudarem de roupa, não haverá continuidade no filme."

Robert pensou que ele estivesse brincando. "Ele é cineasta ou consultor de moda?", me perguntou.

Peter também estava ficando irritado. "Você acha que eles sabem o que estão fazendo?", perguntou, enquanto observávamos a equipe trabalhar. Notadamente, Massot havia reunido a equipe em menos de uma semana, mas, em momentos de confusão, alguns daqueles caras agiam como se fossem ter dificuldade para bater uma Polaroid, quem diria com algo profissional. Por sorte, filmaram tanto material que, no meio de tudo aquilo, alguma coisa haveria de ser boa.

De vez em quando, insistíamos para que certas coisas ficassem fora das câmeras. Durante o segundo show no Madison Square Garden, o solo de Bonzo em "Moby Dick" dava aos demais membros uns vinte e poucos minutos de descanso enquanto ele surrava os tambores. Recebemos uma adolescente do Brooklyn no camarim e, enquanto Bonzo controlava a plateia, ela fazia sexo oral nos outros integrantes.

Um policial nova-iorquino foi designado para ficar de guarda na porta do camarim, trabalho que incluía manter a equipe de filmagem afastada. A certa altura, o cara sacudiu a cabeça incrédulo com as nossas atividades extracurriculares. "Vocês levam uma vida e tanto!", disse ele. "Eles não nos oferecem esse tipo de serviço no departamento de polícia."

Os shows no Madison Square Garden foram um clímax adequado para a turnê de 1973. Com todos os assentos ocupados e fãs dançando por entre as fileiras, lucramos mais de US$ 400 mil pelas três noites. Não conseguiríamos fazer tanta grana assim tão rápido nem se o Led Zeppelin imprimisse o próprio dinheiro.

38. O ROUBO

QUANDO OS SHOWS no Madison Square Garden aconteceram, eu fiquei aliviado de ver a turnê finalmente chegar ao fim. Sim, a resposta dos fãs à banda havia sido revigorante, e se mantinha consistente noite após noite. Porém, além dela, havia o estresse costumeiro das turnês... a correria caótica de hotéis a aeroportos e a estádios... a necessidade de lidar com fãs afoitos em excesso que, de alguma forma, se esgueiravam em elevadores ou escadarias, batiam nas portas dos quartos e não demonstravam sensibilidade alguma quanto ao nosso desejo de privacidade. Eu estava pronto para o fim daquela turnê.

"De fato, fica um saco depois de um tempo", reclamou Bonham no último domingo de julho, poucas horas antes do último show, na terceira noite no Madison Square Garden. Todas as apresentações em Nova York tiveram ingressos esgotados, mas todos estavam se coçando para que elas acabassem logo, e então pudéssemos embarcar num avião e voltar para casa.

Em Nova York, ficamos no Drake, na Park Avenue, um hotel pequeno, tranquilo, elegante, um lugar que se associaria mais à realeza britânica do que com músicos de *rock* e suas *groupies*, drogas e peripécias noturnas. Porém, os funcionários toleraram pacientemente os pedidos ao serviço de quarto no meio da madrugada e as garotas que perambulavam pelo *lobby* e pelos elevadores. De vez em quando, a banda dava uma escapada do hotel e se aventurava até o Greenwich Village para beber e curtir no Nobody's. Porém, no geral, a essa altura da turnê, todo mundo já estava tão cansado, que nós trazíamos o que queríamos até o hotel, e até passamos algumas horas assistindo às audiências de Watergate pela televisão. “Não importa quantos problemas a gente tenha”, brinquei certa tarde, “o Nixon sempre vai ter um pouco mais.”

Às sete horas da noite do último show, o telefone do meu quarto tocou. “Richard, as limos estão lá embaixo. Traga os rapazes para cá e vamos andando.”

Em questão de três minutos, estávamos todos nos elevadores. Ao chegarmos no *lobby*, seguimos apressadamente para as limos azuis-claras protegidas por duas viaturas da polícia na frente do hotel. Parei na recepção para esvaziar nosso cofre, onde eu havia guardado US$ 203 mil em dinheiro, quase tudo em notas de US$ 100. Partiríamos para Londres na manhã seguinte, e eu planejava organizar as finanças naquela noite.

É claro, US$ 203 mil era muito dinheiro para se carregar. Mas, naquela época, eu geralmente tinha pelo menos US$ 50 mil no bolso, primordialmente para satisfazer aos caprichos dos membros da banda que decidissem se aventurar em compras em massa de supetão. Jimmy sempre comprava antiguidades quando estávamos nos EUA, Bonham às vezes comprava um carro no final das turnês, e sempre achava mais fácil fechar um bom negócio se pudesse colocar dinheiro vivo na mesa.

À medida que a turnê de 1973 chegava ao fim, porém, eu passei a carregar mais dinheiro do que de costume. Antes de sair do país, teria de pagar a equipe de filmagem, e também pelo *Starship*.

No cofre do hotel, inseri a chave no número 51, puxei a gaveta e abri a tampa.

O dinheiro – todos os 203 mil dólares – havia sumido.

“Ah, não, não é possível”, falei comigo mesmo. Fiquei absolutamente atordoado. Fitei a caixa com um olhar vazio por alguns segundos e senti um arrepio desconfortável percorrer meu corpo. Peguei o que restava na gaveta – nossos passaportes e o cartão de crédito American Express de Jimmy –, e então guardei tudo de volta. Engoli em seco, fechei a gaveta, removi a chave e segui até o *lobby*.

Peter Grant e Steve Weiss, nosso advogado, estavam lá esperando.

“Peter, o dinheiro sumiu.”

Normalmente, Peter acharia que era brincadeira. Mas minha voz estava trêmula e meu rosto, assustado.

"Como assim, sumiu?", perguntou ele.

"Vá olhar o cofre. O dinheiro não está lá."

"Ah, meu Deus", arquejou Steve.

Nós três nos entreolhamos por um momento.

"Vamos levar a banda até o Madison Square Garden", disse Steve. "Os caras não precisam ficar sabendo disso ainda." Ele então foi até a rua e liberou as limos para o trajeto de cinco minutos até o Garden.

Peter tinha um temperamento violento, mas, pelo menos naquele momento, parecia notavelmente calmo. "Quando você checou o cofre pela última vez?", perguntou.

Expliquei que, por volta das três da manhã naquele dia, três fãs subiram pelo elevador até o quarto de Jimmy, carregando quatro guitarras, bateram na porta dele e ofereceram os instrumentos à venda. Jimmy tocou cada uma das guitarras e, depois de pensar por alguns minutos, escolheu uma Les Paul e concordou em pagar em dinheiro. Ligou para o meu quarto e me pediu US$ 800 para comprar a guitarra.

"Assim, desci até o cofre e peguei os 800 dólares", disse a Peter e Steve. "Levei o dinheiro até a suíte de Jimmy e o entreguei àqueles caras, pedi que eles escrevessem um recibo, e voltei para o meu quarto. De lá para cá, alguém teve acesso ao cofre."

"Bem, é melhor chamarmos a polícia", disse Steve.

Ao andarmos até a recepção para pedir que chamassem a polícia, de repente entrei em pânico. É claro, havia uma preocupação de que o dinheiro tivesse sido roubado. Porém, eu tinha uma preocupação ainda maior e mais urgente: ao investigar o roubo, a polícia poderia decidir vasculhar nossas suítes – que estavam cheias de drogas ilegais, principalmente cocaína. Se encontradas, os US$ 203 mil desaparecidos não seriam nada em comparação a esse flagrante.

Nessa turnê, assim como na maioria das outras, ganhamos drogas de fãs e amigos. Conheci muitos contatos ao longo dos anos, então também sabia para quem ligar se quiséssemos algo. A banda nunca recusava nada. Em retrospecto, é um milagre que nunca tenhamos sido pegos.

Assim, depois que a polícia foi chamada, as drogas se tornaram minha principal preocupação. Instruí um dos membros da nossa equipe que tirasse as drogas das suítes. "Guardei cocaína embaixo do tapete, do lado da luminária perto da janela no meu quarto", disse a ele. "Provavelmente há cocaína e maconha nos outros quartos também. Dê uma olhada na suíte de Jimmy, na de Robert, em todas elas. Olhe debaixo dos tapetes e dos colchões. Livre-se de tudo. Rápido."

Minutos depois, uns doze policiais nova-iorquinos chegaram da delegacia de Midtown North. Por causa da dimensão do roubo, o FBI também foi acionado. Peter, Steve e eu os recebemos no *lobby*, e eu expliquei como havia descoberto que o dinheiro havia sumido. Eles ouviram, fizeram anotações e examinaram o cofre.

Como não havia arrombamento – e como eu supostamente tinha a única chave –, de imediato me tornei um dos principais suspeitos. O FBI me interrogou por mais de uma hora. Sim, eu estava abalado com o roubo, mas, se aparentei nervosismo durante o interrogatório, foi numa tentativa desesperada de arrastá-lo o máximo possível, de forma a garantir que a limpeza dos quartos fosse concluída. Bob Estrada, um agente do FBI jovem e inteligente, fez a maioria das perguntas.

"Quanto dinheiro havia na caixa, Richard?"

"Não sei dizer exatamente. Preciso fazer as contas. Quando um dos membros da banda quer sair para fazer compras ou alguma coisa assim, eu só pego um punhado de dinheiro do cofre e anoto o que foi gasto. Ao final da turnê, faço todos os cálculos. Acho que tínhamos uns duzentos mil dólares ali."

"Onde você guardava a chave?"

"Escondida entre o colchão e o estrado da minha cama."

"Quem mais sabia onde ela estava?"

"Ninguém."

"Alguém poderia tê-lo visto guardá-la nesse local?"

"Bem, ontem uma garota chamada Diane passou a noite comigo. Mas sei que ela não me viu esconder a chave."

"Se você tinha a única chave, Richard, como alguém além de você teria acesso ao cofre?"

"Não sei. Espero que vocês consigam descobrir. O pessoal da recepção me viu retirar e guardar dinheiro lá. Se houvesse uma maneira de eles acessarem, eles sabiam que havia muito dinheiro lá. Talvez haja uma cópia da chave em algum lugar."

Eu não sabia dizer se Estrada acreditava ou não em mim. Mas, ao final do interrogatório, eu estava cansado, zonzo e deprimido e só queria que essa história acabasse. Mais tarde, à noite, o FBI vasculhou nossas suítes; por sorte, a essa altura, elas já haviam sido "limpas".

A banda ficou sabendo do roubo durante o show daquela noite, enquanto Bonham fazia o solo de bateria em "Moby Dick". Peter, que então já havia chegado ao *backstage*, deu a notícia a Jimmy, Robert e John Paul. Surpreendentemente, a banda nem titubeou. "Foram bem profissionais", Peter me disse depois. "Não ficaram nada contentes, é claro. Como você ficaria se alguém te dissesse que você está duzentos mil dólares mais pobre? Mas voltaram para o palco e tocaram o resto do show."

Ao final do show, a imprensa já sabia do roubo. De repente, a música do Led Zeppelin foi mais uma vez ofuscada por acontecimentos de fora do palco. Os repórteres lotaram o *lobby* do Drake, mas não à procura de pautas sobre a música da banda. Parecia que o Zeppelin estava prestes a ser crucificado pela mídia de novo.

As limusines deixaram a banda na entrada do hotel, e os membros seguiram para os elevadores. Já estavam cansados, ao final de uma longa turnê, e nem um pouco a fim de ser rondados pela mídia. Os repórteres, porém, começaram a berrar perguntas ("Quem pegou o dinheiro, Jimmy?") e os flashes explodiram. "Não sei de absolutamente nada", disse Jimmy aos jornalistas. "Talvez possamos falar disso depois. Agora, gostaríamos muito de ser deixados em paz."

Peter, cada vez mais tenso e frustrado, berrou com um fotógrafo do *New York Post*: "Pode parar de graça com essa porra de câmera! Nada de fotos!".

O fotógrafo ignorou o pedido. "Só mais duas", insistiu.

Peter teve um acesso de fúria. Agarrou a Nikon do camarada e a arremessou do outro lado do *lobby*. A lente trincou, o flash quebrou. O fotógrafo se jogou no chão numa tentativa inútil de salvar a câmera.

A polícia, que ainda estava no Drake interrogando os funcionários do hotel, interveio e prendeu Peter por agressão. Não era mesmo a nossa noite.

"Isso é tudo tão absurdo", disse Robert, exasperado. "É assim que tratam as pessoas neste país? Alguém nos rouba, e vocês mandam *um de nós* para a cadeia!"

Foi para lá que Peter foi levado, mas só ficou preso por uma hora. Nesse período, foi fotografado, teve as digitais tiradas e foi conduzido a uma cela cheia de criminosos brutos. A essa altura, um guarda mais empático – um fã de *rock 'n' roll* que adorava Jimmy Page desde quando ele tocava nos Yardbirds – reconheceu Peter e o instruiu a tirar os anéis de turquesa e o bracelete e as correntes de ouro, para evitar qualquer problema na cela. "Ao entrar", disse ainda o guarda, "nem fale com ninguém."

Enquanto Peter aguentava os olhares malvados de seus colegas de cela, Steve Weiss trabalhava freneticamente para soltá-lo sob fiança. Nesse meio tempo, o FBI chegou para interrogar Peter a respeito do roubo.

"Grant", berrou o guarda.

"Aqui!", gritou Peter.

"Grant, o FBI está aqui para vê-lo."

O FBI? Os companheiros de cela de Peter se entreolharam incrédulos, e Peter ganhou de imediato o respeito deles. Um deles murmurou: "Você deve ser um filho da puta pesado, se o FBI está atrás de você". Mal sabia o cara que ele havia sido preso por quebrar uma Nikon!

No Drake, o FBI interrogava os membros da banda, um por um. E a maioria das perguntas dizia respeito a mim e ao meu caráter.

"Não acredito que Cole tinha algum envolvimento nisso", disse Robert ao agente do FBI. Estava sentado na cama, bebericando um refrigerante, mais impaciente a cada pergunta.

"Ele é nosso *tour manager* e lida com nosso dinheiro há anos", disse Jimmy. "Trabalha para nós porque é de confiança. Meu Deus, se Richard fosse roubar algum dinheiro, seria inteligente o suficiente para esperar até ter muito mais."

A banda sabia que eu não tentaria sacanear. Eu gerenciava o dinheiro na estrada, e as contas sempre fechavam – ou fechavam de vez em quando. Ocasionalmente, meus cálculos davam algumas centenas de dólares a menos, e eu pedia ajuda à banda para me lembrar como o dinheiro foi gasto. "Você não se lembra que me deu trezentos dólares para uns drinques no bar duas noites atrás?", Bonham disse certa vez. Ou Jimmy me lembrava: "Richard, não se esqueça dos duzentos dólares que gastei com aquela prostituta". Todos os números batiam. Nunca houve desonestidade alguma.

Mais tarde, na noite do roubo, depois que o FBI enfim não tinha mais perguntas, a banda e eu fomos a uma festa no hotel Carlyle, perto do Drake, onde o Zeppelin seria homenageado pela Atlantic Records. O presidente da gravadora, Ahmet Ertegun, planejava dar à banda o disco de ouro por *Houses of the Holy*, que a essa altura estava no topo das paradas há três meses.

"Não se preocupe, Richard", Bonham me disse. "Com o tanto de armas e gente maluca que tem nos EUA, temos de agradecer por ninguém ter levado um tiro. Divirta-se hoje à noite."

Em certo sentido, eu já estava tirando o melhor da situação. Um amigo da gravadora repôs meu suprimento de cocaína e em questão de alguns minutos na festa eu já estava anestesiado o suficiente. Dividi as drogas com a banda – precisávamos de algum tipo de fuga dos acontecimentos daquela noite – e todos já estávamos bem relaxados quando Ahmet apresentou os prêmios.

"Se derretermos esse ouro", brincou Bonham, "quanta cocaína você acha que conseguimos comprar?"

Os jornais nova-iorquinos estavam repletos de matérias a respeito do roubo. A primeira página do *Daily News* trazia em letras garrafais: 203K ROUBADOS DO LED ZEPPELIN. A imprensa afirmava ser o maior roubo de um cofre privado de um hotel na história da cidade.

Danny Goldberg percebeu que o roubo minara instantaneamente sua bem planejada campanha para voltar as atenções para a música do Led Zeppelin. Tentou se manter calmo, mas demonstrava sinais de estresse, às vezes respondia às perguntas dos repórteres de forma brusca, especialmente quando eram as mesmas perguntas que ele já havia respondido diversas vezes. Teve de lidar com dezenas de pedidos de entrevistas naquele dia, não por causa das vendas do álbum ou dos recordes de bilheteria. Em vez disso, a imprensa estava obcecada não só pelo roubo em si, mas também com os "excessos" e a "extravagância" financeiros da banda, nosso estilo de vida "bizarro" e nossas práticas "irresponsáveis" de negócios que permitiam guardar mais de US$ 200 mil em dinheiro vivo no nosso cofre particular no hotel. Era o pesadelo de um assessor de imprensa.

Diante do roubo, nosso retorno a Londres foi adiado em um dia, e Danny recomendou que o Zeppelin encarasse a imprensa – responder às perguntas sobre o incidente, na esperança de colocá-lo no passado rapidamente. A banda considerou essa sugestão, mas então, por fim, acabou se recusando a segui-la.

"Isso é ridículo!", disse Robert. "Não podemos só fazer nossa música e ignorar o restante dessa palhaçada?"

Peter decidiu encarar a imprensa sozinho. Entrou numa sala de conferência do hotel, que havia sido transformada numa cova dos leões com mais de vinte repórteres e uma fileira de câmeras de TV. Vestindo uma camisa de bolinhas e um cachecol, Peter demonstrava a tensão das últimas vinte e quatro horas enquanto se esforçava para manter a compostura à medida que as perguntas escalavam a um nível absurdo:

"Foi só um golpe publicitário para colocar o nome da banda nos jornais?"

"De forma alguma. O único tipo de atenção da mídia que interessa ao Led Zeppelin gira em torno da música."

"A banda odeia os EUA agora? Vocês voltarão a tocar aqui?"

"Esse roubo certamente não é um indicativo contra os EUA. Adoramos o país e adoramos as pessoas daqui."

Nos quartos, a banda ficava cada vez mais impaciente, ansiosa em ir para casa. Principalmente Jimmy parecia estar sentindo a pressão. Pagey sempre tinha uma aparência um pouco pálida e malnutrida, mas parecia muito mais exausto do que de costume. "A fadiga não me afeta para tocar", dizia, "mas, fora do palco, tenho dificuldade em me manter nos eixos e manter a adrenalina e a ansiedade sob controle. Esse roubo só dificulta as coisas. Quando é que vamos conseguir ir embora deste inferno?"

Finalmente, no dia 31 de julho, a banda entrou nas limusines e partiu para o aeroporto JFK para tomar o voo de volta a Londres. Nem mesmo no aeroporto, porém, pudemos deixar o roubo para trás por completo. Enquanto esperávamos o embarque, pedindo rodada atrás de rodada de drinques no Pan Am Clipper Club, Bob Estrada e um colega do FBI apareceram inesperadamente.

"Olá, caras", disse Estrada. "Estão indo embora agora, então?"

"Sim", respondi, aturdido com a presença do FBI.

"Bem, façam um bom voo."

Foram embora tão rápida e misteriosamente quanto chegaram. Trocamos olhares confusos.

"O que foi isso?", perguntou Jimmy.

"Ainda devem estar pensando que estamos com o dinheiro", disse Peter. "Aposto que estão vasculhando nossa bagagem neste momento."

Talvez estivessem mesmo. Depois que recolhemos a bagagem e passamos pela alfândega em Heathrow, nossas malas estavam todas bagunçadas, muito mais do que quando as fizemos. Um par de sapatos de couro de cobra de Bonham havia sumido, como se o FBI os tivesse confiscado para abri-los em busca de US$ 200 mil escondidos nos solados grossos feitos sob medida. Outros dois pares de sapato de Bonzo – um rosa e um verde – estavam marcados e danificados.

Limusines estavam à nossa espera na saída do aeroporto. Recentemente, Jimmy comprara uma bela casa do ator Richard Harris, na região de Kensington, em Londres; estava ansioso para chegar em casa e foi sozinho numa das limos; Robert e Bonham, que moravam a dezesseis quilômetros um do outro, dividiram outra. John Paul, Peter e eu fomos cada um em uma.

O caminho para casa, porém, nunca era direto. Bonham e eu instruímos nossos choferes que parassem em *pubs* no trajeto. Ainda levaríamos cerca de duas horas para chegar em casa, tempo demais até o próximo drinque. Não importava a hora do dia, sempre podíamos achar bares abertos com uma vasta seleção de cervejas inglesas: o Copper Kettle... o George... o Swan.

Talvez por frustração com o final azedo da turnê de 1973, o Led Zeppelin passaria um ano e meio sem cair na estrada. Eu estava simplesmente farto das coisas e concluí que era hora de reavaliar meu próprio futuro. Sem novas turnês do Zeppelin em vista, não havia muito trabalho para mim no escritório de Peter, então passei muito tempo ocioso em *pubs* e sozinho na minha casa, um antigo celeiro do século 17 transformado num belo sobrado. Porém, com meu cérebro embaçado pelo álcool em grande parte do tempo, era difícil planejar muita coisa em relação ao que estava por vir.

Tirei breves férias na Romênia, no Mar Negro, e, quando retornei a Londres, havia uma mensagem de Peter para mim, pedindo que eu fosse até a casa dele. Foi uma das reuniões mais curtas que tive com ele. "Tem certeza de que você não teve nada a ver com o roubo em Nova York?", ele perguntou.

Não acreditei que essa questão ainda não estava resolvida na cabeça dele. "Certeza absoluta", respondi, erguendo a voz o suficiente para demonstrar minha frustração. "Não sei quem pegou o dinheiro. Essa é a verdade."

"Você acha que um dos carregadores de malas ou porteiros podem ter pegado a chave sem o seu conhecimento?"

"De jeito nenhum. O negócio todo é um mistério para mim."

Foi a última vez que o assunto do roubo foi levantado. Posteriormente, a banda processou o hotel Drake e ganhou uma indenização razoável. Que tormento!

39. COLOQUE-OS NO CINEMA

EM OUTUBRO DE 1973, Joe Massot e sua equipe estavam prestes a começar a filmar as passagens mais criativas do filme do Led Zeppelin. Massot ficou satisfeito com o material gravado nos shows em Nova York, e agora estava pronto para começar a elaborar os segmentos individuais de cada membro da banda, a maioria dos quais seria filmada perto de suas respectivas casas. Massot os instruiu a deixar a imaginação correr solta e a trazer suas personalidades às filmagens. John Bonham achou que ele estava era viajando.

"Vou mostrar a ele alguns dos meus touros, mas não sei como ele vai criar algo interessante a partir disso", disse Bonzo. "Devíamos levá-lo para um bar, aí ele pode nos filmar enchendo a cara." E então perguntou: "Esse cara sabe mesmo o que está fazendo?".

Ao mesmo tempo, a banda começou a fazer algumas exigências que demandavam da paciência e das habilidades de Massot. Jimmy quis filmar um segmento numa formação rochosa íngreme, onde encontra uma figura encapuzada que envelhece um século ou mais diante da câmera. Jimmy não só quis interpretar ambos os papéis na cena, como também quis filmar à noite.

Massot e a equipe balançaram a cabeça como se dissessem, *mais uma estrela do rock mimada com mais uma ideia doida!* De todo o modo, ergueram um andaime na montanha e insistiram nos ajustes e reajustes da iluminação, até que as câmeras conseguissem capturar a cena sem que parecesse um blecaute londrino.

Jimmy, porém, logo percebeu que a sua própria ideia era sem noção. Massot teve de refazer a cena várias vezes e, depois do sexto ou sétimo *take*, Jimmy estava exausto de tanto escalar a colina. Tentava se recuperar entre os *takes*, mas assim que recobrava o fôlego, as câmeras já estavam rodando de novo.

Quando Bonzo tomou conhecimento do suplício de Jimmy, ficou de cara. "Se o desgraçado pelo menos passasse a comer carne, teria a energia para escalar os Alpes. Até sacrifico um dos meus touros se preciso, para o cara largar essa porra desse negócio de vegetarianismo."

Mais tarde, no outono, Peter pediu para ver as imagens que foram feitas. E não gostou da maior parte do que viu. "Tem umas coisas aí que são simplesmente ridículas, porra!", ele me disse. "Estou de saco cheio! Isso está virando o filme caseiro mais caro já feito!"

Perto do final de 1973, Peter concordou que sua parte do filme fosse filmada numa grande festa em sua casa, para celebrar o aniversário de sua esposa. Embora estivesse desiludido em relação ao filme, estava disposto a ir até o fim. Peter tinha uma casa em estilo medieval, então, para a festa, contou com garçons vestidos como na Idade Média. Quando não estavam servindo comida, se divertiam com lutas de espada no gramado.

Meses depois, à medida que o progresso do filme andava a passos de formiga, Peter chegou ao seu limite. Massot abandonou o projeto e foi substituído por um cineasta chamado Peter Clifton. Mesmo assim, ainda havia muito a se fazer no filme, que só seria lançado depois de quase três anos. Era um projeto sem-fim.

Enquanto o filme assumia uma vida imprevisível, o Zeppelin começou os ensaios para o próximo álbum. Jimmy convidou a banda para ir até sua casa, Plumpton Place, e eles começaram a debater e compor material novo. Ainda havia algumas faixas não utilizadas, gravadas na última visita a Headley Grange – mais notavelmente, "Houses of the Holy" e "Night Flight". Plant até tirou da manga uma canção chamada "Down by the Seaside", que escrevera com Pagey anos antes, em Bron-Yr-Aur.

Por volta dessa época, Jimmy também estava trabalhando na trilha sonora de um filme de Kenneth Anger, cineasta americano que fez uma série de curtas-metragens *cult* – *Scorpio Rising* foi provavelmente o mais conhecido – que alguns críticos achavam incompreensíveis. Assim como Pagey, Anger era um devoto de Aleister Crowley – e ficou fascinado pelo fato de Jimmy ser dono de uma casa que pertencera a Crowley. Pagey contou a ele a história de que um homem foi decapitado na casa há séculos, e de como seu espírito supostamente continuava vivo tanto tempo depois da execução. Também havia histórias de assassinatos e suicídios na casa, embora ninguém soubesse se isso era verdade ou apenas a imaginação de Jimmy a correr solta.

Page e Anger ficaram bem próximos, e, enquanto trabalhava em *Lucifer Rising*, um novo filme, de temática satânica, Anger pediu a Jimmy que compusesse a trilha sonora. Jimmy, porém, sempre colocava o trabalho com o Led Zeppelin em primeiro lugar. Mesmo quando tinha tempo livre, procrastinava a conclusão do projeto com Anger.

Quando Pagey finalmente mostrou a Anger parte da música que havia composto, o cineasta não gostou do que ouviu. Achou a música muito macabra, e pediu a Jimmy que recomeçasse do zero. O processo se arrastou e, por fim, Anger começou a criticar na imprensa a falta de disciplina de Jimmy. Ouvimos dizer que ele dava a entender aos amigos que Pagey fosse um viciado em drogas.

Fiquei chocado com as acusações de Anger. Afinal, se Pagey era um viciado, isso significava que eu também era. Ambos usávamos cocaína pra diabo. Mas eu não estava pronto para admitir que tinha um problema, então concluí que Jimmy tampouco tinha. Se tivéssemos sido mais honestos com nós mesmos e encarado nossos comportamentos dependentes, talvez tivéssemos evitado muito da agonia que estava por vir.

40. "ALGUÉM ACEITA APERITIVOS?"

À MEDIDA QUE O ANO-NOVO se aproximava, eu prometia a mim mesmo que 1974 seria um ano melhor. Parecíamos ter superado o roubo em Nova York, mas, para mim, era difícil. Não era algo no qual eu pensava todos os dias, graças em parte à fuga propiciada pela bebida e pela cocaína. Porém, quando isso vinha à tona, eu passava por uns períodos bem melancólicos.

O Ano-novo, porém, parecia mais promissor. Conheci uma jovem chamada Marilyn, uma bela atriz e modelo da *Playboy*. Era calorosa, sensível, criativa e tinha um bom senso de humor. Seu visual também não era nada mau. Eu estava carente e ela preencheu um verdadeiro vácuo em minha vida. Apaixonei-me rapidamente, assim como ela. Em pouco tempo, já falávamos em casamento.

Quando apresentei Marilyn à minha família, minha mãezinha irlandesa a olhou de cima abaixo e disse: "Bem, Deus do céu, Richard, você já teve muitas mulheres na vida, então é hora de sossegar. E pela aparência dessa moça aqui, ela também já teve muitos camaradas! Boa sorte para vocês dois!".

Minha mãe nunca foi muito diplomática. A expressão de Marilyn ficou tão cabisbaixa, que quase caiu no chão; me senti muito mal por ela. Depois disso, acho que ela nunca gostou da minha mãe.

Com 1973 chegando ao fim, Marilyn e eu determinamos uma data para o nosso casamento – dia 2 de janeiro. Comprei um terno cinza e marquei a cerimônia no Caxton Hall. Estava extremamente feliz e sentia que minha vida estava enfim voltando aos eixos.

A festa do nosso casamento foi no Playboy Club, em Londres. Membros do Led Zeppelin, The Who e Bad Company estavam presentes, de forma que foi necessário contratar trinta seguranças para manter o evento sob controle e garantir que os convidados de alto gabarito estivessem bem protegidos. Fizeram um trabalho tão bom, que até barraram a entrada de Victor Lownes, o dono do Playboy Club, até que eu liberasse.

Ironicamente, enquanto eu assinava os documentos no Caxton Hall, o escrivão – um camarada baixinho careca e a quem faltavam uns dentes – olhou para as celebridades enfileiradas atrás de mim e disse bem alto: "Ah, posso pegar um autógrafo do senhor?". Achei que ele estivesse falando com Pagey, Plant ou Keith Moon. Em vez disso, passou reto por eles e entregou papel e caneta a Lionel Bart, autor do musical *Oliver!*. "Acho que isso coloca os músicos de *rock* em seu devido lugar!", brinquei com Peter.

Robert Gaines Cooper, fabricante de máquinas de jogatina que morava na minha cidade, me deixou usar seis Rolls-Royces – Phantoms do I ao VI – como presente de casamento. A festa em si foi um presente de Peter e, por mais chumbado que eu tenha ficado naquele dia, o informei repetidas vezes do quão grato estava.

No entanto, como um homem recém-casado, comecei a pensar mais seriamente que talvez fosse hora de um recomeço profissional também. O Led Zeppelin, comprometido a passar o início do ano no estúdio para gravar o sexto álbum, ainda não tinha turnês planejadas para 1974. Peter me pediu para viajar aos EUA por seis semanas, para trabalhar na turnê de Maggie Bell. Eu sabia que não haveria muito trabalho em Londres, mas gostava de morar no Reino Unido, e era onde meus amigos estavam. Então decidi deixar as portas abertas para outras oportunidades por lá.

Enquanto isso, poucos dias depois do meu casamento, Peter Grant convocou uma coletiva de imprensa para anunciar que o Zeppelin estava lançando sua própria gravadora, a Swan Song. O contrato de cinco anos com a Atlantic terminara no mês anterior, e Jimmy e Peter acreditaram que, com seu próprio selo, a banda teria mais controle criativo – e provavelmente até um retorno financeiro maior.

Ao longo dos anos, outros artistas – incluindo os Beatles e os Stones – criaram seus próprios selos. Muito frequentemente parecia mais uma *egotrip* do que qualquer outra coisa, e com o Zeppelin, foi algo que decerto incrementou a sensação de autoimportância da banda. Na coletiva, aproveitaram a oportunidade para louvar a si mesmos e para ostentar o que haviam realizado. Não obstante, Jimmy disse: "Não vai ser uma coisa de ego. Vamos contratar e produzir outros artistas também. Vai ser muito mais do que apenas o Led Zeppelin".

Em questão de semanas, o novo selo contratou o Bad Company, Maggie Bell e os Pretty Things, além de buscar outros talentos para agregar à companhia.

Danny Goldberg saiu da Solters, Roskin & Sabinson e foi contratado para cuidar da nova gravadora, cujos escritórios ficavam num arranha-céu na Madison Avenue, em Nova York. Um escritório londrino também foi inaugurado, na King's Road. E então vieram as festas: para comemorar o lançamento da Swan Song, viajamos para os EUA para recepções no Four Seasons, em Nova York, e no Bel Air Hotel, em Los Angeles.

No avião para Nova York, todos nós bebemos pesado, mas Bonzo quebrou recordes na primeira classe. Gim tônica. Chardonnay. Algumas taças de champanhe. Sozinho, ele quase fez a comissária trabalhar ininterruptamente todas as sete horas da viagem.

Depois de mais ou menos metade da viagem, Bonzo estava bêbado demais ou com preguiça demais para se levantar para ir ao banheiro. Assim, simplesmente optou por mijar nas calças e continuar a beber.

Alguns minutos depois, começou a se sentir desconfortável por estar sentado em sua própria urina. "Não aguento mais", disse ao saltar de seu assento na janela, pular por cima de mim e ir apressadamente até a classe econômica. Enquanto seguia pelo corredor, as grandes manchas molhadas em sua calça renderam alguns olhares e caretas dos outros passageiros, embora ele parecesse não se importar.

Bonham parou diante de Mick Hinton, que lia inocentemente um exemplar da *Sports Illustrated* em seu assento na classe econômica. "Mick, você é meu assistente, certo?", perguntou Bonzo.

"Certo."

"Seu trabalho é fazer o que eu pedir, certo?"

"Certo."

"Bem, quero finalmente retribuir o favor. Gostaria de lhe dar o meu assento de primeira classe até o voo chegar a Nova York. Você merece um tratamento muito melhor do que está recebendo. Vai de primeira classe, que eu vou de econômica! Pode ir lá, é o 3A!"

Mick ficou pasmo. "Isso é legal pra caramba da sua parte, Bonzo. Maravilhoso mesmo." Levantou-se, deu uns tapinhas nas costas de Bonham e foi até a primeira classe. "Com licença, Richard, deixa eu só passar aqui", disse. "Bonzo me deixou sentar no lugar dele."

"Bem, espero que as suas calças sejam à prova d'água", falei a ele. "Vai ser como nadar num mictório."

Mick olhou para a poltrona e quase passou mal. "Isso é o que eu estou pensando?", perguntou.

Antes que eu pudesse responder, a comissária anunciou que todos os passageiros teriam de se sentar, porque o avião entraria numa zona de turbulência. Mick tentou ficar o mais confortável possível, mas passou o resto do voo com uma careta. À medida que nos aproximávamos de Nova York, todo o setor da primeira classe estava fedendo ao odor que vinha da poltrona 3A.

Ao chegar em Manhattan, nos hospedamos no hotel St. Regis. Na festa no Four Seasons, peguei um prato na fila do bufê e despejei nele o conteúdo do meu saco de cocaína. "Alguém aceita aperitivos?", disse, levando o prato a debaixo dos narizes dos membros da banda.

Estávamos nos comportando como crianças a roubar doces enquanto ninguém olhava. Apinhados num canto, cheiramos toda a droga do prato, com Jimmy, Bonzo e eu monopolizando a maior parte.

A festa no Four Seasons foi cara, mas Peter achava que valia os US$ 10 mil. Mesmo assim, nem tudo correu de acordo com o planejado. O restaurante deveria providenciar cisnes brancos que perambulassem elegantemente por entre os convidados, para representar o nome Swan Song [*O canto do cisne*]. Porém, infelizmente, cisnes brancos não são nativos da ilha congestionada e infestada de crime de Manhattan. O máximo que conseguiram fazer foi importar uns gansos brancos idosos e asmáticos, que mal conseguiam grasnar.

"Acho que deveríamos acender os fornos e preparar esses manés para o jantar", gargalhou Bonham, esfregando uma mão na outra de maneira bem sinistra.

Finalmente nos cansamos de ver os gansos trombarem pela festa, e Bonham e eu começamos a expulsá-los para a East 55th Street. Dois deles foram para o meio da rua e se tornaram vítimas instantâneas das ruas inclementes de Nova York.

No Bel Air, a festa teve muito mais classe. Havia lagos artificiais no local, já ocupados por cisnes brancos elegantes. Era um cenário mais bonito, e a lista de convidados incluía uma gama de celebridades hollywoodianas, mais notavelmente Groucho Marx.

Em L.A., ficamos no Hyatt House, na Sunset Strip. Embora a banda não estivesse na cidade para tocar, os radialistas das FMs anunciavam o tempo inteiro que o Led Zeppelin havia invadido a cidade. Centenas de fãs simplesmente presumiram que estaríamos no Riot House – e seguiram para lá. O *lobby* ficou inundado de fotógrafos com câmeras a postos e de garotas assanhadas morrendo de vontade de um toque, um beliscão ou até algo mais da banda.

Antes da viagem, Peter e eu nos sentamos para discutir sobre a segurança. Por causa do roubo no Drake, senti que precisávamos intensificar a proteção, e Peter vinha pensando o mesmo. Com toda a publicidade em torno das enormes quantias em dinheiro que a banda carregava, tememos que criminosos particularmente gananciosos chegassem à conclusão de que o Zeppelin seria o alvo perfeito para mais um ataque.

Assim, por sugestão de Bill Dautrich, nosso consultor de segurança, reservamos e colocamos segurança no nono andar inteiro – e partes do décimo e do décimo primeiro – do Riot House. "Vocês terão maior controle das suas proximidades dessa forma", disse Bill. Cada membro da banda tinha sua própria suíte nas pontas, com um segurança – em geral, um policial de Los Angeles de folga – na porta e outros posicionados nos elevadores para manter os convidados indesejados longe do andar.

Ninguém da banda gostava desse tipo de precaução. Jimmy, em especial, ficava perturbado. Os policiais, dizia ele, o deixavam *mais* nervoso, eram um lembrete constante de que de fato *havia* algo com que se preocupar. "Sempre tive um ótimo relacionamento com os fãs", Jimmy me disse. "É terrível passar a impressão de que nos cercamos de capangas." Ainda assim, era difícil argumentar que a banda não estava se tornando mais vulnerável à medida que o sucesso e a fama cresciam. Peter e eu ganhamos essa discussão.

Eu adorava o Hyatt, mas os funcionários nem sempre eram muito confiáveis no que dizia respeito aos telefonemas de despertar. Assim, certa noite, abordei um dos nossos próprios seguranças. "Diga ao segurança do turno seguinte para me acordar ao meio-dia", falei. "Só peça para ele bater na minha porta com a coronha da arma."

Esse "despertador" funcionava com perfeição. Depois de acordar, decidi convidar Bonham para almoçar comigo. Liguei repetidas vezes para o quarto dele, mas ele não atendia, então peguei o elevador até sua suíte no décimo primeiro andar. O segurança na porta do quarto de Bonzo, um clone de Schwarzenegger, me disse: "O Sr. Bonham me instruiu especificamente para não deixar ninguém perturbá-lo".

"Bem, eu certamente não gostaria que você arrumasse problemas com o Sr. Bonham", eu disse, e me conduzi de volta ao meu quarto.

De imediato, fui até a minha sacada, no nono andar, e escalei dois andares por fora do prédio, de sacada em sacada, até a suíte de Bonzo, parando no meio do caminho para um tiro de pó com alguns fãs. A porta de correr do quarto de Bonzo estava entreaberta, eu entrei e comecei a acordá-lo.

"Levante, meninão", falei, sacudindo-o o mais violentamente possível, tirando as teias de aranha uma a uma. "Vamos comer alguma coisa."

"Que horas são, porra?", perguntou ele, numa voz grogue e pouco coerente.

"Só me encontre no meu quarto em dez minutos."

Saí pela porta da frente da suíte de John e optei por descer pela escada até o meu quarto. Ao sair, o segurança de Bonzo me viu e seus olhos quase saltaram das órbitas.

Cumprimentei-o educadamente: "Bom dia".

"Como você entrou aí?", perguntou ele, coçando a cabeça.

"Sei lá eu", respondi ao dar as costas e seguir pelo corredor.

Passávamos bastante tempo no Rainbow Bar & Grill e levávamos as garotas que conhecíamos lá para o hotel conosco – e as convencíamos a tomar sol de *topless* na piscina do terraço. Havia algo em L.A. que trazia nossa decadência à tona. E contanto que as garotas estivessem dispostas a colaborar, o que sempre estavam, quem poderia reclamar?

Mesmo sem as garotas do Rainbow, Jimmy já estava com as mãos cheias. É claro, havia Lori Maddox, mas outras garotas competiam para se tornar uma de suas "regulares" também. Bebe Buell, uma modelo loira e alta que já se envolvera com Todd Rundgren, chamou a atenção de Jimmy durante essa viagem – assim como Krissie Wood, cujo casamento com Ronnie Wood, dos Rolling Stones, foi balançado pela atração mútua entre Pagey e ela. Até Charlotte Martin veio de Londres para passar alguns dias.

Quando o álbum solo de Ronnie, *I've Got My Own Album to Do*, chegou às lojas, a Warner Brothers deu uma festa para ele, e nós fomos convidados. Jimmy levou Charlotte, mas passou a maior parte da noite discutindo com ela. O relacionamento dos dois sobrevivera à alguns momentos espinhosos, e eu imaginei que aquela seria apenas mais uma briga curta, apesar de acalorada. Porém, quando a festa enfim acabou, Pagey foi embora com Krissie, ao passo que Ronnie partiu com Charlotte. Vale tudo no amor e na guerra, pelo jeito.

Mais tarde, porém, Ronnie me contou o quanto ficou puto com a troca. "Não fiquei muito contente com a maneira como as coisas se deram. Minha parte do negócio não durou muito tempo." Presumo que Ronnie não tenha conseguido o que queria da barganha.

Lori Maddox, que a essa altura tinha acabado de completar dezesseis anos, não conseguiu lidar com esse tipo de competição. Era uma garota doce, ainda um tanto inocente, que passava metade do tempo morrendo de vontade de abraçar Jimmy, e a outra metade tentando matá-lo. Era tudo parte do ciúme que corria solto entre as garotas para quem a atenção de um membro do Zeppelin era, ao mesmo tempo, o Oscar, o Prêmio Pulitzer e o Prêmio Nobel.

Eles, por sua vez, adoravam essa bajulação. Quem não adoraria? Não é de se espantar que eles torcessem o nariz quando, vez ou outra, eu reclamava que, mesmo com todas as garotas e toda a bebida, as coisas estavam ficando chatas no Riot House. Certa vez, num final de tarde, para aliviar a monotonia, sugeri que a banda se vestisse de drag. Parecia não haver nada melhor para fazer. "Vamos ver o quanto vocês são mesmo bonitas, 'garotas'!'", desafiei-os. "Vou tirar umas fotos e quem sabe nós usamos na capa do próximo álbum. Vou tirar o emprego da Annie Leibovitz!"

Sem muita insistência, as três *groupies* que estavam conosco naquele dia tiraram as roupas e Jimmy, Robert e Bonzo se apertaram nelas, desfiando as barras dos vestidos e rasgando as meias-calças nesse processo.

"Agora vocês só precisam de maquiagem", disse Lori, que então ajudou Jimmy e os demais a passar batom e um pouco de blush. O interessante é que os rapazes não ficaram sem jeito nem envergonhados enquanto a transformação acontecia; na verdade, até pareceram curtir o novo visual. Gostaria que as drag queens de New Orleans pudessem tê-los visto daquele jeito.

Ficamos tão entretidos por essa sessão de fotos improvisada, que quase nos esquecemos de que deveríamos nos encontrar com George Harrison para um jantar. "Vamos dar umas emoções baratas ao George e mostrar a ele como estamos", disse Robert. Quando Harrison chegou ao hotel, Stevie Wonder estava com ele. George deu uma olhada em Bonzo, Robert e Pagey de drag e caiu no chão de tanto rir. A histeria dele foi contagiante, e logo todo mundo estava chorando de rir – isto é, todo mundo menos Stevie.

"O que é que é tão engraçado?", ele perguntava, com um sorriso sem graça no rosto, ciente de que algo estava acontecendo, mas sem saber exatamente o que era.

"Merda", pensei. "Espero que o Stevie não pense que estamos tirando onda com ele." Acho que todo mundo pensou a mesma coisa. As gargalhadas pararam, e nós só quisemos entrar num buraco, de vestido e tudo.

Houve outros momentos desconfortáveis em Los Angeles, pelo menos para mim. Robert e eu parecíamos querer matar um ao outro por boa parte da viagem, sem motivo aparente. Brigávamos por bobagens, como o horário em que as limusines chegariam, ou quem ligaria para o serviço de quarto para fazer pedidos, ou quais garotas levar do Rainbow para o hotel. A certa altura, me perguntei se finalmente chegara a hora de jogar a toalha. Concluí que qualquer coisa seria melhor do que enfrentar Robert.

Em retrospecto, estava aborrecido com mais coisas, e não somente com Plant. Com a Swan Song a todo vapor, pensei que talvez eu fosse ter uma chance de assumir um cargo alto na nova companhia, ou talvez receber uma pequena porcentagem dos *royalties* da banda. Afinal, fui excepcionalmente leal a eles desde o início. Além de Peter e dos próprios integrantes da banda, ninguém deu mais de si para garantir que a organização funcionasse de maneira fluida. Porém, essas ofertas nunca surgiam. Não parecia justo.

Nos últimos dias em L.A., eu estava espumando. Só queria explodir, sair atirando. Numa das últimas noites, estávamos jantando num restaurante indiano elegante em Westwood Village, ao sul da Ucla. Os membros do Bad Company comiam numa mesa no lado oposto do restaurante. Houve algumas provocações de brincadeira, bem intencionadas, trocadas entre as bandas – "Quando vocês aprenderem a tocar, aí então talvez a gente possa conversar de música no mesmo nível", brincou Bonham.

Lá pela metade do jantar, Bonham lançou um prato de legumes na direção do Bad Company. O prato caiu no chão sem atingir ninguém, mas me deu a chance de perder as estribeiras. Arremessei minha entrada inteira até o outro lado do restaurante, e ela caiu com tudo na mesa do Bad Company. De imediato, isso desencadeou uma guerra de comida completa que durou dez minutos.

Voou curry para todo lado, respingando nos clientes em outras mesas. O carpete ficou coberto de frango tandoori. E havia arroz até nas paredes. Ambas as bandas acharam aquilo hilário, mas eu estava descontando parte da minha frustração. Os funcionários do restaurante, porém, reagiram como se fosse o fim do mundo. O gerente enfim entrou na linha de fogo e berrou: "Vou chamar a polícia!".

Nesse momento, dois policiais de folga, parte do nosso *entourage*, se levantaram de uma mesa perto da nossa, mostraram os distintivos e anunciaram: "Nós somos a polícia!". Quando o alvoroçou baixou, pagamos pelos danos – US$ 450 em dinheiro – e fomos embora.

Eu sabia que precisava parar para pensar se eu me sentia bem em continuar a trabalhar para o Led Zeppelin. Porém, mais imediatamente, havia pelo menos mais um evento na nossa agenda em L.A. pelo qual eu estava ansioso – a oportunidade de ver um show de Elvis.

41. O Rei

"QUE TAL ALGUNS INGRESSOS de primeira fila para ver o Elvis no Forum?" Jerry Weintraub, *promoter* tanto de Elvis quanto do Led Zeppelin, nos fez uma proposta que não poderíamos recusar. Havíamos visto o show de Elvis em Las Vegas anos antes, e foi uma noite extraordinária. Não íamos deixar mais uma noite com o Rei passar.

Infelizmente, nenhum de nós estava em condições de aproveitar devidamente o show. Festejamos demais na noite anterior; na verdade, Bonzo e eu ficamos acordados a noite inteira bebendo e cheirando pó. Assim, durante a apresentação de Elvis, nós dois estávamos nos esforçando para nos manter acordados. Bonzo até dava umas pescadas de vez em quando. Por sorte, não roncou.

No início do show, depois de cantar "Love Me Tender", Elvis fez uma pausa e disse à plateia lotada: "Quero que todos aqui saibam que a minha banda favorita, o Led Zeppelin, está aqui esta noite. Gostaria que os holofotes os iluminassem, e gostaria que vocês os cumprimentassem também".

Quando os holofotes se viraram para nós, nos viramos e acenamos para o público, que aplaudia. Isto é, todos nós menos Bonzo, que dormiu profundamente durante toda essa introdução. Dei-lhe um cutucão com o cotovelo e ele acordou de supetão, protegendo os olhos das luzes fortes com as mãos, instintivamente. "Você nunca passou uma primeira impressão melhor do que essa", eu disse a ele, enquanto ele lutava para se manter desperto.

Elvis estava hospedado numa suíte num hotel na frente do Forum e, ao final do show, um de seus *roadies* nos abordou. "Elvis gostaria que vocês o encontrassem no hotel." Topamos no ato. Quando o vimos em Las Vegas, saímos do show pelos fundos com os demais fãs. Conhecê-lo ia ser uma emoção e tanto.

Embora o Zeppelin atraísse mais público e vendesse mais discos do que Elvis, todos nós estávamos nervosos ao subir no elevador até o último andar do hotel. Dois seguranças enormes nos acompanharam pelo corredor até a suíte de Elvis. "Ele é o Rei", Robert me disse baixinho. "Não sei do que vamos falar com ele. Espero que você saiba pensar rápido."

Ao entrarmos, Elvis veio nos receber. Depois dos apertos de mão, todos ficamos sem jeito. O próprio Elvis pareceu estranhamente frio nos primeiros minutos. Perguntei-me se deveríamos ter ficado em casa.

E então, aos poucos, um sorriso surgiu em seu rosto. "Ei", perguntou ele, "essas histórias que ouço do Led Zeppelin são verdadeiras?"

"Que histórias?", perguntou John Paul.

"Bem, essas histórias a respeito das coisas que vocês fazem na estrada. São bem loucas!"

Se já estávamos calados, de repente ficamos completamente sem saber o que dizer. Por fim, Robert, nervoso, falou: "Bem, muitos boatos foram espalhados. Todos nós temos famílias, sabe? Só estamos aqui para fazer música. É o que mais fazemos".

Elvis pensou por um momento. "Então o que vocês fazem para se divertir?"

"Ouvimos muito as suas músicas", disse Robert, que então, de súbito, se lançou a cantar "*Treat me like a fool...*", o que fez Elvis sorrir de orelha a orelha.

"Boa escolha de repertório!", vibrou Elvis. "Talvez eu mesmo grave essa um dia desses!"

À medida que a noite progredia, Bonham foi provavelmente quem se deu melhor com Elvis, mais do que qualquer um de nós. Os dois conversaram sobre carros e filmes de Peter Sellers ("Já vi aquelas piadas do Clouseau milhares de vezes e nunca me canso delas!", exclamou Elvis).

A conversa raramente se voltava para a música. Jimmy me contou depois que se sentiu desconfortável para falar dos discos do Zeppelin com o Rei. "Não sei se seria um assunto delicado para ele, já que vendemos mais", disse Pagey. "Mas o cara é uma lenda!" Assim, a maior parte da noite foi repleta de conversas corriqueiras. Em dado momento, Elvis disse: "Sabe, eu nunca ouvi muito as músicas de vocês. Meu meio-irmão colocou 'Stairway to Heaven' para eu ouvir certa vez e eu achei muito boa. Mas não tenho muita oportunidade de ouvi-los".

Elvis ficou mais relaxado com o passar das horas. Ofereceu-nos drinques, e nos convidou para visitá-lo quando passássemos por Memphis. Antes de irmos embora, ele disse: "Deixem-me dar alguns autógrafos para vocês darem às suas esposas ou aos seus filhos. E quero que vocês autografem alguma coisa para mim também".

Enquanto rabiscava seu nome numa folha de papel, Bonzo sussurrou para mim: "Dá para acreditar? Elvis quer *o meu* autógrafo!".

Não, eu também não conseguia acreditar.

42. CLAPTON

DEPOIS DE RETORNARMOS à Inglaterra, o Led Zeppelin se recolheu em Headley Grange para gravar o que viria a se tornar o disco duplo *Physical Graffiti*. Não passei muito tempo nessas sessões, nem em Grange nem quando a banda passou ao Olympic Studios. Não havia muito o que eu fazer nelas, e eu estava no meio da minha própria busca de autoconhecimento, tentando decidir que caminho era melhor eu seguir. Porém, nos dias em que cheguei a visitá-los em Grange, o que vi e ouvi me mostrou que o Zeppelin não havia perdido nenhuma força.

Uma das faixas mais intrigantes criada durante aquelas sessões foi "Kashmir", canção que, anos depois, a banda consideraria um de seus clássicos. A princípio, Jimmy intitulou a música de "Driving to Kashmir", e ela foi inspirada por um trecho longo e deserto da estrada que liga Guelmim a Tan-Tan, no Saara marroquino, estrada essa que Jimmy percorreu diversas vezes, sempre com a sensação de que ela nunca terminaria. Não havia paisagem alguma, exceto algum camelo e seu condutor, que passavam de vez em quando para quebrar a monotonia. Jimmy escreveu a letra da música, repleta de referências místicas, numa dessas viagens, meses antes. A característica sobrenatural e por vezes dissonante da música casava perfeitamente com os versos de Pagey.

Jimmy recorreu à sua guitarra Danelectro para a gravação de "Kashmir". Trabalhou e retrabalhou inúmeras vezes o hoje famoso *riff* da música, aproveitando uma progressão de guitarra que criara anos antes. Ficou tão fascinado e intrigado por sua estrutura, que se sentiu impelido a fazer pequenos ajustes repetidas vezes. Depois, Jonesy acrescentou um *riff* ascendente de baixo e escreveu um arranjo de cordas verdadeiramente magnífico.

Como sempre, a banda era muito conscienciosa em manter o nível criativo num pico. Jimmy sabia que álbuns duplos eram mais vulneráveis a críticas, a ataques que basicamente perguntavam *por que vocês não cortam o mais do mesmo e simplesmente lançam um álbum simples?* A maioria dos críticos já não era simpática ao Zeppelin de qualquer forma, e Pagey não queria dar munição extra para a caneta nefasta deles.

A banda continuava a me impressionar com a habilidade que tinha de crescer. A bateria de Bonzo em "In My Time of Dying" estava mais visceral e potente do que nunca. O vocal de Robert em "Down by the Seaside" estava dolorosamente sensível.

Quanto a Jimmy, suas experimentações eram constantes, e ele passava muitas horas sozinho no estúdio, moldando seus solos de guitarra, trabalhando à exaustão completa. Alegava que, quando havia outras pessoas no estúdio com ele, às vezes ficava autoconsciente e inseguro demais nos solos, e preferia gravá-los em isolamento. Quando eu via Jimmy no palco, hipnotizando por completo 30, 40, 50 mil fãs ao nutrir cada nota, acariciar cada acorde e, de algum modo, exibir tanto ternura quanto violência com movimentos sutis ou súbitos do punho ou dos dedos, achava difícil me convencer dessa história de insegurança. Ninguém tocava guitarra com tamanha *finesse*. Em canções como "Ten Years Gone", ele trabalhou incessantemente, fez *overdubs* de mais de uma dúzia de faixas de guitarra, cada uma em perfeita harmonia com as outras.

Quando eu ouvia faixas como essa, não conseguia imaginar como sequer considerei deixar o Zeppelin. "Ninguém é melhor do que eles", eu dizia a Marilyn. Foi isso o que senti por anos.

"Siga seu coração", ela me dizia. "Mas se você tiver a oportunidade de expandir seus horizontes, não a dispense antes de pensar bem."

Em maio, com o Zeppelin ainda trabalhando em *Physical Graffiti*, essa oportunidade enfim se materializou. Eu conversava com Jack Calmes, um amigo da Showco. Ao descrever meu conflito pessoal a ele – a sensação de que eu talvez me beneficiasse em me afastar do Zeppelin por um tempo –, ele disse: "Robert Stigwood [*o empresário de Eric Clapton*] está à procura de um *tour manager* para Eric nos EUA. Robert e a Atlantic acham que Eric vai fazer um retorno daqueles, um estouro. Você seria perfeito para esse trabalho".

Jack ajudou a chegar até Stigwood a notícia de que eu estava disponível. Ele ficou um pouco reticente em me contratar, preocupado com a minha reputação de criar o caos e com medo de enfurecer o Zeppelin se me "roubasse" deles. Porém, me convidou para uma festa em sua casa, aparentemente para me avaliar. Perto do final da noite, ele finalmente me abordou e começou a discutir sua necessidade de um *tour manager* para Clapton.

"Bem, se conseguirmos chegar a um consenso quanto aos números, podemos tentar", disse. Havia uma certa trepidação em sua voz.

No dia seguinte, conversamos por telefone. Concordamos num salário de US$ 15 mil, mais bônus, por seis semanas de trabalho. Quando contei a Peter e ao Led Zeppelin do meu novo trampo, ninguém se importou muito.

Eu já era fã de Eric há muito tempo, então foi uma emoção ser convidado para trabalhar com ele. Parecia um novo começo, e eu estava ávido para iniciar os trabalhos. Minha primeira tarefa: organizar os detalhes da turnê que estava por vir, das passagens de avião aos hotéis e os próprios locais dos shows. Ao chegar para trabalhar toda manhã, me servia uma dose de *brandy* com *ginger ale* – e mais uma, e depois mais uma. De alguma forma, o trabalho era feito, apesar do meu estado de embriaguez crônica. Assim como acontecia no Zeppelin, parecia que, de algum modo, eu era capaz de contornar a intoxicação e terminar o trabalho sem grandes erros. Em retrospecto, não sei como conseguia.

Eric cobrava uma caução mais uma porcentagem da bilheteria, então, quando partimos na turnê, eu fazia os cálculos em cada local de show e me certificava de que a conta dos *promoters* locais batia com a minha. Repetidas vezes, encontrei erros na forma como eles haviam calculado o valor final.

Eric e seu *entourage* viajavam num jato particular customizado, de vinte assentos, com sua banda de cinco integrantes, *backing vocals* e sua namorada (e depois esposa), Patti Harrison. Mick Turner (que trabalhara com Eric na época do Cream) era o responsável pela segurança, embora eu também tenha trazido Bill Dautrich para ajudar no planejamento com antecedência, providenciar as escoltas policiais, além da segurança local em cada show.

Ao longo de toda a turnê, Eric foi consistentemente brilhante na guitarra, com a qual expressava todas as alegrias, todo o desespero, todas as conquistas e todas as provações que haviam feito parte de sua vida nos últimos anos. Depois de observar Pagey no palco por tantos anos, eu estava acostumado com guitarristas usando cordas superleves em seus instrumentos, o que facilitava os *bends*. Eric, porém, usava cordas de um calibre mais tradicional aos guitarristas de *blues* negros. Elas destroem os dedos, mas Eric havia desenvolvido uma força incrível neles ao longo dos anos. Os calos em seus dedos também mostravam há quanto tempo ele estava no ramo.

Sua musicalidade era ainda mais espantosa porque ele sofreu de uma conjuntivite séria por boa parte daquela turnê de 1974. Simplesmente não conseguia ver onde seus dedos estavam. Cambaleava pelo palco como se estivesse embriagado. Perto do final da turnê, os antibióticos finalmente começaram a fazer efeito e ele recuperou a visão perfeita e o equilíbrio.

A medicação, porém, não inibiu Eric de se permitir grandes quantidades de álcool durante a turnê. O Jack Daniel's é doce e potente, e Eric às vezes bebia em excesso, embora isso nunca parecesse afetar sua habilidade de se apresentar.

Senti que viajar com Eric foi revigorante, até extasiante em alguns momentos. Raramente sentia as pressões que vivia com o Led Zeppelin. Talvez fosse porque eu não conhecesse Eric tão bem quanto aos caras do Zeppelin, e eu sabia que se cometesse algum erro, não seria como decepcionar um melhor amigo. Com Clapton, havia muita responsabilidade no meu colo, porém eu nunca senti tensão – exceto pelo primeiro show da turnê, no Yale Bowl, em New Haven, Connecticut.

Por ser o primeiro, eu estava tenso, e essas ansiedades se intensificaram quando começou a chover na tarde do show. "Talvez tenhamos de cancelar", eu disse a Eric com umas duas horas de antecedência, embora tenha prometido que faria o possível para que tudo acontecesse normalmente. Montamos tendas grandes, onde foi dada uma festa para os executivos da gravadora e a imprensa, e eu não conseguia me ver passando por todo aquele estresse de novo.

À medida que a chuva continuava, tentei acalmar duas autoridades da cidade que estavam dando um chilique no *backstage*, alegando que os caminhões que levavam nosso equipamento haviam causado danos estimados em US$ 10 mil ao local ao entrar no gramado ensopado pela chuva.

"Vamos processá-los!", um deles urrava. "Vocês fizeram um estrago do caramba neste lugar!"

"Então agora combina com o resto de New Haven", murmurei baixinho.

Apesar da ameaça de processos e da chuva intermitente, o show prosseguiu como programado.

Quando cheguei a Memphis com Eric, liguei para Jerry Schilling, um dos assistentes de Elvis que conheci em Los Angeles alguns meses antes. "Eric adoraria conhecer Elvis", eu disse a ele. "Tem alguma chance de podermos ir até Graceland para vê-lo?"

Jerry disse que verificaria a questão com Elvis, e, mais tarde retornou a ligação: "Elvis disse que sim, vocês podem vir visitá-lo. Mas ele vai ao cinema hoje, no Orpheum Theatre, e quer que vocês o encontrem lá e se juntem a ele".

Então Jerry começou a rir: "Ah, outra coisa. Elvis me disse: 'Eu sei quem é o Richard Cole, mas quem diabos é Eric Clapton?'".

Naquela noite, Eric e eu, juntamente com Patti e minha esposa, Marilyn, chegamos ao Orpheum por volta das 22h. Elvis alugara o cinema inteiro, da primeira fila até a máquina de pipoca. Quando entramos, o Rei ainda não havia chegado. O gerente do cinema nos disse: "Elvis aluga o cinema umas duas noites do mês. É a única maneira que ele tem de ver um filme sem ser importunado. Ah, quando ele chegar, não é permitido fumar".

Cerca de dez minutos depois, Elvis apareceu. Desfilou pelo corredor do cinema de luz baixa cercado por um séquito de assistentes e seguranças. Acenou para nós e se sentou duas fileiras à nossa frente. Ao longo da noite, não trocamos mais do que uma dúzia de palavras entre nós. Mesmo assim, a presença de Elvis dava à exibição do filme – *Assassinato no Expresso do Oriente* – uma sensação de sessão solene.

Terminei o trabalho com Clapton em agosto e decidi tirar uns meses de folga. Quando passei por New Orleans com Eric e fomos jantar com Ahmet Ertegun e Earl McGrath, da Atlantic Records, Ahmet me disse que esperava que eu retornasse à trupe do Led Zeppelin para a próxima turnê. "Você precisa voltar e resolver o que ficou pendente", ele me disse. "Você é o único cara capaz de trabalhar com eles."

Mais do que qualquer coisa, porém, eu estava interessado em um tempo de folga, embora isso talvez tenha sido um grande erro. Marilyn e eu pudemos passar mais tempo na companhia um do outro, e nosso casamento começou a enfrentar dificuldades. Alguns amigos me deram heroína, e eu comecei a cheirar em torno de uma vez por semana, mais ou menos. Era uma droga relativamente barata naquela época, talvez um terço do preço da cocaína, e Marilyn não pareceu se importar com meu consumo.

Mas então comecei a usar heroína com mais regularidade, até diariamente, e isso criou um vão entre nós. Marilyn era muito mais afeita ao álcool; eu estava me tornando um viciado em heroína. Paramos de nos comunicar como antes, e então começamos a nos afastar.

À medida que eu me afundava cada vez mais no meu uso de drogas, a deterioração gradual no nosso relacionamento não me incomodava tanto quanto deveria. Eu havia encontrado uma espécie de nova amante, uma nova droga que me dava barato em questão de segundos.

43. O ZEPPELIN REVISITADO

EM OUTUBRO DE 1974, recebi um telefonema de Peter Grant. "Estamos planejando uma nova turnê do Led Zeppelin", ele me disse. "Partimos para os EUA em janeiro. Gostaria de conversar com você a respeito de trazê-lo de volta para o time, se você estiver interessado."

Eu não estava pensando em voltar a trabalhar com o Led Zeppelin. Eu gostei da turnê com o Eric Clapton e me dei conta de que poderia me encaixar em praticamente qualquer lugar. No entanto, meus problemas pessoais – as drogas e as dificuldades no meu casamento – estavam se tornando mais intrusivos, e foi de fato agradável ouvir uma voz que soava amigável do outro lado da linha.

Durante essa conversa, Peter me fez uma proposta atraente. Eu teria um carro da companhia – um BMW ou um Jaguar, e meu salário seria umas duas vezes e meia maior do que eu recebia anteriormente. Nesse momento, a amargura que senti no início do ano pareceu se abrandar. "Não vou deixar sentimentos duros do passado me pegarem desta vez", disse a mim mesmo. Também já comecei a calcular como o salário maior poderia me ajudar a manter meu estoque de heroína. Aceitei o trabalho.

Mais tarde, naquele dia, Peter, Robert e Jimmy foram até a minha casa para comemorar, e nós quatro seguimos para a casa de Ringo Starr, em Surrey, onde Maggie Bell estava gravando um álbum novo. Depois, levamos a festa para um clube chamado Tramps, em busca de bebedeira.

Não demorou muito até que eu voltasse para o estilo de vida do Zeppelin. Na semana seguinte, para o lançamento do primeiro álbum da Swan Song no Reino Unido – *Silk Torpedo*, dos Pretty Things –, o Zeppelin deu uma festa de Halloween nas cavernas de Chislehurst. Havia comida e bebida (vinho, em sua maioria) suficientes para satisfazer o exército britânico inteiro. Ainda assim, as mesas transbordantes do bufê ficaram em segundo plano em relação ao entretenimento. Um combo de *jazz* tocava ao vivo enquanto uma dupla de mágicos e um engolidor de fogo se apresentavam.

Chamavam ainda mais atenção as mulheres de *topless* e, em alguns caso, completamente nuas, que se misturavam aos convidados e rolavam em banheiras cheias de gelatina. Mais mulheres nuas interpretavam virgens prestes a ser sacrificadas em altares de mentira. *Strippers* chegavam vestidas de freira e tiravam os hábitos numa encenação que, se dependesse do Vaticano, teria nos danado a uma eternidade no inferno.

Pude ver que pouco havia mudado no Led Zeppelin, pelo menos no que dizia respeito ao deleite deles em chocar as pessoas. A banda tornava tudo a seu redor o mais ofensivo e excitante o possível. Não era encenação: era o tipo de ambiente do qual eles gostavam.

Perto do fim de novembro, o Led Zeppelin se reuniu no Liveware, um teatro adaptado, e começou a ensaiar para a próxima turnê norte-americana, que seria, ainda, antecedida por dois shows na Europa – um em Rotterdam e um em Bruxelas. Seriam as primeiras apresentações ao vivo da banda em um ano e meio, e eles queriam desenferrujar o mais rápido possível. John Paul, porém, ficou surpreso com quão poucas imperfeições havia. Peter concordou e disse à banda: "Parece que a pausa de vocês foi de dezoito horas, não dezoito meses".

Enquanto isso, meu casamento se aproximava da desintegração. Em dezembro, Marilyn descobriu que eu tive um breve caso extraconjugal. Brigamos, fizemos as pazes, mas as discussões não paravam de ressurgir. Certa noite, no calor do momento, ela jogou dois dos meus discos de ouro do Zeppelin na lareira, que queimava forte. Fiquei furioso.

Na primeira semana de janeiro, foi um alívio embarcar num avião para a Holanda. O show lá seria o primeiro aquecimento para a turnê norte-americana e a primeira ocasião em que músicas do álbum *Physical Graffiti*, ainda inédito, seriam tocadas ao vivo. O *set* incluiria "Kashmir", além de "Trampled Under Foot" e "In My Time of Dying".

Era um deleite saber que eu ouviria o Led Zeppelin tocar novamente. Apesar da minha fixação crescente pela heroína, estava determinado a provar a Peter e aos demais que não havia melhor *tour manager* no ramo. Meu astral estava incrivelmente alto – pelo menos até eu bater o olho no local do show em Rotterdam, a poucas horas do início da apresentação. Assim que cheguei, me dei conta do erro que cometi em não inspecionar o lugar dias ou semanas antes. O teto era tão baixo que, se Robert pulasse de empolgação no meio do show, machucaria feio a cabeça. Para piorar, havia pilares por todo o lugar, que obstruiriam a visão de dezenas de fãs. Eu sabia que a banda extrairia o melhor daquela noite, mas também percebi que os defeitos do local atrapalhariam o entusiasmo deles.

Quando retornei ao hotel naquela tarde, uma equipe de TV local começava a entrevistar o Led Zeppelin na minha suíte. Um camarada chamado Van, o *promoter* do show, era entrevistado em holandês. Com as câmeras rodando, ele abriu sua maleta Samsonite. Dentro dela havia o equivalente a 20 mil libras em florins, em dinheiro vivo – com o qual ele pagaria o Zeppelin naquela noite. Talvez o roubo em Nova York ainda estivesse muito fresco na minha cabeça, mas o fato é que entrei em pânico com a divulgação de que havia tanto dinheiro em posse da banda. Quando Van se posicionou de forma que a câmera pudesse filmar melhor o dinheiro, me aproximei e, instintivamente, meti um golpe de *karate* na maleta, que se fechou com tudo – e esmagou o dedo indicador direito de Van. Ele começou a gritar e a xingar em holandês, e foi tudo registrado pela câmera do noticiário.

Foi um começo bem infeliz para o meu retorno ao *front* do Zeppelin.

Em pouco tempo, Van já não era mais o único com a mão machucada. Depois daqueles dois shows, voltamos para a Inglaterra por três dias antes de partir para os EUA. Durante essa breve passagem, Jimmy desceu do metrô na Victoria Station e tentou segurar a porta para o passageiro que vinha atrás dele. Porém, a porta se fechou à força, e o dedo anelar de Pagey levou a pior. A dor era terrível, e assim que ele chegou em casa colocou gelo no machucado. Porém, a dor não diminuía com o passar das horas. Por fim, ele foi ao médico à noite. A radiografia mostrou que ele havia quebrado um osso na ponta do dedo.

Jimmy ficou furioso consigo mesmo e terrivelmente frustrado. "Se isso ia acontecer, não poderia ter acontecido em algum momento dos dezoito meses que ficamos sem tocar?", disse.

De imediato, começou a planejar como contornar o ferimento. Sem poder usar um dedo, decidiu que tentaria tocar com o que chamava de "técnica de três dedos e meio". Também chegou à conclusão de que certos *standards* do Zeppelin, como "Since I've Been Loving You" e "Dazed and Confused" teriam que cair do *set* até que o dedo estivesse recuperado.

Apesar da raiva e da decepção, a autoconfiança de Jimmy não se abalou. Dizia a si mesmo que, mesmo com o desfalque de um dedo quebrado, ainda conseguia tocar melhor do que a maioria dos guitarristas com força total.

"A maioria dos fãs não vai nem notar a diferença", proclamou no voo da British Airways para os EUA.

Embora Jimmy estivesse contido na longa viagem de Londres a Nova York, sua seriedade não impediu o resto de nós de criar uma comoção e atrair as atenções. As comissárias da primeira classe reabasteciam nosso suprimento de bebidas com frequência, e com o passar das horas a banda ia ficando cada vez mais barulhenta e desordeira, tomada pela empolgação com a turnê e pela fadiga do longo trajeto. Robert e Bonzo em particular erguiam tanto a voz, que era possível ouvi-los de Manhattan, e alguns passageiros se entreolhavam com expressões que diziam, *quem diabos são esses caras?* Como o Zeppelin não aparecia em programas de TV, seus rostos ainda não eram conhecidos da maioria das pessoas com mais de trinta anos.

Quando enfim pousamos no JFK e o avião parou no terminal, começamos a recolher nossa bagagem de mão. Nesse momento, o piloto nos abordou. Numa ocasião em que a cabine estava relativamente tranquila, ele disse: "O piloto de vocês me mandou um rádio para avisar que não consegue se aproximar mais". Apontou pela janela para o *Starship*. O avião havia sido usado recentemente numa turnê de Elton John e estava recém-pintado com estrelas, listras e LED ZEPPELIN escrito em vermelho vivo na fuselagem. Que vista!

Os passageiros próximos de nós ficaram estupefatos. Ao nos aproximarmos das portas de saída da aeronave, Peter disse aos tripulantes da British Airways: "Por que vocês não vêm até o nosso jato para umas bebidas e uns petiscos conosco?".

Tínhamos uma liberação especial da alfândega, então com apenas alguns passos já estávamos dentro do *Starship*, onde a banda começou a secar o estoque de bebida alcóolica ao longo da meia hora que se seguiu até a decolagem. "Então é assim a vida de um *rock star*!", exclamou alguém da tripulação.

A turnê ajudou a promover o álbum duplo *Physical Graffiti*, lançado enquanto a banda estava nos EUA, com mais de um milhão de pedidos antecipados. À medida que os compradores de discos invadiram as lojas em busca de uma cópia do novo álbum, as vendas dos cinco anteriores também decolaram. Ao final de março, todos os seis álbuns do Led Zeppelin estavam no Top 200 da *Billboard*, o que tornou a banda a primeira a conseguir tal façanha.

Até mesmo alguns dos críticos pareciam mudar de ideia: na resenha de *Physical Graffiti* para a *Rolling Stone*, Jim Miller fez alguns elogios. O que importava, porém, eram as vendas. Era esse tipo de validação que contava nessa renovação da guerra das turnês. John Paul dizia que a aceitação dos fãs os inspirava a tocar com mais fúria, mais intensidade e mais paixão.

Ao longo dos meses seguintes, o Zeppelin provou que ainda era a atração número 1 do mundo da música – e a banda mais bem paga do mundo. Naquela turnê norte-americana de trinta e nove shows, mais de 700 mil ingressos foram vendidos em questão de horas depois de as vendas começarem – e os shows em si foram maiores do que nunca. Em todos eles, a música passava por um sistema de alto-falantes de incríveis 70 mil watts, e uma complexa rede de iluminação gerava 310 mil watts de potência.

Ninguém pediu o dinheiro de volta. Na verdade, a maioria das pessoas pagaria para ver mais.

Com o prosseguimento da turnê, logo tivemos de lidar com outros problemas, além do dedo machucado de Jimmy. Com menos de duas semanas na estrada, Robert ficou gripado, com febre alta e dor de garganta. Em dado momento, ficou tão mal, que literalmente não conseguia levantar da cama.

A reação de Peter me impressionou. Ainda via o Led Zeppelin como um investimento de longo prazo, e insistiu que Robert colocasse a saúde em primeiro lugar. Ligou para o *promoter* de St. Louis e pediu que o show lá fosse adiado. Isso deu a Robert alguns dias para se recuperar, o que ele tanto precisava quanto agradecia. Também permitiu aos demais membros da banda fazer uma viagem não planejada a Los Angeles.

No Ambassador East Hotel, em Chicago, Bonham levantou pela primeira vez a ideia de sair da cidade durante a recuperação de Robert. "Não vamos ficar aqui à toa. É chato pra diabo. Podemos nos divertir muito mais no Rainbow, em L.A."

John Paul protestou: queria que o *Starship* os levasse até as Bahamas e já estava sentindo o sol quente e fantasiando com as garotas nas praias. Porém, Los Angeles também prometia um clima bom. Conversamos a respeito por uma hora e enfim chegamos a um consenso. Ordenamos que os motores do *Starship* fossem ligados e partimos para o oeste.

Quando a turnê recomeçou, às vezes eu sentia que o Led Zeppelin havia se tornado grande demais, bem-sucedido demais para o próprio bem da banda, ou pelo menos para seu bem-estar físico. Os públicos eram tão imensos e entusiasmados, que parecia impossível garantir um devido controle das multidões. Às vezes, a balbúrdia se instalava dias ou semanas antes de a banda chegar às cidades.

Em Boston, na verdade, o show nem aconteceu. Os fãs fizeram fila para comprar ingressos no Boston Garden e, como o tempo estava gélido, as autoridades permitiram que eles acampassem dentro do estádio. Duran-

Ao longo dos meses seguintes, o Zeppelin provou que ainda era a atração número 1 do mundo da música – e a banda mais bem paga do mundo. Naquela turnê norte-americana de trinta e nove shows, mais de 700 mil ingressos foram vendidos em questão de horas depois de as vendas começarem – e os shows em si foram maiores do que nunca.

te a noite, porém, os jovens foram à loucura. Invadiram os estandes de alimentação e ficaram bêbados com a cerveja que roubaram. Arrancaram assentos das arquibancadas. Ligaram mangueiras de incêndio. Ao todo, os danos ao Garden somaram mais de US$ 30 mil. Como resultado, o prefeito de Boston, Kevin White, ordenou o cancelamento do show do Zeppelin, com medo de que acontecesse ainda mais confusão.

Sem saber muito bem o que esperar, pedi que a segurança se mantivesse extremamente firme nos shows de 1975. No Philadelphia Spectrum, um fã se aproximou do palco com uma câmera durante "Stairway to Heaven" e foi cercado por dois dos nossos capangas. Surraram o cara com tanta ferocidade, que Jimmy quase passou mal ao ver tamanha brutalidade. Foi até a beira do palco, como se para intervir de alguma forma. Porém, ao ver a violência mais de perto, baixou a cabeça e se afastou. Era de fato mais do que ele era capaz de aguentar.

"Que diabos estava acontecendo ali?", gritou ele comigo depois do show. "Você precisa achar uma maneira menos violenta de controlar essas situações!"

Eu era mais simpático para com a equipe de segurança do que Jimmy. Já havia passado um bom tempo na linha de frente dos shows do Zeppelin e tinha noção de que, quando os seguranças atacavam, geralmente havia um motivo, mesmo se fosse em reação aos seus próprios medos e às suas ansiedades. Às vezes, sentia que a multidão ia de fato me sobrepujar, que seria uma luta por sobrevivência. Mais tarde, no mesmo show no Spectrum, quando dezenas de fãs começaram a se aglomerar na parte dianteira do auditório, me posicionei debaixo do palco e comecei a golpeá-los freneticamente nos joelhos com um martelo.

Aprendi muito com os policiais de folga que geralmente faziam a segurança dos shows. Na Pittsburgh Civic Arena, um deles estava particularmente orgulhoso de suas táticas de controle de multidões. "Vou te emprestar um porrete para o caso de você precisar amassar um crânio ou dois hoje à noite!", me disse calmamente ao me entregar um, com detalhes em metal. Também me mostrou como esconder pequenos pesos num par de luvas, de modo a transformá-las numa arma potencialmente letal. "Alguns colegas as usam para dar um trato em certas pessoas." Fiz uma nota mental para nos mantermos discretos em Pittsburgh.

Lá pela metade da turnê, eu já estava completamente obcecado por garantir que a segurança da banda nunca estivesse em risco. Nunca portei uma arma nos EUA – era onde eu traçava o meu limite. Porém, uma faca ou martelo se tornaram uma necessidade. Eu simplesmente me sentia mais confiante com eles, em certas situações.

Uma noite, antes do show no Madison Square Garden, quando o estresse começava a me dominar, eu disse a Peter: "Sinto-me como se estivesse trabalhando para o serviço secreto, protegendo o presidente e sabendo que algo terrível pode acontecer no próximo tique-taque do relógio. Algum dia, vamos chegar a um ponto em que todos esses incômodos não vão mais valer a pena. Ainda não chegamos lá, mas vai acontecer".

44. DIAS DANÇANTES

QUANDO A TURNÊ DE 1975 chegou a Nova York, para seis shows no Madison Square Garden e no Nassau Coliseum, nos acomodamos no Plaza Hotel. Para Jimmy Page, sua suíte no Plaza era pretensiosa demais, "algo comparável ao Palácio de Versalhes", reclamava ele. John Bonham, por sua vez, não se importava se sua suíte era extravagante ou austera; na verdade, contanto que houvesse uma mesa de sinuca no quarto (e em Nova York e Chicago sempre havia), ele poderia dispensar todo o resto, incluindo água encanada.

Em Nova York e em todos os outros lugares por onde o Led Zeppelin passou, naquela turnê de 1975, nossos relógios nunca estavam em sincronia com o resto da cidade. Ficávamos acordados a noite toda, ainda pilhados pela empolgação e tensão dos shows. Quando nos cansávamos o suficiente para dormir, o Sol já começava a nascer.

Certa noite, em Nova York, Mick Jagger nos ligou para perguntar se algum de nós gostaria de acompanhar a ele e a Ronnie Wood até um clube no Harlem. Jimmy, Bonzo e eu decidimos que parecia melhor do que passar a noite no hotel. Chamei duas limos e descemos para encontrar Mick e Ronnie na frente do Plaza. Jimmy foi na limo da frente com os dois Stones. Bonzo tentou se juntar a eles, mas lhe disseram para ir no carro de trás comigo, o que não o deixou muito contente.

No caminho até o Harlem, nossos motoristas conversavam via rádio e falavam sobre os perigos de ir até o meio do Harlem tarde da noite. "Você acha que deveríamos parar e pegar mais proteção, ou temos o bastante?", um deles perguntou. Não parecia estar brincando.

Enquanto Bonzo ouvia a conversa, seus olhos brilharam. Ainda estava puto por ter sido proibido de ir na limo da frente e, numa parada no farol, disse ao nosso motorista: "Matty, sei que você tem umas armas aí. Dê uma delas a mim depois de se certificar de que está descarregada".

Matty inspecionou uma Beretta e a entregou a Bonham.

"OK", disse John. Agora pare ao lado da limo deles."

Quando as limos estavam lado a lado, Bonzo gesticulou para que Mick baixasse o vidro. Mick sorriu, e baixou de bom grado. Com ambas as janelas abertas, John pôs o braço para fora e apontou a Beretta para eles. "Vou ensinar vocês, seus desgraçados, o que acontece quando eu fico para trás", berrou.

Embora eu soubesse que a pistola estava descarregada, só de ver uma arma apontada já me deixou inquieto. Na outra limo, eles ficaram desesperados. Ouvimos gritos enquanto Mick, Ronnie e Jimmy pularam no chão ao mesmo tempo. O motorista deles pisou fundo e passou por dois sinais vermelhos, convencido de que a insanidade de Bonham o havia transformado num assassino.

No clube no Harlem, Bonzo explicou que foi tudo uma pegadinha. Os outros ainda estavam furiosos, com dificuldade em entender qual a graça daquilo.

Alguns dias depois, numa noite particularmente gélida em Nova York, Robert começou a reclamar do tempo. "Quem planejou essa porra de turnê mesmo?", resmungou, olhando na minha direção. "O que aconteceu com as turnês de *verão*? Até na Sibéria estaria mais calor do que aqui."

"Bem", disse Bonzo, "vamos voltar para L.A. amanhã. Ficaremos à beira da piscina, só bebendo. Ou melhor ainda, esquece a piscina. Vamos passar o dia inteiro no Rainbow e voltar para Nova York à noite."

Com o *Starship*, qualquer coisa era possível. Tirando os gastos com combustível, a viagem para L.A. não seria muito desgastante fisicamente. E poderíamos começar a beber já no voo.

A banda me incumbiu da tarefa de organizar uma saída rápida para L.A. imediatamente depois do próximo show no Madison Square Garden. Meu plano era que as limos fossem direto do Garden para o aeroporto de Newark, onde o *Starship* estaria à nossa espera. Só precisávamos de um escolta policial, com sirenes e giroflexes, para agilizar o trajeto até o aeroporto.

Porém, havia um empecilho. Um dos nossos seguranças, que vamos chamar de Kenny, me disse que não conseguiu providenciar a escolta: "Estou fazendo o melhor que posso, Richard, mas a polícia me diz que as limos têm de passar pelo Lincoln Tunnel, e cada ponta do túnel está numa jurisdição policial diferente. A escolta que entrar no túnel não pode ser a mesma que sai. Não acho que vamos conseguir".

Eu sabia que o Led Zeppelin não estava acostumado a receber um "não" como resposta. Eles poderiam se tornar insolentes com alguém por qualquer coisa que interferisse no que queriam. Já conseguia ouvir Bonzo explodindo de raiva ("Você cagou com tudo nessa, Cole!").

Assim, disse a Kenny que continuasse tentando. "Veja o que pode fazer", falei. "Se for necessário algum dinheiro para fazê-los mudar de ideia, pagamos o que for preciso."

Na noite do show no Madison Square Garden, Kenny me abordou no *backstage*, acompanhado de um policial nova-iorquino fardado. "Richard, deixe-me apresentá-lo ao Alan. Ele vai ser a nossa escolta policial nesta noite."

Alguns minutos depois, Kenny me puxou de lado. "O Alan vai precisar de trezentos dólares."

"Sem problema", sussurrei. "Como é que você arranjou esse esquema?"

"Bem", respondeu Kenny, "tecnicamente, Alan está de folga nesta noite. Ele 'pegou emprestada' uma viatura do estacionamento da delegacia dele, e está disposto a atravessar o Lincoln Tunnel com vocês até o aeroporto, mediante um pagamento debaixo dos panos. Pediu trezentos dólares."

"Vale a pena", comentei. "Para começo de conversa, isso provavelmente vai salvar meu emprego."

A banda riu durante todo o trajeto até o aeroporto. "Adoro me safar de coisas assim", disse Jimmy. "Você acha que esse cara tem noção de que nós teríamos pago mil dólares se ele tivesse pedido?"

Essa turnê do Zeppelin pelos EUA em 1975 foi a primeira em que a heroína circulou livremente entre nosso *entourage*. Embora o álcool e a cocaína ainda fossem muito mais prevalentes, eu nutria meu vício em heroína com frequência, e, vez ou outra, Jimmy, Robert e Bonzo experimentavam também. Foi a primeira vez que vi qualquer um deles usar, embora como eu não viajava com eles desde 1973, eles já poderiam estar cheirando há meses ou até anos, sem que eu soubesse. Ninguém injetava, e nenhum de nós parecia verdadeiramente dependente naquela época, embora eu não esteja tão certo disso em relação a mim mesmo. Eu decerto gostava da sensação que a heroína trazia, porém parecia conseguir ficar alguns dias sem usar e sem ter nenhum dos sintomas clássicos da abstinência.

Em certa medida, acho que todos nós conhecíamos os riscos associados à heroína, mas o Led Zeppelin era como um adolescente andando de bicicleta sem capacete. Pensávamos ser invencíveis, que nada nem ninguém seria capaz de nos derrubar do trono.

Peter já era mais esperto, mesmo que estivéssemos só experimentando. Certa tarde, no Plaza, ao me ver me preparando para cheirar heroína, ficou furioso. "Você é doido pra caralho de usar essa merda", disse, insistindo para que eu jogasse a droga pela descarga – e foi o que fiz, para acalmá-lo. Mais tarde naquele dia, porém, comprei mais.

Antes de partirmos de Nova York naquela turnê, a atitude do Zeppelin em relação à mídia chegou ao fundo do poço. Bonzo estava lendo o jornal tranquilamente em sua suíte quando um dos *roadies* mostrou a ele os resultados de um ranking musical da *Playboy*. A revista elegera Karen Carpenter como uma baterista de *rock* melhor do que Bonzo.

"Ah, meu Deus, não!", lamuriou-se Bonham. "Karen Carpenter! *Karen Carpenter*!" Saiu andando pelo quarto. Pegou um cinzeiro e o arremessou na parede oposta. "Não acredito! Desisto! Se a Karen Carpenter é uma baterista melhor, então eu estou no ramo errado! Vou trabalhar de taxista! Alguém me ajude, por favor!"

Todos nós ficamos um pouco apreensivos em relação ao que a imprensa escreveria ao nosso respeito em seguida. Quando ficamos sabendo que a *Rolling Stone* ia mandar um jornalista, Cameron Crowe, para viajar com a banda na turnê de 1975, não sabíamos muito bem o que esperar. E então, quando o conhecemos, a primeira coisa que pensamos foi: "Nossa, ele é muito novo". Porém, à medida que ele se misturava e conversava com todo mundo da banda, nosso respeito por ele cresceu. Ficamos surpresos com o conhecimento dele de *rock 'n' roll* em geral, e do Led Zeppelin em particular. Obviamente era alguém que havia feito a lição de casa, e sabia sobre o que estava escrevendo (é claro, mais tarde ele se tornaria diretor de cinema e autor de filmes como *Quase Famosos*, e venceria um Oscar pelo roteiro desse filme, amplamente baseado em suas viagens com bandas como o Zeppelin). Quando o artigo de Cameron sobre o Zeppelin saiu na *Rolling Stone*, foi bastante elogioso ao Zeppelin. E, para o deleite de Bonzo, não havia comparações com Karen Carpenter!

Continuamos a trilhar nosso caminho pelo país, frequentemente convidando garotas para voar conosco no *Starship*. Às vezes, eu gostava de vê-las boquiabertas diante da forma tão extravagante como viajávamos. Bonzo, porém, não aguentava muito esse deslumbramento. Depois de um show no New Orleans Municipal Auditorium, fomos para o Texas acompanhados de quatro garotas que estavam viajando conosco há três dias. "Estou ficando cansado dessas minas", Bonham me disse. "Não dá para arrumarmos umas novas?"

Ao pousarmos em Dallas, o Bad Company estava num portão de embarque ali perto, prestes a embarcar em seu próprio jato Viscount de vinte lugares. Mick Ralphs, o guitarrista da banda, pediu que a escada do avião do Bad Company fosse baixada, e nós subimos a bordo por alguns minutos.

"Ei, vocês conseguem tirar essas minas da nossa cola?", suplicou Bonzo.

Mick ficou interessado. "Vou te fazer uma oferta", disse. "Estamos com duas garotas aqui que não queremos! Ficamos com as suas quatro em troca dessas duas!"

Assim, trocamos as mulheres. Tratávamos as garotas como simplesmente mais uma *commodity* com frequência demais, como se estivéssemos trocando garrafas de champanhe. Plant tentou me convencer: "As garotas parecem não se importar". E aqueles novos rostos que estavam com o Bad Company certamente aumentavam a possibilidade de a vida ficar mais interessante para nós no Texas.

Durante nossa estadia em Dallas, porém, até essas garotas novas viraram um estorvo. "Dispense-as!", exclamava Bonzo. A essa altura, o interesse dele havia passado para o outro lado da rua, na frente do hotel, onde viu um Corvette Stingray 1966 estacionado e se apaixonou no ato. "Preciso tê-lo", pensou. "Como descubro quem é o dono dessa beleza?", perguntou. "Pago qualquer coisa!"

Na suíte do hotel, Bonzo ligou para Jack Kelly, ex-agente do FBI e um dos nossos seguranças. "Jack, faça o que for preciso para conseguir esse carro para mim. Se preciso, prenda o dono e não solte até que ele concorde em me vender a porra do carro!"

Por meio da placa, Jack encontrou o dono do carro e Bonzo propôs comprá-lo na hora, em dinheiro vivo. Por fim, pagou US$ 18 mil e, mesmo se o carro talvez nem valesse tanto, para ele, não importava. Era um brinquedo que ele queria. Contratou um caminhoneiro por US$ 1.400 para levar o carro até L.A., onde ele estaria à sua espera no Riot House quando chegássemos.

Uma semana depois, já em L.A., eu voltava do Rainbow Bar certa noite, acompanhado de três garotas numa limusine que eu apelidara de "piranhamóvel". Vimos o caminhão estacionado na frente do Hyatt, com luzes piscando na traseira. Pedi ao motorista da limo que se aproximasse da traseira do caminhão, para eu poder ver melhor o que estava acontecendo. Ao chegarmos perto, pude ouvir sons vindo de lá de dentro.

"Vruuum, vruuum." Era Bonham, no banco dianteiro do Stingray, fazendo sua melhor imitação de um carro esportivo em terceira marcha. Keith Moon estava ao seu lado, fazendo quase tanto barulho quanto. Por sorte, nenhum deles estava de posse das chaves do carro, já que, em seu estado ébrio, eles provavelmente teriam deixado o Stingray em frangalhos nas autoestradas de L.A.

Los Angeles foi a nossa última parada dessa turnê norte-americana. Três noites no Forum e mais três festejando no Rainbow. Como de costume, a essa altura da turnê, não víamos a hora de ela acabar. Apesar disso, as tentações de L.A. tornavam a estadia mais tolerável. Mais uma vez, tomamos o nono andar inteiro e parte do décimo e do décimo primeiro do Riot House – o que chamávamos de "andares da devastação". Isso nos dava quartos de sobra para hospedar as garotas que reuníamos numa noite qualquer, e nos permitia fazer uma "dança das cadeiras" – só que com camas – de quarto em quarto. Bonzo sempre dizia: "É um trabalho duro, mas alguém tem que fazer!". Era um clichê, mas um clichê apropriado.

Certa noite, Jimmy e eu trouxemos duas garotas menores de idade para os quartos. Aparentemente, o pai de uma delas as localizou e ligou para o nono andar, onde os seguranças sempre interceptavam as ligações antes de decidir se as transmitiam ou não.

Nessa noite em particular, o pai da garota parecia violento. "Minha filha está no hotel com um dos seus músicos. Vou chamar a polícia!"

O segurança tinha uma resposta-padrão: "Não se preocupe. Você está falando com um agente de polícia de L.A. Não há ninguém aqui que bata com a descrição da sua filha. Tente em outro hotel".

Não tínhamos pudor em enganar – ou mentir? – para garantir que a nossa farra não fosse interrompida. Quando a polícia encobria para você, nada parecia particularmente impróprio. Essa simplesmente se tornou a forma como o Led Zeppelin operava.

Em nosso último dia inteiro no Riot House, o tédio da turnê finalmente bateu para Bonzo. Para enfrentar a monotonia, ele decidiu brincar de jogar basquete pela janela da suíte – não com bolas, mas com televisores. Um a um, meia dúzia de TVs a cores voaram em direção ao Sunset Boulevard, estilhaçando-se em lascas de plástico de vidro que se amontoaram no acesso à entrada do hotel.

"Não vou me meter em encrenca nenhuma desta vez", Bonzo me disse antes de começar a demonstrar suas habilidades no basquete. Em vez de arremessar sua própria TV da janela no lado sul do hotel, pegou os aparelhos dos quartos dos *roadies*, no lado norte. Quando o gerente-assistente do hotel correu para o nono andar para pegá-lo no pulo, encontrou tudo no lugar na suíte de Bonham, incluindo a TV, que estava ligada numa novela vespertina.

Bonham tentou agir da forma mais inocente o possível. "Também fiquei me perguntando o que seria todo aquele barulho", disse ao funcionário estupefato. E então ergueu a voz: "Olha só, sou um hóspede deste hotel, e certamente agradeceria se vocês pudessem controlar o barulho por aqui!".

O gerente-assistente chegou a pedir desculpas a Bonham. Quando ele saiu, entrei na suíte de Bonzo e nós dois caímos na gargalhada. "Adivinha a próxima coisa que vai voar pela janela?", perguntou ele. Com um sorriso perverso no rosto, apontou para o piano de cauda branco no centro da sala.

"Nãaao, Bonzo, nãaao", falei. Em questão de segundos, porém, ele e eu tentamos levantar o piano e levá-lo até a janela. Por fim, porém, percebemos que mesmo se nossos músculos conseguissem dar conta do desafio, o piano nunca passaria pela janela. "Droga", disse Bonzo. "Isso iria chamar bem a atenção do Sunset."

45. AS LENDAS

HAVIA CERTAS PESSOAS que o Led Zeppelin considerava quase deuses. Elvis, é claro, provavelmente encabeçava a lista, mas havia outros talentos muito respeitados por eles. Bob Dylan era um deles. Não surpreende, portanto, que tenhamos nos empolgado quando Dylan apareceu numa recepção que demos em L.A. para a imprensa e alguns de nossos amigos.

A banda trocou cumprimentos cordiais com Dylan, mas ele permaneceu tímido e reservado. Ficou bem na dele, perto do bufê, e cumprimentava educadamente quem o abordasse. "Se isso é o que acontece quando você fica famoso", pensou Bonzo, "não quero ficar nem um pouco mais conhecido."

Um pouco depois, enquanto eu conversava com Jimmy e Robert, Ronnie Wood apareceu cambaleando, quase capotando de tanto rir histericamente. "Acabei de ouvir uma ótima", disse. "Vocês precisam ouvir."

"OK, Ron", disse Robert. "Acalme-se e nos conte o que aconteceu."

Ronnie enfim conseguiu controlar sua gargalhada. "Peter acabou de chegar no Dylan e se apresentar. 'Meu nome é Peter Grant, sou o empresário do Led Zeppelin.' Dylan só olhou para ele e disse: 'Não venha com os seus problemas para cima de mim!'."

Ronnie tinha razão. Era ótima, matadora. E também mostrava aonde nossa reputação tinha chegado.

Pouco antes de irmos embora de L.A., John Paul e eu tivemos outra oportunidade de nos encontrar com nosso *verdadeiro* herói popular, Elvis. Ele estava numa casa alugada em Bel Air, e quando liguei na esperança de ser convidado para uma visita, Jerry Schilling me passou a seguinte mensagem do Rei: "Traga John Paul Jones com você, porque ele é bem tranquilo".

Levamos duas garrafas de champanhe geladas e enchi meus bolsos de heroína, minha escolha particular de droga para a noite. Quando chegamos, Elvis estava sentado na sala, usando uma calça de pijama azul listrada bem comum, um robe simples e pantufas com pequenos pompons azuis. Havia quase uma dúzia de ajudantes e seguranças na sala, e nenhum deles sequer esboçou um sorriso quando nos aproximamos para cumprimentar Elvis.

Depois das saudações, o clima sisudo do grupo não mudou. Por fim, observei: "Parece uma porra de um necrotério aqui!".

Nesse instante, Elvis deu um pulo para frente e me agarrou pelas lapelas. De primeira, achei que ele estivesse brincando. Em seguida, já não tive tanta certeza.

"Não se fala palavrão na minha casa, Sr. Cole!"

Ele me empurrou e fez uma posição de *karate* que parecia bem intimidadora, ainda mais já que eu sabia que Elvis estudava artes marciais há anos. John Paul estava a poucos metros de nós, atordoado com o que se desdobrava diante de seus olhos.

Eu era mais magro e mais ágil do que Elvis, mas já estava chapado quando chegamos à casa. E não queria ser lembrado como o *tour manager* que foi morto por Elvis.

O Rei levantou o braço direito e veio contra mim. Bloqueei o golpe com o antebraço esquerdo, porém, nisso, a mão dele atingiu meu relógio com força suficiente para partir a pulseira. Era um relógio Tiffany de ouro, caro, que Ahmet Ertegun me dera de presente, e caiu no carpete branco felpudo.

"Oh, não", disse Elvis ao se ajoelhar e, pelo menos por um momento, se esquecer de que estava no processo de tentar me machucar. Pegou o relógio, envolveu-o no pulso e disse: "O seu pulso deve ser enorme, Richard. Esse é um ótimo relógio! Ótimo relógio!".

Não soube muito bem como reagir. Por fim, disse: "Bem, por favor, aceite-o como um presente meu. Pode ficar com ele, Elvis".

Elvis não conseguia tirar os olhos do relógio. Depois de um tempo, se levantou e, sem dizer uma palavra, virou as costas e desapareceu pelo corredor. Um minuto depois, retornou com outro relógio belíssimo na mão. "Aqui", disse, "este aqui tem trinta e dois diamantes. *Você* pode ficar com *esta* porra aqui!" Agora ele estava falando palavrão também.

A feira do rolo ainda não havia terminado.

Elvis voltou-se para John Paul e perguntou: "Bem, e o que você tem?".

Jonesy afrouxou a pulseira do relógio barato do Mickey Mouse que usava e o entregou a Elvis. O Rei deu risada e, mais uma vez, saiu da sala e voltou com um relógio Baume & Mercier de lápis-lazúli, que entregou a John Paul.

Nos minutos que se seguiram, a noite se tornou algo próximo de um ritual tribal de Nova Guiné, em que todo mundo tentava provar sua masculinidade – neste caso, ao dar um presente maior e melhor do que o anterior. Perguntei a Elvis qual era seu signo, e quando ele me disse que era capricórnio, tirei meu anel de ametista, a pedra zodiacal do signo, que comprei no Brasil, em 1968, quando estive lá com a New Vaudeville Band. "Vamos lá, é seu", falei.

Elvis saiu da sala de novo e voltou com um anel de ouro no formato do chapéu de cowboy de John Wayne. Tinha um quilate e meio diamante, circundado por nove diamantes menores, e trazia gravados os dizeres COM AMOR, LINDA. Ele entregou o anel a mim.

A noite prosseguiu dessa forma por mais meia hora, numa orgia de presentes que Elvis parecia achar fascinante.

Quando John Paul e eu já estávamos prontos para ir embora, Elvis nos conduziu até a porta e disse aos seguranças: "Tudo bem eu ir aqui fora com esses caras; Richard vai cuidar de mim". Ao nos aproximarmos da nossa limusine, Elvis até abriu a porta do carro para nós. O chofer ficou completamente em choque, e eu também.

Ao retornarmos à Inglaterra, um mês depois, havia um bilhete de Jerry Schilling à minha espera. "Fazia anos que não víamos o chefão se divertir tanto", dizia ele.

Antes de partirmos de L.A., uma garota ruiva magérrima e sardenta, usando acessórios de miçangas e um minivestido enrugado, perambulava pelo *lobby* do Riot House, atazanando os recepcionistas e mensageiros, insistindo que precisava ter com o Led Zeppelin, em particular com Jimmy. A gerência do hotel, por fim, ligou para Danny Goldberg, que havia se juntado a nós na cidade, e ele foi conversar com a garota.

"Preciso ver Jimmy Page", suplicou ela, numa voz aguda e emocionada. "Algo terrível vai acontecer com Jimmy, talvez no show desta noite."

Ela então passou a descrever uma visão que teve, na qual a vida de Jimmy estava em perigo. "A última vez que tive uma visão assim, uma pessoa levou um tiro e morreu bem na minha frente!"

Danny a deixou falar por alguns minutos e então, ao perder a paciência, a interrompeu.

"Veja bem, Jimmy não está disponível para falar com você agora. Se você quiser escrever um bilhete para ele, vou garantir que ele o receba."

A garota se sentou, rabiscou algumas sentenças numa folha de papel e a entregou a Danny. Foi embora relutante, e Danny então amassou o bilhete e o jogou no lixo.

Alguns meses depois, ela reapareceu – desta vez, na televisão. A banda se encontrava numa casa de praia alugada em Malibu, trabalhando em material para o próximo álbum, e certa noite a TV estava ligada. Todos assistiram horrorizados a uma matéria do noticiário que identificava a garota como Lynette "Squeaky" Fromme, integrante da seita de Charles Manson. Ela fora presa alguns dias antes por apontar uma arma carregada para o presidente Gerald Ford, em Sacramento.

Fromme era uma garota que claramente tinha violência na mente. Por sorte, ela e o Led Zeppelin nunca se cruzaram de fato.

46. A FUGA DOS IMPOSTOS INGLESES

EM ABRIL DE 1975, pouco depois que a turnê americana acabou, Marilyn e eu concordamos em trabalhar para que nosso casamento se reparasse. Eu ainda estava envolvido com heroína mais do que ela gostaria, mas ela tentou ser compreensiva. Decidimos tirar férias nas Ilhas Canárias, onde poderíamos nos concentrar apenas um no outro por um tempo.

Mesmo assim, eu contatava rotineiramente o escritório do Zeppelin. Duas semanas sem mim era mais do que Peter conseguia aguentar, ainda mais porque ele já estava bolando a próxima jogada da banda.

"Eis o que tenho pensado", disse. "Quero que a banda toque em Earls Court. Pelo menos umas três noites, talvez mais. Quando você consegue voltar para começar a organizar esses shows?"

"Bem, estou de férias", respondi. Não queria voltar de jeito nenhum.

"Richard, escuta só. Earls Court é um dos maiores espaços para eventos da Inglaterra. É muito importante para mim. *Muito* importante."

Assim, Marilyn e eu pegamos um avião para Londres na manhã seguinte. Nos dias que passamos nas Ilhas Canárias, parecíamos ter reparado um pouco do nosso relacionamento. "Vamos ver como nos saímos de volta ao mundo real", eu disse a ela no voo de volta para casa.

No dia seguinte, eu já estava de volta ao escritório para trabalhar nos detalhes das apresentações no Earls Court, que começariam no dia 17 de maio. O lugar tinha capacidade para 17 mil pessoas e Peter achava que não deveríamos nos poupar de nada. "Quero toda a produção americana no palco – lasers, iluminação especial e P.As., além de um telão gigante", disse ele. "E quero manter o preço dos ingressos baixo."

É claro que poderíamos ter cobrado praticamente qualquer coisa e o esgotamento dos ingressos ainda assim seria garantido. Porém, embora Peter fosse muito bom em ganhar dinheiro para a banda, também atentava para a imagem dela. Seriam os primeiros shows do Zeppelin na Grã-Bretanha em mais de dois anos, e depois de muito refletir, ele concluiu que os benefícios de RP dos ingressos baratos seriam maiores do que os ganhos financeiros de ingressos caros. Por insistência dele, mantivemos os preços baixos – de uma a duas libras e meia por ingresso.

No dia 19 de abril, 51 mil ingressos foram colocados à venda, para três datas. Em cinco horas, estavam todos esgotados. Anunciamos mais dois shows, e mais 34 mil ingressos sumiram de imediato. Muitos dos que compraram eram fanáticos pelo Zeppelin desde o começo, no final de 1968. Outros haviam pulado no barco com *Physical Graffiti*. Porém, esse entusiasmo compartilhado transformava as filas nas bilheterias em festivais a céu aberto, uma celebração da maior banda de *rock*.

Fretei um 747 cargueiro para trazer o equipamento *high-tech* da turnê norte-americana para Londres, e convocamos também a equipe experiente da Showco para supervisionar toda a produção. Um telão de 6 x 9 m foi posicionado bem alto, atrás do palco. O sistema de P.A. de 70 mil watts foi erguido. Nesse meio tempo, trens eram fretados para trazer fãs de todo o país para os cinco shows.

A banda ensaiou por cinco dias, mas, depois da última turnê norte-americana, eles sabiam exatamente o que queriam fazer. Desde os primeiros compassos de "Rock and Roll", o Zeppelin explodiu nesses shows, que foram alguns dos mais enérgicos e memoráveis da carreira. Robert, de jeans e com os cachos loiros mais longos do que a maioria dos fãs britânicos se lembrava, dizia às multidões que a banda oferecia mais do que música. "Esta é uma jornada por algumas das nossas experiências – as positivas e as negativas – dos últimos seis anos."

A banda guiava o público por uma retrospectiva de três horas do Zeppelin, com canções de todas as fases, desde o início com *Led Zeppelin* até as músicas mais atuais de *Physical Graffiti*, passando pela sonoridade acústica mais suave de *Led Zeppelin III*. Na última noite, depois do derradeiro bis e das notas finais de "Black Dog", Robert gritou um "obrigado" para a casa lotada. "Gostamos demais de tocar para vocês. Veremos vocês de novo talvez nos anos 1980."

Na verdade, a banda só tocaria mais duas vezes no Reino Unido – ambas no Knebworth Festival, em Hertfordshire. Para muitas, talvez a maioria, das 85 mil pessoas que os viram no Earls Court, aquele foi o último lampejo que tiveram do Led Zeppelin.

Algumas semanas depois, Peter me disse seus próprios motivos para querer os shows no Earls Court. Em certo sentido, ele os via como "presentes de despedida" para o país. "Vamos embora daqui", disse. "O leão está nos expulsando da Inglaterra. Esses vão ser os últimos shows por aqui por um tempo."

Em suma, o Led Zeppelin estava ganhando dinheiro demais. E, por razões financeiras, os contadores recomendaram que eles se tornassem exilados fiscais. Outros *rock stars*, como os Stones, já haviam se antecipado em buscar refúgio fora da Grã-Bretanha. Porém, embora isso fizesse sentido do ponto de vista financeiro, não foi uma decisão fácil para nenhum integrante da banda. De primeira, todos eles relutaram. "Meu lar é aqui", dizia Bonzo. "Não vou a lugar nenhum." Os números foram colocados na ponta do lápis diante deles. Teria sido tolo entregar ao governo a maior parte do dinheiro que ganharam.

Robert também ficou receoso. Não parecia certo abandonar sua terra natal puramente por causa de dinheiro. Porém, ele e os demais haviam trabalhado para diabo pelas riquezas que acumularam. Sentiam que poderiam muito bem guardar o máximo dela que fosse possível.

Todos os membros do Zeppelin mantiveram casas na Inglaterra, mas os dias que podiam passar no país sem ser abocanhados pelo leão eram limitados. Um a um, começaram a se mudar com as famílias para a Suíça e a França.

Bonzo demorou mais do que os outros para ir. Pat Bonham estava grávida pela segunda vez, e John queria que ficassem todos juntos na Inglaterra, pelo menos até o bebê nascer. "Foda-se o dinheiro", disse ele a certa altura. "Vou passar meu tempo aqui com a minha esposa, onde ela precisa de mim."

Porém, assim que sua filha, Zoe, nasceu, Bonzo caiu em si. Ainda havia tempo de iniciar seu exílio fiscal naquele ano, e foi o que ele fez.

No fim, a banda toda acabou em Jersey, a maior das Ilhas do Canal, próxima da costa oeste da Normandia. É um destino turístico popular, mas, segundo Bonham, "o pessoal daqui não parece fazer muita coisa mais do que beber e trocar de esposas". Por um tempo, a banda alugou um casarão e passamos semanas matando tempo, em grande medida bebendo Pimm's[30], depois Tropical Pimm's, depois King Pimm's. Era o melhor que tinha para fazer sem ser trocar de esposa.

Em Jersey, Bonham tinha ainda mais tempo para desfrutar de sua paixão por carros, em particular os de luxo. Ele comprara dezenas de automóveis ao longo dos anos – vinte e oito só nos primeiros dezoito meses de sucesso do Zeppelin. Depois disso, parou de contar. Nunca ficava com eles por muito tempo; não os comprava como investimentos, mas sim porque gostava de dirigir carros velozes. Ainda assim, e talvez não seja surpresa, sua seleção de veículos às vezes beirava o bizarro. Certa vez, ele chegou a comprar uma perua Model T de padeiro, só porque teve vontade.

Durante o período que Bonham teve a perua, era uma de suas posses mais estimadas. Certa vez, enquanto a banda ensaiava no Shepperton Studios, ele a estacionou bem na frente no prédio. Um padre da igreja que havia ali perto parou ao passar por ela. "Este automóvel parece ser bem *perigoso*", disse a Bonzo e a mim, numa tentativa de humor leve. "É melhor eu abençoar este carro e este rapaz." Bonham sorria educadamente enquanto o padre de fato borrifava água benta no carro – e em Bonzo. Provavelmente isso foi o mais perto que ele chegou de uma experiência religiosa em anos.

Em Jersey, o veículo favorito de Bonzo era um Rolls-Royce, que usava para percorrer a ilha. Certa tarde, estacionou o carro na frente de um de

30 Destilado à base de gim e frutas, bem popular no verão inglês. (N. do T.)

seus *pubs* favoritos. De jeans cortados e camiseta, começou a lavar o automóvel com um balde de sabão e ficou todo bagunçado.

Um senhor de idade, de terno e gravata, passou por ele e fez uma pausa para observar o trabalho de Bonzo. Estava claramente intrigado com o que via. Por fim, com um sorrisinho arrogante, disse: "Ora, ora, ora... esta é a primeira vez que vejo um homem lavar seu próprio Rolls-Royce!".

O comentário não caiu muito bem com Bonzo. Rangeu os dentes e berrou: "Ah, é mesmo?!". Bateu uma das portas abertas com tudo e começou a chutar furiosamente as laterais do carro. Um chute atrás do outro, com muita força. Parava um pouco para recuperar o fôlego, e então recomeçava o surto bizarro, e assim se sucedeu por vários minutos. Quando acabou, havia dezenas de amassados por todo o caríssimo automóvel.

Tanto eu quanto o senhor ficamos olhando assustados para o comportamento de Bonzo e nos perguntando o que ele faria em seguida. Porém, tão rápido quanto sua raiva estourou, Bonzo se acalmou. Voltou-se para o senhor, que ainda se encontrava assustado. "Suspeito que esta também tenha sido a primeira vez que você viu um homem *amassar* a porra do seu próprio Rolls-Royce! Por que você não vai à merda e cuida da sua própria vida?"

Bonzo então entrou no *pub* e pediu uma dose de Pimm's. O passar dos anos não causou nenhum efeito sóbrio em seu comportamento excêntrico.

47. O PESADELO EM RODES

"TENHO UMA NOTÍCIA HORRÍVEL, Richard. Houve um acidente terrível. Simplesmente terrível."

A voz de Charlotte Martin estava trêmula. Ela ligou da ilha grega de Rodes para o escritório do Zeppelin, em Londres, e eu, ao ouvir a ansiedade em sua voz, senti um nó no estômago, à espera do pior enquanto Charlotte continuava a falar do outro lado da linha tomada por estática. Ela tinha uma tendência a exagerar e entrar em pânico ao menor dos problemas. Dessa vez, porém, parecia estar de fato atordoada.

"O carro dos Plants saiu da pista", disse ela. "Maureen estava dirigindo, e o carro bateu numa árvore. Foi horrível. Todo mundo se machucou muito."

Maureen Plant dirigia um sedã Austin Mini alugado, contou Charlotte, e Robert estava no banco dianteiro do passageiro. Seus filhos estavam no banco de trás junto com Scarlet, filha de Charlotte e Jimmy Page. Charlotte, por sua vez, estava num segundo carro com a irmã e o cunhado de Maureen e não se envolveu no acidente.

Com o impacto, o tornozelo e o cotovelo direitos de Robert se despedaçaram, assim como muitos ossos de sua perna direita. Seu filho de quatro anos, Karac, fraturou a perna, e sua filha de sete, Carmen, quebrou o pulso. Scarlet escapou com apenas alguns hematomas. Maureen, no entanto, teve ferimentos sérios. Quebrou a bacia, fraturou uma perna, teve cortes no rosto e traumatismo craniano. Também perdeu muito sangue e, por ter um tipo sanguíneo raro, os médicos tiveram de contar com sua irmã, Shirley, para transfusões imediatas. Mais tarde, um médico me disse que se Shirley não estivesse em Rodes e prontamente disponível, Maureen talvez não tivesse sobrevivido.

"Você consegue vir para cá o mais rápido possível?", suplicou Charlotte. "E, Richard, se puder, traga alguns médicos britânicos. Não tenho certeza se esses médicos sabem o que estão fazendo. Estão com dificuldade para encontrar sangue para Maureen. Vou descobrir qual o tipo sanguíneo dela, e talvez você possa trazer um pouco da Inglaterra."

"Estarei aí assim que possível", eu disse a ela.

"Richard, estou com muito medo", ela choramingou antes de desligar. "Não sei se todo mundo vai sobreviver."

Em julho e agosto de 1975, Robert e Jimmy levaram as famílias de férias para Rodes, passando pela Suíça e pelo Marrocos. Jimmy, porém, deixou o restante do grupo na ilha grega para voar para a Itália, em primeiro lugar para dar uma olhada numa casa de campo na Sicília que pertenceu a Aleister Crowley e que ele considerava comprar. De lá, voltou para Londres, onde supervisionava a edição da passagem de "Dazed and Confused" do atrasadíssimo filme do Zeppelin, agora já intitulado *The Song Remains the Same*[31]. Robert e os demais viajantes deveriam retornar à Inglaterra alguns dias depois, e a banda estava pronta para começar os ensaios para mais uma turnê norte-americana no final do verão.

Depois de minha conversa com Charlotte, passei a maior parte da noite acordado, dando telefonemas na esperança de encontrar um dos melhores médicos de Londres e convencê-lo a viajar comigo para Rodes. Por fim, convenci dois médicos: um era o Dr. John Baretta, que tinha um consultório na Harley Street e prestava serviços médicos para a embaixada da Grécia. Falava grego fluente e imaginei que ele seria de grande ajuda tanto pelo conhecimento do idioma quanto pela *expertise* médica. O outro era o Dr. Mike Lawrence, um dos mais eminentes cirurgiões ortopédicos de Londres;

31 No Brasil, o filme chegaria aos cinemas em 1978 com o título *Rock é Rock Mesmo*. Relançamentos em DVD e Blu-Ray já nos anos 2000, mantiveram o título original, *The Song Remains the Same*. (N. do T.)

pelos relatos que eu recebia dos ferimentos da família Plant, imaginei que precisaríamos de alguém que saberia o que fazer na sala de cirurgia.

O Dr. Baretta contava ainda com outra vantagem importante: era o médico pessoal de Sir Robert McAlpine, engenheiro civil e empreiteiro bem-sucedido, dono de vários jatos particulares, um dos quais poderia ser transformado numa ambulância aérea e contava com suportes especiais para macas. Eu já havia tentado fretar um jato para a viagem, mas os próprios contadores do Zeppelin vetaram a ideia. "Seu babaca!", gritei para um deles. "Você está brincando com o dinheiro da banda. Robert e a família se machucaram feio, e agora você me diz que não vai liberar o dinheiro?!"

"Isso mesmo", respondeu ele. "Peter Grant não está na cidade, e você não tem autoridade para tanto."

O Dr. Baretta ajeitou rapidamente as coisas para que nós três voássemos para Rodes num dos jatos de McAlpine. Partimos tarde da noite e estocamos o refrigerador do avião com quase quatro litros de sangue do mesmo tipo do de Maureen. Fiquei tão ansioso, que passei o voo inteiro acordado. Não tinha nem bebida ou drogas para me fazer companhia.

Chegamos às seis da manhã e tomamos um táxi direto para o hospital, que não era muito mais do que uma pequena clínica de emergência. "Não estou impressionado", falei ao Dr. Baretta, ao entrarmos e nos desviarmos de algumas baratas pelo chão. Havia dois pacientes em cadeiras de rodas, sem atendimento, que pareciam haver desistido de receber qualquer cuidado médico.

Depois de avaliar os pacientes e as condições do hospital, o Dr. Baretta e o Dr. Lawrence concordaram que deveríamos levá-los de volta à Inglaterra o quanto antes. Tentaram argumentar com os médicos gregos: "Vocês estão fazendo um trabalho maravilhoso, mas os pacientes precisam ficar mais perto de casa", dizia o Dr. Baretta. O hospital, porém, se recusava a dar alta. "A polícia está investigando o acidente para ver se havia álcool ou drogas envolvidos", nos disse o administrador, demonstrando tanta compaixão quanto o Muro de Berlim. "Seus amigos não podem deixar o país até a polícia decidir se vai entrar com queixa contra alguém."

Estávamos praticamente presos. "A porra da equipe do hospital está se comportando como uma turba num linchamento, não como profissionais da saúde", reclamei com Charlotte. Exasperado, enfim comecei a cogitar tirar Robert e sua família escondidos do hospital, no meio da madrugada, para retornarmos a Londres.

"Acho que só há uma maneira de sairmos daqui", falei ao Dr. Baretta, "e acho que você não vai gostar." Ele se opôs ao meu plano de "sequestro", mas, a essa altura, eu já estava de cabeça feita. Baretta me explicara como a perna de Robert teria de ser reposicionada e que Maureen precisaria de cirurgia, e eu queria que tudo isso fosse feito na Inglaterra.

O mais rapidamente possível, contratei uma ambulância particular, aluguei duas peruas e solicitei que todas fossem estacionadas numa entrada lateral do hospital. Às duas da manhã, Charlotte e eu levamos Robert, Maureen e seus filhos – junto com os respectivos soros e outros equipamentos médicos – em cadeiras de rodas pelos corredores do hospital até os "carros de fuga". Se alguém nos viu saindo, não nos abordou.

Mais tarde, nosso avião já estava no ar, rumo a Londres, com uma parada em Roma para reabastecer. Só de estarmos voando já era um alívio.

Durante o voo, Robert e eu tivemos nossa primeira oportunidade de conversar de fato, e ele me contou que a família estava indo visitar Phil May, dos Pretty Things, e sua esposa, Electra, que haviam alugado uma casa na ilha, de propriedade de Roger Waters, do Pink Floyd. "Depois que o carro bateu na árvore", disse Robert, "olhei para Maureen e pensei que ela estivesse morta." Fez uma pausa, tentando conter as lágrimas. "Ela estava inconsciente e sangrando, e as crianças gritavam no banco traseiro. Charlotte veio até o carro e estava histérica."

Robert disse que eles esperaram uma eternidade por uma ambulância, mas nenhuma veio. "Por fim", explicou, "o motorista de um caminhão de frutas nos deu uma carona em sua caçamba aberta até o hospital, mas nós fomos balançando tanto que a minha perna praticamente ficou para fora quase o caminho todo."

As notícias correram rápido pela ilha. Phil ficou sabendo de um acidente de automóvel envolvendo alguns ingleses e presumiu que se tratassem dos Plants. Ele e Electra seguiram para o hospital e, junto com a irmã de Maureen, ajudaram a cuidar de Robert e sua família. "Nos hospitais gregos, eles não te dão nem comida", disse Robert. "Se um parente ou amigo não levar comida para você, eles te deixam morrer de fome! É completamente ridículo!"

Enquanto nosso avião se aproximava da Inglaterra, fiz uma chamada e pedi para que ambulâncias nos esperassem no aeroporto de Heathrow. Embora Maureen estivesse sedada, ainda sentia muita dor. Os Plants foram transportados para o Guy's Hospital, onde ela entrou em cirurgia imediatamente.

No entanto, houve uma reviravolta bizarra na nossa chegada. O pouso precisou ser atrasado em trinta minutos, de forma que o avião ficou voando em círculos a 15 mil pés de altura durante esse tempo, até pousarmos pouco depois da meia-noite – ou seja, no dia seguinte. Mesmo em meio ao caos em torno do acidente, os contadores do Zeppelin tiveram a presença de espírito de me avisar que Robert teria de limitar os dias na Grã-Bretanha devido a seu *status* de "exilado fiscal". "Se o leão fizer perguntas, vai pedir documentos referentes ao voo", disse um dos contadores. "Se vocês pousarem às 23h30, vai contar como um dia a mais que Robert esteve no país. Veja o que é possível fazer para atrasar o pouso."

Fiquei furioso que tais considerações financeiras fossem de tamanha prioridade. "Esqueça", eu disse. "Temos de levá-los ao hospital o quanto antes." Porém, à medida que o jato se aproximava de Londres, o Dr. Baretta me convenceu de que o estado dos pacientes era estável. "Se for preciso esperar mais meia hora, tudo bem." Assim, dei permissão ao avião para voar em círculos fora do limite de três milhas até pouco depois da meia-noite. Sabia que isso poderia livrar Robert de alguns milhares de libras em impostos, embora ainda achasse que salvar uma vida era mais importante.

Em resultado do acidente, o Led Zeppelin foi colocado na geladeira por meses. A miniturnê pelos EUA, que passaria por oito cidades no final de agosto e em setembro, foi cancelada, bem como turnês pela Europa e pela Ásia, que aconteceriam mais tarde no ano. Toda a nossa atenção se voltou para a recuperação de Robert e sua família.

Foi uma época difícil e tensa para todo mundo, Maureen passou muitas semanas no hospital. Robert e os filhos tiveram alta em poucos dias, mas os médicos lhe deram um choque de realidade: "Você provavelmente só vai andar daqui seis meses, talvez mais. E não há garantia de que vai se recuperar por completo."

No fundo dos pensamentos de todo mundo estava o fato de que o futuro do Zeppelin se encontrava em risco. "Este pode ser o fim do Led Zeppelin", disse Peter. "Ainda não há como saber, mas pode ser o fim da linha."

48. A LONGA ESTRADA DE VOLTA PARA CASA

EMBORA ROBERT ESTIVESSE praticamente imobilizado por meses, eu ainda tinha de encarar o fato de que era preciso tirá-lo da Inglaterra o mais rápido possível, por razões fiscais. Peter estava saindo do país para proteger seu próprio *status* de exilado fiscal, então a decisão de para onde mandar Robert ficou nas minhas mãos. Por coincidência, alguns dos meus quadros estavam sendo avaliados, e Willie Robertson, meu corretor de seguros, foi à minha casa. Expliquei o dilema de Robert a ele, que então sugeriu: "O padrinho da minha filha é Dick Christian, um grande advogado de Jersey. É um cara ótimo e tenho certeza de que ele deixaria Robert ficar em sua casa de hóspedes".

Christian concordou em acolher Robert, e assim que ele recebeu alta do hospital, uma ambulância o levou para o terminal da British Airways, em Heathrow. Robertson, Benji Le Fevre, Marilyn e eu o acompanhamos no voo. Como Robert não conseguia subir a escada até o avião, paguei vinte e cinco libras para um condutor de empilhadeira elevá-lo (e à cadeira de rodas) até a porta da aeronave. Os gessos eram tão pesados, que, por um momento, me perguntei se a própria empilhadeira aguentaria, mas ele conseguiu entrar no avião e a equipe removeu dois assentos da primeira classe para que ele pudesse esticar as pernas.

Ao pousarmos em Jersey, Christian mandou uma limusine e uma ambulância com maca nos buscarem. Na mansão, fomos recebidos por um mordomo chamado Neville, que pareceu horrorizado ao examinar nossos cabelos compridos. Quando o próprio Dick Christian apareceu, a expressão em seu rosto parecia dizer o mesmo: "*No que foi que eu me meti?*".

De todo o modo, Christian foi um anfitrião completamente cordial. Era um homem de meia-idade, alto, loiro e usava óculos. Depois de nos cumprimentarmos, ele disse a Neville: "Acho que meus convidados gostariam de um bom Pimm's". Ao entrarmos na casa, ele se dirigiu ao motorista da ambulância: "Você vai ter de deixar a maca, o Sr. Plant pode precisar dela enquanto estiver hospedado aqui. Tenho certeza de que seu chefe tem macas de sobra".

Ao longo das semanas seguintes, minha tarefa foi ajudar a cuidar daquele roqueiro-transformado-em-inválido. Foi minha empreitada mais difícil no mundo do *rock*. Robert estava engessado do quadril até a ponta dos dedos, desconfortável e frustrado com as limitações. Às vezes, sua atitude beirava o insuportável. "Não sei se voltarei a ser o mesmo no palco", choramingava. "Não consigo imaginar me apresentar por três horas diante de um público, pelo menos não por um bom tempo."

Bebia muita cerveja, em parte para apaziguar a ansiedade em relação ao futuro. Ao mesmo tempo, se entorpecia ainda mais com analgésicos. Também passava muitas horas ao piano, uma fuga bem-vinda da fisioterapia tortuosa para a perna e o tornozelo, que se tornara parte de sua rotina. Por fim, Robert conseguiu ficar de pé, mas por alguns meses ainda precisou da ajuda de uma bengala para andar. Foi um longo e desafiador caminho de volta.

Dick Christian nos fez sentir como se pudéssemos ficar o quanto quiséssemos. Ofereceu-nos o uso da Maserati e do Jensen estacionados em sua garagem. "Todos nós temos carros tipo essa Maserati por aqui", disse ele certo dia, "mas eu não sei por quê. Você engata a terceira nesse negócio e já vai parar na ilha ao lado!"

Com o passar das semanas, tanto Peter quanto Jimmy começaram a se preocupar com a estagnação da banda. Pagey sentia que assim que Robert tivesse energia o bastante, eles precisavam voltar a compor, já de olho na volta aos estúdios. Ligava dia sim, dia não, para saber do progresso de Robert. "Quanto mais esperarmos", me dizia, "mais difícil vai ser voltar."

Em setembro, Robert finalmente nos deu OK. Dizia se sentir forte tanto física quanto emocionalmente para começar a trabalhar no sétimo álbum da banda, que viria a se chamar *Presence*. Ajudei-o a fazer as malas e nos despedimos de Dick Christian, que parecia genuinamente triste de nos ver partir. Para demonstrar nossa gratidão, Peter gravou os nomes dos filhos de Dick em discos de ouro do Led Zeppelin e os deu de presente para as crianças.

Pagey e Plant debateram sobre onde voltar a compor. Por causa da condição de exilados fiscais, qualquer lugar dentro da Inglaterra estava fora de cogitação. Consideraram diversas opções até se decidir por Malibu, na Califórnia, onde alugaram uma casa na praia na região de Malibu Colony. Entre o oceano Pacífico e as garotas de biquíni, acharam o local deslumbrante. Em questão de dias depois da chegada, Robert falava de como o lugar estimulava sua criatividade, de como se sentia muito inspirado. Se os Beach Boys já não o tivessem feito, Plant poderia ter escrito uma música sobre as garotas da Califórnia no ato.

Page e Plant passaram mais de um mês em Malibu, e, durante essa estadia, Bonzo e John Paul também foram para lá para começar a ensaiar para o novo álbum. De início, ensaiavam na casa alugada, mas depois passaram para um ambiente mais formal, no SIR Studios, em Hollywood.

"Achilles Last Stand" surgiu durante esse período em Malibu. Da forma como Plant e Page a compuseram, a música tocava em determinados nervos, expressava as sensações deles por serem relegados a uma vida nômade. Por causa da questão fiscal, sentiam que estavam perdendo as raízes na Inglaterra e não encontravam um lugar onde se sentissem confortáveis. Jimmy chamava a banda de "ciganos tecnológicos", que perambulavam pelo mundo em busca de um lar.

"Tea for One" trazia um tema semelhante, e nela Robert derramou a solidão que sentia ao passar tanto tempo longe da esposa e dos filhos, devido à sua situação fiscal e ao acidente (os ferimentos de Maureen ainda a impediam de viajar). Ao escrever a letra, uma avalanche de emoções se formou dentro dele: lá estava ele em Malibu, pensou, ainda distante da família. Naquele momento, pouca coisa fazia sentido em sua vida.

Benji Le Fevre passou um tempo com a banda em Malibu, de olho em Robert e cumprindo tarefas rotineiras para todos eles. Posteriormente, me diria que havia heroína de sobra na casa, mas ele não monitorava quem estava usando. "Chamávamos a casa em Malibu de 'Henry Hall'", Benji me contou. Na Inglaterra, *henry* é uma gíria para heroína.

O Dr. Lawrence incentivou Robert a caminhar o máximo que pudesse, então, durante toda a estadia em Malibu, ele fazia passeios lentos e deliberados na praia, com auxílio da bengala. O clima estava maravilhoso até o final da temporada na Califórnia, quando uma tempestade devastadora acabou com a costa e quase levou o lar alugado do Zeppelin para o mar. Jimmy, que encontrava mensagens ocultas em muito do que a natureza trazia, concluiu que a tempestade fosse um presságio para que a banda seguisse em frente. Começaram os planos para voltar a gravar.

O processo criativo em Malibu foi tremendamente terapêutico para Robert. Embora tenha havido momentos, no início da recuperação, em que ele duvidou se o Zeppelin conseguiria voltar com força total, ele agora estava otimista em relação ao futuro, tanto o dele próprio quanto o da banda. Queria muito entrar em estúdio.

Jimmy sugeriu que voassem para Munique para gravar no Musicland Studios, localizado no porão do hotel Arabella. Por menos glamouroso que parecesse, o estúdio construía uma bela reputação como um dos melhores do continente.

Chequei a disponibilidade do Musicland. "Disseram que podemos começar imediatamente", falei a Jimmy, "mas teremos de trabalhar rápido; os Stones reservaram o estúdio para começar em menos de três semanas."

O objetivo da banda era gravar o álbum *Presence* inteiro lá. O clima em Munique estava amargamente frio e havia pouco a se fazer, além de passar a maioria das horas em que estávamos acordados no estúdio – com o ocasional desfrute de drogas. Ao chegarmos em Munique, Bonzo reclamou: "Que diabos tem para fazer nesta desgraça de cidade?". Era um bordão costumeiro dele, não importa onde estivéssemos. Um dos nossos *roadies* tinha a resposta: tirou um saco de heroína do bolso do casaco. "Tem muito dessa heroína aqui, da boa", disse – e nos ajudou a nos manter bem estocados ao longo das três semanas seguintes.

Bonzo, Jimmy e eu usávamos heroína durante o dia em Munique, e nenhum de nós parecia pior por isso. Ninguém conversava sobre os possíveis riscos, e nós provavelmente também não pensávamos muito nisso. Sentíamo-nos presos em casa pelo ar gélido da cidade; a heroína aparentemente fazia o tempo passar mais rápido.

Com a ajuda de um dos *roadies*, encontrei um contato que nos fornecia drogas a uma curta distância do estúdio; se eu caminhasse rápido, poderia comprar a heroína e voltar antes que meus dedos das mãos e dos pés começassem a congelar. Inclusive, tive mais efeitos colaterais do frio – calafrios, tremedeira, arrepios, extremidades dormentes – do que da própria heroína. E nunca parei para pensar que, em algum momento, ela cobraria seu preço.

Ao final da tarde e noite adentro, o Zeppelin canalizava toda a energia nervosa no trabalho, frequentemente por umas doze horas por dia. Como fazia desde o início, Jimmy assumiu o controle das sessões. "Hots On for Nowhere" foi escrita em pouco mais de uma hora, ali mesmo, no estúdio. Assim como "Candy Store Rock", uma homenagem ao *rockabilly* dos anos 1950. Jimmy gravou todos os solos do álbum numa maratona de quatorze horas, tentando ignorar a fadiga e de olho no calendário e na data em que teriam de ir embora do estúdio. Gravou pelo menos seis *overdubs* de guitarra em "Achilles Last Stand" e só parou quando não conseguia mais mexer os dedos doloridos; quando a faixa ficou pronta, tinha mais de dez minutos de duração.

Jimmy impulsionava o resto do grupo, determinado a terminar a tempo, mas sentindo a tensão crescer de um dia para o outro. Em dado momento durante as sessões, justo quando ele estava se sentindo otimista em relação ao progresso que faziam, o álbum todo quase foi sabotado por um acidente envolvendo Robert. Embora Plant já não precisasse mais de cadeira de rodas, o gesso nas pernas havia sido um fardo tão grande, que ele sempre parecia desequilibrado. "O pobre coitado parece a Torre de Pisa", tirou Bonzo. Certa tarde, esse desequilíbrio pegou Robert de jeito.

Bonzo, Jimmy e eu usávamos heroína durante o dia em Munique, e nenhum de nós parecia pior por isso. Ninguém conversava sobre os possíveis riscos, e nós provavelmente também não pensávamos muito nisso. Sentíamo--nos presos em casa pelo ar gélido da cidade; a heroína aparentemente fazia o tempo passar mais rápido.

"Já volto", disse Plant ao se levantar de uma cadeira e ir mancando da técnica até uma das salas de gravação. Porém, mal tinha dado doze passos e se enroscou num cabo de energia. Perdeu o equilíbrio, tropeçou e caiu. Todo seu peso recaiu sobre a perna ruim, acompanhado de um estalo horripilante. Todo mundo na sala prendeu a respiração. Parecia que o próprio Zeppelin havia feito um pouso forçado.

"Puta merda!", gritou Robert, caído de bruços no chão. Começou a gemer de dor ao rolar para o lado. "Ah, não!", uivava. "De novo não! De novo não!"

Jimmy foi o primeiro a ir ao auxílio de Robert e tentou apoiá-lo com uma mão no ombro. De início, pensamos em nem movê-lo. Porém, ele estava muito desconfortável e quis se sentar numa cadeira. Foi preciso três de nós para colocá-lo em uma.

O estalo ainda soava em meus ouvidos. Concluí que Robert precisava ser examinado por um médico. Convoquei uma ambulância e ele foi levado ao hospital.

"Se eu quebrei essa perna de novo, é melhor esquecer de andar", disse ele com uma careta. "Por que isso tinha de acontecer? Por quê?"

Não trabalhamos mais pelo resto da noite, só esperamos para ver quão sério havia sido o machucado de Plant.

Por sorte, foi um alarme falso, não havia novas fraturas. Todo mundo respirou aliviado, em especial o próprio Robert. Na manhã seguinte, a banda já voltou a gravar, embora Plant tivesse aumentado sua dose de analgésicos.

Jimmy se sentia numa montanha-russa emocional. "Por um momento, achei que tivéssemos voltado à estaca zero", disse ele no dia seguinte, ainda tentando se acalmar. Balançou a cabeça e acrescentou: "Estou começando a me perguntar se vamos conseguir superar o acidente de Robert".

Apesar desse percalço temporário, o álbum continuou a tomar forma. Jimmy detestava se sentir pressionado, mas se dava conta de que trabalhava incrivelmente bem sob pressão, mesmo quando estava cansado. Tinha a habilidade de se concentrar por completo no projeto em questão e manter o nível de originalidade alto.

Logo faltavam somente dois dias até que os Stones chegassem ao Musicland. Jimmy telefonou frenético para Mick Jagger: "Só precisamos de um pouco mais de tempo. Vocês podem vir uns três dias mais para frente?".

Mick concordou. Estava mais do que disposto a arrumar uma desculpa legítima para mais alguns dias de folga.

Quando as gravações finalmente terminaram, o resultado final foi um deleite para Jimmy. Em alguns dos álbuns anteriores, ele saíra do estúdio com pontadas de insegurança, convencido de que talvez pudesse ter feito mais alguma coisa para tornar as faixas melhores. Contudo, parecia perfeitamente satisfeito com *Presence*. Com um sorriso frágil, me disse que nem um grama de energia havia sido desperdiçado.

Quando os Stones enfim chegaram, estávamos desmontando nossas coisas. "Obrigado pelo tempo extra", Jimmy disse a Mick.

"Sem problema", disse Jagger. "Vocês conseguiram gravar algumas faixas no tempo que passaram aqui?"

"Mais do que só algumas faixas", respondeu Jimmy. "Gravamos o álbum inteiro e concluímos as mixagens finais. O álbum está pronto."

Jagger ficou pasmo. "Espera aí", disse. "Mas vocês só ficaram três semanas aqui!"

"Sim, foi tudo do que precisamos."

49. MAU AGOURO

"VOCÊ ESTÁ ACHANDO o Jimmy ansioso e mal-humorado?" Peter Grant estava sentado à minha frente num restaurante em L.A. Pouco depois de terminadas as sessões de gravação em Munique, Peter e eu nos encontramos na cidade para cuidar de alguns negócios relacionados à finalização e ao lançamento do filme *The Song Remains the Same*. Jimmy se juntou a nós lá alguns dias depois. Quase que imediatamente após a chegada de Pagey, Peter começou a se preocupar.

"Tem alguma coisa diferente em Jimmy", dizia. "Ele anda nervoso e agitado. Tem alguma coisa errada."

De cara já pensei na heroína. Embora tivéssemos suportado a tempestade de heroína em Munique e Jimmy certamente funcionasse bem no estúdio, eu estava envolvido demais com meu próprio uso da droga para ficar de olho em quanto ele andava cheirando.

Um tempo depois, ainda nessa visita a L.A., Jimmy reclamou para mim que vinha sentindo dores. O nariz dele escorria também, mas eu não iria dar a ele uma aula sobre os riscos da heroína. Disse a Peter que conversaria com Jimmy, embora não tivesse essa intenção de fato.

Dois dias depois, Jimmy e eu voamos juntos para Londres. Ele queria voltar à Inglaterra para ver a filha numa peça de teatro da escola. No trajeto até o LAX, presos no trânsito da *freeway*, ele se virou para mim e disse: "Pelo amor de Deus, Richard, não entre nessa merda".

"Do que você está falando?", perguntei.

"Da heroína. Acho que estou viciado. É terrível."

"Você já tentou parar?"

"Tentei, mas não consigo. É uma desgraça, de verdade."

Foi a última vez que falamos disso na viagem de volta para casa. Na época, eu não achava que havia me afundado tanto quanto Pagey. Usava heroína com regularidade, mas ainda pensava ter controle.

Depois de conversar com Jimmy, prometi a mim mesmo que a heroína não ia me dominar. Não me dava conta, porém, de que isso provavelmente já tinha acontecido. Assim que retornamos à Inglaterra e cheguei à minha casa em Pangbourne, fui direto atrás do meio grama de heroína que havia escondido num cálice de ouro. No Natal daquele ano, eu estava completamente doido de tanto cheirar aquele negócio. Certa noite, fiquei tão mal numa festa na casa de Peter, que passei a maior parte dela no banheiro, vomitando repetidas vezes e rezando para aquilo acabar.

Bonzo não estava muito melhor. Na última vez que estivemos juntos em Paris, hospedados no hotel George V, Mick Hinton me disse que Bonzo se encontrava definhando na cama. "O que ele tem?", perguntei.

"Não sei", respondeu Mick. "Ele não para de comer chocolate Mars. Só quer comer isso."

Fui até o quarto de Bonzo. "Levanta, seu desgraçado do caralho."

Ele estava pálido, parecia desorientado e quase comatoso. Não parecia estar nem um pouco a fim de ser importunado por mim. "Não conseguiria levantar da cama nem se quisesse", falou. "Só sinto vontade de comer doces."

"Você sabe qual é o problema, não? Você está viciado."

Eu, porém, não fui muito útil. Peguei o telefone ao lado da cama e liguei para um traficante parisiense que eu conhecia. Em coisa de uma hora, ele entregou quase trinta gramas de heroína no quarto de Bonham. Ambos cheiramos um pouco e nos esquecemos dos chocolates Mars pelo resto do dia.

De todos nós, John Paul e Robert foram os que se saíram melhor. Jonesy quase sempre conseguia evitar as armadilhas em que os demais caíam; mantinha a cabeça no lugar o bastante para saber quando se jogar e quando recuar. Robert não era tão sensato, mas enquanto Bonham, Pagey e eu enfrentávamos o vício, ele nunca se deixou levar. Ao longo de tantos meses de analgésicos, pode ser que ele tenha tomado drogas o bastante para ficar satisfeito pelo resto da vida. Quando finalmente abandonou a bengala, alguns dias depois do Natal de 1975 – quase cinco meses depois do acidente –, sentiu-se liberto. Embora ainda não estivesse em condições de desafiar Baryshnikov, era fato que a maior parte do processo de cura havia passado. Agora ele queria seguir a vida.

Presence foi enfim lançado no final de março de 1976, mas a chegada às lojas foi atrasada por (adivinha!) problemas com a arte da capa. O objeto semelhante a um obelisco levaria a conjecturas eternas dos fãs a respeito de seu significado. Alguns o consideravam apenas uma escultura curiosa. Muitos outros insistiam que havia algum simbolismo por trás, alguma relação com Jimmy e seus rituais de magia negra. Embora Robert tenha sido o mais vago possível quando questionado a respeito na imprensa – "significa o que você quiser que ele signifique" –, fãs apontaram para o acidente em Rodes e concluíram que o fascínio de Jimmy pelo ocultismo havia, de algum modo, lançado um feitiço sobre a banda. O objeto na capa de *Presence* supostamente se relacionava a tudo isso.

"Quando você brinca com o diabo, há um preço a pagar", especulou um radialista de Los Angeles. "Pode haver uma maldição recaindo sobre o Led Zeppelin que eles não são capazes de controlar."

Foi a primeira vez que ouvi alguém usar a palavra "maldição" relacionada ao Led Zeppelin, mas não foi a última. Jimmy achava que esse tipo de inferência era um papo furado. Ficava irritado, mas tentava ignorar.

"Bem", Bonzo me perguntou certa vez, "alguém sabe o que o Jimmy faz entre quatro paredes com toda aquela merda sobrenatural?"

Jimmy, é claro, não falava sobre isso. Suponho que não era da conta de ninguém. Porém, com esse silêncio prolongado, os rumores começaram a se espalhar.

Decerto não havia mau agouro envolvendo o novo álbum. *Presence* decolou para o topo das paradas e se tornou o primeiro álbum na história a ganhar disco de platina só com as encomendas antes do lançamento. Faixas como "Achilles Last Stand" tiveram tanta execução – apesar dos dez minutos de duração –, que algumas rádios receberam reclamações dos ouvintes ("É uma música boa, mas vocês não têm outras coisas para tocar?").

Jimmy e John Paul ficaram aliviados com essa resposta dos compradores de discos. Depois do acidente de Robert, haviam conversado sobre o quão forte a banda poderia voltar a ser. Poderia o Zeppelin ressurgir das cinzas? Concordaram que *Presence* colocava um fim nessas preocupações.

Alguns críticos escreveram resenhas generosas do álbum. A *Rolling Stone*, porém, espetou as agulhas de sempre no boneco de vodu do Led Zeppelin. Stephen Davis reconhecia que o Zeppelin era o "campeão universal do *heavy metal*", mas, antes do final da resenha, divergiu para afirmações como "dê 50 mil watts, um jato fretado, um pouco de cocaína e algumas *groupies* a um inglês e ele vai se achar um deus. Essa história já está ficando velha".

As resenhas negativas já estavam ficando velhas também.

50. PROSTRAÇÃO

"COLE, PRECISO DE SUA AJUDA! Você tem de vir para cá rápido!" Acabara de estacionar meu Jaguar em frente a um *pub* perto da minha casa e atendi o telefone do carro. Era Peter Grant do outro lado da linha, e ele parecia terrivelmente incomodado.

"Estou com uns problemas sérios aqui", disse. "Gloria voltou para pegar algumas das coisas dela, e tem um cara lá embaixo com ela."

"O que posso fazer?", perguntei.

"Por favor, venha até aqui. Talvez haja um problema."

Francamente, eu não estava a fim de dirigir até a casa de Peter. Acabara de retornar da última de várias viagens a Nova York e Los Angeles no verão de 1976, nas quais tentei resolver os problemas contínuos com *The Song Remains the Same*, a maioria dos quais girava em torno do som e da arte de divulgação do filme. Peter era quem normalmente lidaria com essas responsabilidades, mas se encontrava prostrado por sua esposa, Gloria, tê-lo deixado e preferia ficar mais perto de casa. Por sorte, Frank Wells, presidente da Warner Brothers Pictures, estava supervisionando o filme do Zeppelin e entendia completamente o que a banda queria fazer e dizer nele.

Depois do telefonema de Peter, fui primeiro até a minha casa. Peguei duas armas num dos quartos de cima, coloquei-as no porta-malas do carro e parti para a casa de Peter. Quando cheguei, ele estava na frente, conversando numa voz alterada com Gloria e o amigo dela. Como não pareciam estar prestes a sair no braço, decidi não interferir. Senti que minha presença poderia piorar a situação.

Dirigi até os fundos da casa. A propriedade de Peter era cercada por um fosso, e só se podia chegar até a casa por meio de uma ponte levadiça que se atravessava a pé ou de carro. Da parte de trás, eu esperava de algum modo conseguir saltar por cima do fosso e me esgueirar por alguma porta traseira. Talvez tivesse assistido a filmes do Tarzan além da conta, mas decidi subir numa árvore próxima a um dos trechos mais estreitos do fosso e me equilibrar em um dos galhos. "Se conseguir chegar perto o bastante para pular para o outro lado...", pensei.

Infelizmente, não percebi que a árvore estava podre. O galho se partiu e eu caí com tudo na água. Para piorar, a latrina de Peter estava com defeito e vazando diretamente para essa água do fosso. De repente, me vi nadando num mar de merda!

Debati-me para sair do fosso o mais rápido possível. Não era nada bonito de se ver – ou de se sentir o cheiro. Quando consegui me limpar, Gloria e o amigo já tinham ido embora.

Peter ficou bem perturbado naquela tarde. Ainda não conseguia aceitar o fato de que seu casamento com Gloria estava despedaçado. Talvez a reação dele fosse exagerada, mas não foi difícil sentir empatia: Marilyn e eu estávamos com dificuldades de novo e, dessa vez, nosso casamento parecia ter chegado a um estado terminal. Tivemos uma briga terrível a respeito das mesmas coisas sobre as quais discutíamos aqui e ali quase que desde o início – drogas, comunicação, fidelidade. Em pouco tempo, acionamos um advogado para trabalhar na dissolução do nosso casamento.

Eu esperava que, com o lançamento de *The Song Remains the Same*, finalmente receberíamos boas notícias. A estreia mundial foi em outubro, no Cinema I, em Nova York, evento que, para mim, foi enervante. Conferi o sistema de som do cinema, achei que estava abaixo da média e sabia que a banda ficaria furiosa com isso. Era um filme que precisava de amplificação adequada para transmitir o poder da música do Zeppelin. Havia outros problemas com o filme em si – algumas passagens desfocadas ou granuladas, ritmo irregular, mais de duas horas de duração. Eu não ia deixar a má qualidade do som causar ainda mais dificuldades.

"Se não conseguirmos um sistema de som melhor, vou cancelar o lançamento do filme", alertei uns executivos de distribuição da Warner Brothers. "Peter e a banda estão num avião a caminho daqui [*Nova York*] neste momento. Se o problema não for resolvido nas próximas horas, vou em pessoa cancelar a estreia."

Os executivos ficaram emburrados, mas levaram minha ameaça a sério e me autorizaram a contatar a Showco, de Dallas, que trouxe um de seus sofisticados sistemas de som quadrifônicos, que era exatamente do que precisávamos. Com o equipamento a postos, os clássicos do Zeppelin – "Stairway to Heaven", "Whole Lotta Love", "Moby Dick" – soavam quase tão bem quanto num show ao vivo. Alguns anos mais tarde, um executivo da Atlantic me diria: "Ao instalar aquele sistemão de som, vocês deram uma de George Lucas antes do próprio George Lucas".

No entanto, nas estreias na Costa Oeste na semana seguinte, em Los Angeles e São Francisco, o som estava absolutamente horrendo. Jimmy ficou tão envergonhado, que quase se escondeu debaixo da poltrona. "Por que você está me fazendo passar por isso?", disse, fervendo de raiva.

O material promocional vendia o filme como "o jeito especial de a banda dar aos milhões de amigos aquilo pelo que eles vêm clamando – um *tour* pessoal e privado pelo mundo do Led Zeppelin". Prometia que a película "revelaria a banda como ela é e, pela primeira vez, o mundo poderá ver o Led Zeppelin da primeira fila".

Pagey, contudo, nunca se encantou muito pelo filme. Mesmo com o sistema de som da Showco, não sentia que os shows no Madison Square Garden estavam à altura das habilidades da banda. Depois de um tempo, simplesmente não gostava nem de olhar para o filme. Bonzo também tinha suas queixas, e se perguntava por que não havia mais humor na fita. Peter continuava a chamá-lo de "um filme caseiro caro". De todo o modo, foi lançado um álbum com a trilha sonora, que em poucos dias ganhou disco de platina.

Ao final do ano, Peter me deu um Austin-Healy 3000 de presente de Natal. Era um sinal do quão longe a banda havia chegado. Em 1970, meu presente de Natal da banda havia sido uma moto Triumph Chopper 750. Agora, ela tinha dinheiro o suficiente para me dar carros clássicos de capa de revista.

Em dezembro, a banda começou a planejar os primeiros shows desde as apresentações no Earls Court. Embora essa próxima turnê norte-americana só fosse começar em abril, no Dallas Memorial Auditorium, os ensaios se iniciaram quatro meses antes, num cinema repaginado em Fulham, emprestado a nós pelo Emerson, Lake & Palmer.

Desde o início, tudo nesses ensaios se encaixou bem. Meses antes de cair na estrada, a banda já começava a sentir o tipo de autoconfiança que em geral só vinha lá pelo meio de uma turnê, quando tudo já estivesse em seu devido lugar. Embora bandas jovens como o The Clash e os Sex Pistols viessem tentando roubar o trovão do Zeppelin, o Zeppelin não parecia preocupado. Ainda se sentia capaz de causar outro terremoto na juventude norte-americana. O tempo diria.

51. O COMEÇO DO FIM

JOHN BONHAM ESTAVA ENTEDIADO. A turnê norte-americana de 1977 do Led Zeppelin começara há menos de uma semana, e, apesar disso, lá estava ele, sentado sozinho em sua suíte no hotel Ambassador East, em Chicago, ansiando por algo novo, algo diferente que o divertisse.

"O que tem para fazer, Cole?", choramingou ao telefone. "Não consigo ficar sossegado aqui. Não tem nada empolgante para fazer neste caralho de cidade?"

Havia alguma coisa diferente nessa turnê, a décima primeira do Led Zeppelin pela América do Norte. Desde o início, senti que havia algo de errado. Deveria ser a melhor turnê do Zeppelin; cinquenta e um shows na agenda, a maior da história da banda. Esperava-se que 1,3 milhão de fãs em trinta cidades visse a banda. Seria também a turnê que marcaria um retorno desde o acidente de Robert, e ele mesmo sentia que tinha algo a provar ao público.

Entretanto, eu disse a um dos *roadies* que, para mim, parecia o começo do fim para a banda. A alma que impelia o Zeppelin desde 1968 parecia ter enfraquecido, e as drogas tinham um papel grande demais na vida de todo mundo. Não seria justo dizer que a música sofria com isso; o público, que esgotara os ingressos, nunca parecia decepcionado, pelo menos do meu ponto de vista no *backstage*. Porém, eu simplesmente achava que a paixão e a camaradagem não eram tão fortes quanto antes. Ao final da turnê, a banda teria feito mais de 550 shows ao longo de seus quase nove anos de existência. Talvez o esgotamento fosse inevitável.

O *entourage* do Zeppelin crescera a um nível ridículo, o que foi um dos nossos problemas naquela turnê de primavera e verão. Cada membro da banda viajava com um assistente pessoal: Dennis Sheehan, que foi *roadie* de Maggie Bell, se juntou a nós como assistente de Robert; Dave Northover, farmacêutico e jogador de rugby, assistia John Paul; Rex King, que tinha um dos ganchos de direita mais brabos da Inglaterra, veio a bordo para ficar de olho em Bonham; e Rick Hobbs, chofer e mordomo de Jimmy em Londres, veio trabalhar com ele na turnê. Até eu tinha um assistente, Mitchell Fox, que era do nosso escritório nova-iorquino, e Peter contava com Johnny Bindon. Como resultado, havia múltiplas divisões dentro da organização, e todos nós contávamos cada vez menos uns com os outros para apoio e companheirismo. Mitchell passava a maior parte do tempo tentando controlar os outros assistentes, para que eu tivesse contato direto com os integrantes da banda. Turmas se formaram, e uma organização que era firmemente unida se tornou fragmentada.

Eu ainda tentava tornar a vida o mais tolerável possível para o Led Zeppelin. Por exemplo, havia reservado uma suíte de dois quartos para Bonzo no Ambassador East, exatamente como ele queria, com um desses quartos mobiliado apenas por uma mesa de sinuca, sem mais nenhum móvel. Porém, depois de horas de sinuca, a mesa começou a perder a graça.

"Vamos embora do hotel hoje", disse a ele. "Acalme-se, e nós vamos dar no pé antes que você perceba."

Provavelmente mais do que todos da banda, Bonzo ainda tinha dificuldade em relaxar após um show. Ficava hiperativo e inquieto e, às vezes, sentia a necessidade de batucar em alguma coisa bem depois de ter se levantado da bateria. Naquela tarde em especial, depois que voltei para o meu quarto, Bonham decidiu desopilar destruindo metodicamente sua suíte.

Cadeiras foram quebradas na parede. Colchões saíram voando de janelas despedaçadas, assim como abajures e mesas. Uma televisão foi logo em seguida e se espatifou num aparelho de ar-condicionado mais de doze andares abaixo.

Ao ouvir a comoção, disparei pelo corredor, junto de dois dos nossos seguranças. A porta da suíte de Bonham estava entreaberta, e, ao entrarmos com tudo, ele circulava a mesa de sinuca, planejando sua próxima tacada.

Cadeiras foram quebradas na parede. Colchões saíram voando de janelas despedaçadas, assim como abajures e mesas. Uma televisão foi logo em seguida e se espatifou num aparelho de ar-condicionado mais de doze andares abaixo.

"Ora, não fiquem parados aí!", urrou. "Essa mesa tem o peso de um elefante. Deem uma mão!"

Que se dane! Não havia muita coisa a ser salva na suíte àquela altura. Nós quatro pegamos a mesa, cada um num canto, a levantamos do chão, a inclinamos para um lado e então cerimoniosamente a derrubamos no chão, de forma a lançar farpas para uma meia dúzia de direções diferentes. O impacto sacudiu o quarto inteiro, talvez a cidade inteira. Deve ter havido um tsunami no lago Michigan antes de as vibrações baixarem.

"Hora do bis?", perguntou Bonham, assentindo com a cabeça para responder a si mesmo. Repetimos a manobra destrutiva várias vezes – levantar a mesa e deixá-la se espatifar no chão – até que o móvel se parecesse mais com lenha.

É claro que, nas outras turnês, Bonzo raramente mostrava respeito pelas propriedades dos hotéis. Assim como no passado, provavelmente era o tédio que o inspirava agora também. Porém, eu não conseguia deixar de sentir que havia algo a mais, que algo perdera as estribeiras.

Alguns minutos depois de a mesa de sinuca cair no chão pela última vez, o gerente do hotel apareceu na porta do quarto. Perdeu o ar quando viu a carnificina à sua frente e correu até o telefone para convocar sua secretária, que chegou alguns minutos depois com papel e caneta. O gerente pediu que ela anotasse todos os danos causados à suíte e, enquanto ela fazia isso, Bonzo ficou à direita dela, ajudando-a jocosamente a fazer o inventário ("Não se esqueça dos danos ao piso!", exclamou). A conta desse acesso ficou em US$ 5.100.

Em dado momento, quando o gerente já não conseguia mais conter a irritação, chamou a nossa atenção para um espelho que, de algum modo, havia sobrevivido ao massacre de Bonzo. Com sarcasmo escorrendo da boca, exclamou: "Oh, meu Deus, você deixou passar um espelho!".

Bonham riu. "Não tenha tanta certeza disso!", rugiu. Atravessou o cômodo, tirou o espelho da parede e o arremessou no chão, partindo-o em milhares de pedaços.

Apesar das minhas preocupações, todos os shows tiveram público apenas em pé, e os cambistas encontraram uma mina de ouro ao transformar ingressos de seis dólares em vendas de setenta e cinco dólares. Em Pontiac, Michigan, 76.229 fãs se amontoaram em cada espaço respirável do Silverdome, e o show de três horas rendeu fenomenais US$ 900 mil, para uma única noite de música. Outros quatro shows no Chicago Stadium, quatro no Capital Centre, em Landover, Maryland, seis no Madison Square Garden e seis no Los Angeles Forum também tiveram ingressos esgotados. De abril a julho, o Zeppelin mostrou que ainda era a carta mais valiosa do *rock*.

Peter não perdera nada de seu comprometimento com os fãs. A essa altura, já poderia ter endurecido com o processo todo e adotado uma postura de "comam brioches". Afinal, sabia que todos os shows teriam todos os ingressos vendidos, independentemente dos esforços extras ou da extravagância que investisse. Porém, mesmo em meio aos problemas pessoais que vivenciava nos últimos anos, ele nunca perdeu de vista o fato de que eram os fãs quem tornavam tudo aquilo possível. Ao planejarmos a turnê de 1977, ele foi taxativo em fazer valer cada centavo de cada fã. Insistiu que um telão gigante fosse instalado nos locais grandes, de forma que o público do fundo pudesse se sentir tão parte da ação quanto aqueles na primeira fila.

Não pudemos contar com o *Starship* em 1977, mas certamente não nos demos mal. Cerca de dez dias antes do início da turnê, recebi um telefonema me informando que o jato se encontrava barrado no aeroporto de Long Beach, porque um dos motores quase se soltou em pleno voo. Como a banda já ficava ansiosa ao voar sob qualquer circunstância, imaginei que informar a eles os problemas do motor do *Starship* os faria correr para a estação de trem mais próxima. Assim, sem entrar em detalhes sobre o porquê da troca, me adiantei e providenciei para que usássemos o *Caesars Chariot*, um 707 de propriedade do Caesars Palace, tão luxuoso quanto o *Starship*, embora não contasse com um órgão Thomas.

Entretanto, ninguém parecia se importar com o órgão. A maioria de nós estava mais interessada em encher a cara e usar drogas em menos de dez minutos depois da decolagem. Na turnê de 1977, consumíamos engradados de cerveja Singha como se fosse algodão-doce.

Robert também tomava analgésicos. Sua perna, ainda não totalmente recuperada do acidente de 1975, o impedia de funcionar 100%. É claro, ele passava a maior parte dos shows em pé, desfilando feito um pavão pelo palco enquanto a banda pisoteava o público com "Rock and Roll", "Whole Lotta Love" e "Stairway to Heaven". Havia momentos, porém, em que seu corpo parecia atado, incapaz de transmitir a linguagem corporal que se tornara a marca registrada de Plant. Às vezes, eu conseguia vê-lo fazer caretas de dor. Pagey tentava segurar a onda e atrair a atenção do público para seu próprio balanço e sua malemolência, e parecia satisfeito em tomar para si a maior parte do palco.

Em algumas noites, a perna e o tornozelo de Robert praticamente gritavam por piedade do desgaste causado pela turnê puxada. Ele parecia aliviado quando o *set* acústico começava no meio do show de três horas, quando ele então poderia se sentar no meio do palco ao lado de Bonzo, John Paul e Jimmy, e estender a perna em músicas como "Black Country Woman" e "Going to California".

"Às vezes te invejo, Bonzo", disse Robert certa noite, "por você ficar sentado na banqueta o show inteiro... me avise se você quiser trocar de lugar comigo."

Em dado momento da turnê, Robert me disse que o público às vezes parecia a única coisa que o impedia de jogar a toalha. A reação dos fãs o motivava a ranger os dentes e aguentar a dor como se ela não existisse. Eram seu apoio e sua inspiração.

Embora Robert não tenha dado para trás em nenhum momento da turnê, o clima interveio num show a céu aberto em Tampa e nos forçou a cancelar – decisão que não caiu bem para muitos fãs. Maureen Plant e Mo Jones vieram para os EUA com os filhos para visitar a Disney World e passar um tempo com a banda. Fomos até Orlando para buscá-las e partimos para Tampa, onde 70 mil ingressos haviam sido vendidos para a apresentação no Tampa Stadium. Quando o *Caesars Chariot* se aproximou da cidade, chovia forte. Peter olhava pela janela de seu assento com uma expressão preocupada. Eu sabia que sua política era de nunca deixar o Led Zeppelin chegar nem perto de um palco em tempo chuvoso e, portanto, de ter uma data alternativa na manga em caso de chuva.

Em 1972, uma tragédia se abateu sobre o Stone the Crows, uma das bandas empresariadas por Peter. Maggie Bell era a poderosa vocalista da banda, e à medida que a imprensa começou a compará-la a Janis Joplin, o Stone the Crows passou a atrair um público crescente. Porém, durante um show no País de Gales, o guitarrista Les Harvey foi eletrocutado. Outros integrantes da banda, incluindo o tecladista Ronnie Leahy e o baixista Steve Thompson, tentaram desesperadamente reviver Harvey, mas ele morreu no palco. O Stone the Crows nunca se recuperou emocionalmente da tragédia, e acho que Peter também não. Em 1973, a banda acabou.

Uma investigação mostrou que Harvey foi eletrocutado por um curto-circuito em seu equipamento. Depois disso, Peter concluiu que os riscos eram altos demais para deixar alguém tocar em circunstâncias que aumentassem o perigo de choque, incluindo chuva. Ele se tornou muito protetor dos músicos com quem trabalhava. Gastou muito dinheiro em transformadores especiais capazes de absorver choques antes que acontecesse qualquer coisa ao Led Zeppelin. Mesmo assim, a política de não fazer shows debaixo de chuva se tornou uma regra inflexível para todos os seus artistas.

Dez minutos antes de o nosso avião pousar na chuvosa Tampa, dei uma olhada nos ingressos do show daquela noite. “Ah, merda!”, exclamei. “Peter, dá uma olhada nisso. Diz aqui que o show vai acontecer, faça chuva ou faça sol! Quem diabos coloca isso num ingresso?”

Peter ficou enfurecido. Nunca havia permitido um show com uma política de “faça chuva ou faça sol”, e não tinha intenção alguma de mudar isso. Terry Bassett, da Concerts West, estava no avião conosco, e Peter demonstrou a ele o quão descontente ficara. “Bassett”, berrou, “que diabo aconteceu aqui?”

Na hora, Terry ficou sem ter o que dizer. Nesse exato momento, o avião pousou com tamanho solavanco que distraiu todo mundo dessa questão. A fúria de Peter foi posta de lado, pelo menos temporariamente.

A chuva parou uma hora antes do show, e o céu parecia se abrir. Peter decidiu deixar o show prosseguir como planejado. A banda abriu com “The

Song Remains the Same", o que levou a casa abaixo. Porém, depois de mais duas músicas e no meio de "In My Time of Dying", o céu explodiu em trovoadas. Em dois minutos, uma chuva torrencial desabou. Peter nem titubeou. Ordenou que a banda deixasse o palco imediatamente e que o equipamento fosse coberto com lonas. "Se pudermos, vamos esperar", disse. Os fãs não cederam. Alguns haviam levado guarda-chuva, mas a maioria estava se ensopando, mas mesmo assim ninguém parecia desanimado.

Aguardamos pacientemente no *backstage* a chuva parar, mas não havia sinal de que isso aconteceria. Por fim, Peter resmungou: "Vamos dar o fora daqui".

Antes de o público ser informado do cancelamento, escoltas policiais acompanharam nossas limos para fora do estádio. Em seguida, foi feito um anúncio que pedia que a multidão se dispersasse pacificamente – anúncio que ganhou um coro de vaias que durou mais de dez minutos. Alguns fãs pareciam não acreditar, outros ficaram bravos.

Apesar da chuva contínua, a maior parte do público permaneceu no estádio, entoando: "Queremos Zeppelin! Queremos Zeppelin!". Jogaram garrafas no palco, onde os *roadies* tentavam desmontar o equipamento antes que o estádio inteiro fosse inundado.

Aí a coisa ficou feia. Fãs começaram a brigar uns com os outros. Quarenta policias em trajes de choque, a maioria dos quais estava posicionada do lado de fora do estádio, partiram para cima da multidão brandindo seus cassetetes. O show se transformou num tumulto completo. Punhos voaram e sangue escorreu, sirenes de viaturas e ambulâncias ecoaram a todo o volume. Sessenta fãs acabaram no hospital, bem como uma dúzia de policiais.

Quando chegamos ao aeroporto e começamos a embarcar no *Caesars Chariot*, um dos seguranças ficou sabendo do caos no Tampa Stadium, o que nos trouxe lembranças do tumulto horrível em Milão, em 1971. Todos ficamos arrasados, mas Robert parecia ser quem mais sofria. "É tão inacreditável", dizia. "As pessoas vêm ouvir música e saem com a cabeça ensanguentada."

Talvez houvesse alguma coisa no ar na Flórida. Quando os ingressos começaram a ser vendidos, centenas de fãs avidíssimos invadiram o Orange

Bowl – um dos pontos de venda – e começaram a arrancar assentos das arquibancadas, destruir gabinetes e roubar comida dos estandes. Uma equipe da Swat da polícia de Miami foi chamada e por fim colocou o distúrbio sob controle ao lançar bombas de gás lacrimogêneo nos fãs. O *Miami Herald* publicou a seguinte manchete: VERDADEIRO DOMINGO NEGRO NO ORANGE BOWL: PRIMEIRO UM DIRIGÍVEL, AGORA O ZEPPELIN.

Infelizmente, os incidentes em Tampa não foram os únicos atos de violência associados à turnê de 1977. Depois do show no Summit, em Houston, fãs arruaceiros foram à loucura e causaram US$ 50 mil em danos. Quarenta foram presos por conduta desordeira e posse de drogas.

52. A SESSÃO ESPÍRITA

À MEDIDA QUE A TURNÊ DE 1977 prosseguia, eu ficava cada vez mais intranquilo com a forma como a banda funcionava. No palco, a música se mantinha tão potente que, pelo menos pela duração do show, parecia apaziguar algumas das minhas ansiedades em relação à longevidade da banda. Porém, fora dele, passávamos cada vez menos tempo juntos, como se estivéssemos hospedados em hotéis diferentes, não a poucos metros de distância no mesmo corredor. Quando de fato socializávamos, lampejos de hostilidade ou maldade entre os membros da banda às vezes vinham à tona.

Chegamos a Atlanta para um show no Omni. Minha namorada na época, Rebecca, estava viajando conosco, assim como Linda, outra amiga nossa, que havia sido garçonete no Rainbow. No *Caesars Chariot*, Rebecca usava um belo vestido em estilo indiano. Alguém aparentemente deu uma olhada nela e decidiu me provocar, convencendo um dos seguranças a arrancar o vestido dela, provavelmente com o intuito de me deixar puto.

Eu dividia uma carreira de pó com Jimmy quando o segurança se aproximou de nós, pegou o colarinho do vestido de Rebecca e puxou para baixo com tudo. O vestido se rasgou na frente e, em segundos, ela se viu apenas de sutiã e calcinha, gritando e tentando se cobrir com os braços.

Pagey caiu na gargalhada. Peter urrou com tamanho deleite que sua voz ecoou pela cabine. Eu não vi nada de engraçado.

"Seus babacas!", estourei. Tomei distância, levantei a perna esquerda e dei um chute de *karate* numa das janelas do avião, destruindo duas das três chapas de vidro. Enquanto a janela se desintegrava, a bandeja de pó saiu voando, criando uma tempestade de neve por todo o avião. Jimmy, que provavelmente detestava voar mais do que qualquer um de nós, praticamente desmaiou. Linda se jogou no chão, imaginando que a janela quebrada causaria uma despressurização e que em segundos o avião estaria fora de controle.

"Vou te ensinar a não foder comigo!", gritei, apontando o dedo para Jimmy. Presumi, aparentemente por engano, que Pagey era o responsável pelo segurança despir Rebecca. "Isso tem a ver com aquelas suas merdas de magia negra? É isso que você curte agora? Atormentar mulheres?"

Os ânimos haviam se acalmado um pouco quando nos hospedamos no Peachtree Plaza Hotel, embora eu ainda estivesse puto. Pouco tempo depois do *check-in*, as garotas, Jonesy e eu estávamos na suíte de Bonzo, sentados ao redor de uma mesa, jogando conversa fora. Notei que a mesa tinha uma alavanca na parte de baixo; ao empurrar a alavanca para o lado com o joelho, era possível levantar a mesa.

"Vamos encenar uma sessão espírita", sugeriu Bonzo. "Jimmy não é o único que pode se envolver com essas merdas sobrenaturais!"

Jimmy estava mais envolvido com Aleister Crowley do que nunca. Chegou até a abrir uma livraria em Londres especializada em ocultismo. Em geral, esses interesses, por mais estranhos que parecessem, não eram algo a que dávamos muita importância, até porque Pagey nunca tentou nos fazer uma lavagem cerebral com suas próprias crenças. Porém, como de vez em quando ouvíamos histórias que diziam que o Led Zeppelin era uma banda "amaldiçoada", tampouco eram algo que pudéssemos ignorar por completo.

Decidi dar o troco em Jimmy. "Vamos nos divertir um pouco com o Pagey", falei. "Na verdade, eu quero fazer ele se cagar nas calças de medo!"

A suíte de Jimmy era ao lado da de Bonham, e a porta entre elas estava entreaberta. Baixei as luzes e, de forma que Jimmy pudesse ouvir pela porta, começamos a entoar um cântico o mais alto possível.

"*Ooomm... ooommm... ooomm.*"

Demo-nos as mãos e fechamos os olhos. Fazendo força para não rir, nos preparamos para nos comunicar com os espíritos.

"*Ooomm... ooomm... ooomm.*"

"Esse negócio é uma merda mesmo!", sussurrou Bonzo.

De olhos semicerrados, finalmente vi Jimmy vir em nossa direção, com Peter atrás dele. Ao se aproximarem, Linda acionou a alavanca discretamente com o joelho. A mesa começou a se erguer.

Jimmy e Peter levaram um susto. Jimmy fez uma careta de horror e deu um passo para trás. As expressões de ambos pareciam dizer, *é uma porra de um milagre!*

A mesa desceu e subiu mais duas vezes. Peter deve enfim ter ficado desconfiado. Veio até nós e acendeu a luz. Com a sala totalmente iluminada, se agachou e viu a alavanca. Nem ele nem Jimmy pareceram achar aquilo muito engraçado.

Com o progresso da turnê, não passei a me dar nada melhor com Robert. É claro, ele tinha seus próprios problemas só de ir de um show ao outro sem ser sobrepujado pela dor na perna. Passava muito tempo sozinho, gastando muitas das horas de folga na suíte, descansando a perna, assistindo à TV e experimentando as bebidas e as drogas que calhassem de estarem ao seu alcance. Porém, durante os shows em si, ele continuava a escavar uma reserva de energia, claramente ávido por ser o centro das atenções.

Ainda assim, estava mais mal-humorado do que de costume fora do palco, envolto pela frustração da recuperação incompleta de sua perna machucada. Alguns minutos antes de a banda entrar no palco no Capital Centre, em Landover, Robert encurralou a mim e Johnny Bindon no *backstage* e começou a soltar os cachorros para cima de nós. "O que vocês fazem para merecer seu pagamento, seus desgraçados?" Robert explodiu e pontuava suas sentenças cutucando meu peito e o de Johnny. "Enquanto estou no palco me matando de cantar, vocês não fazem merda nenhuma."

A atitude me desagradou, especialmente já que eu havia devotado quase nove anos da minha vida à banda. "Eu vou e cobro o dinheiro, é isso o que eu faço!", respondi. "Se eu não fizesse isso, vocês desgraçados teriam de pegar carona pra sair daqui, não limos!"

Robert então acrescentou: "Bem, se vocês querem realmente ser úteis nesta noite, vão para o meio do público e encontrem umas garotas boas para mim".

Fiquei puto. "Que filho da puta arrogante!", disse a Bindon. Pouco depois do início do show, Bindon e eu decidimos dar a Robert o que ele queria – e enlouquecê-lo um pouco também.

Mergulhamos no meio do público e vimos cinco garotas deslumbrantes, mal saídas da adolescência, sentadas juntas na primeira fila. "Quantos anos você acha que elas têm?", perguntei a Johnny.

"Quem se importa?", disse ele. "Contanto que não usem mais fralda, já está bom para Robert."

Aproximei-me delas, me apresentei e disse: "Depois do show, garotas, vamos arrumar uma limusine para vocês e levá-las até o avião do Led Zeppelin. A banda quer conhecer vocês, e vocês vão ganhar drinques e autógrafos".

Elas deram risinhos de empolgação. A que estava mais perto de mim, cujo aparelho nos dentes parecia vibrar com a música, me disse: "Maneiro, cara!". Soube de imediato que não estava arrumando acadêmicas de Oxford para a banda.

Depois do show, ajudei a levar as garotas até a limo. Antes de fechar a porta, disse a elas: "Tem uma coisa que vocês precisam saber. Quando entrarem no avião, não quero que vocês falem com Robert. Às vezes ele fica meio temperamental, e se vocês disserem algo errado, podem se arrepender. Então, se ele tentar falar com vocês, não digam nada. Só olhem para ele sem expressar nada. OK?".

Elas pareceram confusas, mas todas assentiram.

Uma vez a bordo do *Caesars Chariot*, Robert viu as garotas e, com um sorriso largo no rosto, me disse: "Elas são lindas pra caralho, Richard, você finalmente está fazendo valer o dinheiro que ganha!". Passou então a se exibir o máximo possível para elas. Tirou a camisa e sorriu ao passar pelo corredor do avião.

Quando decolamos, porém, de repente fiquei muito alarmado. Imaginei que teríamos tirado as garotas do avião antes de partir, mas fui cheirar um pouco de heroína e me distraí. De repente, era tarde demais. Elas iriam conosco para Nova York.

Uma delas parecia particularmente assustada e começou a chorar. "Para onde vocês estão nos levando?", choramingou. "Meu pai vai me matar!" Concluí que talvez tivéssemos ido longe demais desta vez. Não tive coragem de dizer a elas que nosso destino era Nova York.

Depois de uns vinte minutos de voo, outra das garotas, uma morena com cílios falsos que quase tocavam a ponta do nariz quando ela piscava, veio até mim. "Já que a gente já está aqui mesmo, podemos pelo menos pegar o autógrafo de Robert ou qualquer coisa assim?"

Como eu havia insistido no meu plano contra Robert até aqui, não via razão para dar para trás. "Escute aqui", falei bem sério, "não quero que vocês se metam com ele de forma alguma. Se vocês falarem com Robert, vou abrir a porta do avião e jogar todas vocês para fora."

Ela engoliu em seco e voltou para o assento.

Claro, fui duro demais com a menina. Até cogitei pedir desculpas. Porém, nesse exato momento, Robert se aproximou delas e tentou flertar. Elas só olhavam para mim, e eu apontava o dedo para elas, como um alerta para que ficassem quietas.

Pouco antes de pousarmos em Nova York, Robert enfim desistiu. "Essas são as putinhas mais frias que já vi. Estou tentando desenrolar alguma coisa com elas, e elas só ficam lá sentadas. Quem diabos você arrumou – um bando de lésbicas?"

Quando pousamos no JFK, me vi diante de outro dilema – o que fazer com as garotas. Elas me haviam sido úteis no propósito de irritar Robert, embora eu me sentisse um pouco culpado por praticamente tê-las sequestrado. Não deviam ter mais do que treze ou quatorze anos, jovens demais até para os meus gostos depravados. Por fim, arrumei um quarto para elas no Plaza e as coloquei num voo de volta para casa na manhã seguinte.

Muitos anos depois, uma bela jovem me abordou num bar chamado The Cat and the Fiddle, em Los Angeles. "Oi, Richard, talvez você não se lembre de mim. Quando eu tinha quatorze anos, você me sequestrou com as minhas amigas e nos levou para Nova York. Entrei numa encrenca e tanto por causa disso. O pai de uma das meninas era político, e colocou a polícia e todo mundo da cidade à nossa procura."

Robert e eu continuamos a nos desentender ao longo da turnê. Sempre que ele era grosso comigo, eu tentava atormentá-lo de algum jeito, e tive outra oportunidade de fazer isso num dos seis shows no Madison Square Garden. Uma garota chamada Audrey vinha seguindo Robert de cidade em cidade, era meio pentelha, mas bastante inofensiva. Pouco antes do início do primeiro show em Nova York, a vi na plateia, sentada num assento de corredor a umas vinte fileiras do palco. Imaginei que ela toparia praticamente qualquer coisa, ainda mais se envolvesse uma chance de se aproximar de Plant. Depois de conversar com ela e ver o vestido fino feito teia de aranha que ela usava, comecei a pensar nas possibilidades.

Falei à nossa equipe de iluminação: "Quando Robert cantar 'Stairway to Heaven', vou pedir a um dos *roadies* que mande uma garota descer pelo corredor. Quando eu der a deixa, vocês mirem os holofotes nela. Acho que vamos conseguir ver por baixo do vestido".

Depois de "Achilles Last Stand", a banda entrou em "Stairway to Heaven". Quando Robert começou a cantar, um holofote se manteve nele, e outro iluminou Audrey, desfilando pelo corredor como se fosse seu casamento. A garota estava absolutamente radiante. Já havia avisado aos seguranças para deixar que ela subisse no palco. Com a maioria das luzes sobre ela, o vestido se tornou quase transparente, não sobrava muito trabalho para a imaginação.

Todo mundo no palco não se aguentou de rir – menos Robert. Bonzo ria tanto, que quase parou de tocar. Com a garota timidamente em pé a seu lado, Plant me lançou um olhar maléfico que dizia, *seus dias estão contados, Cole.*

Quando o show acabou, Plant estava furioso. Correu atrás de mim pelos camarins do *backstage*, ávido para me nocautear com um soco certeiro, mas não me alcançou. Com a perna ruim, a corrida dele não era páreo para a minha.

Depois que ele finalmente se acalmou, perguntei: "O que te faz pensar que fui eu que armei aquilo, Robert?".

"Eu te conheço bem o suficiente, Cole. Quem mais poderia ter sido?"

Quando chegamos a L.A. para os shows no Forum, de repente me vi com um tipo diferente de batata quente nas mãos por causa de um problema com as finanças da banda. A princípio, pensei que era uma espécie de retaliação de Robert, mas então me dei conta de que era mais sério do que isso.

Sempre fui o responsável pelos trocados da banda, o que, no caso do Led Zeppelin, de trocados não tinham nada. Minha honestidade nunca havia sido questionada por eles, nem quando do roubo em Nova York em 1973. Porém, alguma coisa deixou Peter desconfiado na turnê de 1977, e, certo dia, no meu quarto de hotel em L.A., recebi um telefonema de Shelley Kaye, que trabalhava para Steve Weiss. "Peter me pediu que fizesse um balanço completo do dinheiro com que você lidou ao longo da turnê." Fiquei surpreso e confuso quando ela me convocou até a suíte de Peter para revisar toda a papelada, embora eu soubesse que não tinha nada a esconder.

Revisamos os números, item a item. Determinamos que eu solicitei um total de US$ 110 mil em dinheiro vivo aos *promoters* locais. Porém, ao fazermos o balanço entre os fundos que entraram e saíram, havia US$ 10.460 não contabilizados. Fiquei perplexo pelo dinheiro ter sumido. "De novo não", pensei, exasperado, ao me lembrar do roubo em Nova York.

A essa altura, Peter se juntara a nós. Assim como todo mundo naquela turnê, ele não estava no clima para brincadeira. "Onde diabos está o dinheiro, Richard?"

"Não consigo imaginar", respondi. "Não sei, de verdade."

Ao mesmo tempo, porém, comecei a ter a paranoia de que, com toda a cocaína e heroína que eu vinha usando, talvez eu tivesse cometido um grande vacilo sem nem perceber.

Shelley e eu colocamos tudo na ponta do lápis mais uma vez. "Deve haver um erro em algum lugar", eu repetia. Por fim, pensei tê-lo encontrado. "Espera um pouco", falei. "Diz aqui que eu peguei dez mil e trezentos dólares em Houston. Mas não peguei. Lembro de ter feito o pedido, e então dito ao *promoter* que, no fim das contas, não precisava. Pode checar com Bill McKenzie, da Concerts West."

De forma alguma eu iria dar um golpe da banda. Shelley ligou para Bill, contador da Concerts West, que confirmou o meu relato. Levando esse erro em conta, refizemos os cálculos. Desta vez, somente US$ 160 ficaram de fora. Era um valor tão insignificante, que Peter disse: "Esqueça, Richard. Acho que preciso te pedir desculpas". Cumprimentamo-nos, e esse foi o fim do incidente.

Naquela noite, passado o estresse do mal-entendido, senti necessidade de desopilar. Depois do show no Forum, a banda, Johnny Bindon e eu decidimos ir ao Rainbow para farrear. Umas duas horas depois de chegarmos, um dos *roadies* de Rod Stewart me abordou com um convite. "Rod está dando uma festa nesta noite. Por que você não dá uma passada? Tenho certeza de que ele vai gostar de te ver."

Fazia alguns anos que eu não via Rod e imaginei que ambos curtiríamos relembrar os bons tempos. Mais importante até, eu sabia que o bar dele estaria repleto de bebida, o suficiente para causar cirrose em metade da Califórnia. Assim, pedimos aos motoristas das nossas limos para nos levarem até a casa de Rod. Ao chegarmos, porém, apertei o botão do interfone, nos identifiquei e tive uma resposta bem fria: "O Sr. Stewart preferia que vocês fossem embora".

Eu já estava bêbado o bastante, depois de umas duas horas no Rainbow, para não aceitar "não" como resposta. Fiquei agressivo e, junto com um dos nossos seguranças, comecei a bater no portão de ferro, até enfim soltá-lo das dobradiças e tombá-lo no chão. Passamos com os carros por cima do portão e seguimos até a propriedade.

Ninguém atendeu a campainha – "Que desgraçados nada hospitaleiros, não?", falei para Jonesy –, então comecei a escalar uma calha, tendo em mente que toda a festa precisa de um ou dois penetras. Rod, porém, aparentemente não concordava. Ele não abriu a porta, mas eu podia ouvi-lo gritar de dentro da casa: "Cole, vou chamar a polícia se você e seus amigos babacas não saírem dessa propriedade em sessenta segundos!".

Normalmente, eu teria arriscado a sorte e tentado arrombar a porta. No entanto, a essa altura da turnê, depois de tantos estorvos, não valia a pena. Viramos as costas e voltamos para o Rainbow.

No último dos seis shows no Forum, a banda convidou Keith Moon para se juntar a eles no palco no derradeiro bis. O público foi ao delírio enquanto Moon tocava congas e tímpanos em "Whole Lotta Love". Na empolgação do momento, porém, nenhum de nós percebeu que Keith estava posicionado diretamente na parte do palco onde a equipe da pirotecnia havia instalado as bombas de fumaça, programadas para estourar ao final da música. Enquanto a última nota de "Whole Lotta Love" pairava sobre o palco, as bombas explodiram como se fosse um show de fogos de artifício no 4 de Julho – bem debaixo da bunda de Keith. O pobre Moonie deve ter dado um pulo de um metro, deu um berro e saiu correndo do palco com uma expressão de terror absoluto no rosto.

"Seus cuzões!", gritou para nós, depois. "Vocês sabiam que aquilo ia acontecer! Querem me matar de susto, é isso?"

Durante uma pausa de três semanas da turnê norte-americana, a maioria de nós voltou para Londres. Jimmy, porém, planejava ir para o Cairo com Mick Hinton, aparentemente para uma pesquisa de egiptologia com alguma relação com Aleister Crowley.

No voo de volta para casa, Bonzo me disse: "Sabe por que Jimmy levou Mick e não você para o Egito? Porque ele sabe que, se decidir sacrificar alguém, seria muito mais difícil dar cabo de você do que de Mick!".

Sem problemas, pensei. Eu tinha outros planos na Inglaterra, entre eles, renovar meus contatos de heroína. Àquela altura da minha vida, eles estavam entre as coisas mais importantes para mim. Era o quanto eu havia me afundado.

Bonzo fitou a janela do avião e disse: "Quanto mais você viaja em turnê, mais sucesso faz e maior fica, mais as turnês se tornam um caralho de ocupação. Viram trabalho. Ganhamos muito dinheiro, mas não temos vida. Com os seguranças, somos aprisionados por nosso próprio sucesso. Às vezes, me parece uma porra de um pesadelo".

"Quanto mais você viaja em turnê, mais sucesso faz e maior fica, mais as turnês se tornam um caralho de ocupação. Viram trabalho. Ganhamos muito dinheiro, mas não temos vida. Com os seguranças, somos aprisionados por nosso próprio sucesso. Às vezes, me parece uma porra de um pesadelo."

(John Bonham)

53. RETA FINAL

DEPOIS DE TRÊS SEMANAS na Inglaterra, faltando apenas um dia para o Zeppelin retornar para os EUA, caí no chão e quebrei um dos meus dentes da frente superiores. O *timing* foi péssimo, e meu dentista não conseguiria reparar o dente antes de eu partir. "Por que você não remove o que sobrou do dente", disse ele, "e, ao final da turnê, eu conserto?"

Concordei e, assim, com um buraco nos dentes da frente, fiquei parecendo mais durão do que de costume na reta final da turnê norte-americana.

No voo pela rota polar até Seattle, tomei três Mandrax e passei a viagem toda bem anestesiado. Fui meio desagradável também, e uma das comissárias da primeira classe ficou particularmente ofendida com um colar que eu usava – e trazia uma placa que dizia FODA-SE! Não era o tipo de presente que você daria no Dia das Mães, por exemplo.

A tripulação alertou a polícia de Seattle, que me deteve quando desembarquei do avião, alegando que eu perturbara a tranquilidade do voo.

"Chega de papo furado!", disse aos agentes. "Talvez eu tenha falado meio alto, mas vocês não podem me prender por isso."

Mesmo assim, parecia que era isso que eles iam fazer – até Bob DeForest, um dos nossos assessores de segurança, intervir. Ele também era capitão de polícia em Seattle, e detestava que fôssemos importunados. Esse incidente todo pode ter sido apaziguado nos bastidores, porque não ouvi falar mais nada a respeito.

"Deveríamos ter contado todas as vezes que, ao longo dos anos, poderíamos ter sido presos e não fomos", brincou Bonzo. "Teríamos passado mais tempo na cadeia do que na estrada!"

O Zeppelin se hospedou no Edgewater Inn, em Seattle. Assim como fazíamos rotineiramente no Riot House, em L.A., pegamos um andar inteiro do Edgewater por razões de segurança. Às vezes, ao ouvir barulhos incomuns, eu caminhava pelos corredores ou espiava pela sacada para conferir se a comoção se direcionava a nós. Acalmava minha ansiedade e, em geral, as coisas permaneciam calmas.

Certa madrugada, porém, vi dois rostos desconhecidos saírem do elevador no nosso andar e os encurralei. "Sou irmão do Jimmy Page", disse um dos caras, que tinha um sotaque sulista arrastado, o que não ajudava muito a defender essa afirmação dele.

Eles não perceberam que eu não achava uma brecha na nossa segurança algo muito engraçado. Um fã atrás de um autógrafo poderia ser mandado embora com educação, mas eu via que esses caras eram encrenqueiros. Não começaram bem ao mentir sobre o parentesco com Page.

"Se vocês, babacas, não querem se dar mal, deem no pé agora, porra!", berrei. Um deles se virou para ir embora, mas o "irmão" de Pagey aparentemente se insultou com o meu pedido. Sem avisar, tentou me dar um soco insano, e errou por uns 60 centímetros. Isso mostrou uma fraqueza de julgamento da parte dele. Dei um passo para a frente e, com dois golpes velozes, derrubei os dois no chão.

A essa altura, um dos nossos seguranças, um policial de folga chamado Charlie, correu para me ajudar. Arrastamos os intrusos para fora do hotel e os jogamos no estacionamento.

"Estou ficando cansado dessas coisas", falei para Charlie. Francamente, estava bem cansado de praticamente tudo naquela turnê. Apesar do hiato em Londres, as coisas ainda pareciam bagunçadas poucos dias depois de começado esse braço final.

Voltei para o quarto, só para descobrir que os vagabundos aparentemente não estavam satisfeitos. Chamaram a polícia, que foi até o Edgewater e ouviu os dois explicarem que eu os havia agredido. Os policiais, porém, estavam cientes da presença do Led Zeppelin no hotel e se deram conta de que parte da nossa equipe de segurança era formada por colegas seus. Chamaram-me até o estacionamento para confrontar os acusadores.

"Então, vocês estão dizendo que o Sr. Cole agrediu vocês!", urrou um dos agentes.

"Sim", disse um deles timidamente.

"Sr. Cole, mostre seus dentes da frente para eles."

Abri um grande sorriso banguela.

"Vocês, seus desgraçados, arrancaram o dente dele!", disse o policial. "É melhor vocês darem o fora daqui antes que eu prenda *vocês*!"

Pela primeira vez em um bom tempo, tive algum motivo para rir, e a polícia conduziu os rapazes para fora da propriedade do hotel.

No nosso último dia em Seattle, Bonham e eu entramos no quarto vazio de Plant. Fomos até a sacada, onde ficamos contemplando o Puget Sound. Enquanto eu me perdia em meus pensamentos, Bonzo mexia uma perna sem parar, ou por um ataque de pânico, ou por necessidade de ir ao banheiro. Na verdade, ele estava planejando um presente de despedida para Seattle.

"Vamos lançar o frigobar no oceano!", riu ele. Por que não? Pegamos o frigobar do quarto de Plant, o carregamos até a sacada e o arremessamos na enseada.

Robert, por acaso, se encontrava no quarto de Pagey e, de onde estava, viu o mergulho do frigobar. "Isso é demais!", disse ao sair na sacada de Jimmy. Ele então nos viu empoleirados na sacada de seu próprio quarto, rindo histericamente, e, de repente, se deu conta de que era o *seu* frigobar que mergulhara.

"Seus babacas!", gritou. "Havia seis garrafas de Dom Perignon nesse frigobar! Malditos!"

"Ops!", gracejou Bonzo. "Você acha que Robert está bravo? Por que Robert está sempre bravo?"

Alguns minutos depois, vimos dois pescadores pegarem o frigobar e puxá-lo até o barco. Ao abrirem-no, jogaram as garrafas de champanhe na água. "Que maravilhoso!", urrei. "Esse Dom Perignon era safra de 1966. Valia mais do que a porra do frigobar!"

De Seattle, depois de um show que teve todos os ingressos esgotados no Kingdome, voamos para Tempe, Arizona, para outra apresentação, no Activities Center. Enquanto eu fazia o *check-in* da banda no Camelback Inn, da rede Marriott, duas garotas se aproximaram de mim no *lobby*. Uma delas me recordou que eu dormira com ela na turnê de 1973 e acrescentou: "Temos uns presentinhos. Podemos subir com eles?".

Ajudei-as a carregar mais ou menos uma dúzia de presentes embrulhados, que deixamos no meu quarto. Ofereci bebida às garotas e elas passaram a tarde conosco. Cerca de uma hora depois de elas irem embora, Johnny Bindon entrou e me perguntou para quem eram os presentes.

"Bem", falei, "vamos abri-los. Se gostarmos de alguma coisa, são para nós!"

Eram gravatas estilo indígena, cintos e belas joias. Achei que Johnny e eu podíamos dividir os presentes entre nós dois.

Mais ou menos ao mesmo tempo, uma das garotas ligou para Robert, que ela aparentemente também conhecia. "Você gostou dos meus presentes?", perguntou.

"Que presentes?", retrucou ele.

"Os que deixei com o Richard."

Robert veio furioso pelo corredor até o meu quarto. Ao entrar, encontrou Johnny e eu sentados no chão, ainda admirando os presentes, com embrulhos rasgados e caixas por todo lado. Parecíamos crianças na manhã de Natal.

"Seus babacas do caralho!", gritou ele. "Esses presentes são *meus*! Como vocês puderam abrir os *meus* presentes?"

Ah, irmão. O cara é um maldito de um milionário, pensei, e está bravo por coisas tipo, duas gravatas.

Entreguei os presentes a ele. "Não quero estragar a turnê para você, Percy", falei. "Estamos nos divertindo muito também."

Do Arizona, voamos para Oakland para dois shows no Coliseum, no final de julho. A julgar pela forma como a turnê vinha se desenrolando, eu deveria ter adivinhado que o desastre chegaria até nós em Oakland também. Mesmo assim, não esperava que alguns de nós fossem parar na cadeia.

Os problemas começaram já no primeiro show. Raramente ficávamos na área depois de uma apresentação, mas o *promoter* Bill Graham nos convenceu a ficar para um jantar, parte de sua programação "Day on the Green". No *backstage*, ainda no meio do show, o filho de Peter Grant, Warren, viu uma placa de madeira na porta de um camarim que trazia LED ZEPPELIN gravado, e perguntou a um dos assistentes de Bill Graham se podia ficar com ela. Sem motivo aparente, o empregado de Graham deu um tapa na cabeça de Warren. Bonham, que saíra do palco por alguns minutos, viu o incidente, correu para cima do agressor e, com um chute que faria orgulho a Pelé, acertou o cara em cheio no saco. O camarada gritou, caiu para trás e apagou por um tempo. Bonham o xingou e então voltou para o palco, provavelmente imaginando que a comoção havia acabado.

Enquanto isso, Peter ficou sabendo do que aconteceu e saiu à procura do sujeito que havia estapeado seu filho. O cabra não estava em condições de se defender, mas Peter e Johnny Bindon o encurralaram e o empurraram até um trailer para "discutir" a questão. Ao longo dos anos, vi Peter bravo de vez em quando, mas nunca *tão* bravo. Do que eu conseguia ouvir, parecia que Grant e Bindon estavam sendo um pouco agressivos fisicamente com o camarada, gritando palavrões o tempo todo. Fiquei de guarda na frente do trailer, para garantir que nenhum amigo de Graham entrasse e pusesse um fim naquilo.

Quando o show acabou, entramos em nossas limusines depois de decidir não ficar para o jantar. Ao mesmo tempo, o assistente de Graham era carregado para uma ambulância para ter o rosto costurado no hospital.

No dia seguinte, o Zeppelin fez outro show em Oakland para Graham, e todo mundo em ambos os lados da confusão se manteve discreto. Porém, menos de vinte e quatro horas depois, quando já estávamos em nossas suítes no Hyatt de São Francisco, o confronto esquentou de novo. Eu estava no meu quarto, cheirando cocaína com uma garota local que convidei para passar uns dois dias comigo, e o telefone tocou. Era Peter.

"Venha até o meu quarto, Cole, rápido. E certifique-se de que não está trazendo nada."

O andar estava lotado de policiais. Bill Graham aparentemente convocou metade dos departamentos de polícia de Oakland e São Francisco, incluindo a Swat. Alguns tinham armas em punho, outros seguravam os cassetetes em posição de ataque. Graham deve ter dito a eles que éramos uma combinação de Jesse James, John Dillinger e Baby Face Nelson.

Gregg Beppler, um dos nossos seguranças, reconheceu um dos membros da Swat – alguém com quem ele trabalhara do Departamento de Polícia de Oakland – e tentou intervir a nosso favor. "Não sei o que vocês ouviram falar, mas esses caras do Led Zeppelin não são perigosos. O relato do incidente no Coliseum foi exagerado. Podem guardar as armas."

Os agentes tinham mandados de prisão contra Bonzo, Peter, Bindon e eu. O tempo todo foram educados e nunca sacaram algemas. Mas falavam sério. Nós quatro fomos presos, tivemos nossos direitos lidos e fomos levados à delegacia. Mais do que tudo, fiquei enojado. "Acho que Bill Graham está nos mostrando quanto poder ele tem nesta cidade", falei a Bonzo.

Da delegacia, Peter ligou para Steve Weiss, que imediatamente começou a trabalhar para que fôssemos soltos. Em duas horas, estávamos fora da cadeia, sob fiança de US$ 250 cada um. Nossa limusine nos buscou na porta da delegacia, e retornamos para o Hyatt. "Que baboseira!", gritou Peter. "O que Graham está tentando provar?"

Bonzo só chacoalhou a cabeça. "Você percebeu que ele esperou fazermos o segundo show para mandar a polícia atrás de nós? Não queria perder dinheiro nos prendendo cedo demais."

"Vamos dar o fora deste caralho de cidade", disse Peter. Em duas horas, estávamos no ar, a caminho de New Orleans.

Queixas de agressão foram abertas contra nós quatro, e o incidente acabou se transformando num atoleiro legal que se arrastou por meses. Por fim, tivemos nossas sentenças suspensas e recebemos liberdade condicional.

Bill Graham ficou indignado pelas sentenças terem sido tão brandas. "Não acredito que esses caras podem dar a maior surra em alguém, e então ouvir do juiz: 'Podem sair correndo!'", disse ele à imprensa. A sorte geralmente caía do lado do Led Zeppelin; dessa vez, não foi diferente.

No final de semana seguinte, a banda tocaria para o New Orleans Superdome lotado. O governador da Louisiana planejava nos tornar "coronéis honorários". Soava muito melhor do que o tratamento que recebêramos na Califórnia.

Pouco depois do *check-in* no hotel Maison Dupuy, Robert recebeu um telefonema da esposa, que transferi para a suíte dele. Alguns minutos depois, ele apareceu na minha porta, transtornado.

"O que aconteceu?", perguntou Bonham.

"Karac", respondeu Robert ao entrar no quarto desordenadamente e se sentar devagar numa cadeira. "Meu filho está morto."

54. LUTO

TODOS NÓS FICAMOS atordoados com a notícia da morte de Karac Plant. Não houve dúvida alguma quanto a levar Robert de volta à Inglaterra o mais rápido possível, mesmo que isso significasse cancelar os sete últimos shows da turnê norte-americana.

Tentei providenciar que o *Caesars Chariot* partisse imediatamente com Robert a bordo, mas os pilotos não haviam tido tempo de descansar o suficiente para um voo transcontinental. Assim, liguei para nosso escritório em Nova York para ver que opções tínhamos para Robert voltar para casa. Enquanto esperávamos um retorno, todos tentamos consolá-lo, mas não era fácil.

Ele nos contou sombriamente o pouco que conseguiu saber de sua esposa sobre a morte de seu filho de cinco anos. Karac teve uma infecção respiratória, e em vinte e quatro horas sua condição piorou drasticamente. Uma ambulância foi chamada à casa da família, mas Karac faleceu antes de chegar ao hospital.

"Isso coloca as coisas em perspectiva, não?", disse Robert. "Tenho todo esse dinheiro e toda essa fama, mas não tenho mais meu filho. O quanto isso tudo vale mesmo a pena?"

Enquanto ele falava, lágrimas escorriam por seu rosto. Não chegou a perder o controle, mas estava numa dor emocional terrível.

O Led Zeppelin não era uma organização em que compartilhávamos nossos sentimentos uns com os outros muito facilmente. Além de "sinto

“ISSO COLOCA
AS COISAS EM
PERSPECTIVA, NÃO?
TENHO TODO ESSE
DINHEIRO E TODA ESSA
FAMA, MAS NÃO TENHO
MAIS MEU FILHO. O
QUANTO ISSO TUDO
VALE MESMO A PENA?”

(ROBERT PLANT)

muito", não fomos capazes de pensar em muita coisa mais para dizer. Robert acabara de vivenciar a perda mais devastadora de sua vida. Todos sabíamos disso. Nos minutos seguintes, cada um de nós o abraçou forte, para que ele soubesse que estávamos a seu lado.

Era irônico, pensei, que essa turnê de 1977 tivesse sido tão cheia de tumulto e hostilidade. Os membros da banda se afastaram mais do que nunca. A tensão era constante. Havia discussões e raiva. Entretanto, quando uma crise séria como essa nos abateu, todos fomos afetados profundamente. Todas as discordâncias e todo o dissenso que pareciam tão importantes nas últimas semanas, de repente, se tornaram muito insignificantes.

Quando o pessoal de Nova York retornou a minha ligação, fiquei sabendo que embora a Atlantic-Warner Brothers tivesse um jato corporativo, ele estava emprestado a Jimmy Carter. Assim, decidi comprar uma passagem para Robert num voo comercial para Londres, com escala no aeroporto de Newark, e ele perguntou a Peter se poderia levar alguns de nós junto.

"Quem você quiser", Peter respondeu.

Robert então pediu que John Bonham o acompanhasse na viagem, assim como Dennis Sheehan, seu assistente pessoal, e eu. Dennis o ajudou a fazer uma pequena mala e nós partimos para o aeroporto. Em questão de uma hora, embarcamos num voo para Newark, e de lá pegamos outro, da British Airways, para Heathrow.

Voamos de primeira classe e conversamos muito pouco no trajeto. Todo mundo parecia perdido. Perguntei-me o que aconteceria com Robert, se ele seria capaz de se recuperar dessa perda íntima. O acidente de carro em Rodes não estava tão distante assim. Agora, essa tragédia terrível. Será que ele conseguiria se reerguer? E, mesmo se conseguisse, o que aconteceria com o Led Zeppelin?

Robert tentou dormir no voo, mas estava inquieto demais. Acordou abruptamente duas vezes, para então baixar a cabeça, como se em luto pela morte de Karac. Bonzo, sentado a seu lado, manteve uma mão no braço de Robert.

Quando pousamos em Londres, havia um jato particular à espera de Bonzo e Robert para levá-los a Birmingham. Uma limo os deixou na casa de

Robert, onde ficaram até o funeral. Fui para minha casa, comprei um terno no dia seguinte e me preparei para viajar até Birmingham.

O funeral de Karac aconteceu ainda naquela semana. Com exceção de Robert, Bonham foi o único membro da banda presente; Jimmy, John Paul e Peter ainda estavam nos EUA. Robert passou a maior parte da cerimônia terrivelmente angustiado, e parecia exausto. Manteve a compostura, mas seus olhos estavam inchados.

Depois do funeral, voltamos para a fazenda de Robert, onde ele me perguntou onde Peter, John Paul e Jimmy estavam. Estava claramente desapontado por nenhum deles estar presente ali, em particular Jimmy, seu parceiro de composição.

Eu também fiquei surpreso com a ausência deles. Talvez tivessem negócios a tratar, talvez não gostassem de funerais ou de lidar com a morte. Mas Robert claramente os queria ali.

Por cerca de uma hora, me sentei junto a Robert e Bonzo na grama da fazenda. Bebemos *whiskey* e tentamos conversar sobre os bons tempos, mas era difícil. Era evidente que Robert estava com a cabeça em outro lugar. "Simplesmente não faz sentido", disse ele. "Por que Karac?"

Antes de partir naquele dia, disse a Robert que entraria em contato em breve. "Só preciso de tempo para pensar", disse ele. "Preciso entender as coisas."

Abraçamo-nos, e então entrei numa limusine e retornei a Londres.

Quase que de imediato, a mídia começou a reviver o mito da "maldição do Zeppelin". Um tabloide londrino publicou uma declaração de uma vidente que dizia que mais mau agouro aguardava a banda. Um radialista de Chicago disse que "se Jimmy Page simplesmente largasse essas coisas de misticismo, bruxaria e ocultismo e parasse de liberar essas forças malignas, o Led Zeppelin poderia se concentrar apenas em fazer música".

Duvido que Robert tenha culpado o interesse de Jimmy pelo ocultismo pelas tragédias pelas quais passara nos últimos dois anos. Pelo menos ele nunca me disse nada nesse sentido. Tenho certeza de que ele ouviu essas especulações, e talvez tenha se perguntado a respeito de tempos em tempos. Porém, maldições e maus agouros não eram algo com que Robert se identificava.

Quanto a Jimmy, ele ficava zangado com toda aquela conversa sobre o carma ruim ou a maldição do Zeppelin. "Quem diz esse tipo de coisa não sabe que porcaria está dizendo", ele me falou, "e Robert certamente não precisa ouvir esse tipo de merda. Muitas coisas negativas aconteceram recentemente, mas tragédias acontecem. Por que precisam piorar as coisas ao tratar dessa maneira? Por que não deixam Robert em paz em seu luto?"

Para aqueles que acreditavam na lenda da maldição do Zeppelin, mais lenha na fogueira foi jogada em setembro, apenas dois meses depois da morte de Karac. Bonzo saiu para beber num *pub* perto de sua casa. Bem depois da meia-noite, ele entrou em seu Jensen para voltar. A menos de 3 quilômetros de casa, tentou fazer uma curva numa velocidade excessiva, e o carro saiu da pista e escorregou para uma vala.

Bonzo se machucou. Tinha dores terríveis no abdome e dificuldade para respirar. Mesmo assim, de algum modo, conseguiu chegar a um telefone. Porém, não chamou a polícia nem uma ambulância e, em vez disso, ligou para um motorista que sempre trabalhava para a banda e pediu que viesse buscá-lo. Deixou o carro para trás e pediu o reboque no dia seguinte. Quando enfim foi ao médico, estava com duas costelas quebradas.

Quando a notícia do acidente chegou aos jornais, os crentes fervorosos na teoria da maldição do Zeppelin ganharam ainda mais munição de mão beijada.

Depois da morte de Karac, Robert se isolou com sua esposa e filha. A morte do menino não só foi um golpe devastador para a família, como também todos da organização do Zeppelin começaram a ponderar se o sino da morte havia enfim dobrado pela banda. Depois do acidente de carro de Robert, o Zeppelin entrara num hiato de meses. Agora, dois anos depois, acontecia tudo de novo.

Jimmy e Peter fizeram uma reunião no escritório do Zeppelin em Londres, e sentiram que era importante para a banda dar a Robert o máximo de tempo que ele precisasse para decidir seu próprio futuro. "Vamos lidar com as coisas à medida que elas aparecerem", disse Peter. "Não vamos planejar nada até que Robert se sinta à vontade para tanto, seja em três meses ou três anos."

Jimmy decidiu tirar férias em Guadalupe, no Caribe, com Charlotte Martin e a filha deles, Scarlet. "Por que você não vem conosco?", ele me perguntou. Como havia muito pouco trabalho para mim em Londres, topei. Nem dei para trás quando Jimmy sugeriu que nós dois tentássemos nos limpar em Guadalupe. "Isso significa duas semanas sem heroína, mas com rum branco de sobra", disse ele. Imaginei que, com os dois bêbados a maior parte da viagem, talvez eu nem sentisse falta da heroína.

No entanto, eu ainda não havia encarado a seriedade do meu problema. Continuava a acreditar que poderia parar a hora que quisesse, e que não havia perdido o controle.

Numa tarde de domingo em Guadalupe, deixei Jimmy num bar e tentei voltar sozinho para o hotel. Infelizmente, estava tão embriagado, que fiquei desorientado no caminho de volta. Parei numa loja que vendia caixões de compensado e, num estupor, entrei num dos que estavam na vitrine e desmaiei. Acordei umas duas horas depois, despertado pela comoção causada por uma pequena aglomeração que se formara na frente da loja, aparentemente fascinada pelo que parecia ser um cadáver num caixão. Meus olhos se abriram e eu me levantei com uma expressão horrorizada no rosto. "Onde diabos eu estou?", pensei. "E quem diabos são essas pessoas?"

Por mais assustado que estivesse, não o estava mais do que aquelas pessoas ali. Quando pulei para fora do caixão, saí correndo pela rua, e uma senhora de idade desmaiou. Pude ouvir gritos a quarteirões de distância.

Ao retornarmos à Inglaterra, Jimmy tentou se manter ativo. Em setembro, tocou num show beneficente em Plumpton, para uma instituição de caridade chamada Goaldiggers, em prol de crianças carentes. Passou um bom tempo em seu estúdio em casa, ouvindo fitas de shows do Zeppelin datados desde 1969. Conversara com Peter sobre lançar um álbum ao vivo

– uma retrospectiva das melhores *performances* de show ao longo dos anos –, porém isso nunca se materializou[32].

Fiquei sabendo que Pagey logo voltou a usar heroína, porém, como não o vi por um tempo, não havia como saber ao certo. Quando a banda enfim se reuniu, no ano seguinte, porém, ele parecia tão imerso na droga quanto eu. Voltei de Guadalupe em forma e me sentindo muito bem, e parei na casa de Peter a caminho da minha. Naquela noite, bebi mais de quarenta latas de cerveja. Em dois dias, liguei para o meu fornecedor de heroína e recaí no vício. Sem muito trabalho para me manter ocupado, fiquei com muito tempo livre – que preenchi com drogas.

32 A trilha sonora de *The Song Remains the Same* foi o único álbum ao vivo oficial do Led Zeppelin lançado com a banda ainda em atividade. Posteriormente, seriam lançados *BBC Sessions* (1997), com apresentações gravadas para a emissora britânica em 1969 e 1971; *How the West Was Won* (2003), que traz gravações de dois shows da turnê norte-americana de 1972, um no L.A. Forum e outro na Long Beach Arena; e *Celebration Day* (2012), registro da apresentação da banda no show em homenagem a Ahmet Ertegun, falecido presidente da Atlantic Records, em 2007, com Jason Bonham, filho de John, na bateria. (N. do T.)

55. A VOLTA

QUANDO 1978 CHEGOU, o hiato do Led Zeppelin já somava quase seis meses. Jimmy queria desesperadamente voltar ao estúdio, tanto por ele quanto pela banda. Queria se certificar de que *ele* ainda estava em forma, que não havia perdido nada, e que ainda era capaz de turbinar os motores da banda.

Também se encontrava ansioso em relação aos rumores – rumores de que Robert ainda estava afundado em desespero, que a banda ia terminar, que, depois de mais de nove anos, tudo enfim se acabara. "A única forma de calar esses boatos é voltarmos a trabalhar."

John Paul e Bonzo estavam prontos, mas ninguém se sentia confortável para pressionar Robert. Por fim, em maio, Peter reuniu a todos no Clearwell Castle, na floresta de Dean, próximo à fronteira com o País de Gales. Levaram instrumentos e tocaram por algumas horas. Robert cantou com certa cautela, talvez procurando o entusiasmo que ainda estava por retornar. Jimmy disse a eles que era preciso considerar a sério a retomada da carreira, que finalmente era chegada a hora. Robert, porém, não estava tão certo disso. Sabia que, depois que a banda voltasse a se movimentar, não haveria como recuar – e ainda não estava convencido de que estava pronto, de que a música era tão importante para ele quanto antes da morte de Karac.

Por fim, decidiu que, se ia voltar aos palcos, teria de fazer isso tranquila e lentamente, não diante de uma multidão de 50 mil pessoas, como era de costume para o Zeppelin. Em julho, pediu a uma banda chamada

Turd Burglars para fazer uma *jam* e, assim, um público pequeno e surpreso num clube em Worcestershire viu sua primeira aparição em público em um ano, na qual ele cantou músicas como "Blue Suede Shoes". Mais tarde, nos diria que ficou nervoso, mas que se sentiu bem. Quase havia se esquecido do quanto gostava de cantar para as pessoas. No mês seguinte, de férias em Ibiza, cantou com o Dr. Feelgood no Club Amnesia, e depois, em setembro, fez uma participação num show de Dave Edmunds, artista da Swan Song, em Birmingham.

Porém, a banda pouco se viu durante a maior parte de 1978. Peter pediu encarecidamente aos demais que continuassem a dar a Robert o espaço de que ele precisava, até que ele por fim desse a volta por cima. De vez em quando, se encontravam socialmente, e Jimmy tentava ler em Robert sua prontidão em retornar ao *front* do *rock*, ainda que resistisse colocá-lo sob pressão, se exigisse uma posição dele a quando a música poderia renascer.

Em setembro, a banda toda compareceu a uma recepção no Red Lion, um *pub* em Fulham, para celebrar o meu casamento. Casei-me pela segunda vez, num cartório em Chelsea, no mesmo dia em que Simon Kirke, baterista do Bad Company, também trocou alianças. Fizemos uma recepção conjunta, que foi a última ocasião em que festejei aquele casamento. Alguns anos depois, um amigo me diria: "Se esse negócio de 'maldição do Zeppelin' era real, seu casamento foi uma das vítimas". Talvez ele tivesse razão.

Conheci minha segunda esposa, Tracy, de férias em Marbella, para onde fui naquele verão para, mais uma vez, tentar me limpar da heroína. Na minha primeira noite lá, bêbado, mas sem drogas, bati meu Austin-Healy 3000. Foi perda total e, se eu tivesse sido esperto, teria cortado mais gastos e ido para casa. Mas continuei lá tempo o bastante para beber champanhe pra diabo e conhecer e levar para casa uma jovem com quem acabaria me casando.

No meu primeiro dia de volta a Londres, já voltei a usar heroína. E quando meu traficante, Malcolm, me disse que ia se casar, Tracy e eu decidimos fazer o mesmo, quase que por capricho. "Por que não tentar a sorte no casamento mais uma vez?", perguntei a mim mesmo. Porém, Tracy e eu mal nos conhecíamos. Foi um grande erro.

Jimmy Page foi meu padrinho no dia, porque disse nunca ter sido padrinho de casamento. Cheirei uma bela carreira de heroína antes do casamento, me diverti muito na cerimônia e fiz amor com minha esposa naquela noite – naquela noite e nunca mais. Depois disso, a heroína tomou conta. Era a única coisa com a qual eu me importava.

Nada me fazia cair na real, nem a morte de Keith Moon, naquele mesmo mês – e eu estive com Keith na noite anterior de seu falecimento. Fomos a uma festa que Paul McCartney deu no Coconut Grove, para celebrar o lançamento do filme *A História de Buddy Holly* e o envolvimento de Paul na trilha sonora.

Eu passei a festa toda trincado de heroína; Moonie, por sua vez, estava completamente sóbrio.

"Richard, estou me sentindo ótimo", ele me disse. "Larguei as drogas... drogas, álcool, tudo, menos as mulheres. E vou me casar de novo. Estou muito feliz, Richard. Este casamento será o último."

Eu não ia ser superado por meu velho parceiro de bebedeira e drogas. "Não se preocupe", falei para ele. "Tenho tudo sob controle. Gosto demais de heroína para parar agora. Mas o dia que quiser parar, paro!"

A essa altura, eu começava a me perguntar se de fato acreditava em mim mesmo ou não. Sabia que a heroína não estava me fazendo nada bem. Porém, como já havia tentado parar e fracassado, não sabia se conseguiria de fato largar.

À medida que a noite se estendia no Coconut Grove, decidi ir até outro clube, o Tramps, para uma bebedeira mais pesada. Não ficaria muito confortável em fazer isso na frente de Moonie. "Vou ficar aqui na festa", disse ele. "Vai lá, e a gente se fala."

No dia seguinte, fiquei sabendo que Keith morreu de overdose – de uma medicação que ele tomava para ajudar a combater o alcoolismo.

No funeral de Moonie, Pete Townshend me abordou, visivelmente abalado pela morte do amigo. "Que porra está acontecendo?", disse, sacudindo a cabeça. "Keith está morto e você está vivo. E o seu vício é pior do que o de todo mundo."

Só consegui sorrir. Nunca estava disposto a reconhecer o quanto eu estava afundado no problema. Entrei no carro, abri o porta-luvas e peguei um saco de heroína. Dei um teco, reclinei-me e me senti aliviado, até feliz de novo. Coloquei a chave no contato, liguei o carro e fui embora.

Em dezembro de 1978, a reunião do Led Zeppelin enfim se tornou realidade. Dezesseis meses depois da morte do filho, Robert sentia que estava pronto para retornar ao estúdio. "Talvez eu tenha esperado demais", disse, "mas não podia me forçar. Precisava deixar o entusiasmo retornar sozinho. Estou ansioso para voltar ao trabalho e ver o que acontece."

A banda começou formalmente os ensaios para um novo álbum no EZEE Hire, em Londres. Parecia uma eternidade desde o show no Oakland Coliseum, em julho de 1977 – a última vez que a banda tocou junta a sério. Mesmo assim, não se desperdiçou tempo em recapturar a química zeppeliniana. Já nas primeiras horas de estúdio, sabíamos que o Zeppelin estava de volta. "Vamos voltar melhores do que nunca", pensou John Paul.

Fomos para Estocolmo gravar um novo álbum – *In Through the Out Door* – no Polar Studios, que pertencia ao Abba. Parecia um lugar estranho para se ir no ápice do inverno, mas Jimmy e Robert ouviram elogios maravilhosos ao estúdio. Passamos três semanas lá, embora voltássemos para casa aos fins de semana. Robert ainda tinha dificuldade em ficar longe da família por muito tempo, como se temesse que outra tragédia se abatesse sobre ela enquanto ele estivesse fora. Toda sexta-feira, Jimmy levava as fitas do estúdio consigo de volta para casa e trabalhava nelas em seu próprio estúdio.

No Polar, Jimmy incentivava a banda a tomar novas direções, a fazer experimentos. Plant e Jonesy incorporaram uma batida de samba em "Fool in the Rain". Em "Carouselambra", John Paul assumiu a direção da saga de dez minutos, abrindo com força total nos teclados e só recuando para Pagey executar sua bruxaria na Gibson de dois braços. De uma faixa a outra, John Paul saltava do Mellotron para o piano elétrico, para o *clavinet*.

Jonesy e Plant escreveram "All My Love" juntos, uma das poucas canções da história do Zeppelin pela qual Pagey não recebeu crédito de compositor. Na gravação, John Paul tocou um solo clássico magnífico, mas o vocal de Robert foi o que deixou todo mundo paralisado. Alguns consideram "All My Love" uma homenagem de Robert a Karac. Decerto, é seu vocal mais emotivo e comovente; nessa faixa, Jimmy usou o primeiro *take* do vocal de Robert. Para Bonzo, foi a melhor *performance* do vocalista.

Pagey estava convencido de que "In the Evening" destruiria qualquer ceticismo que pudesse haver quanto à possibilidade de o Led Zeppelin voltar com plena força. Robert escarnece ao longo da música toda, como se estivesse desafiando os críticos a voltar a descreditar a banda. O restante do álbum, segundo Jimmy, seria a cereja do bolo.

Durante as gravações, passei muito tempo perambulando por Estocolmo, na tentativa de achar uma boa fonte de heroína. Por fim, encontrei um traficante cuja casa ficava próxima ao Polar Studios, atravessando a ponte. Quando ele acendia a luz da sala, era o sinal para me dizer que tinha "mercadoria" para mim. Às vezes eu ficava tão desesperado, que disparava pelas escadas e literalmente atravessava a ponte correndo até a casa dele.

De vez em quando, meu contato ficava dias a fio sem nada disponível para mim, e eu me virava da melhor forma possível. Como eu parecia ser capaz de lidar com a situação por algum tempo sem nenhum sintoma sério de abstinência, comecei a sentir que, afinal, eu tivesse a droga sob controle. Nunca arrisquei transportar drogas de Londres a Estocolmo, estava com a cabeça fria o bastante para me dar conta de que isso seria perigoso demais nos aeroportos. Assim, arrumava heroína onde podia e segurava a barra o melhor que podia quando não conseguia obtê-la. Misericordiosamente, no Natal já havíamos voltado para casa, e não havia mais dificuldade em conseguir a droga.

Em maio, a imprensa de *rock* começou a publicar notícias de que o Zeppelin planejava um retorno aos palcos. Vazara uma história de que Peter estaria negociando com o *promoter* Freddie Bannister para a banda tocar no Knebworth Festival, no Knebworth Park em Hertfordshire, em agosto. Por um tempo, porém, a negociação foi atravancada pelo preço pedido por Peter: astronômicos dois milhões de libras para dois shows.

Bannister ficou chocado com a exigência de Peter, não achava que seria possível – mas também conhecia o poder de atração do Zeppelin. Titubeou por dias até finalmente concordar. Bannister e Grant selaram um aperto de mão e assinaram o contrato. Os ingressos entraram à venda por sete libras e meia cada.

As atrações de abertura para o Zeppelin em Knebworth incluíam o Fairport Convention; Commander Cody; os New Barbarians, de Keith Richards; e o Utopia, de Todd Rundgren. Porém, o público – quase meio milhão de pessoas para os shows que aconteceram em dois sábados consecutivos – estava claramente mais interessado no Led Zeppelin. Não medimos esforços e importamos o equipamento mais potente da Showco para as apresentações a céu aberto, incluindo um sistema de P.A. de 100 mil watts, um sistema de iluminação de 600 mil watts e um conjunto completo de lasers. Jonesy mandou seu piano de cauda branco, o Mellotron e o *clavinet* de caminhão até o local, e o equipamento foi todo instalado por Brian Condliffe e Andy Ledbetter – que vieram dos EUA. Mick Hinton checou a bateria Ludwig metálica de Bonham repetidas vezes, para garantir que tudo estivesse em ordem e devidamente microfonado. Ray Thomas posicionou cinco guitarras enfileiradas para Jimmy, prontas para serem levadas ao limite. Benji Le Fevre e Rusty Brutsche ficaram a cargo de operar o equipamento de som e Chris Bodger dirigiu a filmagem, assim como havia feito em Earls Court. J. J. Jackson veio de Nova York para dar apoio moral e ajudar da forma que pudesse.

Naquela primeira noite, consegui perceber a tensão e a ansiedade da banda nas músicas de abertura – "The Song Remains the Same", "Celebration Day", "Black Dog". Porém, uma vez relaxados, praticamente todas as outras foram golaços. O show durou três horas e meia. Robert, de camisa comprida de bolinhas aberta quase até o cinto, fez poses estilosas e mandou vocais de alta octanagem como nos velhos tempos, antes de as tragédias pessoais abaterem seu corpo e sua mente.

Em "Stairway to Heaven", a noite se tornou elétrica quando o público começou a cantar junto espontaneamente – centenas de milhares de vozes harmonizando entre si. De olhos arregalados, Robert olhou para Jimmy como se mal pudesse acreditar naquele som incrível. Era como se uma cidade inteira, uma pequena nação, tivesse se unido. Foi um momento arrepiante e memorável.

Mesmo à medida que o extenso show passava bem da meia-noite, o público suplicava por mais música. Alguns fãs haviam acampado por uma semana, dormindo em barracas e enfrentando torós, para garantir um bom lugar para ver o show. Depois de vários bis com "Rock and Roll", "Whole Lotta Love" e "Heartbreaker", o Zeppelin enfim esgotou seu último grama de energia e partiu para as limusines, que os conduziu a dois helicópteros a postos.

Jimmy se sentiu renovado depois dos shows em Knebworth. Fazia quatro anos desde a última apresentação da banda no Reino Unido, e era como se nada tivesse mudado. Pagey propôs que eles abandonassem as ideias de mais turnês de verão extensas em favor de shows selecionados em locais maiores. "Ainda podemos nos conectar com os fãs sem desgastar nossos corpos e nossas psiquês", disse. Ninguém discordou.

In Through the Out Door foi lançado em meados de agosto, cerca de uma semana antes do segundo show em Knebworth. Os fãs estavam famintos por material novo do Zeppelin, e, só nos EUA, o álbum vendeu impressionantes quatro milhões de cópias. Isso estimulou um interesse renovado pelos discos anteriores da banda e, em outubro, todos os nove álbuns do Zeppelin estavam no Top 200 da *Billboard.* Numa era em que bandas de *rock* ascendiam e caíam na velocidade da luz, o Led Zeppelin era mais popular do que nunca, mais de uma década depois de ter levantado voo.

56. BONZO

FIQUEI ABSOLUTAMENTE furioso com Peter.

Cá estavam os primeiros meses de 1980 e o Zeppelin tinha uma turnê europeia planejada para o verão, que passaria pela Alemanha, Holanda, Áustria e Suíça. Seriam os primeiros shows na Europa em três anos.

Peter, porém, estava preocupado comigo, ou pelo menos com a minha capacidade de ainda dar conta do trabalho de *tour manager*. "Caramba, Cole, você está tão trincado dessa porra de heroína a maior parte do tempo, que não sei se você ainda é capaz de fazer o seu trabalho." E então abrandou a voz, havia tomado uma decisão. "Não vou te colocar nessa turnê. Vou providenciar outra pessoa para gerenciá-la."

Fiquei atordoado, mas, em questão de segundos, o choque se transformou em raiva. "Depois de mais de quinhentos e sessenta shows", pensei, "esse cara acha que não consigo executar esse trabalho?" Do meu ponto de vista deturpado pelas drogas, era Peter quem estava fora de sintonia, não eu.

Embora eu passasse um pouco de tempo quase todos os dias no escritório de Peter, me dedicava muito mais a beber nos *pubs* ali por perto e me encontrar com os traficantes que me forneciam heroína. Eu ainda amava o Led Zeppelin, mas minha segunda esposa havia me deixado, e meus interesses estavam de fato em outro lugar, presos num mundo em que as drogas eram a coisa mais importante da vida. Enquanto eu afundava, a paciência de Peter se esgotava e ele ficou simplesmente farto do meu vício e me alertou repetidas vezes de que eu tinha de me limpar, caso contrário, meu emprego estaria em perigo. Até se ofereceu para me auxiliar a buscar ajuda.

A essa altura, como eu queria que as drogas fizessem efeito o mais rápido possível, um traficante começou a me dar injeções de heroína; eu tinha medo de injetar em mim mesmo, e fechava os olhos quando ele o fazia. Ele sempre alegava que só me injetava "da boa", mas eu nunca acreditava, porque todos aqueles traficantes eram mentirosos e trapaceiros, então eu o convencia a me dar um pouquinho mais a cada pico. Em uma semana, tive duas overdoses, em ambas acabei no hospital, onde tiveram de injetar solução salina no meu organismo para me reviver. Se não tinha percebido antes, agora já deveria saber que a heroína não se dava bem comigo.

"Olha só", Peter disse enfim, "enquanto estivermos em turnê, quero que você vá para outro lugar – seja uma clínica de reabilitação, seja só uma viagem de férias – e largue as drogas. Eu pago."

Em retrospecto, vejo que Peter tinha preocupações reais com meu bem-estar. Na época, porém, só sabia que estava sendo substituído, que outra pessoa seria o *tour manager* da banda e que a minha jornada com o Zeppelin poderia ter chegado ao fim.

Fiquei deprimido, ponderando como tudo isso pôde acontecer comigo e como eu ia sair dessa. Porém, compreendendo que meu emprego estava em jogo, planejei relutantemente uma viagem para a Itália para me limpar. Em agosto, parti para Roma e levei comigo uma garota chamada Susan. Era uma *punk rocker* de cabelo espetado tingido de verde e prata que adorava minissaias, cintas-ligas e meias arrastão. Quando chegamos a Roma, nos hospedamos no hotel Excelsior e imediatamente começamos a beber, focando em coisas doces, tipo Brandy Alexanders, que eu sabia que poderiam me ajudar a maneirar na heroína. "Desta vez, estou levando a limpeza muito a sério", falei para Susan. "A heroína está acabando com a minha vida."

Na manhã seguinte, outra coisa quase arruinou a minha vida. Susan e eu fomos acordados por batidas fortes na porta do quarto do hotel. Tentei ignorar, pensando que fosse a camareira, mas bateram ainda mais forte, e uma voz gritou: "Polícia!".

Enrolei-me numa toalha, abri a porta e então uma dúzia de policiais de armas em punho entrou com tudo no quarto. "Que diabo é isso?", perguntei.

"Onde estão as armas?", eles gritaram. "Onde estão as armas?"

"De que diabos você está falando?", questionei. Eles me empurraram contra a parede e revistaram o quarto. Não encontraram nada, mas isso não os tornou mais educados. Algemaram Susan e a mim e nos levaram até as viaturas que aguardavam na rua.

Fiquei completamente estupefato e assustado pelo que estava acontecendo. Na calçada, um dos policiais acenou para agentes posicionados no topo de um prédio vizinho para que baixassem os rifles. Na viatura, falei a Susan: "Não se preocupe; logo estaremos de volta". Porém, eu estava errado. Embora Susan tenha sido liberada poucos dias depois, quando a polícia concluiu que não havia motivo para mantê-la detida, eu fui levado para a cadeia local, depois transferido para o Carcere di Regina Coeli, uma prisão de segurança máxima. Minha cela era dividida em catacumbas e, na primeira noite lá, fui dormir com três colegas de cela e acordei com vinte e dois, a maioria deles trombadinhas e outros tipos de criminosos das ruas. "Bem-vindos, rapazes", eu disse a eles. "Espero que vocês tenham um bom apetite. As refeições aqui consistem em pão e folhas de alface – o quanto vocês conseguirem comer!"

Ironicamente, nenhuma acusação formal foi feita contra mim. Porém, sob o Código Napoleônico, tecnicamente eu era "culpado até provada a minha inocência". Para piorar, todos os juízes estavam de férias em agosto e, quando retornaram, entraram em greve por dois meses. Assim, nesse ínterim, continuei sentado na cela, mais desesperado a cada dia, me perguntando se em algum momento sairia dali.

Meu advogado, Julio, finalmente descobriu por que fui preso: suspeitavam que eu tivesse detonado uma bomba na Estação Central de Bolonha, que foi atacada por terroristas no dia em que cheguei à Itália. Os policiais e os agentes carcerários tentaram desesperadamente arrancar uma confissão de mim, me deram uma surra. Prometeram me tratar melhor se eu "cooperasse". "Não tenho nada para confessar!", eu dizia a eles repetidas vezes. "Por que sou suspeito? Não vou a Bolonha desde 1967!"

Quando minha bagagem enfim chegou do Excelsior, os agentes carcerários me levaram até uma sala de desarmamento de bombas, para que eu mesmo abrisse a mala. Só pude entender que temiam que houvesse explosivos nela e preferiam que fosse eu – em vez de um deles – a ser pulverizado. Na verdade, a mala só continha roupas minhas e de Susan. Os guardas deram boas risadas quando, uma a uma, eu tirava da mala as cintas-ligas, os sutiãs e as calcinhas, bem diante deles. "Você é o primeiro terrorista *crossdresser* que recebemos aqui!", disse um deles.

Por mais aborrecido que eu estivesse por me encontrar na prisão, ainda mais sob suspeita de algo que não fiz, minhas condições de vida pelo menos se tornaram toleráveis quando me transferiram para um terceiro complexo, a prisão de Rebibia. A essa altura, eu já havia passado por uma abstinência forçada de heroína, o que foi desconfortável, mas bem menos tortuoso do que eu esperava. Estava tão perturbado com o meu encarceramento e em como eu iria sair dali, que os sintomas de abstinência – as dores, as cólicas e a diarreia – pareciam quase insignificantes.

Ao longo das semanas, houve aspectos do encarceramento que me mantinham otimista. Dividi uma cela com alguns prisioneiros italianos cujas esposas traziam refeições maravilhosas, que eles generosamente dividiam comigo. A comida na Rebibia tampouco era ruim, com carneiro assado, batatas e litros de vinho. Meus colegas de cela tinham seus próprios fogareiros a gás e, no cárcere, aprendi a cozinhar belas massas. Eles também me mostraram uma utilidade do fogareiro caso houvesse pouco gás. "Não tem gás o suficiente para acendê-lo", disse um dos meus companheiros, num inglês limitado, "mas com certeza você pode se sentir bem se sugar um pouquinho do gás!". Pelo menos eu ainda tinha alguma forma de chapar.

Os médicos da prisão tinham uma política bem liberal quanto à distribuição de soníferos. Depois que me queixei de insônia para eles, me receitaram alguns comprimidos que me nocauteavam umas doze horas por noite. Descobri que o tempo passa muito mais rápido na prisão quando você está inconsciente.

Quando finalmente consegui mandar algumas mensagens para o mundo, a organização do Zeppelin fez o melhor que pôde para me ajudar.

Peter desconfiou que tivessem armado para mim, me mandou US$ 500 por mês e enviou um advogado, Jeff Hoffman, à Itália para me ver. "Eles não vão encontrar nada contra mim", eu disse a ele. "Não tenho a ficha mais limpa, mas terrorismo é uma das coisas que não fiz!"

Também comecei a trocar cartas com Susan, que incentivei a ficar na minha casa em Londres, até para ficar de olho no lugar. A certa altura, pedi a ela que me enviasse algumas fitas K7, e ela, inocentemente, mandou uma seleção bizarra – *The Wall*, do Pink Floyd, como se eu já não estivesse cercado de "muros" o bastante, e a trilha sonora de *McVicar*, filme com Roger Daltrey sobre uma fuga de uma prisão de segurança máxima. Com as fitas, ela mandou uma carta em que me contava sobre alguns canos que estouraram, de forma a causar uma inundação de 1,2 metro na casa. "Fiquei com muito medo, porque não sei nadar", escreveu ela. Parecia que a casa havia sofrido alguns danos sérios e, de repente, não tive mais pressa em voltar. Entre os soníferos e o fogareiro a gás, a prisão parecia quase tolerável.

Certa tarde, porém, Julio mudou tudo isso quando, com os nervos à flor da pele, me deu a notícia do falecimento de John Bonham. Senti um soco no estômago, como se parte de mim tivesse morrido – e talvez tivesse, de fato.

Peter ficou sabendo da morte de Bonzo por intermédio de seu assistente, Ray Washburn. Estava em casa, em Sussex, quando Ray atendeu o telefonema com a notícia da tragédia. O assistente pediu que Peter se sentasse, deu a ele dois comprimidos de Valium e insistiu que ele os tomasse.

"Alguém quer falar com você no telefone", disse Ray.

"Quem é?", perguntou Peter. "O que aconteceu?"

"É sobre John Bonham."

Peter começou a ficar ansioso. "Certo, o que tem ele?"

"Ele está morto."

A notícia da morte de Bonham se espalhou rapidamente. Os serviços de notícias dispararam a matéria pelo mundo todo. Nos escritórios da Atlantic Records, a gravadora que ajudara a lançar a banda há mais de uma década, os executivos desabaram nas cadeiras e as secretárias choraram.

Em clubes como o Rainbow, em Los Angles, fãs se reuniram para compartilhar o luto, de algum modo sentindo-se mais próximos de Bonzo ao congregar nos lugares que ele adorava frequentar. Houve o inevitável papo da maldição do Zeppelin, mas, em sua maioria, as pessoas compartilharam sua dor e tristeza. Mesmo aqueles que não o conheciam sentiam que o mundo havia perdido alguém especial.

Bonzo foi meu amigo e aliado mais próximo na banda. Fiquei devastado com a notícia. Nunca soube se deveria acreditar ou não na causa oficial da morte. John estava tão envolvido com heroína, que eu me perguntei se a droga poderia ter desempenhado algum papel no falecimento dele, embora tivesse ouvido falar que ele andava dizendo que finalmente largara o vício. Fiquei anestesiado por dias, vivendo em negação. Por fim, me dei conta do tamanho do impacto da morte de Bonham. Agora que ele se fora, minha própria vida estava mudada para sempre. Além da perda de um amigo precioso, perdi meu trabalho também. Instintivamente, eu soube que o Led Zeppelin morrera com Bonzo.

O funeral de Bonham aconteceu na paróquia de Rushock, não muito longe de sua fazenda, em Worcestershire. Quase 300 amigos músicos e fãs compareceram, entre eles os três remanescentes do Led Zeppelin. Esquivaram-se dos repórteres, que já faziam perguntas sobre o futuro do Zeppelin, e tinham muito pouco a dizer um ao outro também. Estavam todos tentando se acostumar a um mundo sem Bonzo, tentando fazer algum sentido do que havia acontecido.

Robert Plant parecia ser quem sofria mais. Conhecia Bonzo desde que eram aspirantes a músicos, ainda na adolescência, ansiosos pela oportunidade que os transformaria em Alguéns – e esse sucesso aconteceu para ambos. Porém, a vida de Robert estava marcada por tragédias, e agora Bonzo se fora. O que é que havia na vida de um músico, Robert se perguntava, que devorava as pessoas? Ele não tinha resposta alguma.

No outono, fui, enfim, solto, sem ter sido acusado ou condenado por nada. “Foi um erro”, um dos agentes carcerários me disse. “Sentimos muito pelo inconveniente.”

Por fim, me dei conta do tamanho do impacto da morte de Bonham. Agora que ele se fora, minha própria vida estava mudada para sempre. Além da perda de um amigo precioso, perdi meu trabalho também. Instintivamente, eu soube que o Led Zeppelin morrera com Bonzo.

Quando saí, senti que não havia muito para o qual retornar, só uma casa inundada e a incerteza que rondava o Led Zeppelin à minha espera. Acabei indo para as Filipinas e, depois, para os EUA por um tempo, para ponderar meu próprio futuro. Estava falido, graças, principalmente, à enorme quantidade de dinheiro que gastara com álcool e drogas. Bebi a maioria do que tinha, e a escritura da minha casa na Inglaterra foi entregue ao banco para pagar minhas dívidas. Estava incerto do rumo da minha vida, mas sabia que precisava reconstruir certas coisas.

Enquanto estive longe, Jimmy, Jonesy e Robert tomaram a decisão de desfazer a banda, como eu já esperava. Depois da morte de Bonzo, a imprensa de *rock* noticiou uma porção de rumores a respeito de quem poderia substituí-lo, e Carmine Appice (do Vanilla Fudge) e Cozy Powell eram os nomes mais citados. Porém, para Robert, Jimmy e John Paul, isso nunca foi parte do plano. Reuniram-se em Jersey para discutir o futuro e então se encontraram com Peter, no hotel Savoy. "Não podemos continuar sem Bonham", disse Plant. Todos concordaram. Nunca cogitaram seriamente procurar outro baterista. A história de doze anos do Led Zeppelin estava terminada.

A banda soltou uma declaração simples por meio da Swan Song, que dizia: "A perda de nosso querido amigo e o respeito profundo que temos por sua família, juntamente com a sensação de harmonia indivisa sentida por nós e por nosso empresário, nos levaram à decisão de que não poderíamos prosseguir como antes".

O Led Zeppelin desfrutou de um voo incrível, mas a banda finalmente fez seu pouso final.

57. TEMPOS BONS, TEMPOS RUINS

EM 1981, TODOS NÓS, que trabalhávamos com o Led Zeppelin, estávamos tentando nos acostumar a pensar na banda no tempo pretérito. O Zeppelin claramente havia deixado uma marca indelével no *rock*, mas eu precisava encarar a realidade de que não haveria mais discos novos e turnês. Nem tempos bons nem tempos ruins.

Entretanto, todo mundo – daqueles do círculo interno do Zeppelin aos milhões de fãs – sentia que ainda ouviríamos falar dos membros sobreviventes do grupo. Para Jimmy, John Paul e Robert, a banda foi a vida deles por doze anos, e todos eles precisaram de um tempo para retomar o equilíbrio depois da morte devastadora de Bonham. Tiraram esse tempo para o autoconhecimento, não só para ponderar sobre o futuro, mas também para contemplar um borrão de perguntas filosóficas, para a maioria das quais não havia respostas: por que tanto infortúnio havia se abatido sobre eles num período de tempo tão curto? Por que Bonzo morreu? Por que eles sobreviveram?

Foi um período de recuperação difícil para Jimmy, afinal, o Led Zeppelin era sua cria, seu filho. Depois de doze anos, era difícil para ele pensar em recomeçar do zero. Além disso, ele continuou a morar na casa onde John Bonham havia morrido e, assim, lembretes diários tornavam quase impossível colocar a morte do amigo no passado. Passou meses sem encostar numa guitarra, e às vezes se perguntava se um dia voltaria a encostar.

O tempo, porém, começou a cicatrizar as feridas. Jimmy produziu um álbum final do Led Zeppelin, *Coda*, lançado em 1982, que vendeu mais de um milhão de cópias no mundo todo. O álbum consistia de material inédito de sessões de gravação antigas da banda, algumas até de 1969, como "We're Gonna Groove", registrada durante as sessões de *Led Zeppelin II*.

Por insistência de Eric Clapton, Pagey se apresentou num show beneficente em 1983, no Royal Albert Hall, e dominou o público com uma versão instrumental arrepiante de "Stairway to Heaven". Em seguida, ele decidiu assumir a tarefa trabalhosa e estressante de montar uma nova banda. Sabia que haveria comparações com o Zeppelin, mas, por fim, tentou superar essas ansiedades. A nova banda, The Firm, gravou dois álbuns e fez algumas turnês, mas os fãs esperavam muito mais do que aquilo que a banda produziu. As comparações com o Zeppelin nunca cessaram e, no fim, Jimmy desfez o grupo.

Em 1988, gravou um disco solo, *Outrider*, e reuniu uma banda de turnê que incluía Jason Bonham, filho de John, na bateria. Em shows nos EUA e no Reino Unido, Jimmy não se furtava de tocar uma série de clássicos do Zeppelin, não só "Stairway to Heaven", mas também "Kashmir", "Over the Hills and Far Away", entre outras. Se os fãs quisessem ouvir suas favoritas do Zeppelin, ele não iria desapontá-los. Pela primeira vez desde a morte de Bonham, se sentiu completamente confiante em ter encontrado um veículo que funcionava para ele[33].

Enquanto isso, Robert tentava aos poucos remontar as peças de sua vida. Sofreu tantas tragédias pessoais na década de 1970, culminando com a morte de Bonham, que foi preciso coragem e força para se reerguer. Sentia, porém, que ainda havia o que contribuir para a música e que a música era o que seria capaz de curá-lo mais rápido do que qualquer coisa.

De todo o modo, Robert passou por um grande tumulto interior ao se perguntar se era apto a uma carreira solo. Decidiu tentar cantar em alguns clubes pequenos em 1981, evitando deliberadamente o repertó-

33 Além dos discos em parceria com Robert Plant, que lançaria nos anos 1990, Page ainda lançou discos em que colaborou com Roy Harper (*Whatever Happened to Jugula?*, 1985), David Coverdale (*Coverdale/Page*, 1993) e The Black Crowes (*Live at the Greek*, 2000). (N. do T.)

rio do Zeppelin e, em vez disso, voltando-se para um som *rhythm and blues*. Os fãs gritavam, "Cante 'Stairway to Heaven'!", ou, "Por que você não traz Jimmy e John Paul junto?!" Plant só lamentava, mas adorava estar de volta aos palcos, e se apresentar como artista solo, de repente, parecia factível.

Em 1982, Robert gravou seu primeiro álbum solo, *Pictures at Eleven*. Mesmo que a parceria Plant-Page tivesse terminado formalmente em 1980, Robert ainda assim chamou Jimmy para ouvir as fitas resultantes de suas primeiras sessões de gravação solo, ávido por um *feedback* de alguém em cujos instintos musicais ele confiava por completo. O álbum solo foi um sucesso em ambos os lados do Atlântico e, desde então, a carreira de Robert segue de vento em popa[34].

John Paul raramente retornou aos palcos desde 1980, e se satisfaz bastante com a vida longe dos holofotes. Tocou e ajudou a compor a trilha sonora para o filme de Michael Winner *Scream for Help*, de 1984. Produziu alguns discos para outros artistas e teve envolvimento no filme *Give My Regards to Broad Street*, de Paul McCartney. Ao contrário de seus colegas de Zeppelin, John Paul nunca ansiou ser um artista solo ou ter uma carreira de alta visibilidade[35].

Para milhões de fãs do Led Zeppelin, porém, os rumos individuais tomados por Page, Plant e Jones não foram o bastante. Eles queriam o próprio Zeppelin de volta, ainda que isso significasse a presença de um novo bate-

34 Além da carreira solo que segue consistente até hoje, Robert ainda encabeçou o projeto The Honeydrippers, que teve um EP lançado em 1984, com versões de *standards* dos anos 1950, que contou com Jimmy Page na guitarra em duas faixas, e lançou, em 2007, o álbum *Raising Sand*, em parceria com a cantora Alison Krauss. (N. do T.)

35 Além de produzir, arranjar e tocar em discos de diversos artistas, John Paul Jones viria a lançar dois discos solo, *Zooma* (1999) e *The Thunderthief* (2001) e um em parceria com a cantora Diamanda Galás, *The Sporting Life* (1994), além de integrar o supergrupo Them Crooked Vultures, ao lado de Josh Homme (Queens of the Stone Age, Kyuss) e Dave Grohl (Nirvana, Foo Fighters), que lançou um álbum autointitulado em 2009. (N. do T.)

rista. Se não poderiam ter o artigo autêntico, queriam pelo menos alguma coisa muito perto disso.

Inevitavelmente, ao longo dos anos 1980 e 1990, houve inúmeros boatos a respeito de reuniões do Zeppelin. E, de fato, os fãs da banda não se decepcionaram por completo. Em 1985, Robert, Jimmy e John Paul tocaram juntos no megaevento Live-Aid, no JFK Stadium, na Filadélfia, com Tony Thompson e Phil Collins assumindo a bateria. A banda estava um pouco enferrujada, tendo contado com apenas um ensaio de uma hora e meia. Plant estava um pouco rouco, e a Gibson de Jimmy parecia perder a afinação em alguns momentos. Porém, quando tocaram "Whole Lotta Love" e "Stairway to Heaven", os fãs reagiram como se tudo estivesse bem de novo, como se o tempo de fato tivesse parado.

Três anos depois, o trio voltou a tocar junto, dessa vez na comemoração dos quarenta anos da Atlantic Records, no Madison Square Garden, acompanhado por Jason Bonham na bateria. Jason se preparou seriamente para a tarefa, ouvindo incessantemente os álbuns da banda, tocando junto com eles e até assistindo a vídeos de shows e estudando cada nuance do pai. Ensaiaram em Londres sem Robert, que estava em turnê nos EUA, mas ele se juntou aos demais para mais um ensaio em Nova York.

No Garden, a banda só começou o *set* de meia hora à uma da manhã. Por mais de uma hora, Pagey vagou inquieto pelo *backstage*, duvidando de si mesmo, se perguntando se aquela era uma boa ideia, afinal. No entanto, apesar do horário tardio, ninguém se levantou de seu assento no estádio. Da primeira batida de "Kashmir" às últimas notas de "Stairway to Heaven", o Garden lotado – com alguns ingressos vendidos a US$ 1.000 – aplaudiu de pé. Robert embolou alguns versos e Jimmy não parecia muito à vontade em um dos solos, porém, no todo, mesmo os próprios membros da banda ficaram satisfeitos. Por trinta minutos, o Led Zeppelin esteve de volta.

Bill Graham organizou o show para a Atlantic. Colocou de lado os ressentimentos do incidente de 1977 no Oakland Coliseum e reconheceu que, apesar da lista de atrações repleta de estrelas, ninguém poderia tocar depois do Led Zeppelin. Cancelou o plano de um *grand finale* em que todos os artistas que se apresentaram (Crosby, Stills & Nash, Roberta Flack, Ben

E. King, Phil Collins, Genesis, The Rascals) se juntariam no palco para cantar alguns dos *hits* mais memoráveis da Atlantic. Em vez disso, o Zeppelin fechou a noite. Foi como deveria ter sido.

Conversei com Jimmy pouco antes da apresentação em Nova York. "Os nervos estão à flor da pele", disse ele. "Todo mundo espera ver o Led Zeppelin dos nossos shows do passado, mas todos nós mudamos de lá para cá. Vamos tocar algumas das músicas antigas, mas não vai ser a mesma coisa. Todo mundo evoluiu e, é claro, nunca mais vai ser a mesma coisa sem Bonzo. É por isso que os boatos sobre uma reunião da banda são apenas isso – boatos[36]."

Reconstruí minha própria vida nos últimos anos, ainda ativo na indústria musical. Sharon e Ozzy Osbourne se tornaram meus amigos próximos, e Sharon me deu a oportunidade de trabalhar com muitas de suas bandas, incluindo os Quireboys, Lita Ford e o próprio Ozzy. Em 1990, Sharon me pediu para ser *tour manager* da turnê norte-americana dos Quireboys, que se transformou numa turnê internacional de nove meses e contou com 170 shows em vinte e dois países. Em certo sentido, foi uma experiência nostálgica para mim, já que os Quireboys demonstravam o mesmo espírito e a energia maravilhosos de que eu tanto gostava nas turnês do Led Zeppelin.

A vida na estrada, porém, mudou de algumas formas. No momento em que escrevo estas linhas, estou sóbrio há seis anos. Demorei muito tempo para me dar conta de como o álcool e as drogas arruinaram tantas vidas e de que eles estavam cobrando um preço terrível da minha também. Bonzo, é claro, foi a perda mais arrasadora, ainda sinto uma falta terrível de sua natureza calorosa e gentil e de seu entusiasmo incrível pela vida.

---

36 O trio remanescente do Led Zeppelin – Robert Plant, Jimmy Page e John Paul Jones – voltaria ainda a tocar junto, com Jason Bonham na bateria, em 10 de dezembro 2007, na O2 Arena, em Londres, num show em memória de Ahmet Ertegun, presidente da Atlantic Records. A apresentação foi gravada, filmada e lançada em 2012 sob o título *Celebration Day*. (N. do T.)

Mesmo depois da morte de Bonham, precisei de anos de introspecção para reconhecer os riscos aos quais eu me submetia, e depois de mais um tempo para abandonar de vez a cocaína, a heroína e o álcool. Tomei meu último gole no meu quadragésimo aniversário, em 1986, e, com a ajuda de amigos sóbrios, me mantive sóbrio e livre das drogas desde então.

Sinceramente, desfrutei muito mais da turnê dos Quireboys por causa da sobriedade, que me permitiu apreciar de verdade algumas das mesmas cidades e dos mesmos países que visitei com o Zeppelin, só que, dessa vez, livre da obsessão por drogas e álcool. Os Quireboys curtiam umas bebidas, mas as drogas não faziam parte da vida deles. Assim como o Zeppelin, nunca se atrasaram para um show e faziam da música sua prioridade número um.

Como eu disse a Jimmy, em 1988: "As coisas estão muito diferentes hoje; na época do Zeppelin, saíamos por aí para chapar; hoje, sou um exemplo para as bandas jovens do que pode acontecer quando você deixa as drogas e o álcool te consumirem".

"Você conhece os dois lados dessa moeda", disse Jimmy. E, do meu ponto de vista, hoje, a sobriedade faz muito mais sentido.

O Led Zeppelin garantiu seu lugar na história do *rock*. Provavelmente, mais do que qualquer outra música da banda, "Stairway to Heaven" é considerada um clássico, e é ainda uma das canções mais pedidas nas rádios de *rock* ao redor do mundo. Em 1991, vinte anos depois de sua criação ao redor de uma lareira em Headley Grange, revistas de circulação nacional, como a *Esquire*, a celebraram e dissecaram, tratando-a como uma das maiores canções de todos os tempos, um *standard* tão significativo para sua geração quanto as obras de George Gershwin e Cole Porter o foram para a deles.

Em 1990, Jimmy produziu e a Atlantic lançou uma retrospectiva do Led Zeppelin em CD – cinquenta e quatro faixas remasterizadas digitalmente no Sterling Sound, em Nova York[37].

37 Ao final desta edição, apresentamos uma discografia atualizada do Led Zeppelin, incluindo relançamentos recentes, posteriores ao lançamento original do livro. (N. do T.)

Quando ouço os discos do Zeppelin hoje, percebo que resistiram ao teste do tempo. A qualidade e a paixão que fizeram do Zeppelin a maior banda do *rock* ainda são aparentes. E, a julgar pelas vendas de CDs, tampouco o interesse do público diminuiu. Embora já tivessem se passado dez anos desde aquela apresentação da banda no Madison Square Garden, as vendas do CD remasterizado duplo foram fenomenais. Fãs de trinta e quarenta anos, que cresceram com o Led Zeppelin, não perderam o fervor pela banda; outros não muito mais velhos do que minha própria filha, Claire, que acabaram de começar a comprar discos, têm uma curiosidade extraordinária por uma banda que tanto contribuiu para a cultura *pop*.

Tenho certo orgulho do papel que desempenhei com a banda. No início de 1992, eu estava na Europa com Claire, e certa noite fomos jantar em Londres com Robert Plant, sua filha e seu genro. Ao sairmos do restaurante, Robert se voltou para Claire e perguntou: "Richard é um bom pai para você?".

Claire sorriu, assentiu e respondeu: "Sim".

Robert deu uma olhada para mim e então se dirigiu novamente a Claire: "Ele foi meu pai também, por uns bons anos".

Era assim que Robert via meus doze anos como *tour manager* do Led Zeppelin. Embora tivéssemos nossas diferenças de tempos em tempos, Robert parecia me ver como uma espécie de patriarca e protetor, e não perdera o apreço pelo papel que desempenhei para a banda ao longo dos anos.

Alguns observadores disseram que o Led Zeppelin foi, em última instância, devorado por seus próprios excessos – o "sexo, drogas e *rock 'n' roll*", parte tão grande da indústria da música. Em retrospecto, o Zeppelin pode ter sido hedonista. Podem ter destruído quartos de hotel e abusado de poder e charme com as garotas, e podem ter chegado muito perto do precipício com o uso e o abuso de drogas. Contudo, nunca deixaram as desventuras de fora do palco ofuscarem a musicalidade no palco e nos estúdios. Nunca perderam os fãs de vista nem a dívida que tinham para com estes. Em quase três décadas de indústria musical, nunca vi nada como o Led Zeppelin, que foi indisputavelmente a maior banda de *rock 'n' roll* do mundo.

Em retrospecto, não tenho muitos arrependimentos. É claro, eu e a banda fizemos mau uso das drogas e pagamos um preço terrível por isso; as drogas eram uma parte tão importante da cultura da época, que talvez não houvesse como evitá-las.

Também deve ter sido difícil para a banda lidar com a fama quase instantânea. Da noite para o dia, aqueles jovens de vinte e poucos anos se tornaram astros internacionais. Sim, isso pode ter subido à cabeça deles por vezes, e eles foram culpados dos excessos que podem acompanhar a fama – mas nunca em detrimento da música.

Sem exceção, os membros remanescentes do Led Zeppelin têm o devido orgulho daquilo que conquistaram. Não acho que teriam feito muita coisa de forma diferente. As tragédias que recaíram sobre eles estavam amplamente fora de seu controle, e a banda exemplificava tudo o que poderia dar certo – e errado – na presença de um sucesso enorme. Boa parte da diversão desapareceu depois que nos tornamos "um grande negócio". A bebida e as drogas se tornaram uma maneira desesperada de manter a diversão viva e de impedir que o tédio se tornasse opressivo demais. No fim das contas, em vez de manter a diversão viva, elas destruíram muito do que havia de bom na banda.

Todos sabíamos que o Led Zeppelin não duraria para sempre, mas tampouco estávamos preparados para o fim. De certa forma, porém, suponho que o fim não aconteceu de fato. Sempre que um jovem ou uma jovem de quatorze anos vai a uma loja e compra seu primeiro CD ou disco do Zeppelin, a banda volta a renascer. Nesse sentido, o Led Zeppelin ainda tem um longo caminho a voar.

POSFÁCIO

DESDE QUE *STAIRWAY TO HEAVEN* foi publicado, no início dos anos 1990, recebi muitos pedidos de leitores e fãs do Led Zeppelin para atualizar minha própria história. Alguns me perguntavam o que eu vinha fazendo desde que o livro chegou às prateleiras pela primeira vez; muitos outros queriam mais informações sobre a minha batalha bem-sucedida para superar os anos de abuso de drogas e álcool. Esta nova edição do livro me deu a oportunidade de gastar algumas páginas para descrever a minha própria vida desde que fiquei sóbrio, incluindo as bandas com quem trabalhei ao longo destes anos, e um panorama do que aconteceu com os membros remanescentes do Zeppelin.

No período imediatamente após o fim da banda, seria de se imaginar que eu poderia ter seguido a vida que quisesse. Afinal, passei doze anos como *tour manager* da maior banda de *rock* de todos os tempos, então faria sentido eu ser bombardeado por ofertas para trabalhar com outras grandes bandas em turnês nacionais e internacionais.

Porém, não foi o que aconteceu, e eu não deveria me surpreender. Tirei férias em Manila em janeiro de 1981, e então fui para Los Angeles procurar emprego, mas estava tão acabado pelo meu uso contínuo de drogas e álcool – e ainda passava tamanha imagem durona de gângster –, que ninguém chegava perto de mim. Era frustrante e me deixava cada vez mais ansioso, mas, naqueles primeiros meses, eu não fazia ideia do quão miserável minha vida se tornaria ou o quão difícil ela seria no "mundo real". De limusines Cadillac, passei a ser "conduzido" por amigos em Toyotas velhos e capengas. Das mais majestosas suítes nos melhores hotéis do mundo, passei a dormir de favor nos sofás de amigos.

Lembro-me de acordar certa manhã numa casa estranha, sem emprego, e de me sentir dominado pelo desespero. De imediato, busquei alento e fuga numa garrafa de Jack Daniel's, na esperança de que ela apaziguasse minha angústia e me desse a coragem de começar a fazer telefonemas em busca de emprego. Em vez disso, preferi fazer um contato para comprar cocaína, depois heroína.

Foi uma época terrível para mim. Vivia de cartões de crédito e estava começando a me afundar na minha própria tristeza e dependência química. Certa noite, no Rainbow Bar & Grill, em Hollywood, depois de uma noitada de bebedeira de tequila e saquê, uma garçonete tentou tirar um copo da minha mão porque já era hora de fechar. Furioso, mordi um naco do copo e cuspi nela. Verdade seja dita – eu estava me autodestruindo.

Em pouco tempo, me vi na sala de emergência do hospital Cedars-Sinai, em Los Angeles, sangrando pela boca e pelo reto, e com um buraco no esôfago. Fui transferido para o Los Angeles County Hospital (porque não tinha plano de saúde), ao lado de vítimas de tiroteios, e tratado na "sala vermelha", que um médico me descreveu como um lugar de onde os pacientes não costumavam sair vivos. De algum modo, os médicos deram um jeito em mim, mas, quando um amigo me visitou no quarto do hospital, minha primeira pergunta foi: "Que drogas você tem aí?". Em questão de segundos, estava cheirando *speed* no leito do hospital.

Parecia que a única coisa que me interessava era a próxima chapada. Antes de ter alta, um médico me perguntou o que eu bebia num dia comum, e ainda teve a audácia de perguntar: "Você acha que pode ser alcóolatra?". Que ousadia! Na época, a pergunta de fato me ofendeu, e eu disse isso a ele com uma saraivada de palavrões numa voz alterada. É claro que o médico me aconselhou a não beber mais, mas, sete dias depois de deixar o hospital, fui preso por dirigir embriagado no Sunset Boulevard.

Em meio a esse caos pessoal, na verdade houve algumas coisas positivas que ocorreram na minha vida, embora eu estivesse chapado demais para realmente apreciá-las. Conheci Lea Anne, que trabalhava no restaurante Barney's Beanery, e ela logo se tornou a mãe da minha linda filha, Claire. Porém, com oportunidades de cheirar heroína e fumar crack, eu geralmente dava preferência às drogas, em detrimento das pessoas envolvidas na minha vida.

Eu já ouvira muitas histórias de homens e mulheres que perderam tudo, incluindo suas casas e famílias, por causa do vício em drogas e álcool. Mas como isso poderia acontecer comigo? Bem, uma semana "boa" de uso de drogas me custou meu estimado Austin Healy 3000, que ganhei no Natal de 1976 de presente de Peter Grant e virou pó em questão de dias. Em pouco tempo, recebi uma carta dos meus contadores em Londres me informando que minha casa havia sido vendida para o pagamento de dívidas. Fui até meu amigo Elliott, que tinha uma loja de penhores no Santa Monica Boulevard e estava disposto a me deixar penhorar alguns dos meus discos de ouro e platina do Zeppelin, algumas obras de arte, uns dois relógios, alguns anéis e qualquer outra coisa que eu pudesse encontrar em troca de dinheiro de bêbado.

Quando Claire nasceu, eu esperava que, em algum nível, esse acréscimo maravilhoso à minha vida me tornasse alguém mais responsável e talvez me incentivasse a passar mais tempo em casa e a abandonar o álcool e as drogas. Talvez eu até me tornasse sóbrio o bastante para segurar um emprego a longo prazo – isso, porém, só aconteceria depois de vários anos de tristeza causada a mim mesmo e àqueles mais próximos de mim.

Pouco depois, após receber duas multas por dirigir embriagado (uma de carro, uma de moto) na mesma semana, decidi que precisava ir a Londres visitar minha mãe, que eu não via há três anos. Assim, com o dinheiro que consegui ao vender a moto para Elliott, parti para a Inglaterra. Minha ex-esposa, Marilyn, me recebeu no aeroporto, e eu me hospedei na casa dela nos dois primeiros dias da viagem.

Nessa visita ao Reino Unido, liguei para Peter Grant. Depois de uma conversa breve, ele sugeriu que eu pegasse um trem até Sussex, onde ele teria um carro à minha espera para me levar à Horselunges Manor, sua casa histórica e enorme, cercada pelo fosso que era preciso cruzar pela ponte. Quando cheguei à propriedade, Ray Washburn, assistente de Peter, me recebeu com um abraço. Peter se encontrava na sala de estar, cercado por sua coleção cada vez maior de pinturas e objetos de decoração *art nouveau* e *art déco*. Enquanto Peter me abraçava, Ray fez a pergunta que eu estava ansioso para ouvir: "O que você gostaria de comer e beber?". Por alguns momentos, enquanto Ray providenciava o álcool, me senti quase transportado para a época do Zeppelin, quando eu pensava estar no topo do mundo. Disse a mim mesmo que, de algum modo, precisava voltar ativamente à indústria da música.

Esse retorno, porém, ainda estava distante. Na verdade, enquanto estive na Inglaterra, precisei de dinheiro tão desesperadamente, que fui trabalhar nos andaimes – algo que não fazia desde 1966, quando deixei o The Who. Meu primeiro trabalho foi na Amberly Road School, a duas viagens de ônibus da casa da minha mãe. A melhor explicação que pude inventar para meus colegas de andaime era a de que fui morar nos EUA e estava meio enferrujado. Ao final do primeiro dia, estava também bastante dolorido, e precisei me cobrir de Salonpas para amenizar a dor muscular.

Na verdade, me surpreendi por não ter perdido tanto as habilidades para aquele trabalho – mas meu coração decerto não estava nele. Inclusive, a certa altura, depois de um dia de trabalho árduo, senti um desespero incomum. Comprei flores e as coloquei no túmulo do meu pai. Ao caminhar de volta para casa pelas margens do canal, comecei a gritar com Deus pela vida que ele me dera, me perguntando por que eu não pude ser como as outras crianças com quem cresci, ignorante de todo o glamour e brilho que conheci, e agora com pouca esperança de um dia retornar àquele estilo de vida extravagante. Houve momentos em que quis acabar com tudo, mas isso teria partido o coração da minha mãe.

Então, houve uma reviravolta inesperada. Depois de três meses sóbrio, Caesar Danova, um velho amigo, me mandou um telegrama em que me pedia para ligar para ele a cobrar em Tóquio, a respeito de um trabalho no *rock 'n' roll.* Corri até um orelhão, excitado como se fosse arrumar droga.

"Vou organizar um show no aniversário do bombardeio de Hiroshima, em colaboração com o governo japonês, e gostaria que você me ajudasse", Caesar me disse. Na época, os detalhes ainda eram esparsos, mas não me importei. Da minha parte, era um presente de Deus. "Vou depositar alguns milhares na sua conta e te mandar uma passagem de ida e volta de primeira classe para o Japão, e te vejo em breve", acrescentou Caesar.

Fiquei extasiado. Era finalmente um primeiro passo de volta à indústria musical.

O show em Hiroshima, porém, não deu certo – pelo menos não antes de eu me afastar do projeto porque parecia desorganizado demais. Porém, antes de ir embora do Oriente, passei umas duas semanas caindo de bêbado na Tailândia e voltei para casa sem um centavo no bolso. Como eu havia desistido, Caesar tomou de volta a casa em Mayfair que ele havia providenciado para eu morar, assim, fui mais uma vez para a casa da minha mãe e para o andaime. De todo o modo, essa experiência toda ainda me deu uma esperança de que talvez eu pudesse encontrar outros trabalhos no *rock 'n' roll*.

Entretanto, continuei a passar por tempos difíceis. A certa altura, em Londres, minha mãe ameaçou me expulsar do apartamento dela, convencida de que eu havia me tornado um "alcóolatra inveterado" (imagine só!). No período em que vivi com ela, até tentei (sem sucesso) pegar dinheiro de sua bolsa sem a permissão dela – era o quanto eu estava desesperado para beber.

E então chegou o dia que mudaria minha vida. Era 2 de janeiro de 1986 – meu aniversário de 40 anos – e eu havia penhorado meu relógio Cartier e me juntado a meus amigos "vilões" para uns goles de aniversário no Adelaide Pub, em Chelsea. Na metade de um *pint*, uma voz na minha cabeça disse: "É isso, Richard. Chega".

Dispensei a cerveja e desde então não encostei em mais nenhuma! Mas, naquele momento, me senti assustado e rapidamente liguei para meu traficante de heroína para comprar um grama. Usei metade na casa dele, e a outra metade na manhã seguinte – a última vez que usei drogas. Fui nadar e depois liguei para um amigo próximo, o compositor Lionel Bart, que me disse: "Estou indo para uma reunião de ex-viciados em drogas que estão limpos, em Chelsea".

Quase que por impulso, falei para ele: "Acho que vou também. Encontro você lá".

Ao subir as escadas e entrar no salão, foi como entrar numa sala cheia de velhos amigos com quem eu havia bebido e usado drogas ao longo dos últimos vinte anos. Tirei meu casaco e me sentei.

Ao olhar ao meu redor, foi como se o peso do mundo tivesse sido tirado dos meus ombros. De algum modo, eu soube que estava finalmente em casa. Senti-me num lugar seguro – e de fato nele estava.

Aquela reunião em 1986 se tornou o trampolim para a minha sobriedade. Sim, enfrentei algumas dificuldades ao longo do caminho, mas desde então nunca mais bebi ou usei cocaína ou qualquer outra droga. Naquela tarde, finalmente reconheci o quanto era importante colocar minha vida de volta nos trilhos, e foi o que fiz. A sobriedade transformou a minha vida dramaticamente para melhor.

Talvez não seja de surpreender que, assim que a notícia de que eu estava sóbrio se espalhou, meu telefone enfim começou a tocar. Não, não chegava a tocar constantemente, mas eu voltei a trabalhar de novo e, às vezes, os trabalhos eram firmes e recompensadores. Sim, eu ainda trabalhava no andaime de vez em quando, e a certa altura vendi alguns discos de ouro para pagar uma passagem para Los Angeles para visitar Claire no aniversário de quatro anos dela. Mas então, certa noite, trombei com Patrick Meehan, empresário e velho amigo. Ele ficou tão impressionado por eu estar limpo e sóbrio há quase um ano, que, no ato, me ofereceu o trabalho de *tour manager* para o Black Sabbath. A oferta chegou tão rápido, que fiquei meio atordoado e até entrei um pouco em pânico – mas topei.

Meus primeiros shows com o Black Sabbath foram em Atenas, na Grécia, em 1987, de onde então fomos para Sun City, na África do Sul, para dois fins de semana. Em seguida, Alemanha e Itália. Durante esse tempo todo, frequentei reuniões de sobriedade.

Para mim, a parte mais surpreendente dessa turnê foi que tudo parecia tão simples – tanto que parecia que eu estava me esquecendo de algumas coisas. Só que aí me dei conta de que, no passado, eu passava a maioria do tempo à procura de drogas e fazendo uso delas. Viajar em turnê sóbrio era muito mais fácil e muito menos dispendioso. Em vez de procurar maneiras de conseguir droga, eu usava o tempo livre para ir a reuniões de sobriedade.

Depois do trabalho com o Black Sabbath, foi muito mais difícil do que eu pensava conseguir outro posto de *tour manager*. Mudei-me para Los

Angeles para ficar perto de Claire e para procurar emprego. Sem dinheiro, trabalhei por um tempo para meu amigo Marcus, que acabara de lançar um serviço de mensageiros e precisava de motoristas para fazer entregas. Assim, andava de moto por toda Los Angeles entregando mensagens em escritórios, incluindo aqueles com quem havia trabalhado na época do Zeppelin. Uma dessas entregas foi no escritório de Danny Goldberg, que cuidou da publicidade do Zeppelin por muitos anos e agora era dono de uma companhia de empresariamento.

Quando disse à recepcionista de Goldberg que queria falar com Danny, ela arregalou os olhos para mim, me imaginando um *office-boy* bem do corajoso para pedir para falar com o chefe. Porém, lancei um olhar para ela como se dissesse, é melhor você dizer ao sr. Goldberg que estou aqui. Em alguns minutos, Danny saiu da sala para me cumprimentar e ficou surpreso ao me ver entregando mensagens, mas genuinamente empolgado quando lhe disse que estava sóbrio. "Pode me ligar quando quiser. Não tenho nada para você no momento, mas, por favor, mantenha contato, Richard." Assim como trabalhar nos andaimes, entregar mensagens era uma forma rápida de aprender humildade.

Como mencionei no capítulo 57, Sharon Osbourne (esposa de Ozzy) havia se tornado uma das minhas melhores amigas no meio musical. Fui motorista de Ozzy até algumas reuniões de sobriedade e isso fez com que Sharon e eu nos reencontrássemos, e ela me convidou para ajudá-la com alguns dos artistas dos quais era empresária, a começar por Lita Ford. Comecei a trabalhar do hotel Sunset Marquis, organizando uma turnê de doze semanas para Lita, que serviria de divulgação para seu novo álbum (que se tornou meu primeiro disco de ouro enquanto sóbrio!). Também foi minha primeira turnê de ônibus pelos EUA, e, por estar sóbrio pela primeira vez durante um giro pelo país, pude visitar cidades pelas quais passei muitas vezes, mas agora as via com novos olhos.

Com Lita, tive de me acostumar a viajar sem um Boeing 707 particular para nos transportar, e a dormir no ônibus nos trajetos entre uma cidade e outra. O ônibus era um Eagle 10, acompanhado por um caminhão da U-Haul, que transportava os instrumentos da banda, e cada membro da equipe tinha sua função designada (tais como técnico de bateria ou de guitarra) e um cartão de visita. Todos recebíamos uma diária para alimentação – uma situação muito diferente daquela do Zeppelin, em que eu gastava com qualquer coisa que eu ou a banda quiséssemos.

A turnê com Lita foi estranha porque, pela primeira vez em muitos anos, eu não estava com a banda *headliner* (em parte da turnê, Lita abriu para um velho amigo, Ted Nugent), mas pelo menos estava trabalhando e muito grato por esse trabalho. Os tempos haviam mudado de outras maneiras também. Não havia mais destruição de hotéis e camarins – isso simplesmente não era mais tolerado. Com o Zeppelin, eu sabia desde o início que a banda se tornaria uma das maiores de todos os tempos, e nunca teria de voltar às pequenas casas de show e pequenos clubes do início, então eu nunca me preocupava em retornar a lugares que destruímos e arruinamos. Porém, com Lita e com outros artistas com quem eu logo trabalharia, parecia sensato ficar do lado dos *promoters*. Ao mesmo tempo, agora que meu ego sóbrio não estava mais fora de controle, a mim não importava que não nos hospedássemos nos melhores hotéis e nas suítes mais sofisticadas. Francamente, em 1988 – tantos anos desde o último show do Led Zeppelin –, só estar na estrada já era um deleite e tanto.

Enquanto isso, Sharon se tornou uma das melhores empresárias do ramo, providenciando os contratos dos shows e então me deixando executar o trabalho sem interferência alguma. Desde a minha última turnê pelos EUA com o Zeppelin, porém, houve mudanças drásticas na indústria musical. A MTV se tornou um veículo poderoso para a venda de discos, substituindo boa parte das turnês constantes dos anos 1960 e 1970, que (junto com a divulgação no rádio) eram necessárias para o estabelecimento de uma base de fãs.

No meio da turnê de Lita, seu álbum ganhou disco de ouro e o *single* "Kiss Me Deadly" inundou as ondas de rádio de costa a costa. Porém, inesperadamente, a turnê terminou de maneira abrupta para mim. Dois dias depois de um show em Montreal, Sharon me disse que Lita não me queria mais como *tour manager*. O motivo? Ela alegava que eu era muito rigoroso. Sharon, no entanto, me garantiu que essa dispensa nada tinha a ver com a qualidade do meu trabalho, e que me ajudaria da maneira que pudesse.

Fiquei arrasado com essa notícia inesperada, e não tive certeza do que fazer a seguir. Porém, enquanto ponderava sobre meu futuro, precisava de um emprego – e voltei à vida no assento de uma moto, entregando mensagens para pagar as contas. Contudo, antes que meu desespero se tornasse intenso demais, Sharon me ligou de novo.

"Ozzy quer ficar sóbrio de verdade", disse ela. "Ele me perguntou se você toparia ir para Londres passar um tempo com ele, fazer companhia a ele, e acompanhar sua *press tour* europeia para divulgar o disco novo." Sharon quis, ainda, que eu acompanhasse Ozzy na turnê norte-americana que estava por vir.

Fiquei empolgadíssimo, foi como ser catapultado para fora de um buraco negro e profundo.

Alguns dias depois, Ozzy e seu motorista, Tony, me buscaram no aeroporto de Heathrow, em Londres, de onde então fomos para sua bela casa, escondida atrás de um muro alto de pedra na região de Buckinghamshire. Tony me levou até meu quarto, que tinha uma bela vista dos jardins bem cuidados e do parque de veados privado dos Osbournes a distância. Em seguida, saboreamos um almoço delicioso de cordeiro e batatas assadas.

Passei vários meses trabalhando na casa de Ozzy, viajando de Londres a várias cidades da Europa para acompanhá-lo em coletivas de imprensa – e em reuniões de sobriedade. Ozzy parecia curtir essa nova vida sóbria, e eu certamente curtia trabalhar para ele.

Pouco depois, Sharon se juntou a nós em Londres (os filhos já estavam lá com Ozzy). Foi uma oportunidade para a família passar um tempo junta antes de termos de voltar aos EUA para os ensaios para a turnê norte-americana de 1988. Partimos para Dallas para uma semana de ensaios, e ele ainda estava comprometido em se manter sóbrio. Todavia, antes do ensaio, íamos juntos a uma reunião de sobriedade que nos colocava no devido estado mental para o dia. Ao final da semana, seguimos para Pensacola, para o primeiro show da turnê.

Essa apresentação na Flórida foi a primeira a que assisti de Ozzy, e ele foi um *showman* e tanto, sua música era magnífica e ele transbordava energia, fez um show inesquecível. Deu o máximo de si ao público, da abertura à última música.

Viajávamos de ônibus – um Prevost novo, com nove camas e espaço de sobra para nos esticarmos, ainda mais porque os únicos passageiros eram Ozzy, Tony e eu (e Sharon e as crianças, quando elas passavam alguns dias conosco). Mais uma vez, esse estilo de turnê foi diferente daquele do Zeppelin, quando fazíamos pedidos de refeições ao piloto do nosso avião antes de cada show. Já na turnê de Ozzy, a garota do figurino nos dava um menu com uma seleção para escolhermos, e aí a comida estaria à nossa espera no ônibus para comermos enquanto atravessávamos a noite viajando de uma cidade a outra. De fato, funcionava muito bem, exceto pelo fato de que Ozzy e eu frequentemente comíamos por puro tédio – ao final da primeira semana, nenhum de nós conseguia fechar os zíperes das calças, graças ao peso que ganhamos. Ozzy não ficou muito contente com esses quilos a mais, e passou a pedir uma bicicleta ergométrica (e alguns pesos) em seu camarim pelo resto da turnê. Fazia exercícios conscienciosamente e perdeu peso bem rápido. Além disso, cancelamos as refeições pós-show e ele adotou uma dieta de baixa caloria e baixa gordura para se manter em forma.

Quando chegamos a Los Angeles para um show de Ano-novo na Long Beach Arena, consegui ver Claire e Lea Anne, com quem não conseguia passar um tempo desde que comecei a trabalhar com Ozzy, quatro meses antes. Fui a muitas reuniões de sobriedade nesse período em L.A., liderando e palestrando em algumas delas, e ia dormir limpo e sem drogas no organismo todas as noites. Minha sobriedade contínua era o melhor presente de Natal que eu poderia ter me dado.

Ozzy retomou a turnê depois do show em Long Beach, e de lá fomos para Houston, Shreveport, Dallas, Kansas City, Albuquerque e São Francisco. Quando chegamos a Reno, Ozzy colocou uma moeda num caça-níquel e faturou mil dólares. Esperei que isso fosse um bom sinal do que estava por vir, porém, em Seattle, o peso de tantas viagens pareceu se abater sobre Ozzy, que se mostrou exausto. De algum jeito, conseguiu fazer os shows em Seattle e Salt Lake City, mas, a essa altura, já estava estafado e doente demais para seguir em frente. Um médico o examinou e aconselhou Sharon a reagendar as datas seguintes, que foi o que ela fez. Ozzy foi para Londres se recuperar, e eu retornei a Los Angeles – e liguei para Marcus para, mais uma vez, trabalhar como mensageiro.

Quando eu não estava no assento de uma moto costurando por entre o trânsito de L.A., para entregar um envelope ou outro, passava o máximo de tempo possível na academia ou na praia – e nas reuniões de sobriedade. Em meados de 1989, consegui trabalho com o Three Dog Night e atuei como *tour manager* deles até o final do ano. Nesse momento da história da banda, só havia dois vocalistas, Cory Wells e Danny Hutton, mas o som característico deles ainda estava ali. Na época do Zeppelin, chegamos a fazer alguns shows com o Three Dog Night, então eu tinha certa familiaridade com a banda. Inclusive, houve um momento em que Danny foi a primeira opção de Jimmy Page para vocalista do Zeppelin, antes de ele enfim encontrar e se decidir por Robert Plant.

Retornei a L.A. pouco antes do Natal para curtir um tempinho de folga. Porém, ao voltar do Warner Brothers Studios, onde havia me encontrado com um amigo que queria ficar sóbrio, o impensável aconteceu: um carro que vinha correndo na direção oposta invadiu a pista em que eu estava com minha moto. Nem tive tempo de entrar em pânico, mas, por instinto, consegui jogar a moto para a direita, embora não rápido o bastante para evitar uma colisão. O carro me atingiu com força total do lado esquerdo, de forma que eu e a moto saímos voando. Alcançamos uns três metros e meio de altura antes de cair na via, e eu então fui jogado mais uns dois metros e meio para longe quando a moto se partiu em duas. Uma testemunha que viu todo o violento acidente me disse que não acreditava que eu houvesse sobrevivido.

Por sorte, não cheguei a perder a consciência. Lembro-me de abrir os olhos e mover meu corpo com cuidado, para ver se todos os membros estavam intactos. Surpreendentemente, embora eu só estivesse de calça jeans, tênis e jaqueta de couro (sem capacete), não sofri nenhuma fratura, nem traumatismo craniano, mas tive hematomas terríveis, fiquei muito machucado e seriamente abalado. Quando uma ambulância chegou para me levar para o Santa Monica Hospital, me queixei de uma dor no pé direito, então tiraram raios X, que revelaram um dedo quebrado. A moto não teve a mesma sorte e sofreu perda total. De fato, o motorista do reboque que foi buscar o que restou dela ficou estupefato ao saber que eu estava vivo e não a caminho do necrotério.

Considerei-me muito abençoado por ter sobrevivido. Ao deixar o hospital naquela noite, fui mancando até uma reunião de sobriedade para contar minhas bênçãos. Nesse ínterim, Lea Anne teve de ir para o Oregon para visitar sua avó doente, então Claire e eu decidimos passar um tempo juntos, em Santa Barbara, onde pude mimá-la um pouco e celebrar as festas de final de ano com minha preciosa filha – ao mesmo tempo em que deixava meu corpo ferido se curar.

Em fevereiro de 1990, voltei a trabalhar com Ozzy. Com Sharon no escritório dela em Londres, me mudei para a casa de Ozzy nas colinas de Los Angeles por uns dois meses, fazendo companhia a ele enquanto ele compunha e começava a gravar seu próximo álbum. Pouco depois, Sharon me convidou para assumir o posto de *tour manager* de sua nova banda, os Quireboys, cuja turnê norte-americana (e depois mundial) começaria em meados de maio e seguiria até o fim do ano.

Eu não sabia muita coisa sobre os Quireboys, exceto que haviam conseguido um bom sucesso em todo lugar, menos nos EUA. Ouvira falar que eles eram uma turma bem doida e, francamente, fiquei um pouco inseguro quanto a viajar com uma banda que gostava de beber de vez em quando. A essa altura, eu já estava sóbrio havia quatro anos, e a minha maior prioridade era me manter assim.

Havia muito o que organizar para a turnê dos Quireboys (usamos dois ônibus e um trailer no braço estadunidense). Quando finalmente fui para Daytona Beach para o show de estreia, tive uma bela e positiva surpresa. Como mencionei no capítulo 57, a turnê com os Quireboys se mostrou uma experiência das mais felizes. Sim, os caras da banda conseguiam beber em quantidades que lembravam minhas próprias bebedeiras de antigamente (nosso ônibus levava álcool o suficiente para suprir o estoque de uma casa noturna grande!) e adoravam ir atrás de garotas. Porém, ganhei a confiança e o respeito deles: eles seguiam minhas instruções e houve bem poucos perrengues na turnê.

A única ocasião em que entramos em discordância foi numa noite em que eu fiquei preocupado que o rigor das viagens estivesse levando a banda ao limite da exaustão. Sabia que eles precisariam estar em sua melhor forma para ir para a Inglaterra, onde tocariam num enorme festival a céu aberto com os Rolling Stones, no estádio do Newcastle. Para os caras, era o sonho de uma vida, e eu estava determinado a não os deixar se autossabotarem. Assim, para preservar sua saúde, joguei fora todas as bebidas fortes que tínhamos em estoque. Num momento em que o ônibus estava estacionado, esvaziei todas as garrafas numa vala. No meio desse processo, dois membros da banda, Spike e Guy, viram o que eu estava fazendo e ficaram malucos.

"Que diabos você está fazendo?!", gritou Spike. "Tá doido?"

Continuei a despejar o goró vala abaixo, o que para eles foi insuportável. Ficaram absolutamente lívidos, e eu comecei a me preocupar.

Por fim, para acalmá-los, sugeri: "Por que vocês não ligam para Sharon e digam a ela o que estou fazendo?".

Choraram sangue, mas meu comentário os silenciou. Sabiam que não seria uma boa ideia reclamar ou se meter com Sharon, então abaixaram a cabeça e voltaram para os quartos do hotel – o tempo todo me xingando baixinho de todo o tipo de coisa.

Mais de 500 mil pessoas compareceram ao show ao ar livre dos Rolling Stones. Como eu conhecia os Stones e os seguranças deles, providenciei que os Quireboys fossem apresentados a Mick Jagger e posassem para fotos com ele. Segundo os rapazes, foi um dos dias mais empolgantes da vida deles.

Da Inglaterra, os Quireboys voltaram para os EUA, de onde seguiram para o Canadá, a Europa e o Japão, até enfim voltar para casa. Porém, três dias após esse retorno, para um show em Houston, a Capitol Records suspendeu inesperadamente o suporte à turnê. Assim, de imediato, as datas remanescentes nos EUA foram canceladas.

Isso partiu o coração da banda, e eu tampouco me senti bem. No entanto, nem tudo estava perdido: os Quireboys já haviam conquistado um disco de ouro no Canadá e a gravadora deles no país estava convencida de que mais shows ao norte da fronteira poderiam levar ao disco de platina. Assim, duas semanas depois, voamos para Toronto, para uma série de apresentações, incluindo uma na ilha de Victoria, num clube onde estive pela última vez com a New Vaudeville Band, em 1968, muito antes de haver um McDonald's na pitoresca ilha. Dito e feito, antes de a banda ir embora do Canadá, recebeu o disco de platina em Vancouver, para onde Sharon viajou para assistir ao último show da turnê.

Já em casa, recebi fotos tiradas na cerimônia do disco de platina em Vancouver. Coloquei-as ao lado daquelas tiradas na recepção do disco de ouro, seis meses antes, e pude ver quanto desgaste a turnê nos havia causado. Todos parecíamos ter envelhecido alguns anos – um testamento vivo do quão brutal uma turnê pode ser.

Quando Sharon e Ozzy decidiram viajar para a Suíça para o Natal, me convidaram para passar as festas em sua casa na região de Beverly Glen, em Los Angeles. Foi um presente de Natal maravilhoso e, com a permissão de Sharon, dei uma festa para todos os meus amigos sóbrios para celebrar meus cinco anos nessa condição. Ainda comemorei as festas com Claire e comprei a maior árvore de Natal que encontrei e decorei-a com ajuda dela.

Depois de deixar a casa de Ozzy, no início de 1991, aluguei meu próprio apartamento, em Venice. Não me restava muita *memorabilia* musical para decorar as paredes – uns doze discos de ouro e platina do Led Zeppelin, alguns pôsteres originais dos Yardbirds e do Zeppelin, algumas fotografias –, mas era um começo e eu estava empolgado em ter um novo apartamento. O trabalho foi escasso por alguns meses, e eu comecei a escrever este livro. Então fui contratado para sair em turnê com uma banda de Nova York, The Throbs, por seis semanas pelos EUA e pela Europa, e em 1992 cuidei do Alice in Chains, para a Columbia Records, servindo de companhia para a banda durante a gravação de um novo álbum. Em seguida, meu telefone tocou com uma proposta para cair na estrada com o Eden, banda cujos membros incluíam um filho de Frankie Avalon e outro de um dos Everly Brothers. O Eden era uma banda nova da Hollywood Records, e o orçamento pequeno da turnê nos forçou a cortar muitos gastos. Porém, por volta dessa época, eu havia decidido seguir um novo rumo na carreira – como empresário musical – e, com Claire numa escola particular, a turnê com o Eden foi uma oportunidade de somar alguns dólares à minha conta bancária.

Lancei-me como empresário ao lado de meus amigos Michael Lewis e Gary Quinn e do produtor musical Peter Rafelson. Nós quatro decidimos que montaríamos uma banda só de garotas – uma banda só de lésbicas, para ser exato – e bolamos o nome Fem 2 Fem. Só precisávamos encontrar cinco lésbicas lindas, e fazer isso de maneira profissional (concluímos que sair perguntando aleatoriamente a garotas de mãos dadas se elas sabiam cantar nos faria parecer velhacos pervertidos, e não pegaria bem). Assim, divulgamos o tipo de garota que procurávamos e fizemos testes enquanto Michael e Peter começavam a compor músicas para a nova banda.

Quando eu chegava para os testes, ficava maravilhado com a beleza da maioria daquelas jovens. Nosso maior desafio era encontrar as que tivessem as melhores vozes e atitudes – e já que havíamos recebido uma proposta da *Playboy* para uma matéria e um ensaio de três páginas, também precisávamos de garotas que fossem desinibidas e dispostas a se despir. No fim das contas, não tivemos dificuldades em montar a banda. Em questão de dias, as garotas já estavam em estúdio, bem como se preparando para a sessão de fotos para a *Playboy* e para a gravação de um clipe. Com ajuda de estudantes de cinema da Ucla, fizemos um clipe para a MTV e outro (com nudez) para clubes e públicos europeus.

O primeiro show do Fem 2 Fem foi no Dinah Shore Golf Classic, em Palm Springs. Os *promoters* só queriam duas músicas, o que foi fortuito, porque a essa altura as meninas ainda não sabiam muitas canções. Elas também apareceram no programa de TV de Geraldo Rivera, numa matéria sobre "lésbicas femininas". Em pouco tempo, conseguimos um contrato de gravação, um outdoor em cima da Virgin Megastore na Sunset Strip, mais programas de TV, entrevistas em rádios de todo o país e uma participação bastante notória no programa de rádio de Howard Stern (no qual Howard ficou mais do que satisfeito em dar uma boa olhada nos peitos de uma das garotas).

Durante a turnê pelas estações de rádio, a convivência com as garotas era muito divertida, embora eu tenha precisado erguer a voz algumas vezes, em particular quando elas estavam de TPM e reclamando e fazendo manha. Porém, sempre estavam deslumbrantes quando chegávamos nas rádios, mesmo se fosse às seis da manhã.

Desde o início, nosso plano para a banda era gravar discos, abocanhar alguns patrocínios, aparecer no rádio e na TV – e era isso. Mas aí recebemos uma oferta de uma agência importante de Nova York que propunha que as meninas fizessem um show. Eu, é claro, topei de imediato e pedi que nos enviassem o contrato – e então, nervoso, perguntei a Michael e Gary: "Que porra vamos fazer agora?". Quando as garotas cantavam na TV e em apresentações limitadas no palco, mantínhamos as vozes baixas e usávamos *playbacks* para dar um som mais redondo e profissional. Agora, no entanto, precisávamos transformá-las numa banda que cantava de verdade. Seria essa tarefa impossível?

Michael as tomou sob sua tutela e tentou executar um milagre. Depois de apenas uma semana, parecia ter tido sucesso. O Fem 2 Fem estava pronto para o horário nobre. Fizemos um teste numa boate gay em Houston – cidade onde o primeiro *single*, "Switch", vinha tocando bastante. Quando nossas pequenas divas subiram no palco, as *queens* foram à loucura. Enquanto o público gritava e se esgoelava, Michael e eu nos entreolhávamos maravilhados, e então caímos na gargalhada, incrédulos com a nossa boa sorte.

Quase que de imediato, surgiram propostas para o Fem 2 Fem se apresentar em Miami, Tampa, Long Island, San Antonio e mais uma vez em Houston. O grupo também fez mais algumas aparições na TV, incluindo nos programas de Maury Povich e Joan Rivers.

No entanto, mesmo com tudo indo tão bem, tivemos de lidar com um turbilhão de tumultos internos na banda que nos forçou a mudar a formação. Uma das meninas começou a reclamar em relação a *royalties* e saía andando sem rumo no meio do público depois dos shows. Tomamos a decisão de mandá-la embora. Concedemos uma licença a outra delas depois que sua casa sofreu danos sérios num terremoto em Northridge, na Califórnia. Outras duas deixaram a banda por se recusar a cantar as letras escritas por Michael para elas. Porém, sempre encontrávamos substitutas bem rapidamente.

Ao mesmo tempo, outros problemas estavam fermentando: continuamos a gastar mais dinheiro para manter a banda ativa do que ganhávamos. Se não fossem os US$ 110 mil que recebemos de adiantamento para o primeiro disco, teríamos nos afundado em dívidas. Eu esperava que conseguíssemos sobreviver tempo bastante para lançar mais um disco e colher os frutos de direitos autorais.

Nesse ínterim, Michael foi para a Inglaterra com duas das garotas para divulgar a estreia de um espetáculo envolvendo o Fem 2 Fem em Londres, que os tabloides já chamavam de "um show de sexo cantado". Membros do conselho da cidade ficaram ultrajados e insistiram para que cancelássemos o show erótico antes mesmo da estreia. Enquanto Michael ia a programas de rádio defender a liberdade de expressão e a arte no teatro, os membros do conselho apareciam nos ensaios gerais para ver em primeira mão a nudez no palco. Os conselheiros homens pareciam curtir o show, e enxugavam o suor da testa com seus lenços. No fim, porém, decidimos tirar boa parte do sexo e da nudez do espetáculo, de forma que ele pudesse acontecer, embora as garotas ainda aparecessem minimamente vestidas em roupas sexy. Quando o show estreou em Londres, atraiu um público considerável, incluindo um bom número de homens de sobretudo ávidos por ver o máximo de pele o possível.

Por fim, decidi romper os laços com o Fem 2 Fem. O grupo estava me custando dinheiro demais, e senti que seria melhor pagar pela educação da minha filha do que investir mais dólares nele.

Em meio à controvérsia em torno do Fem 2 Fem em Londres, recebi um telefonema de Terry Rindal, que era empresário da banda de *reggae* Black Uhuru. Ele precisava de um *tour manager* para ir até a Jamaica desenrolar os vistos da banda e acompanhá-la numa turnê pela Argentina e pelo Brasil. Era exatamente o tônico de que eu precisava, e voei para Kingston para descansar sob o sol por uma semana antes de a turnê começar. Demorei um pouco para me acostumar a trabalhar com os membros da banda rastafári, mas logo desenvolvemos um respeito mútuo, e a turnê deu tão certo, que Terry me convidou para continuar trabalhando com eles na turnê norte-americana. Com efeito, minha relação profissional com o Black Uhuru perduraria pelos três anos seguintes e eu viajaria o mundo todo com eles.

Numa sequência memorável de shows com o Black Uhuru, com base no Ruffles Reggae Festival, começamos na Argentina e passamos um tempo no Brasil, com apresentações em São Paulo, no Rio de Janeiro e em Brasília. Na praia de Copacabana, no Rio, as garotas de *topless* e pele morena na areia eram absolutamente deslumbrantes e mais do que dispostas a nos divertir. Quase todas as bandas da turnê-festival tiraram um tempo para observar as garotas e tomar sol.

Depois de deixar o Brasil, fomos para a Inglaterra e, em seguida, para a Holanda, para começar a turnê europeia. Nosso voo para o aeroporto de Gatwick, em Londres, chegou tarde, de forma que perdemos a conexão de balsa que nos levaria ao continente europeu. Isso nos deu uma oportunidade inesperada de ir até Brixton, comunidade jamaicana onde pudemos comprar produtos e vegetais importados do Caribe para levarmos conosco para a Europa (e eu também pude visitar minha mãe por uma hora antes de partir).

Viajar com o Black Uhuru era bem rigoroso, e mal tínhamos tempo para recuperar o fôlego. Houve shows em Viena, Bruxelas e várias cidades na Holanda, de onde então fomos para Oslo e, depois, para Berlim (que havia mudado tanto desde que fui de carro para lá com Ronnie Wood, dos Stones, numa turnê do The Creation em 1968 – mais notoriamente, aquele muro horrível havia desaparecido). De Berlim, a banda foi para muitas outras cidades europeias, incluindo Hamburgo e Florença, e então retornamos a Londres, para daí voarmos para os EUA, para shows em Washington, D.C., e Nashville, seguidos por datas nas Carolinas do Norte e do Sul, em Wisconsin e em Thunder Bay, no Canadá. Sempre viajávamos numa velocidade atordoante, e quando a banda fez o último show da turnê, em Chicago, havíamos passado por treze países, sessenta e seis cidades e 85 mil quilômetros. No entanto, antes mesmo que pudéssemos tirar uma boa noite de sono, Terry deu uma notícia inesperada: marcara mais shows para nós, nos forçando a partir imediatamente para San Juan, depois Albuquerque e mais uma longa lista de cidades, para enfim terminarmos com dois shows no Havaí e um tempinho para um mergulho e uma soneca na praia. Ainda fico cansado só de lembrar!

Houve mais turnês com o Black Uhuru nos dois anos seguintes, sempre com surpresas de sobra. Num show em Paris, o técnico de som não apareceu, então tivemos de nos virar sozinhos. Dei um dinheiro a mais aos músicos para ajustarem seus próprios instrumentos, de forma que as reclamações foram mínimas.

Quando chegamos a Toulouse, Terry nos ligou com uma notícia terrível: uma longa disputa legal em relação aos direitos ao nome Black Uhuru havia enfim sido decidida – e não em favor da formação atual. Duckie Simpson, um dos membros originais da banda, ganhou os direitos ao nome – o que forçou a turnê a um fim repentino. Foi uma noite triste para todos nós.

Quando retornei aos EUA, só então caiu a ficha do quanto eu sentiria falta dos caras daquela banda, com quem era uma grande alegria trabalhar. Ainda mantenho contato com alguns deles, e de vez em quando tenho notícias de Prince (o baterista da banda) e recebo fotos de seu filho, que é meu afilhado e está crescendo maravilhosamente.

Pouco tempo depois, fui para a estrada com Miriam Makeba, uma artista conceituada, respeitada no mundo todo tanto como cantora quanto como ativista pelos direitos humanos. Em sua terra natal, a África do Sul, é considerada realeza, e com razão. A banda de Miriam era composta por músicos talentosos e profissionais de várias regiões da África, e o show deles era maravilhoso. Foi um prazer trabalhar para ela.

Porém, quando a turnê chegou a San Jose, recebi um recado do hospital na Inglaterra onde minha mãe recebia cuidados. Quando retornei a ligação, fui informado que ela falecera naquela manhã, poucas horas depois de eu ter tentado telefonar para ela, sem sucesso. Fui para Londres imediatamente, deixando para trás a turnê de Miriam Makeba, que, de qualquer modo, já chegava ao fim. Em Londres, acompanhado de minha amiga Jenny Fernando, organizei uma missa para minha mãe, à qual compareceram amigos, vizinhos, parentes e o pessoal bondoso da casa de repouso, que cuidara tão bem dela em seus últimos anos.

Em 1997, recebi um pedido incomum: ficar de olho em Robert Downey Jr. no *set* de um filme, para garantir que ele cumprisse a ordem do juiz de não usar nenhuma droga. Robert assinara um termo no tribunal em que concordava ter alguém de confiança perto dele o tempo todo, que informaria ao juiz caso ele violasse qualquer uma das restrições a drogas que recebera. Um membro da equipe de Robert me disse que, se ele bebesse ou usasse drogas e eu não informasse ao juiz, *eu* seria preso por acobertá-lo – o que, portanto, não parecia uma boa ideia.

Peguei um voo para Boston, onde Robert estava começando a filmar *A Premonição*[38], de Neil Jordan, com Annette Bening e Aidan Quinn, em Northampton. Foi minha primeira vez num *set* de filmagem desde que o Zeppelin fez *The Song Remains the Same*, coisa de uns vinte e cinco anos antes.

Robert se mostrou uma das pessoas mais agradáveis com quem já trabalhei. Verdade seja dita, acordar cedo no *set* não era exatamente a minha ideia de diversão, e o tempo estava bem ruim. Porém, Robert era uma companhia agradabilíssima, e logo chegamos a um entendimento das implicações do meu trabalho. Dei a ele um exemplar da primeira edição de *Stairway to Heaven* e lhe disse: "Como você vai ler neste livro, não sou alguém que você vai querer sacanear. Embora não seja da minha natureza querer ajudar a colocar alguém atrás das grades, se você começar a beber ou usar drogas, não se esqueça de que eu é que não vou para a cadeia pelos erros de outra pessoa. Então, se certifique de se comportar bem enquanto eu estiver por perto, caso contrário, não terei escolha senão ligar para o juiz".

38 Lançado em 1999, o título original do filme de Neil Jordan é *In Dreams* – não confundir com a franquia de filmes de terror *Premonição* (*Final Destination*). (N. do T.)

Uma plateia transbordante em Melbourne, na Austrália, hipnotizada por cada nota do Led Zeppelin, em 1972. *(Acervo de Richard Cole)*

Jason Bonham à procura de atenção enquanto seus pais tiram uma soneca à beira da piscina na *villa* de Bonzo, no Sul da França, em 1972. *(Acervo de Richard Cole)*

"Me ensine a voar, tio Richard!"
(Acervo de Richard Cole)

Page *(à esquerda)*, Plant *(ao centro)* e o cantor Roy Harper desembarcam do Starship, em 1973. *(Acervo de Richard Cole)*

Eu com meu amigo de longa data Daniel Markus *(à direita)*, na época da Atlantic Records, a bordo do *Caesars Chariot*, em 1977. *(Por ©Neal Preston)*

Treino meu equilíbrio enquanto preparo um Brandy Alexander no *Caesars Chariot*, em 1977. *(Por ©Neal Preston)*

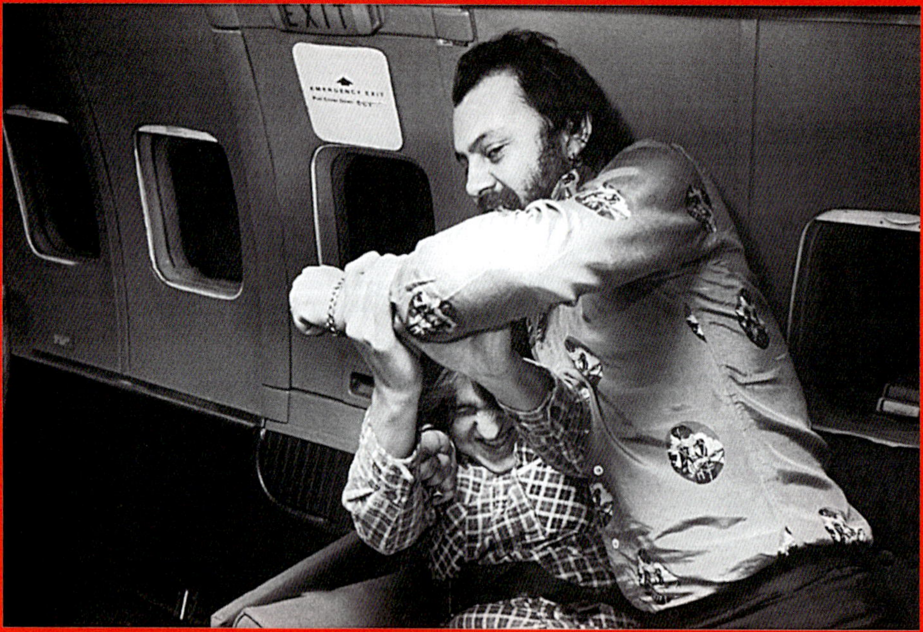

Tento convencer um jovem Cameron Crowe a escrever algo legal sobre mim na *Rolling Stone*. *(Por ©Neal Preston)*

Quando não estava fazendo música, Bonzo apreciava ser um cavalheiro fazendeiro. Aqui está ele, de bengala na mão, na Old Hyde Farm, em 1974. *(Acervo de Richard Cole)*

Minha esposa, Marilyn, e eu durante nossos dias mais felizes – recém-casados, no Caxton Hall, em 1974. À direita, Lionel Bart, o compositor de *Oliver!*. *(Acervo de Richard Cole)*

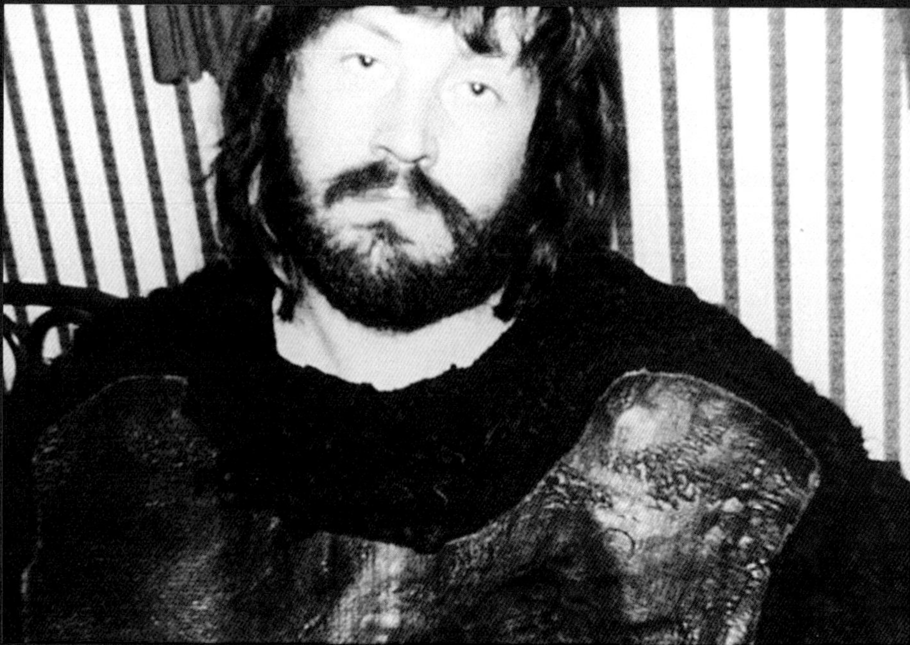

Bonzo, "a fera adorável", com saudades de casa (ou talvez com enjoo do barco) numa festa num barco no rio Mississippi, em New Orleans, em 1975. *(Acervo de Richard Cole)*

John Bonham na estica em New Orleans, em 1977. *(Acervo de Richard Cole)*

Tomando um sol num hotel no Sul da França, em 1976. Bonham é o de roupa preta; sua esposa, Pat, está a seu lado; a cantora Lulu mostra uma fotografia a Bonzo; e Maurice Gibb, dos Bee Gees, prepara a câmera para o próximo clique. *(Acervo de Richard Cole)*

Robert *(à esquerda)*, Jimmy *(ao centro)* e John Paul *(à direita)* tocando para um público enorme em Oakland, em 1977. *(Acervo de Richard Cole)*

Jimmy claramente se divertindo com a banda em Oakland, em 1977 – o último show do Led Zeppelin nos Estados Unidos. *(Acervo de Richard Cole)*

Robert *(à direita)* e Jimmy... desfrutando dos holofotes e da adulação do público. *(Acervo de Richard Cole)*

Eu na beira do palco em Oakland, em 1977. "OK, hora de dar um tiro." *(Acervo de Richard Cole)*

John Paul se concentra no teclado durante o show em Oakland, em 1977. *(Acervo de Richard Cole)*

O Led Zeppelin faz uma breve pausa no palco em Melbourne, em 1972.
(Acervo de Richard Cole)

Enquanto eu durmo, Robert parece satisfeito com os enfeites com os quais me adornou em Nova York, em 1977. *(R. E. Aarm)*

Peter *(à esquerda)* e Johnny Bindon, um dos assistentes da banda, no Edgewater Inn, em 1977. "Aquilo é mais um frigobar caindo no Puget Sound?" *(Acervo de Richard Cole)*

Quando me casei pela segunda vez, foi uma cerimônia dupla, que contou com uma recepção num conhecido pub, em Fulham. Na frente *(da esquerda para a direita)*: eu e minha nova esposa, Tracy, Deseree e Simon Kirke (do Bad Company). Atrás *(da esquerda para a direita)*: Benji Le Fevre, Robert, Jimmy, Paul Rodgers (do Bad Company), John Paul e o compositor Lionel Bart. *(Acervo de Richard Cole)*

Aqui, relembro os bons tempos com velhos chefes e amigos *(da esquerda para a direita)*: Carmine Appice (do Vanilla Fudge), Rod Stewart, eu e Robert Plant. A foto foi tirada numa festa depois do show de Robert no L.A. Forum, no verão de 1982. *(Acervo de Richard Cole)*

Em 1990, uma década depois do fim do Led Zeppelin, Jimmy *(ao centro)* e eu posamos para fotos com Spike Gray *(à direita)*, dos Quireboys, no Monsters of Rock, em Donnington. *(Clark Duvall)*

Integrantes do Fem 2 Fem abraçam seu empresário no Texas, em 1994 (as garotas são, da esquerda para a direita, Alitzah, Julie Ann, Christina e Lezlee). *(Acervo de Richard Cole)*

Aqui, eu relaxando com o Crazy Town em Malibu, em maio de 2001... ainda curtindo a vida ao máximo. *(Por ©Mark Weiss/Angles)*

Robert foi muito profissional no *set*, sempre educado, sempre gentil para com os fãs – frequentemente, dava dezenas de autógrafos de uma vez. Todo mundo, na frente e atrás das câmeras, gostava dele. Porém, ficou difícil desfrutar muito dessa experiência quando fui acometido por uma gripe feia. Para somar à minha indigência, Northampton não é exatamente a cidade mais animada do mapa; quando eu passava por ela em turnês com bandas, tentávamos ir embora o mais rápido possível depois dos shows, para tentar achar ambientes mais agradáveis. Por sorte, depois de umas duas semanas – e algumas reuniões de sobriedade, às quais Robert ia junto comigo –, a equipe de filmagem e o elenco seguiram para a próxima locação, Fontana Village, na Carolina do Norte. Ninguém ficou mais feliz do que eu com essa mudança de cenário. Em seguida, deixamos as Carolinas e partimos para San Diego, onde a esposa de Robert, Debbie, e seu filho, Indio, se juntaram a nós e tiramos uns dois dias de descanso e relaxamento antes de viajar para o México, para concluir as filmagens no mesmo estúdio onde *Titanic* foi filmado. Robert e eu dividimos uma suíte num Marriott ao sul da fronteira e pudemos nos conhecer um pouco melhor. Ele continuava entusiasmado com as reuniões de sobriedade e em se manter no caminho para a recuperação. Fiquei muito contente por ele parecer determinado a acertar as coisas dessa vez. Ao final da viagem para o México, na manhã do Dia de Ação de Graças de 1997, levei Robert até um centro de reabilitação em Malibu, onde ele moraria até retornar ao tribunal, no mês seguinte.

Mais de um ano depois, trabalhei novamente com Robert. Ele me ligou certa tarde para me convidar para ir a Pittsburgh, onde atuaria com Michael Douglas no filme *Garotos Incríveis*. "Gosto de trabalhar com você", me disse, acrescentando que precisaria de mim no *set* por cerca de dois meses. Já que os trabalhos em turnês musicais andavam bem devagar no início de 1999, pensei: por que não?

Voei para a Pensilvânia e me hospedei na suíte real no hotel Westin William Penn, certamente mais luxuoso do que nossas habitações em Northampton, em 1997. Nossa suíte tinha dois quartos, um *lounge*, uma sala de jantar grande e uma cozinha equipada com duas cafeteiras e uma prateleira repleta de café Starbucks. Nas primeiras horas em Pittsburgh, tive de preencher formulários e dar telefonemas para tratar com a seguradora que dava cobertura a Robert para o filme. Até o final das filmagens, tive de passar relatórios semanais aos seguradores para informar que ele ainda estava sóbrio (e ele sempre esteve).

Não havia muito o que fazer em Pittsburgh, a não ser enfrentar o clima congelante durante as filmagens noturnas, que quase sempre se estendiam até alta madrugada. Robert e eu dormíamos tarde com frequência, mas acordávamos a tempo de ir às reuniões de sobriedade, a uma caminhada de cinco minutos do hotel.

Michael Douglas sempre foi um cavalheiro e, no aniversário de Robert, organizou uma festa para ele num restaurante elegante. Ao final do jantar, Michael ofereceu a ele um contrato de três filmes de sua produtora como presente de aniversário – contanto que ele permanecesse sóbrio. Entregou a Robert uma bela pasta de couro de avestruz contendo uma cópia do contrato, um presente bastante generoso e inspirador. Enquanto estive com ele, Robert manteve o compromisso com a sobriedade.

Quando as filmagens de *Garotos Incríveis* enfim terminaram, já era primavera e fiquei contente em voltar a Los Angeles. Robert e eu pegamos o voo das 20h30 de volta para casa e, desde então, foi a última vez que o vi. É um ator que tem um talento tremendo, um senso de humor maravilhoso e ama imensamente seu filho, Indio. Porém, sei o quão difícil pode ser manter essa doença terrível sob controle. Desejo o melhor a ele em se manter sóbrio.

Nos últimos anos[39], viajei com uma variedade de artistas – ou pelo menos estive preparado para fazê-lo, num exemplo memorável. Eric Wasserman, empresário de Diana Ross, me ligou pouco tempo depois do anúncio de que Diana logo sairia em turnê com duas novas Supremes. Ele me convidou para acompanhar as novas garotas na turnê, a começar pelos ensaios num estúdio, em San Fernando Valley, e eu topei. (A parte mais legal era

39 Isto é, à época da publicação da edição de 2002 de *Stairway to Heaven.* (N. do T.)

que os ensaios aconteciam ao lado de um estúdio onde Ozzy Osbourne se preparava para sua próxima turnê – e Ozzy sempre tinha uma xícara de chá no jeito, o que era uma ótima maneira de começar o dia ou a noite.)

Durante os ensaios das Supremes, eu não parava de ouvir que as vendas de ingressos para a turnê vindoura andavam bem abaixo das expectativas. De todo o modo, ainda era um trabalho e o dinheiro era bom, e com certeza era melhor do que estar desempregado.

No fim das contas, só trabalhei com as garotas por alguns dias, até que Diana e as outras cantoras soltaram a bomba: decidiram que queriam que eu fosse substituído por uma mulher. Recebi um telefonema de Lars Brokar, gerente de produção delas em Londres, que me disse que Diana acabara de acordar com uma *tour manager* mulher para as garotas, e que ele teria de me dispensar. Não pediu nenhuma desculpa.

Pouco depois de meus laços com Diana Ross e as Supremes terem sido cortados abruptamente, meu amigo Jack Carson sugeriu que eu ligasse para Dan DeVita, que era empresário do Fu Manchu e precisava de um *tour manager* para os shows da banda na Europa. Quase ao mesmo tempo, fui convidado para trabalhar na turnê de Paul Rodgers. Ao comparar as duas agendas de shows, ficou claro que eu poderia dar conta de ambos os trabalhos sem conflitos, então aceitei os dois.

Paul e eu já nos conhecíamos há muitos anos, desde a época da Swan Song Records, e ambos trabalháramos com Peter Grant. Fazia pelo menos vinte anos a última vez que eu vira Paul se apresentar com o Bad Company. Informei a Chris Crawford, o atual empresário de Paul, que eu já estava sóbrio há quatorze anos, de forma a tranquilizar qualquer receio que ele pudesse ter de eu ainda ser o selvagem de antigamente. Embora eu tenha aceitado o trabalho, também fiquei desapontado em saber que estaríamos em turnê na formatura de Claire do Ensino Médio. Ela entendeu que não havia como eu voltar para casa, e era desse trabalho que saía o dinheiro para a educação dela. (Consegui falar com ela por telefone no dia da formatura, e ela ficou muito feliz com as flores que mandei; fiquei claramente orgulhoso quando Claire não só ganhou muitos prêmios na formatura

– primeiros lugares em literatura inglesa, escrita criativa e jornalismo –, como também uma bolsa de estudos para uma das melhores faculdades de arte de Los Angeles.)

As datas da turnê de Paul se baseavam basicamente em Londres, então, para reduzir gastos com hotéis, minha ex-esposa, Marilyn, me deixou ficar na casa dela (a maioria dos membros da banda, incluindo o guitarrista Jeff Whitethorn, um velho amigo, ficaram em suas próprias casas, e eu geralmente alugava um carro para nos levar para a maioria das apresentações em Londres e região). Essa turnê foi repleta de nostalgia, e incluiu até um show no Cavern Club, antigo lar dos Beatles, onde estive pela última vez em 1965, com o The Who (quando a música inacreditavelmente alta deles fez soltar gesso das paredes e do teto!).

No dia seguinte à última apresentação de Paul Rodgers, descansei um pouco e parti para o primeiro show da turnê europeia do Fu Manchu, e já nas primeiras horas nesse trabalho tive de fazer algumas alterações de última hora nas reservas de hotéis e viagens. De cara, já me deparei com as confusões costumeiras que parecem fazer parte de toda turnê grande e estão muito além do controle de qualquer um. Bem no início, todos os voos não locais que sairiam e chegariam a Londres foram cancelados, devido a uma falha importante no sistema de radares, então a banda não pôde embarcar nos EUA, de forma que foi preciso cancelar o primeiro show, em Manchester. O Fu Manchu acabou voando para Dublin, de onde pegou uma ponte aérea para o aeroporto de Gatwick, onde os encontrei e dei a partida para o show em Southampton. Em pouco tempo, estávamos na Alemanha, e de lá dirigimos pelos Alpes até o aeroporto de Milão, para pegar um voo para Lisboa. Graças a Deus, contamos com dois motoristas nesse braço da turnê, caso contrário, não teríamos como fazê-lo de forma segura (inclusive, o ônibus quebrou duas vezes durante a viagem).

O Fu Manchu enfim conseguiu chegar à Suíça para um festival, seguindo depois para Bonn, Leeds, Liverpool e Belfast. Nós nos divertimos muito naquela turnê, mas nem tudo foi um mar de rosas. Chegamos a Belfast na época de uma manifestação protestante, e havia fogueiras nas ruas e patrulhamento policial extra na frente do clube onde a banda tocou. Temendo por nossa segurança, a polícia fechou o clube mais cedo, cortando o *set* por medo de que o show fosse interrompido por alguma bomba lançada pela janela. Assim, acabamos por dormir cedo. Um dia de trabalho qualquer para um *tour manager* de *rock 'n' roll.*

Pouco depois disso, fui trabalhar para os Gipsy Kings, um grupo de irmãos e primos oriundos do Sul da França. Na turnê, fiquei responsável pelo transporte e pela hospedagem deles, e me certificava de que todas as necessidades fossem atendidas. Foram cinco semanas ótimas, desfrutando dos melhores hotéis – Ritz-Carltons, Meridians e Four Seasons –, sem falar em quase uma semana no Rihga Royal, em Nova York. Eu certamente curtia trabalhar para os Gipsys, mesmo que eles não falassem inglês muito bem e, portanto, a comunicação fosse um desafio.

Levou um tempo até os Gipsy Kings desenvolverem confiança e convicção em mim, mas, depois da primeira semana, perguntaram a Pascal, um de seus empresários, por que não me contrataram antes, já que, sob minha tutela, a vida na estrada corria muito tranquilamente. Pascal também me pediu para cuidar do *merchandising* – parte do trabalho que sempre achei absolutamente desagradável –, mas quase todo o resto da turnê deu muito certo. Fiquei triste por não ter durado mais.

Por sinal, foi incrível eu não ter perdido o controle das minhas medidas naquela turnê, já que Pascal sempre me pedia para levar os membros da banda para almoçar antes da *siesta* – e sempre havia jantares depois dos shows, nos melhores restaurantes da cidade. Tudo parte do trabalho.

No momento em que escrevo estas páginas finais, estou trabalhando como *tour manager* do Crazy Town desde o outono de 2000. Meu amigo Tony Morehead fez alguns shows para essa banda de Los Angeles, mas acabou se comprometendo com outro grupo, e então me perguntou se eu estaria interessado em assumir o posto dele. O empresário da banda, H. M. Wollman, um rapaz charmoso, pareceu muito satisfeito quando contei a ele dos meus quinze anos de sobriedade. Afinal, alguns dos membros do Crazy Town estavam recém-sóbrios, e ele achava que eu seria uma influência positiva para eles. Assim, com sua aprovação, comecei a preparar a turnê, que iniciaria em novembro. Na época, eu não sabia nada sobre o Crazy Town, incluindo o tipo de música que eles tocavam.

De todo o modo, a banda parecia contente por eu ter pego o trabalho. Uma semana antes, falei numa reunião de sobriedade a que os membros em recuperação compareceram, então, quando eles ficaram sabendo que eu fora contratado, aparentemente ninguém reclamou.

Uma semana depois, fui até o estúdio onde eles ensaiavam para conhecê-los. Ao cumprimentá-los, meu primeiro pensamento foi: "No que foi que eu me meti?". Os caras da banda tinham tantas tatuagens, que mal dava para ver a pele. Quando começaram a tocar, a música era tão barulhenta naquela sala pequena, que meus ouvidos começaram a doer. Por fim, pedi licença e saí para pegar um café, o tempo todo me perguntando se eu ainda dava conta dessas coisas.

Uma hora depois, retornei ao estúdio, onde só restavam dois membros da banda – Squirrel (o guitarrista) e JBJ (o baterista). Batemos um papo por um tempo e, aos poucos, passei a conhecê-los melhor e aos outros rapazes. Em poucos dias, gravariam o clipe de seu novo *single*, "Butterfly", e então partiríamos para Oklahoma, primeira parada da turnê.

O Crazy Town foi impressionante nesse primeiro show, em Tulsa. Lembro-me de pensar: "Não entendo nada de *hip-hop* ou o que quer que seja essa música que eles tocam, mas o público com certeza adora".

No site da banda, um dos vocalistas, Epic Mazur, diz: "Não sei como você classificaria nossa música. Às vezes, você pode pensar que é puramente *rock*; às vezes, só *hip-hop*. Porém, ao ouvir o álbum todo, estamos expressando qualquer tipo de música por meio de uma mentalidade de *hip-hop*. Somos uns moleques do *hip-hop* que precisavam de *rock*, mais do que moleques do *rock* que precisavam de *rap*".

Aquela primeira turnê com o Crazy Town seguiu tranquilamente de Tulsa a Atlanta, de Atlanta a Norfolk, onde a banda abriu para o Orgy, e então para Knoxville, onde passamos a *headliners* junto com o Shuvel e o Slaves on Dope. O Crazy Town se mostrou um pessoal ótimo, e os músicos recém-sóbrios iam regularmente a reuniões de sobriedade comigo. Pareciam se dar bem entre si, e, às vezes, compunham e praticavam música num estúdio montado nos fundos do ônibus. Embora eu tenha ficado sabendo que a banda não ganhara nenhuma estrelinha dourada por simpatia e bom comportamento na turnê anterior, isso acontecera quando eles ainda usavam drogas, ou seja, antes de se limparem. Desde que comecei a trabalhar com eles, nunca ouvi reclamação alguma quanto a seu comportamento – nem eu nem ninguém.

Em seguida, a turnê chegou a Lawrence, Kansas, que se mostrou ser uma cidadezinha bem agradável, com uma reunião de sobriedade a poucos minutos do hotel para manter a todos nós na linha. Depois, seguimos para St. Louis, cidade natal de Trouble, um dos integrantes da banda. Lá, Trouble pôde passar algumas horas com seu pai e mostrar a ele como a sobriedade o havia mudado, e eu pude ver como seu pai ficou orgulhoso (isso é sempre bom, já que a maioria de nós, *junkies* e bêbados, sempre acabam machucando aqueles mais próximos de nós).

Próxima parada, Cincinnati, e então alguns dias em Detroit, onde eu esperava ver Kate, uma antiga ex-namorada, mas ela estava num eremitério hindu naquele fim de semana. É claro, quando você é jovem, há garotas de sobra para você na estrada, se você assim desejar, embora alguns músicos se contentem em só ligar para as namoradas em Los Angeles, ou onde quer que vivam. Já para mim, os dias de ir atrás de mulheres como eu costumava fazer acabaram, a menos que alguma chama do passado apareça e se reacenda como nos velhos tempos. Em geral, vou dormir cedo, a menos que em alguma ocasião extraordinária eu acompanhe alguns dos caras até alguma casa de *strip* – porém, ao não receber muita atenção das *strippers*, sempre me pergunto por que não gastei meu dinheiro com um par novo de mocassins Gucci ou alguma outra coisa que eu queira (os rapazes do Crazy Town às vezes me chamam de "paizão" – o que isso diz a respeito da minha idade?).

Continuamos a tocar em grandes cidades da Costa Leste e do Meio-Oeste, incluindo Cleveland, Filadélfia, Boston, Hartford, Pittsburgh, Columbus, Baltimore e Milwaukee. A maioria dos dias era igual, com uma sequência de entrevistas por telefone, visitas a estações de rádio, coletivas de imprensa e qualquer coisa que leve a banda aos olhos e ouvidos do público.

Quando chegamos a Nova York, tirei um tempo para visitar a Catedral de São Patrício, onde acendi velas e rezei pela minha família.

À medida que a turnê continuava, "Butterfly" tocava cada vez mais no rádio, e o público dos shows só crescia. Alguns *promoters* nos pediam para ser a atração principal, mesmo se originalmente estivéssemos escalados para a abertura.

Naquela turnê em particular, um dos maiores desafios foi o clima. Baseando-me na previsão do tempo do Weather Channel, me dei conta de que talvez o trajeto de Chicago a Portland (Oregon) seria excruciante, com uma grande tempestade de neve prevista para parte do percurso. Chicago em si estava quase coberta de neve, e conseguir chegar a Portland a tempo do show parecia duvidoso. O gerente de produção, Eddie Oetella, e eu, juntamente com nosso motorista de ônibus, decidimos seguir para o sul, em busca de uma clareada no tempo, e então para São Francisco. Porém, ao cairmos na estrada, até esse trajeto foi traiçoeiro, embora o motorista, Jim Wiggins, da Coast to Coast Coaches, tenha sido de uma competência excepcional em controlar o ônibus nas rodovias cobertas de gelo.

A boa notícia era que o clipe de "Butterfly" estava tocando na MTV e o *single* vendendo extremamente bem – e sua popularidade só aumentava. O CD da banda vendia cerca de 3 mil cópias por semana quando a turnê pelos EUA começou; ao final do ano 2000, essas vendas haviam disparado para 75 mil cópias por semana. A banda tocou os últimos três shows da turnê – em San Bernardino, Fresno e sua cidade natal, Hollywood – para um público grande e empolgado. Como L.A. era nossa base, familiares e amigos foram ao show em Hollywood, no Palace, que foi uma forma maravilhosa de encerrar a turnê.

O Crazy Town trabalhou muito duro, nunca reclamou de acordar cedo e de fazer todos os compromissos de divulgação necessários. Para mim, retornar ao Hollywood Palace foi bastante nostálgico, e me lembrou do ano de 1967, quando estive lá com a New Vaudeville Band para o *The Milton Berle Show*, e passei um tempo na esquina do Hollywood Boulevard com a Vine Street, na Wallach's Music City, onde você podia ouvir os discos numa cabine particular para decidir se gostava das músicas antes de comprá-los.

Tive um mês de folga até que o Crazy Town voltasse às turnês, e passei um tempo com Claire e com alguns amigos. Enquanto isso, "Butterfly" voava solta pela TV e pelas rádios, e rendeu um disco de platina à banda, que recebeu convites de última hora para tocar na Universal City Walk, em Hollywood e em Denver, além de um show como *headliner* no Hard Rock Hotel, onde um jornalista e um fotógrafo da *Rolling Stone* nos acompanharam.

No final de fevereiro de 2001, fomos para Nova York para a banda se apresentar no *Total Request Live*, da MTV. Em seguida, shows em Atlanta, Gettysburg, Seattle e no Canadá, de onde felizmente escapamos da neve (graças a Deus!) ao partir para Cancun, para o *Spring Break* da MTV e cinco dias debaixo de sol. Três membros da banda – Seth, Doug e Trouble – levaram as namoradas para Cancun também, sabendo que logo ficariam muito tempo na estrada longe delas. Em seguida, embarcamos para a Europa, para eventos de divulgação, aparições na TV e shows em cinco cidades (um dos quais foi filmado pela MTV). Na Europa, "Butterfly" era o *single* número um em quase toda as cidades que visitamos, e a banda colheu ainda mais discos de ouro. Em grande parte, foi muito mais trabalho do que diversão, mas os caras da banda estavam numa onda de empolgação que mantinha seus níveis de energia nas alturas. Quanto a mim, eu não experimentava nada parecido com isso desde a época do Led Zeppelin.

Enfim retornamos para L.A., recobramos um pouco de força, e então a banda tocou no ESPN Awards, no Universal Amphitheater, onde meus velhos camaradas, o Black Sabbath com Ozzy Osbourne, também se apresentaram. Uma semana depois, nosso ônibus saiu de Los Angeles às duas da manhã rumo a Phoenix, para a primeira parada de mais cinco semanas de shows pelos EUA. O show em Phoenix foi com o Linkin Park, e daí em diante passamos a *headliners* com o Saliva e o Stereo Mud. No meio da turnê, voltamos para L.A. num jato privado, para gravar o clipe do novo *single* da banda, "Revolving Door" (contrataram tantas garotas para aparecer no clipe, que o *set* parecia o palácio de Calígula!). Dois dias depois, voamos para Nashville, para o primeiro de mais uma batelada de shows, e, por fim, encerramos a turnê em Birmingham, Myrtle Beach e Chicago – para então voltar à Europa, para mais dez exaustivos dias de divulgação e shows. E assim seguem as turnês...

Quanto ao Led Zeppelin, não tenho visto muito os membros remanescentes, embora nos trombemos de tempos em tempos. Desde a primeira edição deste livro, eles se mantêm ativos em maior ou menor grau. Plant e Page, é claro, lançaram *Walking Into Clarksdale*, em 1998, e fizeram uma aguardada turnê de reunião em dupla. Também fizeram um *MTV Unplugged*, em 1994[40]. Jimmy saiu em turnê com os Black Crowes em 2000, embora algumas datas tenham sido canceladas, devido aos contínuos problemas de coluna de Pagey.

John Paul se manteve ocupado como quis, arranjando e compondo música clássica e trilhas sonoras de filmes e produzindo álbuns para artistas como Heart e Ben E. King, além de arranjos para R.E.M. e Peter Gabriel, entre outros.

O Led Zeppelin se reuniu no palco quando foi introduzido no Rock and Roll Hall of Fame, em 1995, mas cada um seguiu seu caminho e os tempos mudaram. Quando Page e Plant lançaram seu disco em dupla, Robert disse à revista *Time* que, embora "o melhor lugar para nos encontrar seja num bar", admitia que não farreava tão pesado quanto no passado. "Agora temos controle. Antes, era algo bem amorfo – não conseguíamos parar." Fico feliz por termos todos amadurecido.

A música do Zeppelin, por si mesma, segue viva. Em 1997, a Associação Americana da Indústria Fonográfica certificou dez álbuns do Led Zeppelin com discos de platina múltiplos, cujas vendas acumuladas totalizavam quase 64 milhões de cópias. Dois anos depois, só um desses álbuns – *Led Zeppelin IV* – alcançou 21 milhões de cópias vendidas. Cada nova geração parece tomar o Zeppelin para si, e, assim, os CDs e discos da banda continuam a voar alto. Só os Beatles venderam mais discos que o Zeppelin.

---

40 Na verdade, a apresentação de Page e Plant para a MTV recebeu o título de *UnLedded* e rendeu o álbum ao vivo (e vídeo) *No Quarter: Jimmy Page & Robert Plant Unledded.* (N. do T.)

Desde a minha época com o Zeppelin, o Crazy Town foi a primeira banda de sucesso verdadeiramente grande com quem trabalhei desde o início. Tem sido maravilhoso ver essa jovem banda decolar tão rápido e ir tão longe, mas os tempos certamente são outros desde a era do Zeppelin. Lembro-me de como o Zeppelin se matou de trabalhar por quase dois anos, gravou o primeiro álbum por US$ 2.500 e de como a primeira turnê foi bancada do bolso de Jimmy, John Paul e Peter. Desde o início, não deviam nada a ninguém, incluindo a gravadora, e já estavam a caminho do banco depois da primeira turnê pelos EUA. Como o Zeppelin nunca aparecia na TV, os shows da banda tinham os ingressos esgotados no minuto em que eram divulgados. Em contraste, o custo de se gravar clipes hoje é tão alto, e a exposição na MTV pode ficar tão saturada, que é muito mais difícil hoje, para as bandas, terem um bom avanço financeiro no início da carreira.

Para mim, ainda é divertido cair na estrada, trabalhar com uma banda como o Crazy Town, com uma ótima equipe de empresários e uma gravadora por trás, mesmo que os rigores das turnês me deixem bastante baleado às vezes. É uma vida muito melhor do que a que eu teria se não tivesse sido um mentiroso habilidoso o bastante para conseguir meu primeiro trabalho com Ronnie Jones e Mick Eve, lá em 1964. Escrevo estas linhas com trinta e oito anos de trabalho com bandas maravilhosas nas costas, e ganhei muito com os conselhos valiosos de grandes empresários como Peter Grant e Sharon Osbourne.

Em breve, parto para a Europa, para uma turnê promocional de três semanas e, em seguida, para a Ozzfest. Estou ansioso para passar um tempo com Sharon Osbourne e Ozzy, além do bom e velho Black Sabbath, na Ozzfest, já que é sempre legal ver velhos amigos com quem você tem história, nessa época de idas e vindas entre bandas. Em seguida, da minha parte, voltarei a trabalhar no roteiro de um filme sobre como fazer *rock stars* com o roteirista Christopher Crowe e Julie Ann Park, da Paramount Pictures[41].

41 Até o fechamento desta tradução, não se tem notícia da concretização do filme. (N. do T.)

O que seria melhor do que se sentar numa varanda no Embassy Suites, em Myrtle Beach, e observar as ondas se quebrarem na costa enquanto digito este capítulo? Por um momento, consigo até me esquecer que tenho, na verdade, cinquenta e cinco anos, e não vinte e cinco – e ainda estou vivendo o melhor momento da minha vida.

—Richard Cole
Junho de 2001

DISCOGRAFIA DO LED ZEPPELIN

LED ZEPPELIN,

Atlantic Records, 1969

"Good Times Bad Times", "Babe I'm Gonna Leave You", "You Shook Me", "Dazed and Confused", "Your Time Is Gonna Come", "Black Mountain Side", "Communication Breakdown", "I Can't Quit You Baby", "How Many More Times".

LED ZEPPELIN II,

Atlantic Records, 1969

"Whole Lotta Love", "What Is and What Should Never Be", "The Lemon Song", "Thank You", "Heartbreaker", "Living Loving Maid (She's Just a Woman)", "Ramble On", "Moby Dick", "Bring It On Home".

LED ZEPPELIN III,

Atlantic Records, 1970

"Immigrant Song", "Friends", "Celebration Day", "Since I've Been Loving You", "Out On the Tiles", "Gallows Pole", "Tangerine", "That's the Way", "Bron-Y-Aur Stomp", "Hats Off to (Roy) Harper".

SEM TÍTULO (*"LED ZEPPELIN IV"*),
Atlantic Records, 1971
"Black Dog", "Rock and Roll", "The Battle of Evermore", "Stairway to Heaven", "Misty Mountain Hop", "Four Sticks", "Going to California", "When the Levee Breaks".

HOUSES OF THE HOLY,
Atlantic Records, 1973
"The Song Remains the Same", "The Rain Song", "Over the Hills and Far Away", "The Crunge", "Dancing Days", "D'yer Mak'er", "No Quarter", "The Ocean".

PHYSICAL GRAFFITI,
Swan Song, 1975
"Custard Pie", "The Rover", "In My Time of Dying", "Houses of the Holy", "Trampled Under Foot", "Kashmir", "In the Light", "Bron-Yr-Aur", "Down by the Seaside", "Ten Years Gone", "Night Flight", "The Wanton Song", "Boogie with Stu", "Black Country Woman", "Sick Again".

PRESENCE,
Swan Song, 1976
"Achilles Last Stand", "For Your Life", "Royal Orleans", "Nobody's Fault But Mine", "Candy Store Rock", "Hots On For Nowhere", "Tea For One".

THE SONG REMAINS THE SAME,
Swan Song, 1976
"Rock and Roll", "Celebration Day", "The Song Remains the Same", "Rain Song", "Dazed and Confused", "No Quarter", "Stairway to Heaven", "Moby Dick", "Whole Lotta Love".

IN THROUGH THE OUT DOOR,
Swan Song, 1979
"In the Evening", "South Bound Saurez", "Fool In the Rain", "Hot Dog", "Carouselambra", "All My Love", "I'm Gonna Crawl".

CODA,
Swan Song, 1982
"We're Gonna Groove", "Poor Tom", "I Can't Quit You Baby", "Walter's Walk", "Ozone Baby", "Darlene", "Bonzo's Montreux", "Wearing and Tearing".

LED ZEPPELIN BOXED SET,
Atlantic Records, 1990
"Whole Lotta Love", "Heartbreaker", "Communication Breakdown", "Babe I'm Gonna Leave You", "What Is and What Should Never Be", "Thank You", "I Can't Quit You Baby", "Dazed and Confused", "Your Time is Gonna Come", "Ramble On", "Travelling Riverside Blues", "Friends", "Celebration Day", "Hey Hey What Can I Do", "White Summer/Black Mountain Side", "Black Dog", "Over the Hills and Far Away", "Immigrant Song", "The Battle of Evermore", "Bron-Y-Aur Stomp", "Tangerine", "Going to California", "Since I've Been Loving You", "D'yer Mak'er", "Gallows Pole", "Custard Pie", "Misty Mountain Hop", "Rock and Roll", "The Rain Song", "Stairway to Heaven", "Kashmir", "Trampled Under Foot", "For Your Life", "No Quarter", "Dancing Days", "When the Levee Breaks", "Achilles Last Stand", "The Song Remains the Same", "Ten Years Gone", "In My Time of Dying", "In the Evening", "Candy Store Rock", "The Ocean", "Ozone Baby", "Houses of the Holy", "Wearing and Tearing", "Poor Tom", "Nobody's Fault But Mine", "Fool In the Rain", "In the Light", "The Wanton Song", "Moby Dick/ Bonzo's Montreux", "I'm Gonna Crawl", "All My Love".

LED ZEPPELIN REMASTERS,
Atlantic Records, 1990
"Communication Breakdown", "Babe I'm Gonna Leave You", "Good Times Bad Times", "Dazed and Confused", "Heartbreaker", "Whole Lotta Love", "Ramble On", "Since I've Been Loving You", "Celebration Day", "Immigrant Song", "Black Dog", "Rock and Roll", "The Battle of Evermore", "Misty Mountain Hop", "Stairway to Heaven", "The Song Remains the Same", "The Rain Song", "D'yer Mak'er", "No Quarter", "Houses of the Holy", "Trampled Under Foot", "Kashmir", "Nobody's Fault But Mine", "Achilles Last Stand", "All My Love", "In the Evening".

LED ZEPPELIN BOXED SET 2,
Atlantic Records, 1993
"Good Times Bad Times", "We're Gonna Groove", "Night Flight", "That's the Way", "Baby Come On Home", "The Lemon Song", "You Shook Me", "Boogie with Stu", "Bron-Yr-Aur", "Down by the Seaside", "Out On the Tiles", "Black Mountain Side", "Moby Dick", "Sick Again", "Hot Dog", "Carouselambra", "South Bound Saurez", "Walter's Walk", "Darlene", "Black Country Woman", "How Many More Times", "The Rover", "Four Sticks", "Hats Off to (Roy) Harper", "I Can't Quit You Baby", "Hots On For Nowhere", "Living Loving Maid (She's Just a Woman)", "Royal Orleans", "Bonzo's Montreux", "The Crunge", "Bring It On Home", "Tea for One".

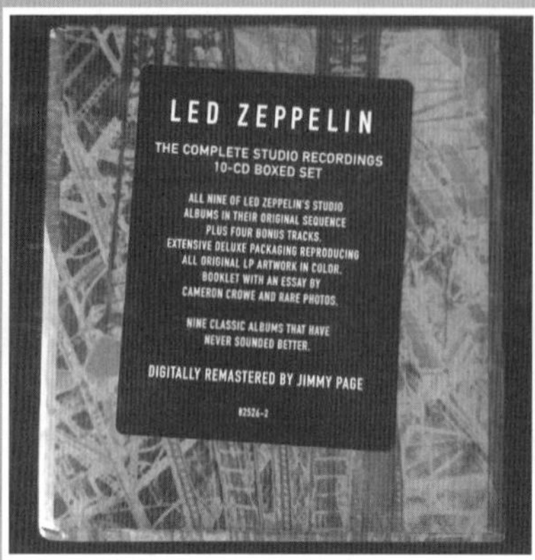

THE COMPLETE STUDIO RECORDINGS,
Atlantic Records, 1993
Caixa que traz todos os discos de estúdio, acrescidos de "Baby Come On Home", "Travelling Riverside Blues", "White Summer/Black Mountain Side" e "Hey Hey What Can I Do".

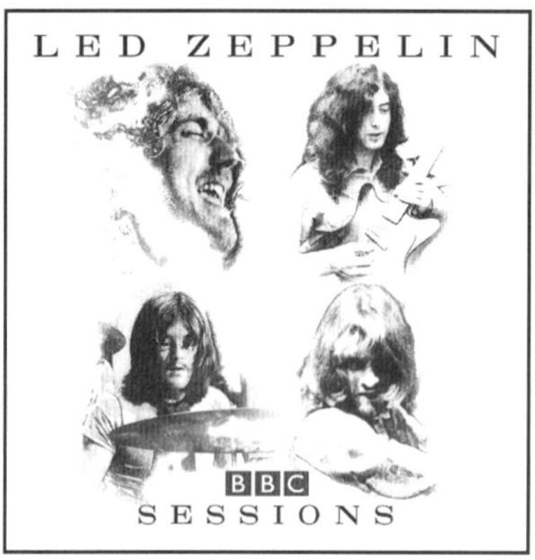

BBC SESSIONS,
Atlantic Records, 1997
"You Shook Me", "I Can't Quit You Baby", "Communication Breakdown", "Dazed and Confused", "The Girl I Love She Got Long Black Wavy Hair", "What Is and What Should Never Be", "Communication Breakdown", "Travelling Riverside Blues", "Whole Lotta Love", "Somethin' Else", "Communication Breakdown", "I Can't Quit You Baby", "You Shook Me", "How Many More Times", "Immigrant Song", "Heartbreaker", "Since I've Been Loving You", "Black Dog", "Dazed and Confused", "Stairway to Heaven", "Going to California", "That's the Way", "Whole Lotta Love/Boogie Chillun/Fixin' to Die/That's Alright Mama/A Mess of Blues", "Thank You".

EARLY DAYS,
Atlantic Records, 1999
"Good Times Bad Times", "Babe I'm Gonna Leave You", "Dazed and Confused", "Communication Breakdown", "Whole Lotta Love", "What Is and What Should Never Be", "Immigrant Song", "Since I've Been Loving You", "Black Dog", "Rock and Roll", "The Battle of Evermore", "When the Levee Breaks", "Stairway to Heaven".

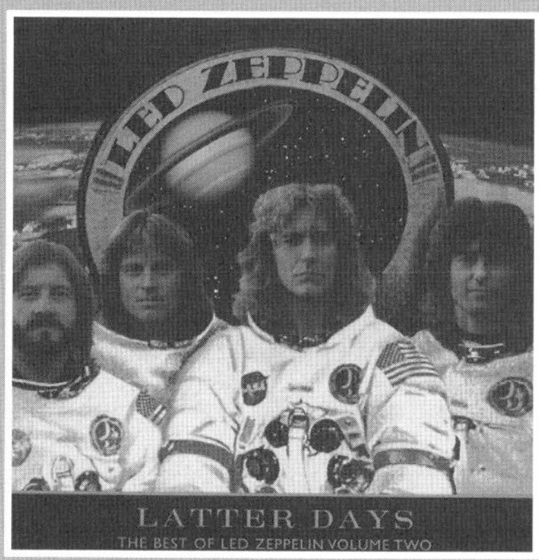

LATTER DAYS,
Atlantic Records, 2000
"The Song Remains the Same", "No Quarter", "Houses of the Holy", "Trampled Under Foot", "Kashmir", "Ten Years Gone", "Achilles Last Stand", "Nobody's Fault But Mine", "All My Love", "In the Evening".

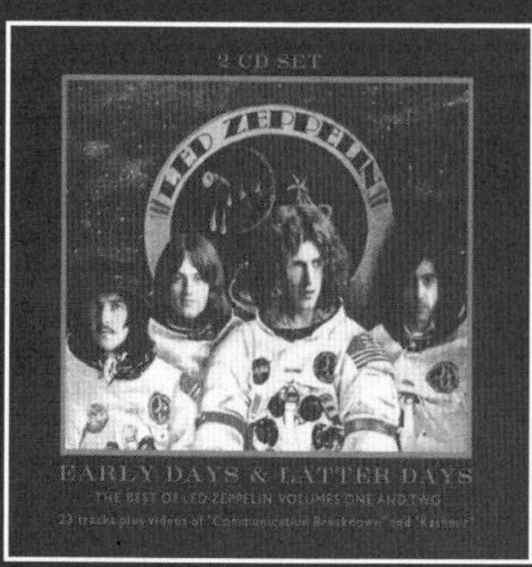

THE BEST OF LED ZEPPELIN,
Atlantic Records, 2002
"Good Times Bad Times", "Babe I'm Gonna Leave You", "Dazed and Confused", "Communication Breakdown", "Whole Lotta Love", "What Is and What Should Never Be", "Immigrant Song", "Since I've Been Loving You", "Black Dog", "Rock and Roll", "The Battle of Evermore", "When the Levee Breaks", "Stairway to Heaven", "The Song Remains the Same", "No Quarter", "Houses of the Holy", "Trampled Under Foot", "Kashmir", "Ten Years Gone", "Achilles Last Stand", "Nobody's Fault But Mine", "All My Love", "In the Evening".

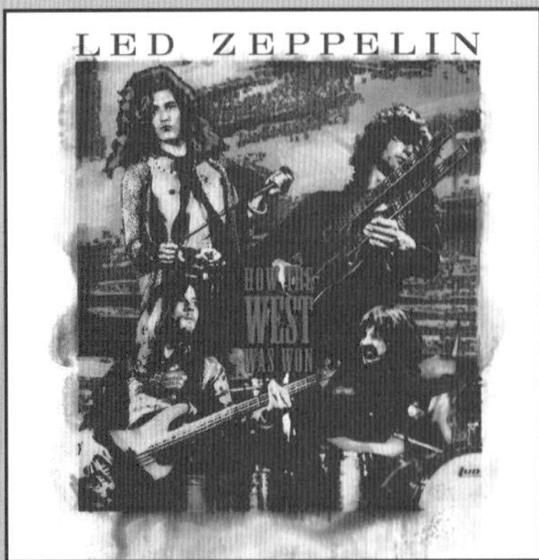

HOW THE WEST WAS WON,
Atlantic Records, 2003
"L.A. Drone", "Immigrant Song", "Heartbreaker", "Black Dog", "Over the Hills and Far Away", "Since I've Been Loving You", "Stairway to Heaven", "Going to California", "That's the Way", "Bron-Yr-Aur Stomp", "Dazed and Confused/Walter's Walk/ The Crunge", "What Is and What Should Never Be", "Dancing Days", "Moby Dick", "Whole Lotta Love/Boogie Chillun/Let's Have a Party/Hello Mary Lou/Going Down Slow", "Rock and Roll", "The Ocean", "Bring It On Home/Bring It On Back".

MOTHERSHIP,
Atlantic Records, 2007
"Good Times Bad Times", "Communication Breakdown", "Dazed and Confused", "Babe I'm Gonna Leave You", "Whole Lotta Love", "Ramble On", "Heartbreaker", "Immigrant Song", "Since I've Been Loving You", "Rock and Roll", "Black Dog", "When the Levee Breaks", "Stairway to Heaven", "The Song Remains the Same", "Over the Hills and Far Away", "D'yer Mak'er", "No Quarter", "Trampled Under Foot", "Houses of the Holy", "Kashmir", "Nobody's Fault But Mine", "Achilles Last Stand", "In the Evening", "All My Love", "We're Gonna Groove", "I Can't Quit You Baby", "Dazed and Confused", "White Summer", "What Is and What Should Never Be", "Moby Dick", "Whole Lotta Love", "Communication Breakdown", "Bring It On Home/Bring It On Back", "Immigrant Song", "Black Dog", "Misty Mountain Hop", "The Ocean", "Going to California", "In My Time of Dying", "Stairway to Heaven", "Rock and Roll", "Nobody's Fault But Mine", "Kashmir", "Whole Lotta Love".

THE SONG REMAINS THE SAME,
reedição, Swan Song, 2007
"Rock and Roll", "Celebration Day", "Bring It On Home/Black Dog", "Over the Hills and Far Away", "Misty Mountain Hop", "Since I've Been Loving You", "No Quarter", "The Song Remains the Same", "The Rain Song", "The Ocean", "Dazed and Confused", "Stairway to Heaven", "Moby Dick", "Heartbreaker", "Whole Lotta Love".

LED ZEPPELIN DEFINITIVE COLLECTION OF MINI-LP REPLICA CDS,
Atlantic Records/Rhino Entertainment, 2008
Reedição de *The Complete Studio Recordings.*

CELEBRATION DAY,
Atlantic Records/Swan Song, 2012
"Good Times Bad Times", "Ramble On", "Black Dog", "In My Time of Dying", "For Your Life", "Trampled Under Foot", "Nobody's Fault But Mine", "No Quarter", "Since I've Been Loving You", "Dazed and Confused", "Stairway to Heaven", "The Song Remains the Same", "Misty Mountain Hop", "Kashmir", "Whole Lotta Love", "Rock and Roll".

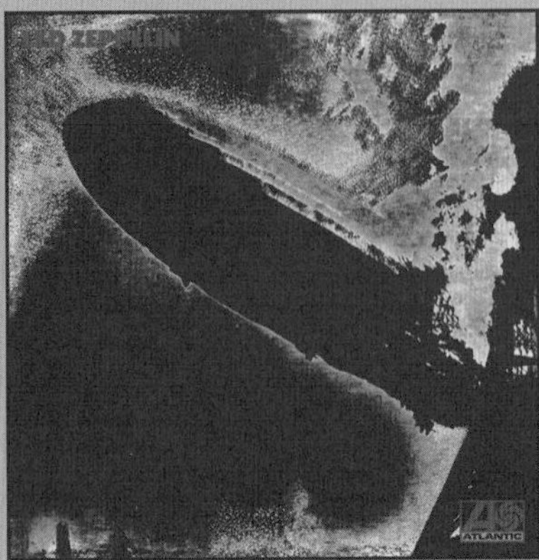

LED ZEPPELIN (DELUXE EDITION),
Atlantic Records, 2014
"Good Times Bad Times", "Babe I'm Gonna Leave You", "You Shook Me", "Dazed and Confused", "Your Time Is Gonna Come", "Black Mountain Side", "Communication Breakdown", "I Can't Quit You Baby", "How Many More Times". *Live at the Olympia:* "Good Times Bad Times/ Communication Breakdown", "I Can't Quit You Baby", "Heartbreaker", "Dazed and Confused", "White Summer/Black Mountain Side", "You Shook Me", "Moby Dick", "How Many More Times".

LED ZEPPELIN II (DELUXE EDITION),
Atlantic Records, 2014
"Whole Lotta Love", "What Is and What Should Never Be", "The Lemon Song", "Thank You", "Heartbreaker", "Living Loving Maid (She's Just a Woman)", "Ramble On", "Moby Dick", "Bring It On Home", "Whole Lotta Love" (Rough Mix with Vocal), "What Is and What Should Never Be" (Rough Mix with Vocal), "Thank You" (Backing Track), "Heartbreaker" (Rough Mix with Vocal), "Living Loving Maid (She's Just a Woman)" (Backing Track), "Ramble On" (Rough Mix with Vocal), "Moby Dick" (Intro/Outro Rough Mix), "La La".

***LED ZEPPELIN III* (*DELUXE EDITION*),**
Atlantic Records, 2014
"Immigrant Song", "Friends", "Celebration Day", "Since I've Been Loving You", "Out On the Tiles", "Gallows Pole", "Tangerine", "That's the Way", "Bron-Y-Aur Stomp", "Hats Off to (Roy) Harper", "The Immigrant Song", "Friends" (Track, No Vocal), "Celebration Day" (Alternate Mix), "Since I've Been Loving You" (Rough Mix of First Recording), "Bathroom Sound" ("Out On the Tiles") (Track, No Vocal), "Gallows Pole" (Rough Mix), "That's the Way" (Rough Mix with Dulcimer & Backwards Echo), "Jennings Farm Blues" ("Bron-Yr-Aur Stomp") (Rough Mix of All Guitar Overdubs That Day), "Key to the Highway/Trouble in Mind".

***"LED ZEPPELIN IV"* (*DELUXE EDITION*),**
Atlantic Records, 2014
"Black Dog", "Rock and Roll", "The Battle of Evermore", "Stairway to Heaven", "Misty Mountain Hop", "Four Sticks", "Going to California", "When the Levee Breaks", "Black Dog" (Basic Track with Guitar Overdubs), "Rock and Roll" (Alternate Mix), "The Battle of Evermore" (Mandolin/Guitar Mix from Headley Grange), "Stairway to Heaven" (Sunset Sound Mix), "Misty Mountain Hop" (Alternate Mix), "Four Sticks" (Alternate Mix), "Going to California" (Mandolin/Guitar Mix), "When the Levee Breaks" (Alternate UK Mix).

***HOUSES OF THE HOLY* (*DELUXE EDITION*),**
Atlantic Records, 2014
"The Song Remains the Same", "The Rain Song", "Over the Hills and Far Away", "The Crunge", "Dancing Days", "D'yer Mak'er", "No Quarter", "The Ocean", "The Song Remains the Same" (Guitar Overdub Reference Mix), "The Rain Song" (Mix Minus Piano), "Over the Hills and Far Away" (Guitar Mix Backing Track), "The Crunge" (Rough Mix, Keys Up), "Dancing Days" (Rough Mix with Vocal), "No Quarter" (Rough Mix with John Paul Jones Keyboard Overdubs, No Vocal), "The Ocean" (Working Mix).

***PHYSICAL GRAFFITI* (*DELUXE EDITION*),**
Swan Song, 2015
"Custard Pie", "The Rover", "In My Time of Dying", "Houses of the Holy", "Trampled Under Foot", "Kashmir", "In the Light", "Bron-Yr-Aur", "Down by the Seaside", "Ten Years Gone", "Night Flight", "The Wanton Song", "Boogie with Stu", "Black Country Woman", "Sick Again", "Brandy & Coke" ("Trampled Under Foot") (Initial/Rough Mix), "Sick Again" (Early Version), "In My Time of Dying" (Initial/Rough Mix), "Houses of the Holy" (Rough Mix with Overdubs), "Everybody Makes It Through" ("In the Light") (Early Version/In Transit), "Boogie with Stu" (Sunset Sound Mix), "Driving Through Kashmir" ("Kashmir") (Rough Orchestra Mix).

***PRESENCE* (*DELUXE EDITION*),**
Swan Song, 2015
"Achilles Last Stand", "For Your Life", "Royal Orleans", "Nobody's Fault But Mine", "Candy Store Rock", "Hots On For Nowhere", "Tea For One", "Two Ones Are Won" ("Achilles Last Stand") (Reference Mix), "For Your Life" (Reference Mix), "10 Ribs & All/Carrot Pod Pod" (Reference Mix), "Royal Orleans" (Reference Mix), "Hots On For Nowhere" (Reference Mix).

***IN THROUGH THE OUT DOOR* (*DELUXE EDITION*),**
Swan Song, 2015
"In the Evening", "South Bound Saurez", "Fool in the Rain", "Hot Dog", "Carouselambra", "All My Love", "I'm Gonna Crawl", "In the Evening" (Rough Mix), "Southbound Piano" ("South Bound Saurez") (Rough Mix), "Fool in the Rain" (Rough Mix), "Hot Dog" (Rough Mix), "The Epic" ("Carouselambra") (Rough Mix), "The Hook" ("All My Love") (Rough Mix), "Blot" ("I'm Gonna Crawl") (Rough Mix).

CODA (DELUXE EDITION),
Swan Song, 2015
"We're Gonna Groove", "Poor Tom", "I Can't Quit You Baby", "Walter's Walk", "Ozone Baby", "Darlene", "Bonzo's Montreux", "Wearing and Tearing", "We're Gonna Groove" (Alternate Mix), "If It Keeps On Raining" ("When the Levee Breaks") (Rough Mix), "Bonzo's Montreux" (Mix Construction in Progress), "Baby Come On Home", "Sugar Mama", "Poor Tom" (Instrumental Mix), "Travelling Riverside Blues", "Hey Hey What Can I Do", "Four Hands" ("Four Sticks") (Bombay Orchestra), "Friends" (Bombay Orchestra), "St. Tristan's Sword", "Desire" ("The Wanton Song") (Rough Mix), "Bring It On Home" (Rough Mix), "Walter's Walk" (Rough Mix), "Everybody Makes It Through" ("In the Light") (Rough Mix).

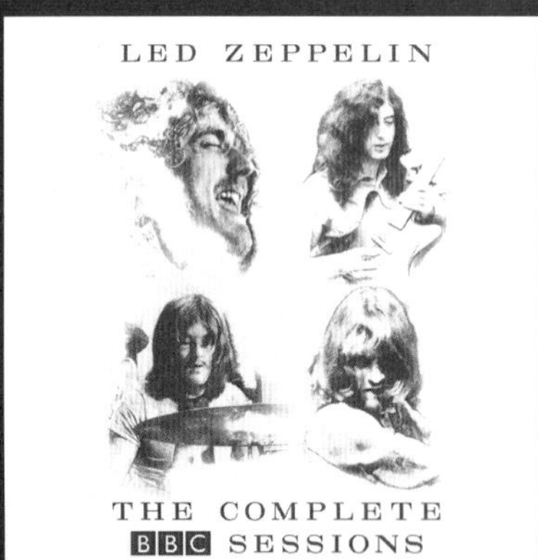

THE COMPLETE BBC SESSIONS,
Atlantic Records, 2016
"You Shook Me", "I Can't Quit You Baby", "Communication Breakdown", "Dazed and Confused", "The Girl I Love She Got Long Black Wavy Hair", "What Is and What Should Never Be", "Communication Breakdown", "Travelling Riverside Blues", "Whole Lotta Love", "Somethin' Else", "Communication Breakdown", "I Can't Quit You Baby", "You Shook Me", "How Many More Times", "Immigrant Song", "Heartbreaker", "Since I've Been Loving You", "Black Dog", "Dazed and Confused", "Stairway to Heaven", "Going to California", "That's the Way", "Whole Lotta Love/

Boogie Chillun/Fixin' to Die/That's Alright Mama/A Mess of Blues", "Thank You", "Communication Breakdown", "What Is and What Should Never Be", "Dazed and Confused", "White Summer", "What Is and What Should Never Be", "Communication Breakdown", "I Can't Quit You Baby", "You Shook Me", "Sunshine Woman".

THE SONG REMAINS THE SAME (DELUXE EDITION),
Swan Song, 2018
"Rock and Roll", "Celebration Day", "Bring It On Home/Black Dog", "Over the Hills and Far Away", "Misty Mountain Hop", "Since I've Been Loving You", "No Quarter", "The Song Remains the Same", "The Rain Song", "The Ocean", "Dazed and Confused", "Stairway to Heaven", "Moby Dick", "Heartbreaker", "Whole Lotta Love".

TODOS OS TÍTULOS DA COLEÇÃO ROCK LEGENDS

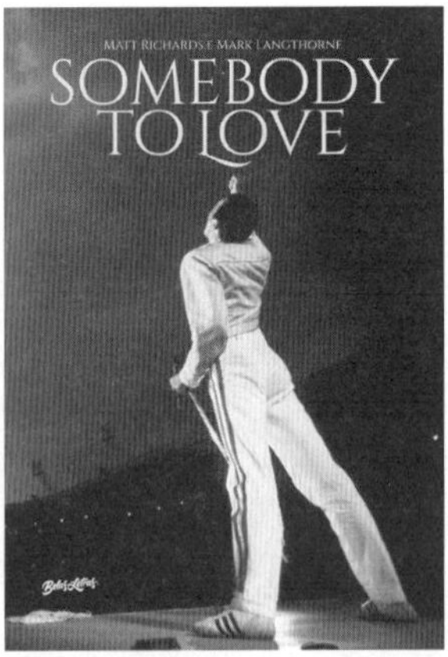

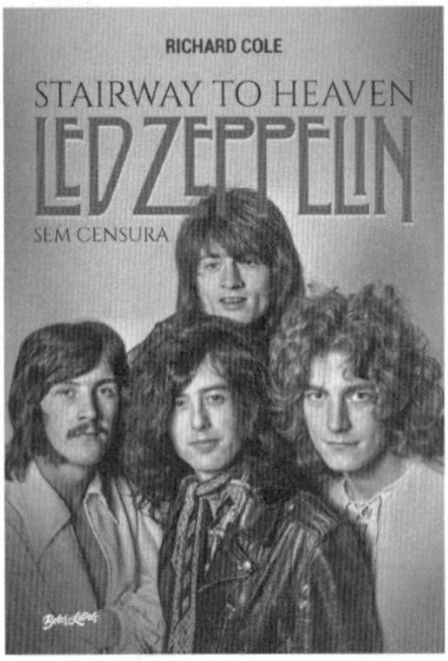

Este livro foi composto em Linux Libertine e impresso em pólen bold 80 g pela gráfica Copiart, em agosto de 2022.